U0836549

EXCEL在财务中的应用

周若谷 柳 志 主编

中国财经出版传媒集团
中国财政经济出版社

图书在版编目（CIP）数据

EXCEL在财务中的应用／周若谷，柳志主编. --北京：中国财政经济出版社，2021.6（2025.1重印）
ISBN 978-7-5223-0585-1

Ⅰ.①E… Ⅱ.①周… ②柳… Ⅲ.①表处理软件-应用-财务管理-教材 Ⅳ.①F275-39

中国版本图书馆CIP数据核字（2021）第101781号

责任编辑：叶　彤　　　　责任校对：武志庆
封面设计：兰卡绘世

EXCEL在财务中的应用
EXCEL ZAI CAIWU ZHONG DE YINGYONG

中国财政经济出版社 出版

URL：http：//www.cfeph.cn
E-mail：cfeph@cfeph.cn

社址：北京市海淀区阜成路甲28号　邮政编码：100142
营销中心电话：010-88191522
天猫网店：中国财政经济出版社旗舰店
网址：https：//zgczjjcbs.tmall.com
北京鑫海金澳胶印有限公司印刷　各地新华书店经销
成品尺寸：185mm×260mm　16开　19印张　462 000字
2021年6月第1版　2025年1月北京第3次印刷
定价：45.00元
ISBN 978-7-5223-0585-1
（图书出现印装问题，本社负责调换，电话：010-88190548）
本社质量投诉电话：010-88190744
打击盗版举报热线：010-88191661　QQ：2242791300

前言

在这个“大智移云物区”[1] 时代，传统的财会类专业面临巨大变革，2021 年教育部公布的《职业教育专业目录（2021 年）》中，财经类部分专业加上了“大数据”这个前缀。EXCEL 作为大数据处理的基本数据格式，在大数据时代有着非常重要的地位。

2021 年 4 月，中共中央总书记、国家主席、中央军委主席习近平对职业教育工作作出重要指示，强调加快构建现代职业教育体系，培养更多高素质技术技能人才、能工巧匠、大国工具。

2019 年国务院印发的《国家职业教育改革实施方案》要求校企共同研究制订人才培养方案，及时将新技术、新工艺、新规范纳入教学标准和教学内容，建设一大批校企“双元”合作开发的国家规划教材，倡导使用新型活页式、工作手册式教材并配套开发信息化资源；启动“1+X”证书制度试点工作，鼓励职业院校学生在获得学历证书的同时，积极取得多类职业技能等级证书。

《EXCEL 在财务中的应用》教材紧跟国务院、教育部号召，依托湖南中德安普大数据网络科技有限公司以参与调研的 100 所企业的财务人员应当掌握的 EXCEL 财务数据操作能力技能点为教材知识点，以湖南宝东农牧科技股份有限公司的企业实务为教材案例来源，进行撰写。

本课程依据湖南宝东农牧科技股份有限公司使用 EXCEL 的工作情景，共划分为十个项目。其中项目一 EXCEL 在企业薪资管理中的应用、项目二 EXCEL 在企业固定资产管理中的应用、项目五 EXCEL 在企业账务处理中的应用，讲解了企业在不额外购买财务软件的情况下，如何使用 EXCEL 进行企业薪资管理、固定资产管理以及账务处理，从而节约企业购买、维护财务软件的成本。项目三 EXCEL 在企业进销存管理中的应用，讲述了企业如何使用 EXCEL 进行简单的进销存管理。项目四 EXCEL 在企业成本核算中的应用，讲解了企业使用 EXCEL 高效进行成本管理的思路。项目六 EXCEL 在货币时间价值中的应用，通过现实生活中到银行进行储蓄、民间借贷、买房、买保险、分期付款购物等场景，讲授用财务函数解决生活问题的思路。项目七 EXCEL 在筹资管理中的应用，讲述了使用 EXCEL 进行企业资金预测、杠杆效应计算以及最优资本结构计算的模型构建过程。项目八 EXCEL 在投资管理中的

① 指大数据、智能化、移动互联网、云计算、物联网和区块链。

应用，讲述了使用财务函数进行企业投资相关指标计算的思路，以及如何构建固定资产更新模型、股票投资模型、债券投资模型，给企业提供决策依据。项目九 EXCEL 在企业流动资产管理中的应用，讲述流动资产计算模型的构建。项目十 EXCEL 在财务分析中的应用，讲述财务分析模型的构建过程。整个课程体系，致力于让学生学会使用 EXCEL 进行一次建模，多次使用，即构建模型复用的思维方式。每一个任务都有对应的在线学习视频，学生可以使用手机扫描二维码进行在线学习。

教师可以电子邮件形式向中国财政经济出版社索取本书配套资源（请注明学校、全书名、版次），E－mail：caijingjiaocai@163. com。配套资源亦可登录以下网址下载：http：//jiaocai. cfeph. cn 或 cjjc. cfeph. cn。

参与本书编写的人员有：周若谷、柳志、欧阳朔斯、徐志刚、李磊、段伟、廖妍姣、刘聿一，全书由周若谷负责统稿。感谢湖南中德安普大数据网络科技有限公司董事长谭秋云提供的企业调研报告以及湖南宝东农牧科技股份有限公司董事长王晚秋和周爱华提供的企业操作素材，有了各位企业家的支持，我们才有获得企业一线资料的机会。本教材对接中德安普业财税融合大数据投融资分析、业财税融合成本管控“1＋X”证书，电子素材包括教案、课件、中德安普业财税融合大数据投融资分析职业技能等级标准、业财税融合成本管控职业技能等级标准，学习者可以依据自身情况选择考级等级。

由于编者水平有限，加之时间仓促，书中难免存在疏漏之处，恳请广大读者批评指正。

编者

2021 年 4 月

目　录

项目一　EXCEL 在企业薪资管理中的应用 …………………………………………（ 1 ）

任务 1　用 EXCEL 进行宝东农牧薪资数据的录入 …………………………（ 1 ）

任务 2　用 EXCEL 进行宝东农牧薪资项目的计算 …………………………（ 7 ）

任务 3　用 EXCEL 进行宝东农牧薪资数据的分类汇总 ……………………（ 17 ）

任务 4　用 EXCEL 进行宝东农牧薪资数据的透视表制作 …………………（ 22 ）

任务 5　用 EXCEL 进行宝东农牧薪资记账凭证的填写 ……………………（ 25 ）

任务 6　用 EXCEL 进行宝东农牧薪资发放记账凭证的填写 ………………（ 27 ）

任务 7　用 EXCEL 进行宝东农牧工资条的制作 ……………………………（ 30 ）

任务 8　用 EXCEL 进行宝东农牧薪资查询 …………………………………（ 35 ）

项目二　EXCEL 在企业固定资产管理中的应用 ………………………………（ 40 ）

任务 1　用 EXCEL 进行固定资产折旧方法的比较 …………………………（ 40 ）

任务 2　用 EXCEL 进行宝东农牧固定资产折旧的计算 ……………………（ 48 ）

任务 3　用 EXCEL 进行宝东农牧固定资产折旧数据分类汇总 ……………（ 52 ）

任务 4　用 EXCEL 进行宝东农牧固定资产折旧数据透视表制作 …………（ 55 ）

任务 5　用 EXCEL 进行固定资产折旧记账凭证的填写 ……………………（ 58 ）

项目三　EXCEL 在企业进销存管理中的应用 …………………………………（ 61 ）

任务 1　用 EXCEL 进行宝东农牧采购业务处理 ……………………………（ 61 ）

任务 2　用 EXCEL 进行宝东农牧销售业务处理 ……………………………（ 67 ）

任务 3　用 EXCEL 进行宝东农牧出入库管理 ………………………………（ 72 ）

任务 4　用 EXCEL 进行宝东农牧发出成本计算 ……………………………（ 75 ）

项目四　EXCEL 在企业成本核算中的应用 ……………………………………（ 78 ）

任务 1　用 EXCEL 进行宝东农牧要素费用的归集与分配 …………………（ 78 ）

任务 2　用 EXCEL 进行宝东农牧辅助生产费用的归集与分配 ……………（ 92 ）

任务 3　用 EXCEL 进行宝东农牧制造费用的归集与分配 …………………（ 95 ）

任务 4 用 EXCEL 进行完工产品与在产品成本的计算 …………………………… (98)

项目五 EXCEL 在企业账务处理中的应用 ………………………………………… (104)
任务 1 用 EXCEL 进行宝东农牧账务期初数据处理 ……………………………… (104)
任务 2 用 EXCEL 进行宝东农牧记账凭证和账簿处理 …………………………… (113)
任务 3 用 EXCEL 进行宝东农牧账簿查询及凭证打印样式设置 ………………… (123)
任务 4 用 EXCEL 进行宝东农牧资产负债表和利润表编制 ……………………… (131)

项目六 EXCEL 在货币时间价值中的应用 ………………………………………… (136)
任务 1 用 EXCEL 进行单利终值和现值的计算 …………………………………… (136)
任务 2 用 EXCEL 进行复利终值的计算 …………………………………………… (140)
任务 3 用 EXCEL 进行复利现值的计算 …………………………………………… (146)
任务 4 用 EXCEL 进行普通年金现值和终值的计算 ……………………………… (150)
任务 5 用 EXCEL 进行预付年金现值和终值的计算 ……………………………… (160)
任务 6 用 EXCEL 进行年偿债基金、本金及利息的计算 ………………………… (163)
任务 7 用 EXCEL 进行年资本回收额的计算 ……………………………………… (171)
任务 8 用 EXCEL 进行等额投资收益率的计算 …………………………………… (173)
任务 9 用 EXCEL 进行不等额投资收益率的计算 ………………………………… (178)
任务 10 用 EXCEL 进行期数的计算 ……………………………………………… (183)
任务 11 用 EXCEL 进行资产风险的衡量 ………………………………………… (185)

项目七 EXCEL 在筹资管理中的应用 ……………………………………………… (189)
任务 1 用 EXCEL 进行宝东农牧筹资需要量预测 ………………………………… (189)
任务 2 用 EXCEL 进行宝东农牧筹资成本计算 …………………………………… (194)
任务 3 用 EXCEL 进行宝东农牧杆杠效应分析 …………………………………… (200)
任务 4 用 EXCEL 进行宝东农牧最优资本结构的确定 …………………………… (205)

项目八 EXCEL 在投资管理中的应用 ……………………………………………… (213)
任务 1 用 EXCEL 进行宝东农牧投资项目现金流量分析 ………………………… (214)
任务 2 用 EXCEL 进行宝东农牧投资项目动态评价指标计算 …………………… (217)
任务 3 用 EXCEL 进行宝东农牧项目投资管理 …………………………………… (220)
任务 4 用 EXCEL 进行宝东农牧固定资产更新决策 ……………………………… (225)
任务 5 用 EXCEL 进行宝东农牧股票投资分析 …………………………………… (228)
任务 6 用 EXCEL 进行宝东农牧债券投资分析 …………………………………… (233)
任务 7 用 EXCEL 进行宝东农牧证券投资组合分析 ……………………………… (238)

项目九 EXCEL 在企业流动资产管理中的应用 ……（247）

任务 1 用 EXCEL 进行宝东农牧现金的管理 ……（247）

任务 2 用 EXCEL 进行宝东农牧应收账款的管理 ……（254）

任务 3 用 EXCEL 进行宝东农牧存货的管理 ……（262）

项目十 EXCEL 在财务分析中的应用 ……（274）

任务 1 财务报表的构成分析和比较分析 ……（274）

任务 2 用 EXCEL 进行宝东农牧财务指标分析 ……（284）

任务 3 用 EXCEL 进行宝东农牧财务综合分析 ……（292）

项目一

1 EXCEL在企业薪资管理中的应用

企业薪资管理是企业管理的重要组成部分，企业每月都要进行薪资核算。当前市场上有许多收费的薪资管理软件，企业在购买用友、金蝶等财务软件的账务处理模块时，也可以选择加购这些软件的薪资管理模块。

中小企业其实还有一种选择，就是使用 EXCEL 进行企业薪资的管理。对于中小企业的数据量而言，EXCEL 完全可以胜任。用 EXCEL 进行账务处理在财务工作中不是很常见，但用 EXCEL 进行企业薪资管理非常普遍。

任务 1
用 EXCEL 进行宝东农牧薪资数据的录入

任务情境

湖南宝东农牧科技股份有限公司是一家集饲料生产与销售、畜禽养殖与服务为一体的省级农业产业化龙头企业。公司成立于 1999 年，坐落在邵阳市经济开发区。公司是高新技术企业、畜禽养殖污染控制与资源化技术国家工程实验室协同创新单位、湖南股交所挂牌企业等。截至 2020 年 12 月，公司主营养殖业务的独资、合资、租赁养殖场 32 个，其中母猪扩繁场 10 个（部级示范场 4 个）；存栏经产母猪 11000 头（其中原种母猪 3600 头），肥猪存栏 2 万余头。公司的饲料业务方面，邵阳饲料基地占地面积 27894 平方米，饲料年产能 36 万吨，2018 年饲料销售 10. 5 万吨，2019 年饲料销售 10. 6 万吨，2020 饲料销售 11 万吨。本教材的案例都以该公司为背景进行展示，但是对公司业务和数据进行了一定的简化。

为了节约企业开支，湖南宝东农牧科技股份有限公司财务总监谭总监一直用 EXCEL 对企业的财务数据进行管理。谭总监已经将1月企业薪资数据进行了一部分整理，存放在“项目1 EXCEL在企业薪资管理中的应用（素材）.XLSX”中。

（1）请使用“数据验证”功能，在“员工基本信息”工作表中，帮助企业完成员工部门、性别、学历、职务信息的录入，如表1－1所示。

表1－1 员工基本信息表

身份证	部门	姓名	性别	入职年份	学历	职务
43050919670103××××	行政部	李开运	男	1999/1/15	本科	总经理
43050619771103××××	行政部	陈爱国	女	1999/9/7	本科	中层干部
43050919850102××××	行政部	王强	男	2009/12/6	中专	普通员工
43050919800103××××	仓储部	傅作	男	2000/1/16	中专	中层干部
43050919981130××××	仓储部	朱有金	男	2016/2/10	中专	普通员工
43050919781230××××	仓储部	黎鸿	男	1999/3/10	初中	普通员工
43050919901111××××	财务部	谭建业	男	2019/4/8	大专	普通员工
43050919990930××××	财务部	刘好	女	2018/5/8	中专	普通员工
43050919970622××××	财务部	张美玲	女	2019/6/7	中专	普通员工
43050919890123××××	销售部	欧兰	女	2010/7/9	中专	中层干部
43050919981111××××	销售部	米强	男	2019/8/11	中专	普通员工
43050919980704××××	销售部	戴涛	男	2019/9/4	中专	普通员工
43050919791110××××	生产车间	周四好	男	1999/12/7	中专	中层干部
43050919871204××××	生产车间	段飞	男	2009/1/9	初中	普通员工
43050919941003××××	生产车间	何晴	女	2014/2/11	中专	普通员工
43050919950130××××	生产车间	赵远航	男	2017/3/4	中专	普通员工
43050919980330××××	生产车间	钱发达	男	2019/4/13	中专	普通员工
42010719890321××××	机修车间	吴所	男	2009/6/9	中专	普通员工
41090919901223××××	锅炉车间	贺永念	男	2011/12/21	中专	普通员工

（2）2020年1月，企业新进3名员工，请将3名员工的姓名、身份证等信息录入系统，如表1－2所示。

表1－2 新进员工表

身份证	部门	姓名	性别	入职年份	学历	职务
43010920000330××××	生产部	曾久久	男	2020/1/1	大专	普通员工
42090819990617××××	生产部	田莫名	女	2020/1/1	大专	普通员工
43020719981019××××	销售部	徐州	男	2020/1/1	大专	普通员工

知识链接

EXCEL的“数据验证”功能能够确保录入数据值的确定性，在企事业单位收集数据的工作表中使用得比较多。我们在菜单栏找到“数据”，在工具栏中可以找到“数据验证”功能，如图 1－1 所示。

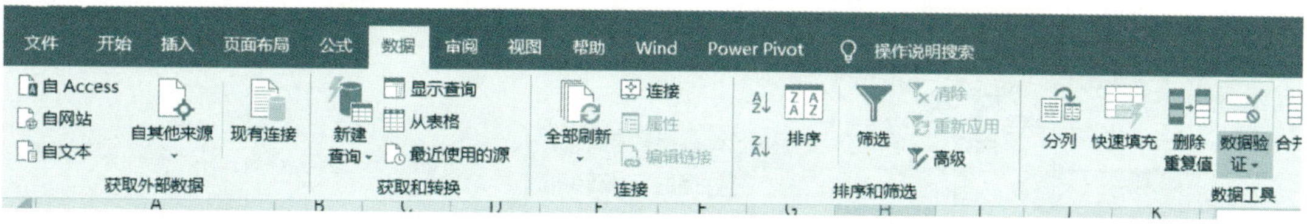

图 1－1　数据验证功能图示

同时，对于类似于身份证号码等较长的数字，如果直接录入系统中，系统将会以科学计数法的形式进行存储，在这种情况下可以先将数据列设置成文本格式，再进行数据的录入。

任务实施

任务情境的解析过程如下：

（1）请使用“数据验证”功能帮助企业完成员工部门、性别、学历、职务信息的录入。

第一步：录入有效性数据。打开“项目 1 EXCEL 在企业薪资管理中的应用(素材).XLSX”工作簿，找到“部门基本信息”工作表，录入“部门”列及其相关数据，如图 1－2 所示。

	A	B	C	D
1	部门			费用类别
2	行政部			管理费用
3	仓储部			制造费用
4	财务部			销售费用
5	销售部			基本生产成本
6	生产车间			辅助生产成本
7	机修车间			研发支出
8	锅炉车间			
9	研发部			

图 1－2　部门基本信息表

第二步：设置“部门”列数据有效性。打开“项目 1 EXCEL 在企业薪资管理中的应用.XLSX”工作簿，找到“员工基本信息”工作表，选中“部门”列，找到“数据”菜单栏下的“数据验证”功能，在数据来源处选择刚刚录入的“部门基本信息”工作表的部门数据，如图 1－3 所示。

第三步：设置“性别”列数据有效性。在“员工基本信息”工作表，选中“性别”列，找到“数据”菜单栏下的“数据验证”功能，在数据来源处填写“男,女”，注意的是中间的标点符号应该是半角状态的标点符号，如图 1－4 所示。

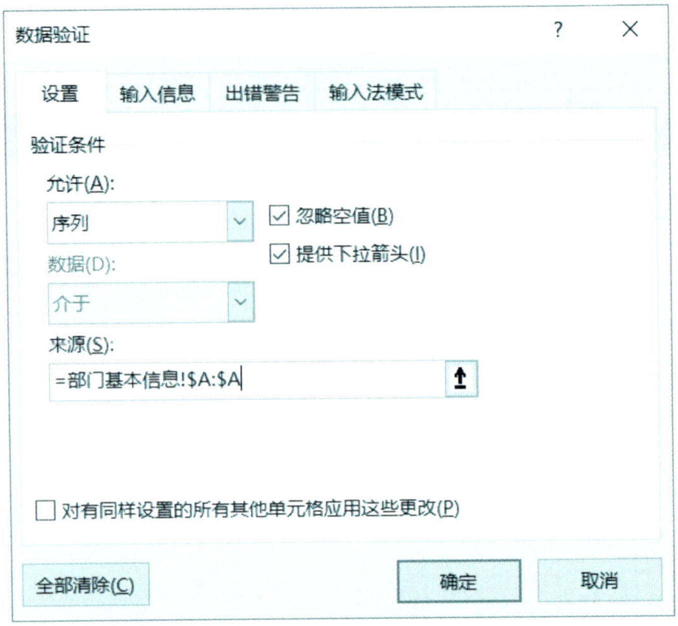

图 1－3　部门列数据验证

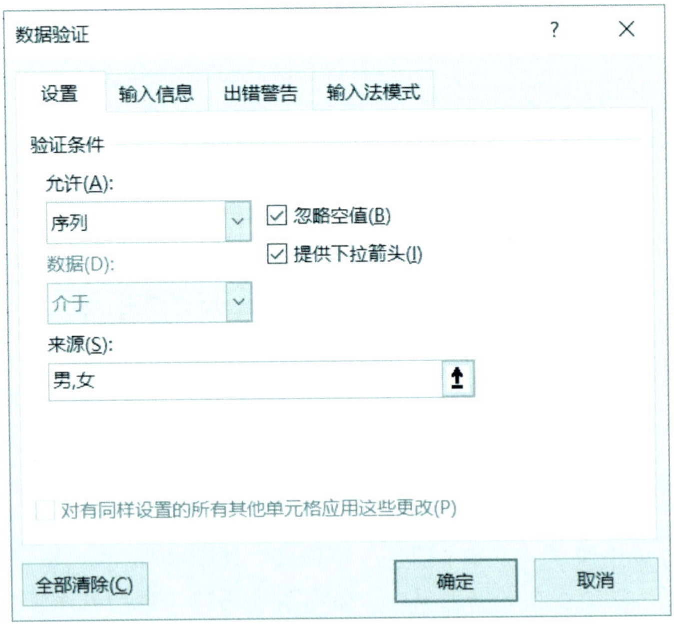

图 1－4　性别列数据验证

第四步：设置“学历”列数据有效性。在“员工基本信息”工作表，选中“学历”列，找到“数据”菜单栏下的“数据验证”功能，在数据来源处选择“薪资规则”工作表的学历数据，如图 1－5 所示。

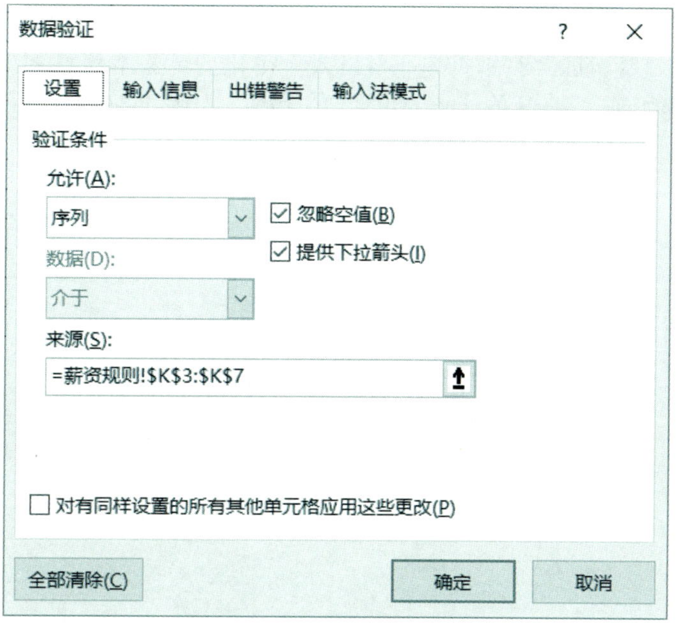

图 1－5　学历列数据验证

第五步：设置“职务”列数据有效性。在“员工基本信息”工作表，选中“职务”列，找到“数据”菜单栏下的“数据验证”功能，在数据来源处选择“薪资规则”工作表的职务数据，如图 1－6 所示。

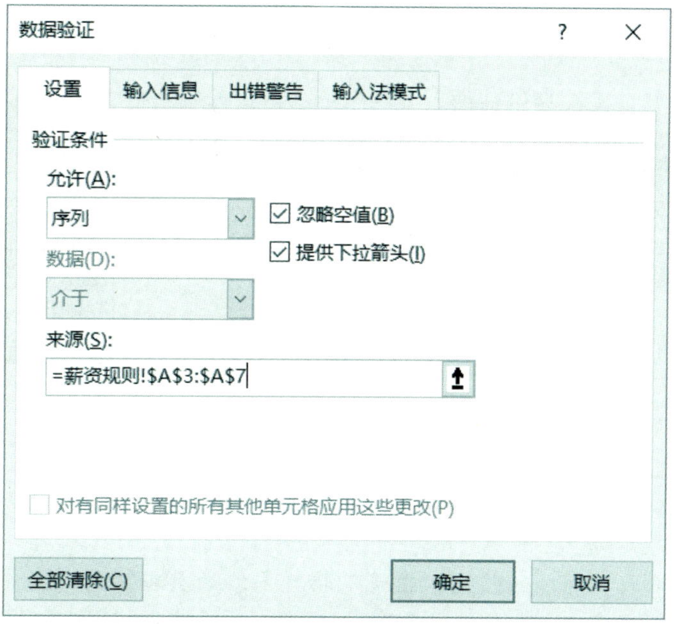

图 1－6　职务列数据验证

（2）2020 年 1 月，企业新进 3 名员工，请将 3 名员工的姓名、身份证等信息录入系统。

第一步：设置“身份证”列数据单元格格式。在“员工基本信息”工作表，选中“身份证”列，按右键找到“设置单元格格式”对话框。如图 1－7 所示，设置该列为文本格式。

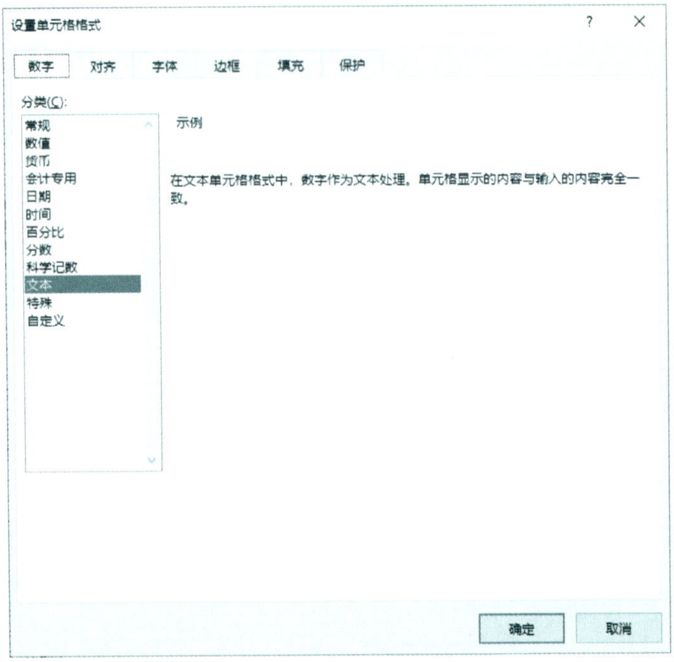

图 1－7　长数据格式的设置

第二步：按照要求录入身份证信息、学历、学位、性别等信息，如图 1－8 所示。

22	47080719891108××××	研发部	刘能	女	2012/9/13	大专	助理研究员	8
23	43010920000330××××	生产车间	曾久久	男	2020/1/1	大专	普通员工	0
24	42090819990617××××	生产车间	田莫名	女	2020/1/1	大专	普通员工	0
25	43020719981019××××	销售部	徐州	男	2020/1/1	大专	普通员工	0
26							总经理	
27							研究员	
28							助理研究员	
29							中层干部	
							普通员工	

图 1－8　新增员工数据录入

小常识

企业经常需要收集员工的信息，在录入特定内容的数据列时，为了防止数据错误，表格发放人员可以事先通过“数据验证”将已经设定好的数据作为该列的选项，表格填写人员只需要点击 EXCEL 的选项进行选择即可，这保证了数据的有效性。

项目拓展训练

卓尔康股份有限公司薪资数据如下，请帮助该企业设置部门、职称、费用类别三列数据的有效性，其中部门列数据有效性为：锅炉车间、行政部、机修车间、生产车间、销售部、财务部、研发部；职称列数据有效性为：高级、副高、中级、初级；费用类别列数据有效性为：辅助生产成本、管理费用、基本生产成本、销售费用，并填写不同部门员工的薪资对应的应当归集的费用类别。

卓尔康股份有限公司员工工资明细表如图 1－9 所示。

卓尔康股份员工工资明细表（1月份）

教职工号	部门	姓名	职称	岗位工资	薪级工资	绩效工资	基础绩效工资	奖励绩效工资	应发工资	养老金	医保	失业保险	公积金	个税	专项扣除	扣款合计	实发工资	应纳税所得额	费用类别
040116	行政部	曾盼丽	中级	590.00	285.00	346.00				381	95	39	680		833				
010124	行政部	邓琳	初级	1305.00	1090.25	605.33				475	118	49	843		83				
010217	行政部	胡一	副高	450.00	285.83	346.38				567	141	0	1044		63				
010225	行政部	黄婷	初级	680.00	307.00	362.00				446	111	46	813		0				
020111	行政部	李志龙	副高	680.00	307.00	362.00				255	63	26	487		0				
020131	行政部	刘建军	中级	1045.00	1007.33	557.03				224	56	23	459		0				
020205	行政部	刘玉婷	中级	590.00	207.00	338.00				205	51	21	405		0				
020406	行政部	邱贤	中级	1305.00	889.42	503.24				544	136	56	994		48				
020422	行政部	粟放	中级	619.00	225.00	343.00				464	116	48	848		0				
030110	行政部	王伟濉	副高	590.00	207.00	338.00				387	96	40	705		0				
030216	行政部	肖化	中级	619.00	225.00	343.00				166	41	18	392		0				
030223	行政部	谢萍	中级	590.00	207.00	356.00				166	41	18	410		0				
040302	行政部	张潜	中级	450.00	285.83	356.88				505	126	52	951		0				
040405	行政部	周娅	中级	590.00	285.00	346.00				224	56	23	434		0				
010132	行政部	冯霞	副高	1630.00	1007.33	623.73				254	63	26	466		0				
010215	行政部	胡向武	中级	1045.00	927.33	538.03				327	81	34	615		0				
030235	行政部	杨蓓	中级	680.00	660.00	444.00				288	72	30	549		0				
040212	行政部	张灵芝	高级	1040.00	459.00	469.00				383	95	40	689		0				
010129	财务部	范朝冬	初级	963.75	600.50	474.14				260	65	27	529		0				
020423	财务部	孙莹莹	副高	680.00	307.00	362.00				255	63	26	487		0				
030224	财务部	谢帅	副高	1180.00	1090.25	581.83				267	66	27	512		56				
030245	财务部	杨自辉	副高	450.00	207.50	338.55				281	70	29	537		0				
040105	财务部	尹志斌	中级	1040.00	571.33	487.93				261	65	27	494		44				
010112	锅炉车间	陈维华	中级	930.00	600.50	469.85				337	84	35	670		0				

图 1－9　卓尔康股份员工工资明细表

任务 2
用 EXCEL 进行宝东农牧薪资项目的计算

任务情境

录入了企业员工信息后，企业每月都需要计算企业当月的薪资情况，在“项目 1 EXCEL 在企业薪资管理中的应用（素材）. XLSX”进行如下操作：

1）计算“员工基本信息”工作表中的员工工龄，其中工龄＝当前年份－入职年份。

2）计算“月末考核情况”工作表中的员工月末考核等级，优秀、良好、中等、及格、不及格五个等级对应分数＞＝90、90＞分数＞＝80、80＞分数＞＝70、70＞分数＞＝60、分数＜60 五个分数段。

3）计算“专项附加扣除”工作表中的员工本月专项附加扣除数。

4）对“员工基本信息”工作表建立副本，重命名为“员工工资”工作表，设置事假天数、病假天数、基本工资、学历工资、工龄工资、奖金、事假扣款、病假扣款、应发工资、养老保险（个人）、医疗保险（个人）、工伤保险（个人）、公积金（个人）、专项附加扣除、个税、实发工资这几个工资项，员工工资表表头设置如图 1－10 所示。

H	I	J	K	L	M	N	O	P	Q	R	S	T	U	V	W	X
工龄	事假天数	病假天数	基本工资	学历工资	工龄工资	奖金	事假扣款	病假扣款	应发工资	养老保险(个人)	医疗保险(个人)	工伤保险(个人)	公积金(个人)	专项附加扣除	个税	实发工资

图 1－10　员工工资表表头设置

5）当月企业员工曾久久病假 2 天。已知病假每天扣款 50 元，事假扣款 200 元，并设置标题行窗格冻结。

6）录入各员工的基本工资。已知员工的基本工资和员工职务相关，具体规则可见企业“薪资规则”工作表。

7）录入各员工的学历工资。已知员工的学历工资和员工学历相关，具体规则可见企业“薪资规则”工作表。

8）录入各员工工龄工资。已知员工的工龄工资和员工工龄相关，具体规则可见企业“薪资规则”工作表。

9）录入各员工奖金。已知员工的奖金和月末考核情况相关，而不同考核情况对应的具体奖金金额可见企业“薪资规则”工作表。

10）计算应发工资：应发工资 = 基本工资 + 学历工资 + 工龄工资 + 奖金 － 事假扣款 －病假扣款。

11）进行企业五险一金的设置，其中员工五险一金计提基数为该员工应发工资，具体计提金额如表 1－3 所示。

表 1－3　五险一金计提比例表

工资项	计算公式
养老保险（个人）	五险一金计提基数 ×8%
医疗保险（个人）	五险一金计提基数 ×2%
失业保险（个人）	五险一金计提基数 ×0.2%
住房公积金	五险一金计提基数 ×12%

12）录入本月专项附加扣除。各员工专项附加扣除情况请查看专项附加扣除工作表。

13）进行个税的计算。

14）计算实发工资：实发工资 = 应发工资 － 代扣社保 － 代扣公积金 － 个税。

自行美化员工工资表，设置各工资项保留两位小数。

知识链接

企业薪资体系的设计是企业人力资源管理的一个研究方向，是企业激励制度设计的一个重要方向，在 EXCEL 中可以将企业的薪资规则单独列示出来，便于企业财务人员的核算。

在真正实施时，可以通过 VLOOKUP 函数从薪资规则中查找匹配的规则进行薪资的设定。VLOOKUP 函数是 EXCEL 中的一个纵向查找函数，它与 LOOKUP 函数和 HLOOKUP 函数属于同一类函数，在工作中都有广泛应用，例如可以用来核对数据、多个表格之间快速导入数据等。VLOOKUP 函数功能是按列查找，最终返回该列所需查询序列所对应的值，与之对应的 HLOOKUP 是按行查找的。VLOOKUP 函数参数如表 1－4 所示。

语法：VLOOKUP(Lookup_value,Table_array,Col_index_num,Range_lookup)

表 1－4　　VLOOKUP 函数参数一览表

参数	简单说明	输入数据类型
Lookup_value	要查找的值	数值、引用或文本字符串
Table_array	要查找的区域	数据表区域
Col_index_num	返回数据在查找区域的第几列数	正整数
Range_lookup	精确匹配/近似匹配	FALSE（或 0）/TRUE（或 1 或不填）

IF 函数也是 EXCEL 中应用广泛的函数，可以完成规则的设定，根据指定的条件来判断其“真（TRUE)”、“假（FALSE)”，根据逻辑计算的真假值，从而返回相应的内容。可以使用函数 IF 对数值和公式进行条件检测。

语法：IF(Logical_test,Value_if_true,Value_if_false)

该语法类似于 IF(测试条件,结果 1,结果 2)，即如果满足“测试条件”则显示“结果 1”，如果不满足“测试条件”则显示“结果 2”。IF 函数的嵌套使用非常常见，任务实施部分会详细讲述函数嵌套的简便方法。

任务实施

1）打开“员工基本信息”表，计算员工工龄。

在 H2 单元格录入公式：＝YEAR($J$1)－YEAR(E2),YEAR()函数是获得 J1 单元格的日期，实际操作中应当用 TODAY()函数获取当前日期，YEAR(TODAY())表示从当前日期中获得年份信息。需要注意的是，在使用日期函数时，我们最终得到的结果应该是个整数，而在单元格显示的结果是日期时，可以将该单元格格式设置为整数格式。

将鼠标放置在 H2 单元格右下角，鼠标变成填充柄样式，拖动填充柄，将公式相对引用到其他单元格，得到各个员工的工龄。

2）打开“月末考核情况”工作表，计算员工月末考核等级。

在单元格 C3 录入公式：＝IF(B3＞＝90,"优秀",IF(B3＞＝80,"良好",IF(B3＞＝70,"中等",IF(B3＞＝60,"及格","不及格"))))，并拖动填充柄填充公式到后续列单元格中。

3）打开“专项附加扣除”工作表，计算员工本月专项附加扣除数。

在 I3 单元格录入公式：＝SUM(C3:H3)，并拖动填充柄填充公式。

4）制作员工工资表。选中“员工基本信息”工作表，按右键选择“移动或复制工作表”建立副本，重命名为“员工工资表”。添加事假天数、病假天数、基本工资、学历工资、工龄工资、职务津贴、奖金、事假扣款、病假扣款、应发工资、代扣社保、代扣公积金、专项附加扣除、个税、实发工资这几个工资项。

5）当月企业员工曾久久病假 2 天。在事假 O2 单元格录入公式：=200 * I2，在病假 P2 单元格录入公式：=J2 * 50，并拖动填充柄填充所有该列单元格。

6）录入各员工的基本工资。在“员工工资表”的“基本工资”列的 K2 单元格，插入 VLOOKUP 函数，具体设置参数如图 1 - 11 所示，按确定按钮后公式显示为：=VLOOKUP(员工工资表! G2,薪资规则! $A$3:$B$7,2,FALSE)，我们使用 VLOOKUP 进行精确查找时，第四个参数为 FALSE。

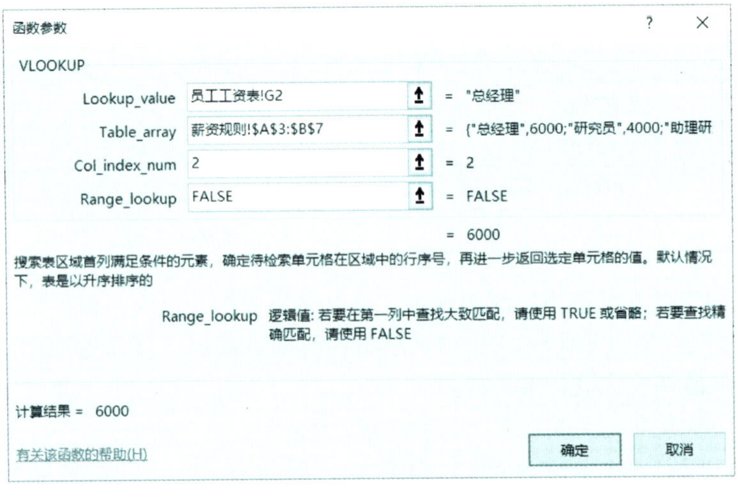

图 1 - 11　基本工资的计算

7）录入各员工的学历工资。在“员工工资表”的“学历工资”列的 L2 单元格，插入 VLOOKUP 函数具体设置参数如图 1 - 12 所示，按确定按钮后公式显示为：=VLOOKUP(F2,薪资规则! $K$3:$L$7,2,FALSE)。

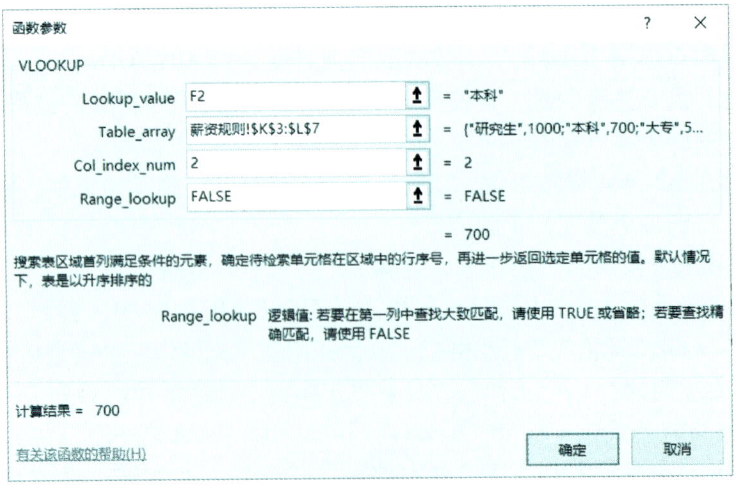

图 1 - 12　学历工资的计算

8）录入各员工工龄工资。在“员工工资表”的“工龄工资”列的 M2 单元格，插入 IF 函数具体设置参数如图 1－13 所示，为了进行简便的 IF 函数嵌套，我们可以在函数的第三个参数处录入 IF( ) 函数。

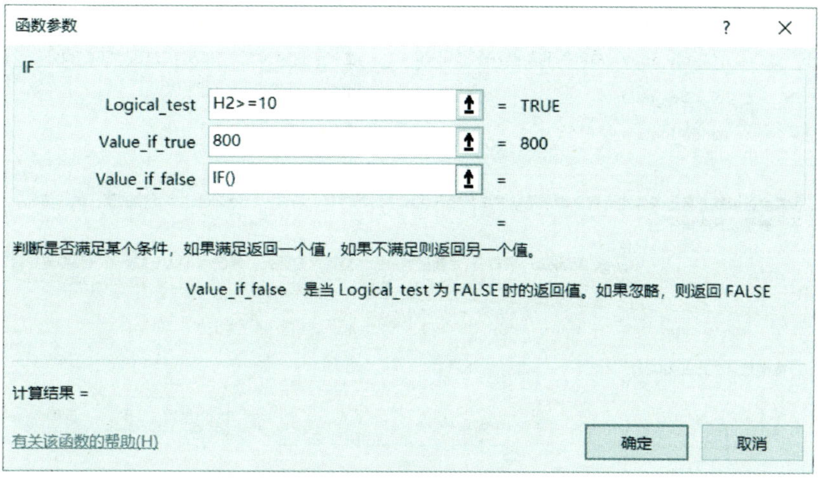

图 1－13　工龄工资的计算

将鼠标光标放置于公式栏的 IF( ) 函数括号内，则会快速弹出嵌套的第二层 IF( ) 函数，如图 1－14 所示。如此类推最后得到该单元格函数：＝IF(H2＞＝10,800,IF(H2＞＝5,500,IF(H2＞＝1,300,0)))。

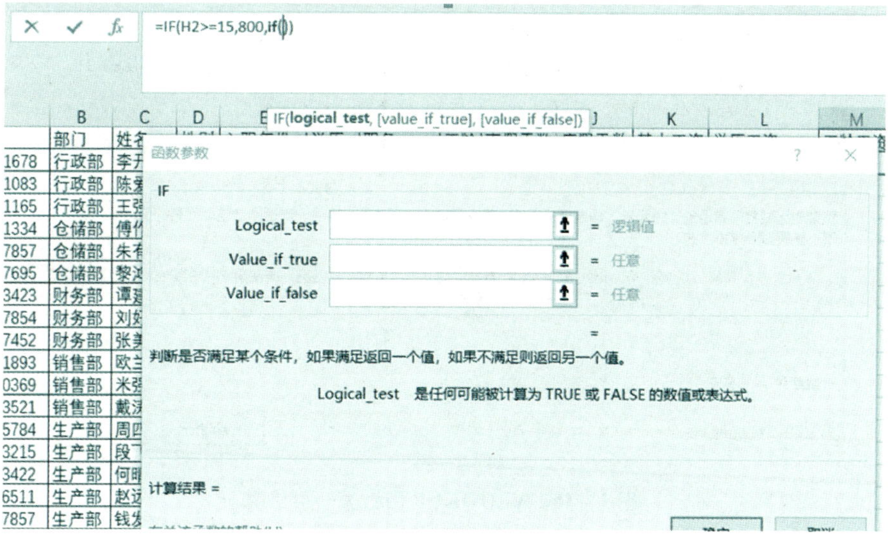

图 1－14　IF 函数的嵌套

9）录入各员工奖金。对员工的奖金进行录入时，首先需要找到每个员工对应的考核等级，再根据考核等级查找到相应等级对应的奖金。因此，需要用到 VLOOKUP 函数的嵌套。

第一步，我们在单元格 N2 中，用“＝VLOOKUP(A2,月末考核情况！$A$3：$C

$26,3,FALSE)”找到每个员工对应的考核等级，如图 1 – 15 所示。

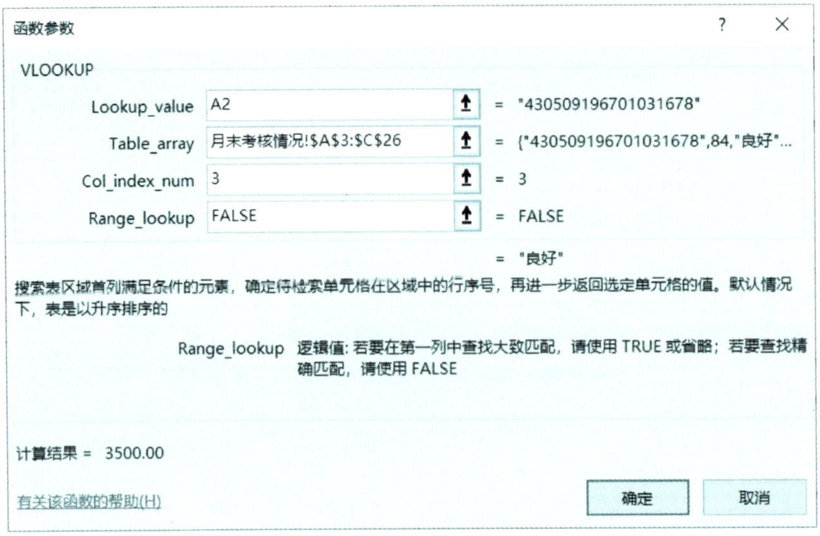

图 1 – 15 VLOOKUP 函数第二层嵌套

第二步，将上一步得到的公式剪切到剪切板上，重新录入 VLOOKUP 函数，其中该函数的第一个参数处填入我们剪切的公式，具体情况如图 1 – 16 所示。

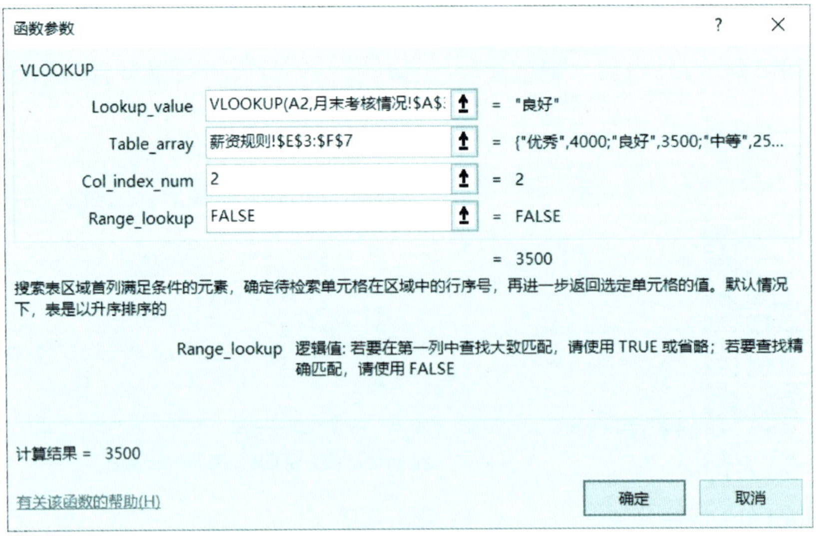

图 1 – 16 VLOOKUP 函数第一层嵌套

最后 N2 单元格的公式为两层嵌套的 VLOOKUP 函数：=VLOOKUP(VLOOKUP(A2,月末考核情况！$A$3:$C$26,3,FALSE)，薪资规则！$E$3:$F$7,2,FALSE)，拖动填充柄将公式填充到该列其他单元格。

10）应发工资单元格 Q2 录入公式：=SUM(K2:N2) – O2 – P2，拖动填充柄将公式填充到该列其他单元格。

11）进行企业五险一金的设置，其中员工五险一金计提基数为该员工应发工资：

养老保险（个人）的计算，R2 单元格录入公式：=Q2＊8%，拖动填充柄将公式填充到该列其他单元格。

医疗保险（个人）的计算，S2 单元格录入公式：=Q2＊2%，拖动填充柄将公式填充到该列其他单元格。

失业保险（个人）的计算，T2 单元格录入公式：=Q2＊0.2%，拖动填充柄将公式填充到该列其他单元格。

公积金（个人）的计算，U2 单元格录入公式：=Q2＊12%，拖动填充柄将公式填充到该列其他单元格。

12）录入本月专项附加扣除。在 V2 单元格录入公式：=VLOOKUP(A2,专项附加扣除!$A$2:$J$26,10,FALSE)，如图 1－17 所示。拖动填充柄将公式填充到该列其他单元格。

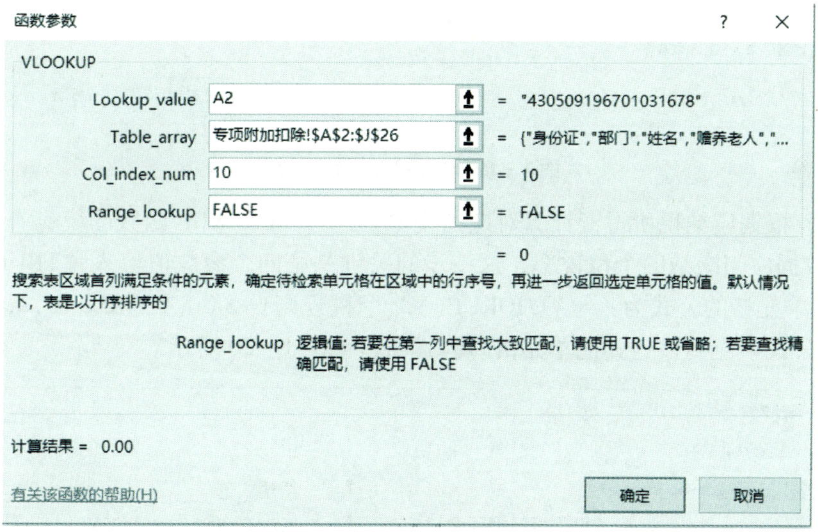

图 1－17　专项附加扣除列的计算

13）进行个税的计算。

为了进行个税的计算，我们在员工工资表工资项后添加三列：应纳税所得额、税率、扣除数，作为辅助计算列，如图 1－18 所示。

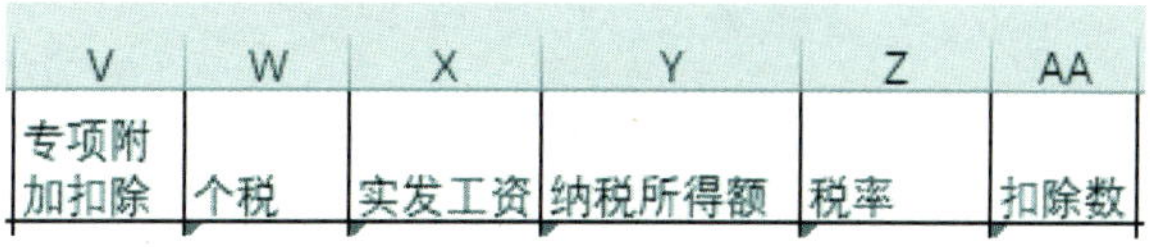

图 1－18　个税计算添加列

第一步，首先计算应纳税所得额。应纳税所得额＝综合所得－依法规定的免征额－5000 元（基本减除费用）－社保公积金个人部分（个人基本养老保险、基本医疗保险、失业保险、住房公积金等专项扣除项目）－专项附加扣除项目（子女教育支出、继续教育支出、大病医疗支出、住房贷款利息或者住房租金、赡养老人支出等）。

所以 Y2 单元格录入公式：=IF(Q2-SUM(R2:U2)-V2-5000>=0,Q2-SUM(R2:U2)-V2-5000,0)，拖动填充柄将公式填充到该列其他单元格。IF 函数具体效果如图 1-19 所示。

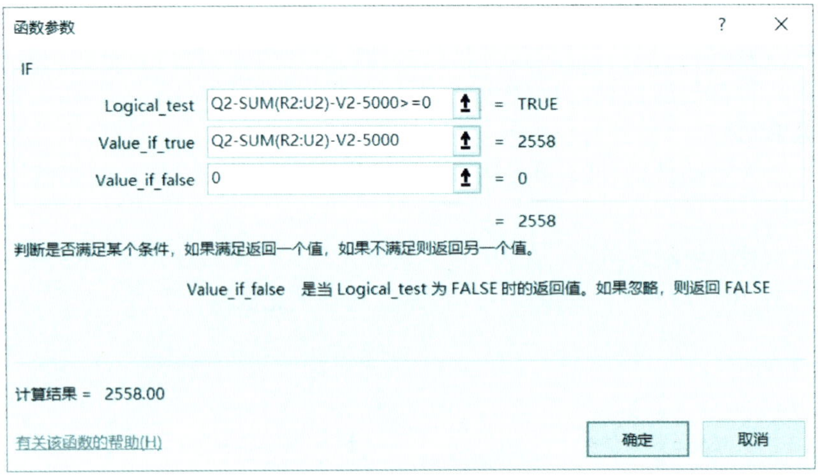

图 1-19 应纳税所得额计算

第二步，根据应纳税所得额计算对应的税率。通过 VLOOKUP 函数的模糊查找功能查找 W2 单元格数据应当缴纳的个税税率，这一步的关键是第四个参数值填入“TRUE”，表示模糊查找。Z2 单元格的公式为：=VLOOKUP(Y2,个税规则！$C$4:$E$10,2,TRUE)，拖动填充柄将公式填充到该列其他单元格。公式窗口如图 1-20 所示。

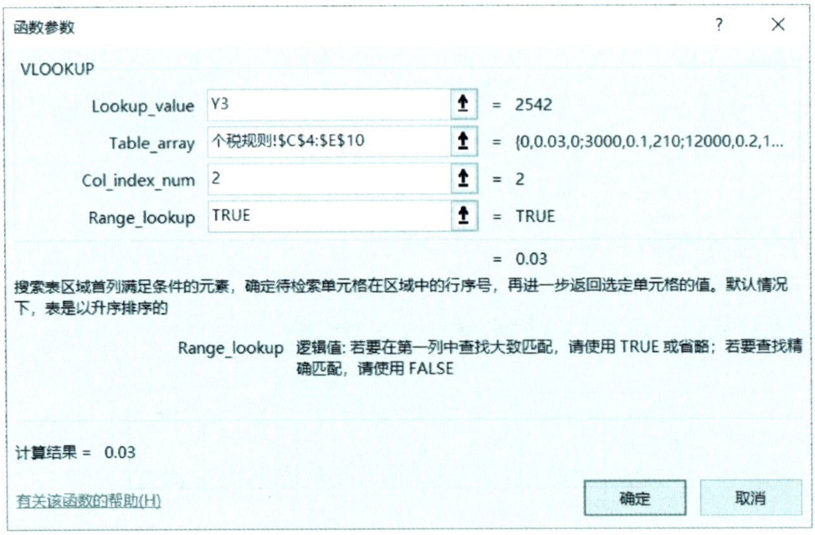

图 1-20 应纳税所得额对应税率的计算

第三步，根据应纳税所得额计算对应的扣除数。通过 VLOOKUP 函数的模糊查找功能查找 AA 单元格数据应当扣除的速算扣除数，这一步的关键是第四个参数值填入“TRUE”，表示模糊查找。AA2 单元格的公式为：=VLOOKUP(Y2,个税规则！$C$4:$E$10,3,

TRUE)，拖动填充柄将公式填充到该列其他单元格。公式窗口如图 1－21 所示。

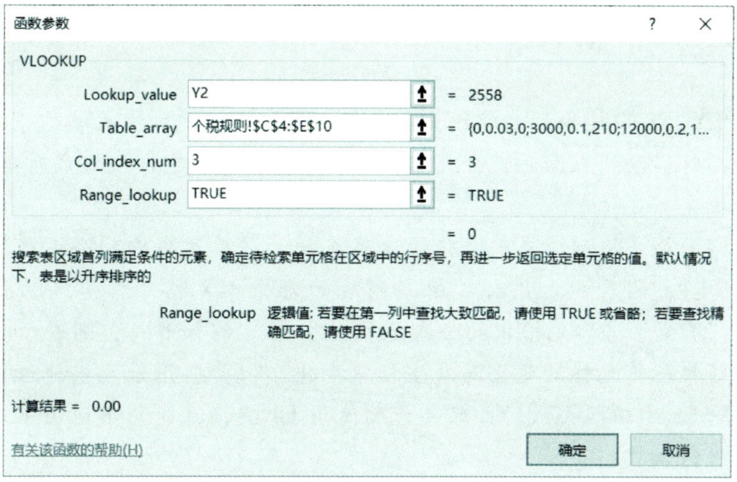

图 1－21　应纳税所得额对应扣除数的计算

第四步，计算员工该月应缴纳个税。W2 单元格录入公式：＝Y2＊Z2－AA2，拖动填充柄将公式填充到该列其他单元格。

14）计算实发工资。根据公式：实发工资＝应发工资－代扣社保－代扣公积金－个税，在 X2 单元格录入公式：＝Q2－SUM(R2:U2)－W2，拖动填充柄将公式填充到该列其他单元格。

15）选择整个工资表，给表格添加边框，并设置单元格格式为数值格式保留两位小数，如图 1－22 所示。

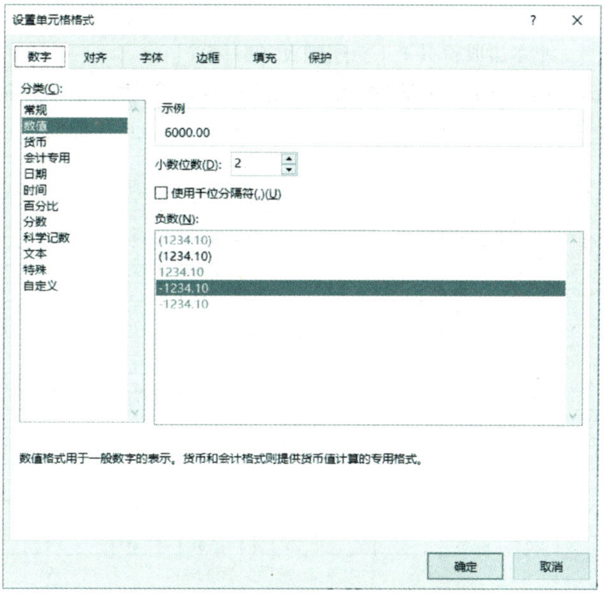

图 1－22　表格数字格式设置

小常识

填充柄是 EXCEL 中提供的快速填充单元格工具。在选定的单元格右下角，会看到方形点，当鼠标指针移动到上面时，会变成细黑十字形，拖拽它即可完成对单元格的数据、格式、公式的填充。

当对单元格的公式拖动填充柄进行快速填充时，若单元格中的公式是绝对单元格引用（例如$A$1），则表示无论公式填充到后面哪个单元格，总是绝对引用该单元格（例如$A$1）不变。若单元格中的公式是相对引用（例如 B1），则表示单元格公式中的引用地址会随目标单元格的变化而发生相应变化，但其引用单元格地址之间的相对地址不变。在 EXCEL 中输入公式时，只要正确使用 F4 键，就能简单地对单元格的相对引用和绝对引用进行切换。

用 VLOOKUP 函数进行查询时，最后一个参数是 FALSE 表示进行精确查找，TRUE 表示进行模糊查找。

项目拓展训练

卓尔康股份有限公司薪资数据如图 1－23 所示，请帮助该企业进行 1 月薪资数据处理。

	A	B	C	D	E	F	G	H	I	J	K	L	M	N	O	P	Q	R	S	T
1	卓尔康股份员工工资明细表（1月份）																			
2	教职工号	部门	姓名	职称	岗位工资	薪级工资	绩效工资	基础绩效工资	奖励绩效工资	应发工资	养老金	医保	失业保险	公积金	个税	专项扣除	扣款合计	实发工资	应纳税所得额	费用类别
3	040116	行政部	曾盼丽	中级	590.00	285.00	346.00				381	95	39	680		833				
4	010124	行政部	邓琳	初级	1305.00	1090.25	605.33				475	118	49	843		83				
5	010217	行政部	胡一	副高	450.00	285.83	346.38				567	141	0	1044		63				
6	010225	行政部	黄婷	初级	680.00	307.00	362.00				446	111	46	813		0				
7	020111	行政部	李志龙	副高	680.00	307.00	362.00				255	63	26	487		0				
8	020131	行政部	刘建军	中级	1045.00	1007.33	557.03				224	56	23	459		0				
9	020205	行政部	刘玉婷	中级	590.00	207.00	338.00				205	51	21	405		0				
10	020406	行政部	邱贤	中级	1305.00	889.42	503.24				544	136	56	994		48				
11	020422	行政部	粟放	中级	619.00	225.00	343.00				464	116	48	848		0				
12	030110	行政部	王伟滩	副高	590.00	207.00	338.00				387	96	40	705		0				
13	030216	行政部	肖化	中级	619.00	225.00	343.00				166	41	18	392		0				
14	030223	行政部	谢萍	中级	590.00	207.00	356.00				166	41	18	410		0				
15	040302	行政部	张潜	中级	450.00	285.83	356.88				505	126	52	951		0				
16	040405	行政部	周娅	中级	590.00	285.00	346.00				224	56	23	434		0				
17	010132	行政部	冯霞	副高	1630.00	1007.33	623.73				254	63	26	466		0				
18	010215	行政部	胡向武	中级	1045.00	927.33	538.03				327	81	34	615		0				
19	030235	行政部	杨蓓	中级	680.00	660.00	444.00				288	72	30	549		0				
20	040212	行政部	张灵芝	高级	1040.00	459.00	469.00				383	95	40	689		0				
21	010129	财务部	范朝冬	初级	963.75	600.50	474.14				260	65	27	529		0				
22	020423	财务部	孙莹莹	副高	680.00	307.00	362.00				255	63	26	487		0				
23	030224	财务部	谢帅	副高	1180.00	1090.25	581.83				267	66	27	512		56				
24	030245	财务部	杨自辉	副高	450.00	207.50	338.55				281	70	29	537		0				
25	040105	财务部	尹志斌	中级	1040.00	571.33	487.93				261	65	27	494		44				
26	010112	锅炉车间	陈维华	中级	930.00	600.50	469.85				337	84	35	670		0				

图 1－23　卓尔康股份员工工资明细表

1）绩效工资、基础绩效工资不同的职称不同，具体设置如表 1－5 所示：

表 1－5　　卓尔康股份员工工资绩效情况

职称	基础性绩效工资	奖励绩效工资
高级	2860	1448
副高	2220	1109
中级	2040	981
初级	1990	920

2）应发工资＝岗位工资＋薪级工资＋绩效工资＋基础绩效工资＋奖励绩效工资。

3）应纳税所得额＝应发工资－社保公积金个人部分（个人基本养老保险、基本医疗保险、失业保险、住房公积金等专项扣除项目）－专项附加扣除项目（子女教育支出、继续教育支出、大病医疗支出、住房贷款利息或者住房租金、赡养老人支出等）－5000 元，判断是否大于 0。

4）个税＝应纳税所得额×税率－扣除数。

5）扣款合计＝养老金＋医保＋失业保险＋公积金＋个税。

6）实发工资＝应发工资－扣款合计。

7）设置不同部门员工薪资费用类别。

任务 3
用 EXCEL 进行宝东农牧薪资数据的分类汇总

任务情境

谭总监月底打算使用分类汇总方法对企业薪资费用进行汇总，以便后续填写记账凭证，请继续对“项目 1 EXCEL 在企业薪资管理中的应用（素材）. XLSX”进行操作。

1）在“部门基本信息”工作表添加“费用类别”列，录入各种费用，包括：管理费用、制造费用、销售费用、基本生产成本、辅助生产成本、研发支出等。

2）在“员工工资表”工作表添加“费用类别”列，设置该列数据验证来自“部门基本信息”工作表的“费用类别”列，并根据实际情况录入员工薪资应该对应的费用类别。

3）新建工作表“员工工资分类汇总”，通过“选择性粘贴”功能“粘贴值与源格式”选项，将“员工工资”工作表数据进行粘贴。

4）在“员工工资分类汇总”工作表中，以“费用类别”列为关键字，进行排序。

5）在“员工工资分类汇总”工作表中，以对“费用类别”为汇总字段，进行分类汇总。

知识链接

每月底企业薪资数据计算完之后，薪资的原始凭证就基本制作完毕了。接下来就需要根据工资费用的经济用途分别进行汇总，为后续填制薪资相关的记账凭证做准备。EXCEL 可以通过“分类汇总”功能或者“透视表”功能两种方法达到目的。

EXCEL 分类汇总就是把资料进行数据化后，先按照某一标准进行分类，然后在分完类的基础上对各类别相关数据分别进行求和、求平均数、求个数、求最大值、求最小值等方法的汇总。

企业薪资费用用 EXCEL 的分类汇总进行汇总的步骤，即先设置“费用类别”列，根据工资费用的经济用途，如生产工人工资属于直接人工费用，直接计入“生产成本”账户借方；车间管理人员的工资属于间接人工费用，计入“制造费用”账户借方；企业行政管理人员的工资以及销售人员的工资属于期间费用，分别计入“管理费用”“销售费用”账户的借方。然后对费用类别这一列进行分类，对相关数据列进行求和。

任务实施

通过对情境的分析，完成以下任务：

1）“部门基本信息”工作表添加“费用类别”列，包括：管理费用、制造费用、销售费用、基本生产成本、辅助生产成本、研发支出，具体如图 1－24 所示。

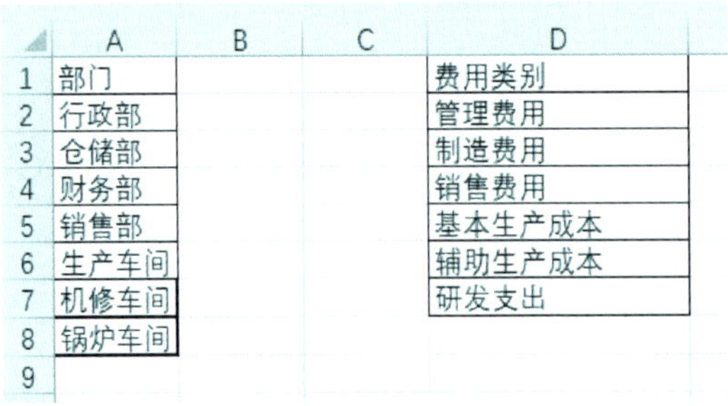

图 1－24　费用类别一览表

2）“员工工资表”工作表添加“费用类别”列，设置该列数据验证来自“部门基本信息”工作表的“费用类别”列。并根据实际情况录入每个员工对应的薪资应该属于的费用类别，如图 1－25 所示。

图 1－25　员工工资表数据验证

第一步，“员工工资表”工作表添加“费用类别”列。

第二步，“员工工资表”工作表选中“费用类别”列，在“数据”菜单栏找到“数据验证”工具，弹出的对话框进行如图 1－26、图 1－27 设置。

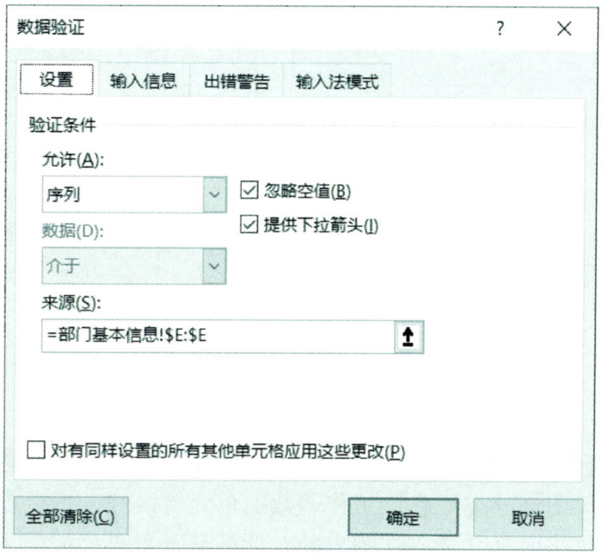

图 1－26　费用类别列数据验证

	A	B	C	D	E	F	G	H	I	J	K	L	M	N
1	身份证	部门	姓名	性别	入职年份	学历	职务	工龄	事假天数	病假天数	基本工资	学历工资	工龄工资	奖金
2	430509196701031678	行政部	李开运	男	1999/1/15	本科	总经理	22			6000	700	800	3500
3	430506197711031063	行政部	陈爱国	女	1999/9/7	本科	中层干部	22			5000	700	800	2500
4	430509198501021165	行政部	王强	男	2009/12/6	中专	普通员工	12			3000	300	800	4000
5	430509198001031334	仓储部	傅作	男	2000/1/16	中专	中层干部	21			5000	300	800	4000
6	430509199811307857	仓储部	朱有金	男	2016/2/10	中专	普通员工	5			3000	300	500	3500
7	430509197812307695	仓储部	黎鸿	男	1999/3/10	初中	普通员工	22			3000	200	800	3500
8	430509199011113423	财务部	谭建业	男	2019/4/8	大专	中层干部	2			5000	500	300	3500
9	430509199909307854	财务部	刘妤	女	2018/5/8	中专	普通员工	3			3000	300	300	2500
10	430509199706227452	财务部	张美玲	女	2019/6/7	中专	普通员工	2			3000	300	300	4000
11	430509198901231893	销售部	欧兰	女	2010/7/9	本科	中层干部	11			5000	700	800	4000
12	430509199811110369	销售部	米强	男	2019/8/11	中专	普通员工	2			3000	300	300	4000
13	430509199807043521	销售部	戴涛	男	2019/9/4	中专	普通员工	2			3000	300	300	3500
14	430509197911105784	生产车间	周四好	男	1999/12/7	中专	中层干部	22			5000	300	800	2500
15	430509198712043215	生产车间	段飞	男	2009/1/9	初中	普通员工	12			3000	200	800	3500
16	430509199410033422	生产车间	何鹏	女	2014/2/11	中专	普通员工	7			3000	300	500	3500
17	430509199501306511	生产车间	赵远航	男	2017/3/4	中专	普通员工	4			3000	300	300	2000
18	430509199803304532	生产车间	钱发达	男	2019/4/13	中专	普通员工	2			3000	300	300	4000
19	420107198903219998	机修车间	吴昕	男	2009/6/9	中专	普通员工	12			3000	300	800	3500
20	410909199012237788	锅炉车间	贺永念	男	2011/12/21	中专	普通员工	10			3000	300	800	3500
21	420101197909080004	研发部	赵强	男	2005/1/5	大专	研究员	16			4000	500	800	4000
22	470807198911089864	研发部	刘能	女	2012/9/13	大专	助理研究员	9			3000	500	500	3500
23	430109200003307857	生产车间	曾久久	男	2020/1/1	大专	普通员工	1		2	3000	500	300	2500
24	420906199806177652	生产车间	田莫名	女	2020/1/1	大专	普通员工	1			3000	500	300	2500
25	430207199810192372	销售部	徐州	男	2020/1/1	大专	普通员工	1			3000	500	300	3500

	O	P	Q	R	S	T	U	V	W	X	Y	Z	AA	AB
1	事假扣款	病假扣款	应发工资	养老保险	医疗保险	失业保险	公积	专项附	个税	实发工资	纳税所得额	税率	扣除数	费用类别
2	0	0	11000	880	220	22	1320	0	145.8	8412.2	3558	0.1	210	管理费用
3	0	0	9000	720	180	18	1080	0	60.06	6941.94	2002	0.03	0	管理费用
4	0	0	8100	648	162	16.2	972	0	39.054	6262.75	1301.8	0.03	0	管理费用
5	0	0	10100	808	202	20.2	1212	1000	55.734	7802.07	1857.8	0.03	0	管理费用
6	0	0	7300	584	146	14.6	876	0	20.382	5659.02	679.4	0.03	0	管理费用
7	0	0	7500	600	150	15	900	3000	0	5835	0	0.03	0	管理费用
8	0	0	9300	744	186	18.6	1116	800	43.062	7192.34	1435.4	0.03	0	管理费用
9	0	0	6100	488	122	12.2	732	400	0	4745.8	0	0.03	0	管理费用
10	0	0	7600	608	152	15.2	912	400	15.384	5897.42	512.8	0.03	0	管理费用
11	0	0	10500	840	210	21	1260	0	106.9	8062.1	3169	0.1	210	销售费用
12	0	0	7600	608	152	15.2	912	0	27.384	5885.42	912.8	0.03	0	销售费用
13	0	0	7100	568	142	14.2	852	400	3.714	5520.09	123.8	0.03	0	销售费用
14	0	0	8600	688	172	17.2	1032	1000	20.724	6670.08	690.8	0.03	0	制造费用
15	0	0	7500	600	150	15	900	0	25.05	5809.95	835	0.03	0	基本生产成本
16	0	0	7300	584	146	14.6	876	0	20.382	5659.02	679.4	0.03	0	基本生产成本
17	0	0	5600	448	112	11.2	672	0	0	4356.8	0	0.03	0	基本生产成本
18	0	0	7600	608	152	15.2	912	400	15.384	5897.42	512.8	0.03	0	基本生产成本
19	0	0	7600	608	152	15.2	912	0	27.384	5885.42	912.8	0.03	0	辅助生产成本
20	0	0	7600	608	152	15.2	912	0	27.384	5885.42	912.8	0.03	0	辅助生产成本
21	0	0	9300	744	186	18.6	1116	400	55.062	7180.34	1835.4	0.03	0	研发支出
22	0	0	7500	600	150	15	900	400	13.05	5821.95	435	0.03	0	研发支出
23	0	100	6200	496	124	12.4	744	400	0	4823.6	0	0.03	0	基本生产成本
24	0	0	6300	504	126	12.6	756	400	0	4901.4	0	0.03	0	基本生产成本
25	0	0	7300	584	146	14.6	876	400	8.382	5671.02	279.4	0.03	0	销售费用

图 1－27　费用类别录入结果显示

第三步，根据实际情况录入每个员工对应的薪资应该归属的费用类别。

3）新建工作表“员工工资分类汇总”，通过“选择性粘贴”功能“粘贴值与源格式”选项，将“员工工资”工作表数据进行粘贴，如图 1－28 所示。

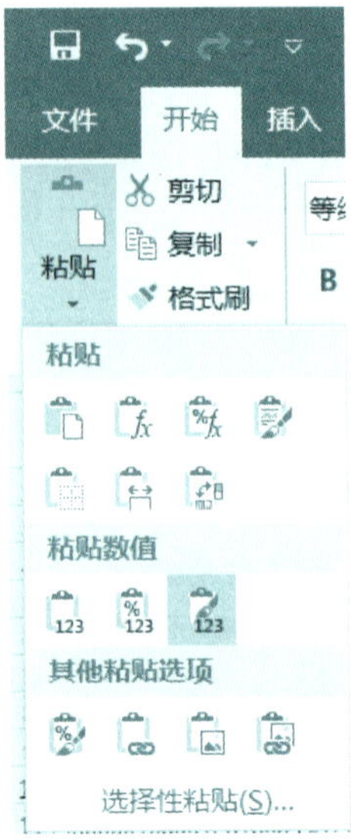

图 1－28　选择性粘贴功能

4）在“员工工资分类汇总”工作表中，以“费用类别”列为关键字，进行排序。

将鼠标放置“员工工资分类汇总”工作表数据单元格区域，然后点击菜单栏的“数据”选项，选择工具栏的“排序”功能，在弹出的对话框设置主要关键字为“费用类别”，效果如图 1－29、图 1－30 所示。

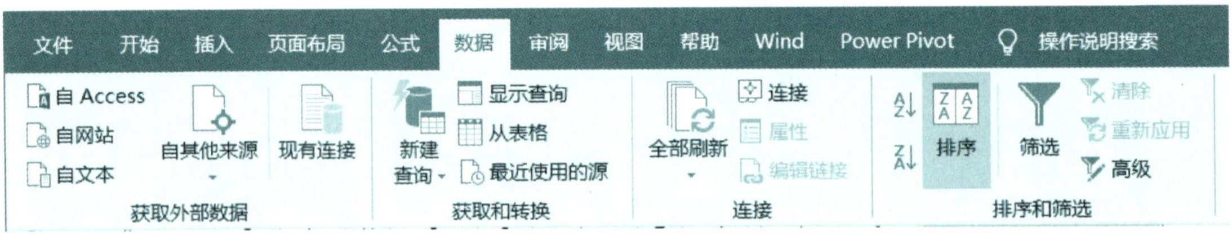

图 1－29　排序功能

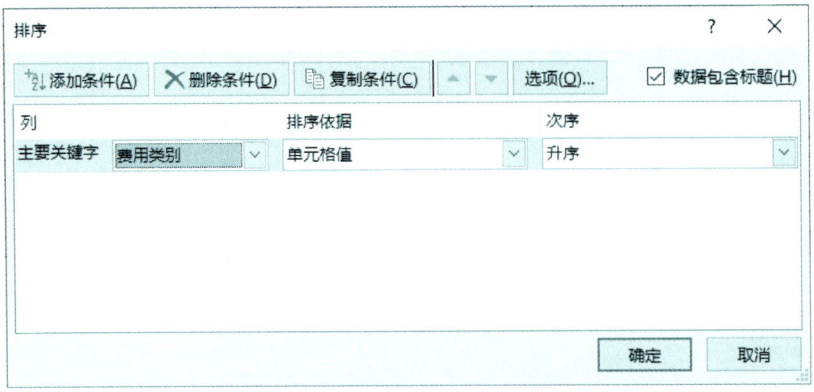

图 1－30　对费用类别列进行排序

5）在“员工工资分类汇总”工作表中，以对“费用类别”为汇总字段，进行分类汇总。

将鼠标放置在“员工工资分类汇总”工作表数据单元格区域，点击菜单栏的“数据”选项，选择工具栏“分类汇总”功能，如图 1 – 31 所示。

图 1 – 31　分类汇总功能

在弹出的分类汇总对话框中，分类字段选择“费用类别”，汇总方式选择“求和”，汇总项选择应发工资、养老保险（个人）、医疗保险（个人）、失业保险（个人）、公积金（个人）、个税、实发工资，如图 1 – 32 所示。

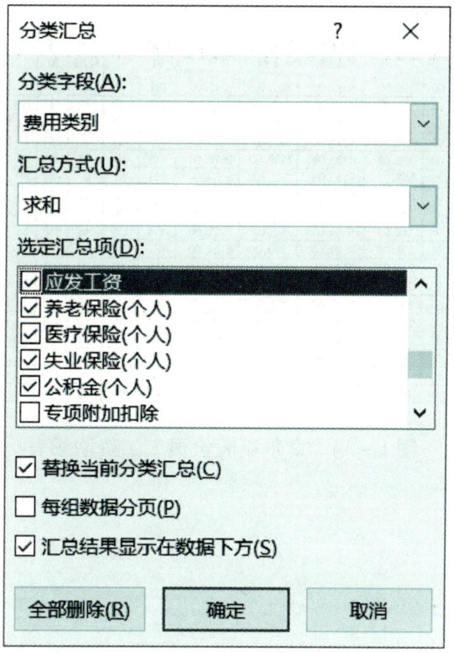

图 1 – 32　对费用类别列进行分类汇总

最后生成分类汇总效果如图 1 – 33 所示。

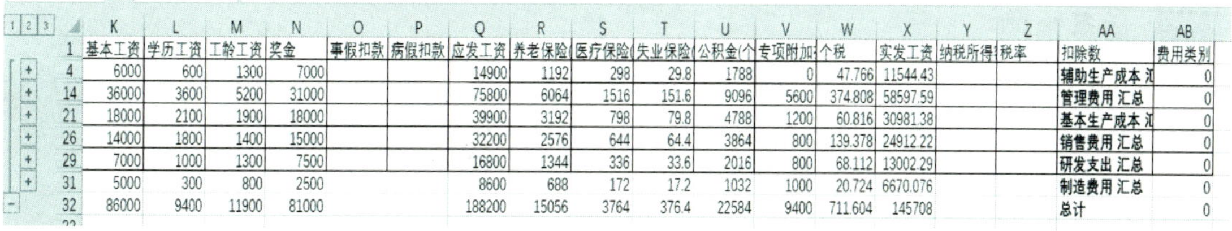

	K	L	M	N	O	P	Q	R	S	T	U	V	W	X	Y	Z	AA	AB
1	基本工资	学历工资	工龄工资	奖金	事假扣款	病假扣款	应发工资	养老保险(	医疗保险(	失业保险(	公积金(个	专项附加	个税	实发工资	纳税所得	税率	扣除数	费用类别
4	6000	600	1300	7000			14900	1192	298	29.8	1788	0	47.766	11544.43			辅助生产成本 汇	0
14	36000	3600	5200	31000			75800	6064	1516	151.6	9096	5600	374.808	58597.59			管理费用 汇总	0
21	18000	2100	1900	18000			39900	3192	798	79.8	4788	1200	60.816	30981.38			基本生产成本 汇	0
26	14000	1800	1400	15000			32200	2576	644	64.4	3864	800	139.378	24912.22			销售费用 汇总	0
29	7000	1000	1300	7500			16800	1344	336	33.6	2016	800	68.112	13002.29			研发支出 汇总	0
31	5000	300	800	2500			8600	688	172	17.2	1032	1000	20.724	6670.076			制造费用 汇总	0
32	86000	9400	11900	81000			188200	15056	3764	376.4	22584	9400	711.604	145708			总计	0

图 1 – 33　薪资分类汇总效果图

小常识

对工作表按照某个数据列进行分类汇总之前，务必记住先对工作表按照该汇总列进行排序，然后再进行分类汇总。

项目拓展训练

已知卓尔康股份公司的薪资数据如图 1－34 所示，请帮助企业使用分类汇总方法进行薪资费用类别的归集。

	A	B	C	D	E	F	G	H	I	J	K	L	M	N	O	P	Q	R	S	T
1	卓尔康股份员工工资明细表（1月份）																			
2	教职工号	部门	姓名	职称	岗位工资	薪级工资	绩效工资	基础绩效工资	奖励绩效工资	应发工资	养老金	医保	失业保险	公积金	个税	专项扣除	扣款合计	实发工资	应纳税所得额	费用类别
3	040116	行政部	曾盼丽	中级	590.00	285.00	346.00	5040.00	981.00	7242.00	381	95	39	680	6.42	833	1201.42	6040.58	214	管理费用
4	010124	行政部	邓琳	初级	1305.00	1090.25	605.33	4990.00	920.00	8910.58	475	118	49	843	129.26	83	1614.26	7296.32	2342.575	管理费用
5	010217	行政部	胡一	副高	450.00	285.83	346.38	6220.00	1109.00	8411.22	567	141	0	1044	54.62	63	1806.62	6604.60	1596.217	管理费用
6	010225	行政部	黄婷	初级	680.00	307.00	362.00	4990.00	920.00	7259.00	446	111	46	813	25.29	0	1441.29	5817.71	843	管理费用
7	020111	行政部	李志龙	副高	680.00	307.00	362.00	6220.00	1109.00	8678.00	255	63	26	487	179.70	0	1010.70	7667.30	2847	管理费用
8	020131	行政部	刘建军	中级	1045.00	1007.33	557.03	5040.00	981.00	8630.37	224	56	23	459	181.84	0	943.84	7686.53	2868.367	管理费用
9	020205	行政部	刘玉婷	中级	590.00	207.00	338.00	5040.00	981.00	7156.00	205	51	21	405	44.22	0	726.22	6429.78	1474	管理费用
10	020406	行政部	邱贤	中级	1305.00	889.42	503.24	5040.00	981.00	8718.66	544	136	56	994	89.07	48	1819.07	6899.59	1940.658	管理费用
11	020422	行政部	粟放	中级	619.00	225.00	343.00	5040.00	981.00	7208.00	464	116	48	848	21.96	0	1497.96	5710.04	732	管理费用
12	030110	行政部	王伟滩	副高	590.00	207.00	338.00	6220.00	1109.00	8464.00	387	96	40	705	118.60	0	1346.60	7117.40	2236	管理费用
13	030216	行政部	肖化	中级	619.00	225.00	343.00	5040.00	981.00	7208.00	166	41	18	392	54.10	0	671.10	6536.90	1591	管理费用
14	030223	行政部	谢萍	中级	590.00	207.00	356.00	5040.00	981.00	7174.00	166	41	18	410	48.90	0	683.90	6490.10	1539	管理费用
15	040302	行政部	张潜	中级	450.00	285.83	356.88	5040.00	981.00	7113.72	505	126	52	951	14.39	0	1648.39	5465.33	479.7167	管理费用
16	040405	行政部	周娅	中级	590.00	285.00	346.00	5040.00	981.00	7242.00	224	56	23	434	45.50	0	782.50	6459.50	1505	管理费用
17	010132	行政部	冯霞	副高	1630.00	1007.33	623.73	6220.00	1109.00	10590.07	254	63	26	466	401.21	0	1210.21	9379.85	4781.067	管理费用
18	010215	行政部	胡向武	中级	1045.00	927.33	538.03	5040.00	981.00	8531.37	327	81	34	615	142.44	0	1199.44	7331.93	2474.367	管理费用
19	030235	行政部	杨蓓	中级	680.00	660.00	444.00	5040.00	981,00	7805.00	288	72	30	549	81.60	0	1020.60	6784.40	1866	管理费用
20	040212	行政部	张灵芝	高级	1040.00	459.00	469.00	7860.00	1448.00	11276.00	383	95	40	689	458.80	0	1665.80	9610.20	5069	管理费用

图 1－34　卓尔康股份员工工资明细表

任务 4
用 EXCEL 进行宝东农牧薪资数据的透视表制作

任务情境

除分类汇总法以外，财务人员还可以使用透视表法对企业薪资费用进行汇总，以便后续填写记账凭证。请帮助谭总监使用透视表法进行企业薪资费用的归集。

知识链接

“数据透视表”是指一次性将筛选、排序和分类汇总等操作完成，并生成汇总表格的过程，是 EXCEL 强大数据处理能力的具体体现。“数据透视表”可以动态地改变数据的版面布置，以便按照不同方式分析，也可以重新安排行号、列标和页字段。每一次改变版面布置时，数据透视表会立即按照新的布置重新计算数据。如果原始数据发生更改，则可以更新数据透视表。

任务实施

第一步，将鼠标放置“员工工资表”工作表数据单元格区域，点击菜单栏的“插入”选项，选择工具栏“数据透视表”功能，如图 1－35 所示。

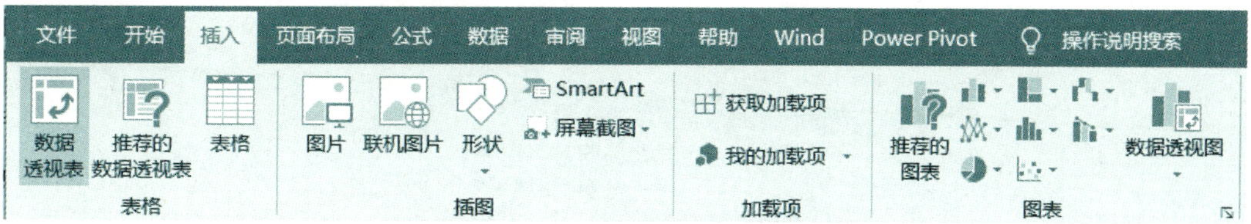

图 1－35 “数据透视表”功能

第二步，在弹出的对话框中进行如下选择，将生成的透视表放在新工作表中，并将新工作表重命名为“员工工资透视表”，如图 1－36 所示。

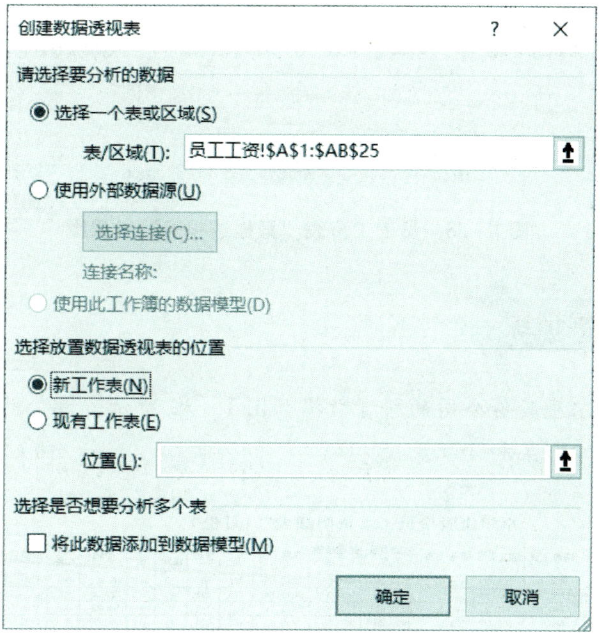

图 1－36 建立“数据透视表”

第三步，在“员工工资透视表”右侧的对话框进入如下设置，将“费用类别”字段拖入行位置，将应发工资、养老保险（个人）、医疗保险（个人）、失业保险（个人）、公积金（个人）、个税、实发工资字段拖入“值”位置，如图 1－37 所示。

图 1－37 “数据透视表”对话框

最终效果如图 1－38 所示。

行标签	求和项:应发工资	求和项:养老保险(个人)	求和项:医疗保险(个人)	求和项:失业保险(个人)	求和项:公积金(个人)	求和项:个税	求和项:实发工资
辅助生产成本	14900	1192	298	29.8	1788	47.766	11544.434
管理费用	75800	6064	1516	151.6	9096	374.808	58597.592
基本生产成本	39900	3192	798	79.8	4788	60.816	30981.384
销售费用	32200	2576	644	64.4	3864	139.378	24912.222
研发支出	16800	1344	336	33.6	2016	68.112	13002.288
制造费用	8600	688	172	17.2	1032	20.724	6670.076
总计	**188200**	**15056**	**3764**	**376.4**	**22584**	**711.604**	**145707.996**

图 1－38 员工工资表“数据透视表”效果图

项目拓展训练

已知卓尔康股份公司的薪资数据如图 1－39 所示，请帮助企业使用透视表法进行薪资费用的归集和分配。

卓尔康股份员工工资明细表（1月份）

教职工号	部门	姓名	职称	岗位工资	薪级工资	绩效工资	基础绩效工资	奖励绩效工资	应发工资	养老金	医保	失业保险	公积金	个税	专项扣除	扣款合计	实发工资	应纳税所得额	费用类别
040116	行政部	曾盼丽	中级	590.00	285.00	346.00	5040.00	981.00	7242.00	381	95	39	680	6.42	833	1201.42	6040.58	214	管理费用
010124	行政部	邓琳	初级	1305.00	1090.25	605.33	4990.00	920.00	8910.58	475	118	49	843	129.26	83	1614.26	7296.32	2342.575	管理费用
010217	行政部	胡一	副高	450.00	285.83	346.38	6220.00	1109.00	8411.22	567	141	0	1044	54.62	63	1806.62	6604.60	1596.217	管理费用
010225	行政部	黄婷	初级	680.00	307.00	362.00	4990.00	920.00	7259.00	446	111	46	813	25.29	0	1441.29	5817.71	843	管理费用
020111	行政部	李志龙	副高	680.00	307.00	362.00	6220.00	1109.00	8678.00	255	63	26	487	179.70	0	1010.70	7667.30	2847	管理费用
020131	行政部	刘建军	中级	1045.00	1007.33	557.03	5040.00	981.00	8630.37	224	56	23	459	181.84	0	943.84	7686.53	2868.367	管理费用
020205	行政部	刘玉婷	中级	590.00	207.00	338.00	5040.00	981.00	7156.00	205	51	21	405	44.22	0	726.22	6429.78	1474	管理费用
020406	行政部	邱贤	中级	1305.00	889.42	503.24	5040.00	981.00	8718.66	544	136	56	994	89.07	48	1819.07	6899.59	1940.658	管理费用
020422	行政部	粟放	中级	619.00	225.00	343.00	5040.00	981.00	7208.00	464	116	48	848	21.96	0	1497.96	5710.04	732	管理费用
030110	行政部	王伟滩	副高	590.00	207.00	338.00	6220.00	1109.00	8464.00	387	96	40	705	118.60	0	1346.60	7117.40	2236	管理费用
030216	行政部	肖化	中级	619.00	225.00	343.00	5040.00	981.00	7208.00	166	41	18	392	54.10	0	671.10	6536.90	1591	管理费用
030223	行政部	谢萍	中级	590.00	207.00	356.00	5040.00	981.00	7174.00	166	41	18	410	48.90	0	683.90	6490.10	1539	管理费用
040302	行政部	张潸	中级	450.00	285.83	356.88	5040.00	981.00	7113.72	505	126	52	951	14.39	0	1648.39	5465.33	479.7167	管理费用
040405	行政部	周娅	中级	590.00	285.00	346.00	5040.00	981.00	7242.00	224	56	23	434	45.50	0	782.50	6459.50	1505	管理费用
010132	行政部	冯霞	副高	1630.00	1007.33	623.73	6220.00	1109.00	10590.07	254	63	26	466	401.21	0	1210.21	9379.85	4781.067	管理费用
010215	行政部	胡向武	中级	1045.00	927.33	538.03	5040.00	981.00	8531.37	327	81	34	615	142.44	0	1199.44	7331.93	2474.367	管理费用
030235	行政部	杨蓓	中级	680.00	660.00	444.00	5040.00	981.00	7805.00	288	72	30	549	81.60	0	1020.60	6784.40	1866	管理费用
040212	行政部	张灵芝	高级	1040.00	459.00	469.00	7860.00	1448.00	11276.00	383	95	40	689	458.80	0	1665.80	9610.20	5069	管理费用

图 1－39 卓尔康股份员工工资明细表

任务 5
用 EXCEL 进行宝东农牧薪资记账凭证的填写

任务情境

对薪资数据进行汇总以后，就可以填写薪资相关记账凭证了。湖南宝东农牧科技股份有限公司每月底都会进行该月薪资的计提，次月月中发放本月工资，并进行纳税申报和缴纳。1 月底，请在“计提薪资”工作表中进行如下操作。

1）使用“员工工资透视表”中的原始凭证填制本月薪资计提的记账凭证。

2）使用“员工工资分类汇总”中的原始凭证填制本月薪资计提的记账凭证。

任务实施

（1）使用“员工工资透视表”中的原始凭证填制本月薪资计提的记账凭证。

第一步：在 A17 单元格摘要处填写“计提 1 月工资”，并使用填充柄将摘要内容一直填充到 A23 单元格，在弹出的下拉选项中选择“复制单元格”。

第二步：按照原始凭证中的费用类别依次填入计提职工薪酬应入账的科目，如图 1－40 所示。

	A	B	C	D	E
14	记账凭证（透视表取数）				
15	单位：湖南宝东农牧发展有限公司		2020年1月30日		凭证号：1
16	摘要	总账科目	明细科目	借方金额	贷方金额
17	计提1月份工资	管理费用	工资		
18	计提1月份工资	销售费用	工资		
19	计提1月份工资	生产成本	基本生产成本		
20	计提1月份工资	生产成本	辅助生产成本		
21	计提1月份工资	制造费用			
22	计提1月份工资	研发支出	费用化支出		
23	计提1月份工资	应付职工薪酬			
24	合计				
25	主管： 出纳：	复核：	制单：		附件： 张

图 1－40 透视表取数法计提 1 月工资记账凭证（空白）

第三步：进行各科目对应借贷方金额的取数：

D17 单元格管理费用数据的取数，将鼠标放置在 D17 单元格输入“＝”然后到“员工工资透视表”选择该表的 B5 单元格，就会在 D17 单元格看到如下公式：＝GETPIVOTDATA（"求和项:应发工资",员工工资透视表！＄A＄3,"费用类别","管理费用"）。

D18 单元格销售费用数据的取数，将鼠标放置在 D18 单元格输入“＝”然后到“员工工资透视表”选择该表的 B7 单元格，就会在 D18 单元格看到如下公式：＝GETPIVOTDATA（"求和项:应发工资",员工工资透视表！＄A＄3,"费用类别","销售费用"）。

D19 单元格基本生产成本数据的取数，将鼠标放置在 D19 单元格输入“＝”然后到

“员工工资透视表”选择该表的 B6 单元格，就会在 D19 单元格看到如下公式：=GETPIVOTDATA("求和项:应发工资",员工工资透视表！$A$3,"费用类别","基本生产成本")。

D20 单元格辅助生产成本数据的取数，将鼠标放置在 D20 单元格输入“=”然后到“员工工资透视表”选择该表的 B4 单元格，就会在 D20 单元格看到如下公式：=GETPIVOTDATA("求和项:应发工资",员工工资透视表！$A$3,"费用类别","辅助生产成本")。

D21 单元格制造费用数据的取数，将鼠标放置在 D21 单元格输入“=”然后到“员工工资透视表”选择该表的 B9 单元格，就会在 D21 单元格看到如下公式：=GETPIVOTDATA("求和项:应发工资",员工工资透视表！$A$3,"费用类别","制造费用")。

D22 单元格研发支出数据的取数，将鼠标放置在 D22 单元格输入“=”然后到“员工工资透视表”选择该表的 B8 单元格，就会在 D22 单元格看到如下公式：=GETPIVOTDATA("求和项:应发工资",员工工资透视表！$A$3,"费用类别","研发支出")。

E23 单元格应付职工薪酬数据的取数，将鼠标放置在 E23 单元格输入“=”然后到“员工工资透视表”选择该表的 B10 单元格，就会在 E23 单元格看到如下公式：=GETPIVOTDATA("求和项:应发工资",员工工资透视表！$A$3)。

第四步：当我们通过他表取数将各借贷科目金额填入记账凭证后，假若借方合计金额等于贷方合计金额，说明操作正确，结果如图 1-41 所示。

	A	B	C	D	E
14		记账凭证（透视表取数）			
15	单位：湖南宝东农牧发展有限公司		2020年1月30日		凭证号：1
16	摘要	总账科目	明细科目	借方金额	贷方金额
17	计提1月份工资	管理费用	工资	75800	
18	计提1月份工资	销售费用	工资	32200	
19	计提1月份工资	生产成本	基本生产成本	39900	
20	计提1月份工资	生产成本	辅助生产成本	14900	
21	计提1月份工资	制造费用		8600	
22	计提1月份工资	研发支出	费用化支出	16800	
23	计提1月份工资	应付职工薪酬			188,200.00
24	合　计			188,200.00	188,200.00
25	主管：　出纳：	复核：	制单：	附件：　张	

图 1-41　透视表取数法计提 1 月工资记账凭证（结果）

（2）使用“员工工资分类汇总”中的原始凭证填制本月薪资计提的记账凭证。

使用“员工工资分类汇总”工作表的数据填制记账凭证的思路，前面两步相同。

第三步：进行各科目对应借贷方金额的取数：

D4 单元格管理费用数据的取数，将鼠标放置在 D4 单元格输入“=”然后到“员工工资分类汇总”选择该表的 Q14 单元格，就会在 D4 单元格看到如下公式：=员工工资分类汇总！Q14。

D5 单元格销售费用数据的取数，将鼠标放置在 D5 单元格输入“=”然后到“员工工资分类汇总”选择该表的 Q26 单元格，就会在 D5 单元格看到如下公式：=员工工资分类汇总！Q26。

D6 单元格基本生产成本数据的取数，将鼠标放置在 D6 单元格输入“=”然后到“员工工资分类汇总”选择该表的 Q21 单元格，就会在 D6 单元格看到如下公式：=员工工资分类汇总！Q21。

D7 单元格辅助生产成本数据的取数，将鼠标放置在 D7 单元格输入“=”然后到“员工工资分类汇总”选择该表的 Q4 单元格，就会在 D7 单元格看到如下公式：=员工工资分类汇总！Q4。

D8 单元格制造费用数据的取数，将鼠标放置在 D8 单元格输入“=”然后到“员工工资分类汇总”选择该表的 Q31 单元格，就会在 D8 单元格看到如下公式：=员工工资分类汇总！Q31。

D9 单元格研发支出数据的取数，将鼠标放置在 D9 单元格输入“=”然后到“员工工资分类汇总”选择该表的 Q29 单元格，就会在 D9 单元格看到如下公式：=员工工资分类汇总！Q29。

E10 单元格应付职工薪酬数据的取数，将鼠标放置在 E10 单元格输入“=”然后到“员工工资分类汇总”选择该表的 Q32 单元格，就会在 E10 单元格看到如下公式：=员工工资分类汇总！Q32。

第四步：当我们通过它表取数将各借贷科目金额填入记账凭证后，假若借方合计金额等于贷方合计金额，说明操作正确，结果如图 1－42 所示。

	A	B	C	D	E
1	记账凭证（汇总表取数）				
2	单位：湖南宝东农牧发展有限公司		2020年1月30日		凭证号：1
3	摘要	总账科目	明细科目	借方金额	贷方金额
4	计提1月份工资	管理费用	工资	75800	
5	计提1月份工资	销售费用	工资	32200	
6	计提1月份工资	生产成本	基本生产成本	39900	
7	计提1月份工资	生产成本	辅助生产成本	14900	
8	计提1月份工资	制造费用		8600	
9	计提1月份工资	研发支出	费用化支出	16800	
10	计提1月份工资	应付职工薪酬			188,200.00
11	合　计			188,200.00	188,200.00
12	主管：　出纳：	复核：	制单：	附件：	张

图 1－42　汇总表法计提 1 月工资记账凭证（结果）

项目拓展训练

请用分类汇总、透视表方法生成的原始凭证，帮助卓尔康股份公司填制该企业计提薪资的记账凭证。

任务 6
用 EXCEL 进行宝东农牧薪资发放记账凭证的填写

任务情境

对薪资数据进行汇总以后，就可以填写薪资相关记账凭证了。湖南宝东农牧科技股份有限公司每月底都会进行该月薪资的计提，次月月中发放本月工资，并进行纳税申报和缴纳。

2月底，请在“发放工资凭证”工作表中进行如下操作（其中无论哪个原始凭证都可以完成薪资发放记账凭证的填写，结果是一样的）。

1）使用“员工工资透视表”中的原始凭证填制本月薪资发放的记账凭证。

2）使用“员工工资分类汇总”中的原始凭证填制本月薪资发放的记账凭证。

任务实施

（1）使用“员工工资透视表”中的原始凭证填制本月薪资发放的记账凭证。

第一步：在A4单元格摘要处填写“发放1月工资”，并使用填充柄将摘要内容一直填充到A10单元格，在弹出的下拉选项中选择“复制单元格”。

第二步：按照原始凭证中的费用类别依次填入发放职工薪酬应入账的科目，如图1-43所示。

	A	B	C	D	E
1	记账凭证（透视表取数）				
2	单位：湖南宝东农牧发展有限公司		2020年2月15日		凭证号：
3	摘要	总账科目	明细科目	借方金额	贷方金额
4	发放1月份工资	应付职工薪酬			
5	发放1月份工资	其他应付款	住房公积金		
6	发放1月份工资	其他应付款	养老保险		
7	发放1月份工资	其他应付款	医疗保险		
8	发放1月份工资	其他应付款	失业保险		
9	发放1月份工资	应交税费	应交个人所得税		
10	发放1月份工资	银行存款	农业银行邵阳大道支行		
11	合　计				
12	主管： 出纳：	复核：	制单：		附件： 张

图1-43　透视表取数发放1月工资记账凭证（空白）

第三步：进行各科目对应借贷方金额的取数：

D4单元格“应付职工薪酬”借方数据的取数，将鼠标放置在D4单元格输入“=”然后到“员工工资透视表”选择该表的H8单元格，就会在D4单元格看到如下公式：=GETPIVOTDATA("求和项:应发工资",员工工资透视表！$A$3)。

E5单元格“其他应付款——住房公积金”贷方数据的取数，将鼠标放置在E5单元格输入“=”然后到“员工工资透视表”选择该表的F10单元格，就会在E5单元格看到如下公式：=GETPIVOTDATA("求和项:公积金(个人)",员工工资透视表！$A$3)。

E6单元格“其他应付款——养老保险”贷方数据的取数，将鼠标放置在E6单元格输入“=”然后到“员工工资透视表”选择该表的C10单元格，就会在E6单元格看到如下公式：=GETPIVOTDATA("求和项:养老保险(个人)",员工工资透视表！$A$3)。

E7单元“其他应付款——医疗保险”贷方数据的取数，将鼠标放置在E7单元格输入“=”然后到“员工工资透视表”选择该表的D10单元格，就会在E7单元格看到如下公式：=GETPIVOTDATA("求和项:医疗保(个人)",员工工资透视表！$A$3)。

E8单元格“其他应付款——失业保险”贷方数据的取数，将鼠标放置在E8单元格输入“=”然后到“员工工资透视表”选择该表的E10单元格，就会在E8单元格看到如下公式：=GETPIVOTDATA("求和项:工伤保险(个人)",员工工资透视表！$A$3)。

E9单元格“应交税费——应交个人所得税”贷方数据的取数，将鼠标放置在E9单元格输入“=”然后到“员工工资透视表”选择该表的 G10 单元格，就会在 E9 单元格看到如下公式：=GETPIVOTDATA("求和项:个税",员工工资透视表！$A$3)。

E10 单元格“银行存款——农业银行邵阳大道支行”贷方数据的取数，将鼠标放置在 E10 单元格输入“=”然后到“员工工资透视表”选择该表的 H10 单元格，就会在 E10 单元格看到如下公式：=GETPIVOTDATA("求和项:实发工资",员工工资透视表！$A$3)。

第四步：当我们通过他表取数将各借贷科目金额填入记账凭证后，假若借方合计金额等于贷方合计金额，说明操作正确，结果如图 1-44 所示。

	A	B	C	D	E
1	记账凭证（透视表取数）				
2	单位：湖南宝东农牧发展有限公司		2020年2月15日		凭证号：
3	摘要	总账科目	明细科目	借方金额	贷方金额
4	发放1月份工资	应付职工薪酬		188200	
5	发放1月份工资	其他应付款	住房公积金		22584
6	发放1月份工资	其他应付款	养老保险		15056
7	发放1月份工资	其他应付款	医疗保险		3764
8	发放1月份工资	其他应付款	失业保险		376.4
9	发放1月份工资	应交税费	应交个人所得税		711.604
10	发放1月份工资	银行存款	农业银行邵阳大道支行		145,708.00
11	合　　计			188,200.00	188,200.00
12	主管：　出纳：	复核：	制单：		附件：　张

图 1-44　透视表取数法发放 1 月工资记账凭证（结果）

（2）使用“员工工资分类汇总”中的原始凭证填制本月薪资发放的记账凭证。

使用“员工工资分类汇总”工作表的数据填制发放薪资的记账凭证其思路与上述 1）前面两步相同。

第三步：进行各科目对应借贷方金额的取数：

D17 单元格“应付职工薪酬”借方数据的取数，将鼠标放置在 D17 单元格输入“=”然后到“员工工资分类汇总”选择该表的 Q32 单元格，就会在 D17 单元格看到如下公式：=员工工资分类汇总！Q32。

E18 单元格“其他应付款——住房公积金”贷方数据的取数，将鼠标放置在 E18 单元格输入“=”然后到“员工工资分类汇总”选择该表的 U32 单元格，就会在 D18 单元格看到如下公式：=员工工资分类汇总！U32。

E19 单元格“其他应付款——养老保险”贷方数据的取数，将鼠标放置在 E19 单元格输入“=”然后到“员工工资分类汇总”选择该表的 R32 单元格，就会在 E19 单元格看到如下公式：=员工工资分类汇总！R32。

E20 单元格“其他应付款——医疗保险”贷方数据的取数，将鼠标放置在 E20 单元格输入“=”然后到“员工工资分类汇总”选择该表的 S32 单元格，就会在 E20 单元格看到如下公式：=员工工资分类汇总！S32。

E21 单元格“其他应付款——失业保险”贷方数据的取数，将鼠标放置在 E21 单元格输入“=”然后到“员工工资分类汇总”选择该表的 T32 单元格，就会在 E21 单元格看到如下公式：=员工工资分类汇总！T32。

E22 单元格“应交税费——应交个人所得税”贷方数据的取数，将鼠标放置在 E22 单元格输入“=”然后到“员工工资分类汇总”选择该表的 W32 单元格，就会在 E22 单元格看到如下公式：=员工工资分类汇总！W32。

E23 单元格“银行存款——农业银行邵阳大道支行”贷方数据的取数，将鼠标放置在 E23 单元格输入“=”然后到“员工工资分类汇总”选择该表的 X32 单元格，就会在 E23 单元格看到如下公式：=员工工资分类汇总！X32。

第四步：当我们通过它表取数将各借贷科目金额填入记账凭证后，假若借方合计金额等于贷方合计金额，说明操作正确，结果如图 1－45 所示。

14	记账凭证（汇总表取数）				
15	单位：湖南宝东农牧发展有限公司		2020年2月15日		凭证号：
16	摘要	总账科目	明细科目	借方金额	贷方金额
17	发放1月份工资	应付职工薪酬		188200	
18	发放1月份工资	其他应付款	住房公积金		22584
19	发放1月份工资	其他应付款	养老保险		15056
20	发放1月份工资	其他应付款	医疗保险		3764
21	发放1月份工资	其他应付款	失业保险		376.4
22	发放1月份工资	应交税费	应交个人所得税		711.604
23	发放1月份工资	银行存款	农业银行邵阳大道支行		145,708.00
24	合　计			188,200.00	188,200.00
25	主管：　　出纳：	复核：	制单：		附件：　张

图 1－45　分类汇总法发放 1 月工资记账凭证（结果）

项目拓展训练

请用分类汇总、透视表方法生成的原始凭证，帮助卓尔康股份公司填制该企业发放薪资的记账凭证。

任务 7
用 EXCEL 进行宝东农牧工资条的制作

任务情境

工资条是员工所在单位定期给员工反映工资的纸条，《中华人民共和国劳动法》规定，员工对于企业规定的工资分配方案，享有知情权和监督权，也就是说员工有权知道自己的工资构成和福利等。企业可以通过建立账务查询平台给员工查询、打印纸质工资条给员工、发送工资详细信息短信等方法让员工知晓自己的福利及工资构成。

湖南宝东农牧科技股份有限公司每个月都会通过给企业员工发放工资条的形式，定期向员工反馈工资情况，请为公司制作工资条。

任务实施

1）打开“项目1 EXCEL 在企业薪资管理中的应用（素材）.XLSX”工作簿，新建工作表“工资条”。

2）选中“员工工资”工作表的 A1:X25 数据区域的数据进行复制，然后使用选择性粘贴，将数据的值和数字格式粘贴在“工资条”工作表当中，如图 1-46 所示。

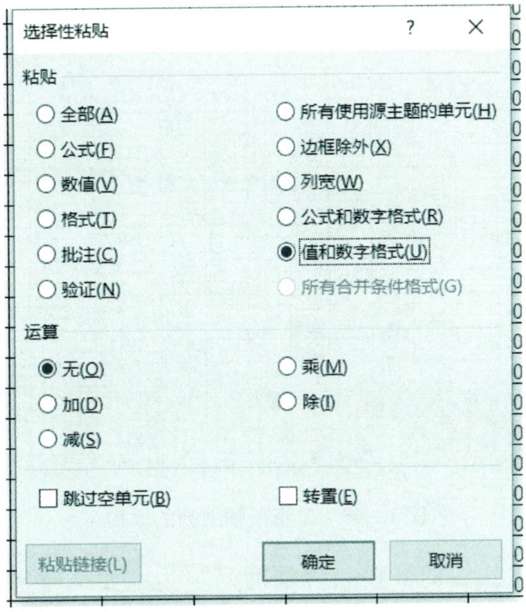

图 1-46　选择性粘贴窗口

3）为每一个员工添加工资条表头名称：

第一步：选中 A1：X1 的工资条表头名称，进行复制。

第二步：将复制的工资条表头名称粘贴在工作表第 26 行。

第三步：将鼠标放置于 X26 单元格右下角，出现黑色实心填充按钮时拖动填充柄到第 48 行，将工资条表头名称复制 23 行，效果如图 1-47 所示。

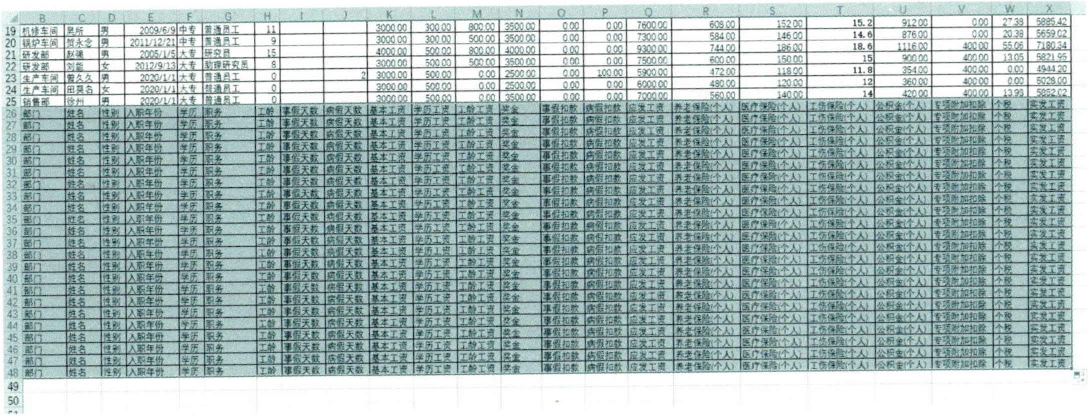

	B	C	D	E	F	G	H	I	J	K	L	M	N	O	P	Q	R	S	T	U	V	W	X
19	机修车间	吴所	男	2009/6/9	中专	普通员工	11			3000.00	300.00	800.00	3500.00	0.00	0.00	7600.00	608.00	152.00	15.2	912.00	0.00	27.38	5885.42
20	锅炉车间	贺永念	男	2011/12/21	中专	普通员工	9			3000.00	300.00	500.00	3500.00	0.00	0.00	7300.00	584.00	146.00	14.6	876.00	0.00	20.38	5659.02
21	研发部	赵强	男	2005/1/5	大专	研究员	15			4000.00	500.00	800.00	4000.00	0.00	0.00	9300.00	744.00	186.00	18.6	1116.00	400.00	55.06	7180.34
22	研发部	刘能	女	2012/9/13	大专	助理研究员	8			3000.00	500.00	500.00	3500.00	0.00	0.00	7500.00	600.00	150.00	15	900.00	400.00	13.05	5821.95
23	生产车间	曾久久	男	2020/1/1	大专	普通员工	0		2	3000.00	500.00	0.00	2500.00	0.00	100.00	5900.00	472.00	118.00	11.8	354.00	400.00	0.00	4944.20
24	生产车间	田莫名	女	2020/1/1	大专	普通员工	0			3000.00	500.00	0.00	2500.00	0.00	0.00	6000.00	480.00	120.00	12	360.00	400.00	0.00	5028.00
25	销售部	徐州	男	2020/1/1	大专	普通员工	0			3000.00	500.00	0.00	3500.00	0.00	0.00	7000.00	560.00	140.00	14	420.00	400.00	13.93	5852.02
26	部门	姓名	性别	入职年份	学历	职务	工龄	事假天数	病假天数	基本工资	学历工资	工龄工资	奖金	事假扣款	病假扣款	应发工资	养老保险(个人)	医疗保险(个人)	工伤保险(个人)	公积金(个人)	专项附加扣除	个税	实发工资
27	部门	姓名	性别	入职年份	学历	职务	工龄	事假天数	病假天数	基本工资	学历工资	工龄工资	奖金	事假扣款	病假扣款	应发工资	养老保险(个人)	医疗保险(个人)	工伤保险(个人)	公积金(个人)	专项附加扣除	个税	实发工资
28	部门	姓名	性别	入职年份	学历	职务	工龄	事假天数	病假天数	基本工资	学历工资	工龄工资	奖金	事假扣款	病假扣款	应发工资	养老保险(个人)	医疗保险(个人)	工伤保险(个人)	公积金(个人)	专项附加扣除	个税	实发工资
29	部门	姓名	性别	入职年份	学历	职务	工龄	事假天数	病假天数	基本工资	学历工资	工龄工资	奖金	事假扣款	病假扣款	应发工资	养老保险(个人)	医疗保险(个人)	工伤保险(个人)	公积金(个人)	专项附加扣除	个税	实发工资
30	部门	姓名	性别	入职年份	学历	职务	工龄	事假天数	病假天数	基本工资	学历工资	工龄工资	奖金	事假扣款	病假扣款	应发工资	养老保险(个人)	医疗保险(个人)	工伤保险(个人)	公积金(个人)	专项附加扣除	个税	实发工资
31	部门	姓名	性别	入职年份	学历	职务	工龄	事假天数	病假天数	基本工资	学历工资	工龄工资	奖金	事假扣款	病假扣款	应发工资	养老保险(个人)	医疗保险(个人)	工伤保险(个人)	公积金(个人)	专项附加扣除	个税	实发工资
32	部门	姓名	性别	入职年份	学历	职务	工龄	事假天数	病假天数	基本工资	学历工资	工龄工资	奖金	事假扣款	病假扣款	应发工资	养老保险(个人)	医疗保险(个人)	工伤保险(个人)	公积金(个人)	专项附加扣除	个税	实发工资
33	部门	姓名	性别	入职年份	学历	职务	工龄	事假天数	病假天数	基本工资	学历工资	工龄工资	奖金	事假扣款	病假扣款	应发工资	养老保险(个人)	医疗保险(个人)	工伤保险(个人)	公积金(个人)	专项附加扣除	个税	实发工资
34	部门	姓名	性别	入职年份	学历	职务	工龄	事假天数	病假天数	基本工资	学历工资	工龄工资	奖金	事假扣款	病假扣款	应发工资	养老保险(个人)	医疗保险(个人)	工伤保险(个人)	公积金(个人)	专项附加扣除	个税	实发工资
35	部门	姓名	性别	入职年份	学历	职务	工龄	事假天数	病假天数	基本工资	学历工资	工龄工资	奖金	事假扣款	病假扣款	应发工资	养老保险(个人)	医疗保险(个人)	工伤保险(个人)	公积金(个人)	专项附加扣除	个税	实发工资
36	部门	姓名	性别	入职年份	学历	职务	工龄	事假天数	病假天数	基本工资	学历工资	工龄工资	奖金	事假扣款	病假扣款	应发工资	养老保险(个人)	医疗保险(个人)	工伤保险(个人)	公积金(个人)	专项附加扣除	个税	实发工资
37	部门	姓名	性别	入职年份	学历	职务	工龄	事假天数	病假天数	基本工资	学历工资	工龄工资	奖金	事假扣款	病假扣款	应发工资	养老保险(个人)	医疗保险(个人)	工伤保险(个人)	公积金(个人)	专项附加扣除	个税	实发工资
38	部门	姓名	性别	入职年份	学历	职务	工龄	事假天数	病假天数	基本工资	学历工资	工龄工资	奖金	事假扣款	病假扣款	应发工资	养老保险(个人)	医疗保险(个人)	工伤保险(个人)	公积金(个人)	专项附加扣除	个税	实发工资
39	部门	姓名	性别	入职年份	学历	职务	工龄	事假天数	病假天数	基本工资	学历工资	工龄工资	奖金	事假扣款	病假扣款	应发工资	养老保险(个人)	医疗保险(个人)	工伤保险(个人)	公积金(个人)	专项附加扣除	个税	实发工资
40	部门	姓名	性别	入职年份	学历	职务	工龄	事假天数	病假天数	基本工资	学历工资	工龄工资	奖金	事假扣款	病假扣款	应发工资	养老保险(个人)	医疗保险(个人)	工伤保险(个人)	公积金(个人)	专项附加扣除	个税	实发工资
41	部门	姓名	性别	入职年份	学历	职务	工龄	事假天数	病假天数	基本工资	学历工资	工龄工资	奖金	事假扣款	病假扣款	应发工资	养老保险(个人)	医疗保险(个人)	工伤保险(个人)	公积金(个人)	专项附加扣除	个税	实发工资
42	部门	姓名	性别	入职年份	学历	职务	工龄	事假天数	病假天数	基本工资	学历工资	工龄工资	奖金	事假扣款	病假扣款	应发工资	养老保险(个人)	医疗保险(个人)	工伤保险(个人)	公积金(个人)	专项附加扣除	个税	实发工资
43	部门	姓名	性别	入职年份	学历	职务	工龄	事假天数	病假天数	基本工资	学历工资	工龄工资	奖金	事假扣款	病假扣款	应发工资	养老保险(个人)	医疗保险(个人)	工伤保险(个人)	公积金(个人)	专项附加扣除	个税	实发工资
44	部门	姓名	性别	入职年份	学历	职务	工龄	事假天数	病假天数	基本工资	学历工资	工龄工资	奖金	事假扣款	病假扣款	应发工资	养老保险(个人)	医疗保险(个人)	工伤保险(个人)	公积金(个人)	专项附加扣除	个税	实发工资
45	部门	姓名	性别	入职年份	学历	职务	工龄	事假天数	病假天数	基本工资	学历工资	工龄工资	奖金	事假扣款	病假扣款	应发工资	养老保险(个人)	医疗保险(个人)	工伤保险(个人)	公积金(个人)	专项附加扣除	个税	实发工资
46	部门	姓名	性别	入职年份	学历	职务	工龄	事假天数	病假天数	基本工资	学历工资	工龄工资	奖金	事假扣款	病假扣款	应发工资	养老保险(个人)	医疗保险(个人)	工伤保险(个人)	公积金(个人)	专项附加扣除	个税	实发工资
47	部门	姓名	性别	入职年份	学历	职务	工龄	事假天数	病假天数	基本工资	学历工资	工龄工资	奖金	事假扣款	病假扣款	应发工资	养老保险(个人)	医疗保险(个人)	工伤保险(个人)	公积金(个人)	专项附加扣除	个税	实发工资
48	部门	姓名	性别	入职年份	学历	职务	工龄	事假天数	病假天数	基本工资	学历工资	工龄工资	奖金	事假扣款	病假扣款	应发工资	养老保险(个人)	医疗保险(个人)	工伤保险(个人)	公积金(个人)	专项附加扣除	个税	实发工资
49																							
50																							

图 1-47　工资条表头的制作

4）将工资条表头名称放置于各员工工资的数据上方，作为每位员工工资条的表头名称：

第一步：将鼠标放置于 Y1 单元格，录入文字“辅助列”。

第二步：Y2 单元格录入数字 1，然后拖动填充柄至 Y25 单元格，在弹出的对话框中选择“填充序列”。

第三步：Y26 单元格录入数字 1.5，然后也拖动填充柄至 Y48 单元格，在弹出的对话框中也选择“填充序列”，效果如图 1－48 所示。

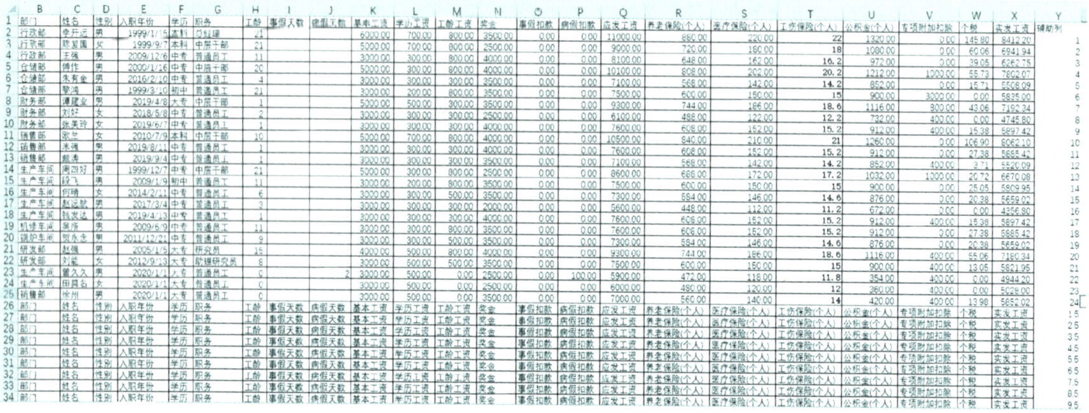

	B	C	D	E	F	G	H	I	J	K	L	M	N	O	P	Q	R	S	T	U	V	W	X	Y
1	部门	姓名	性别	入职年份	学历	职务	工龄	事假天数	病假天数	基本工资	学历工资	工龄工资	奖金	事假扣款	病假扣款	应发工资	养老保险(个人)	医疗保险(个人)	工伤保险(个人)	公积金(个人)	专项附加扣除	个税	实发工资	辅助列
2	行政部	李开运	男	1999/1/15	本科	总经理	21			6000.00	700.00	800.00	3500.00	0.00	0.00	11000.00	880.00	220.00	22	1320.00	0.00	145.80	8412.20	1
3	行政部	陈夏国	女	1999/9/7	本科	中层干部	21			5000.00	700.00	800.00	2500.00	0.00	0.00	9000.00	720.00	180.00	18	1080.00	0.00	60.06	6941.94	2
4	行政部	王强	男	2009/12/6	中专	普通员工	11			3000.00	300.00	800.00	4000.00	0.00	0.00	8100.00	648.00	162.00	16.2	972.00	0.00	39.05	6262.75	3
5	仓储部	傅作	男	2000/1/16	中专	中层干部	20			5000.00	300.00	800.00	4000.00	0.00	0.00	10100.00	808.00	202.00	20.2	1212.00	1000.00	55.73	7802.07	4
6	仓储部	朱有金	男	2016/2/10	中专	普通员工	4			3000.00	300.00	300.00	3500.00	0.00	0.00	7100.00	568.00	142.00	14.2	852.00	0.00	15.71	5508.09	5
7	仓储部	黎鸿	男	1999/3/10	初中	普通员工	21			3000.00	200.00	800.00	3500.00	0.00	0.00	7500.00	600.00	150.00	15	900.00	3000.00	0.00	5835.00	6
8	财务部	谭建业	男	2019/4/8	大专	中层干部	1			5000.00	500.00	300.00	3500.00	0.00	0.00	9300.00	744.00	186.00	18.6	1116.00	800.00	43.06	7192.34	7
9	财务部	刘好	女	2018/5/8	中专	普通员工	2			3000.00	300.00	300.00	2500.00	0.00	0.00	6100.00	488.00	122.00	12.2	732.00	400.00	0.00	4745.80	8
10	财务部	张美玲	女	2019/6/7	中专	普通员工	1			3000.00	300.00	300.00	4000.00	0.00	0.00	7600.00	608.00	152.00	15.2	912.00	400.00	15.38	5897.42	9
11	销售部	欧兰	女	2010/7/9	本科	中层干部	10			5000.00	700.00	800.00	4000.00	0.00	0.00	10500.00	840.00	210.00	21	1260.00	0.00	106.90	8062.10	10
12	销售部	米强	男	2019/8/11	中专	普通员工	1			3000.00	300.00	300.00	4000.00	0.00	0.00	7600.00	608.00	152.00	15.2	912.00	0.00	27.38	5885.42	11
13	销售部	戴涛	男	2019/9/4	中专	普通员工	1			3000.00	300.00	300.00	3500.00	0.00	0.00	7100.00	568.00	142.00	14.2	852.00	400.00	3.71	5520.09	12
14	生产车间	周四好	男	1999/12/7	中专	中层干部	21			5000.00	300.00	800.00	2500.00	0.00	0.00	8600.00	688.00	172.00	17.2	1032.00	1000.00	20.72	6670.08	13
15	生产车间	段飞	男	2009/1/9	初中	普通员工	11			3000.00	200.00	800.00	3500.00	0.00	0.00	7500.00	600.00	150.00	15	900.00	0.00	25.05	5809.95	14
16	生产车间	何晴	女	2014/2/11	中专	普通员工	6			3000.00	300.00	500.00	3500.00	0.00	0.00	7300.00	584.00	146.00	14.6	876.00	0.00	20.38	5659.02	15
17	生产车间	赵远航	男	2017/3/4	中专	普通员工	3			3000.00	300.00	300.00	2000.00	0.00	0.00	5600.00	448.00	112.00	11.2	672.00	0.00	0.00	4356.80	16
18	生产车间	钱发达	男	2019/4/13	中专	普通员工	1			3000.00	300.00	300.00	4000.00	0.00	0.00	7600.00	608.00	152.00	15.2	912.00	400.00	15.38	5897.42	17
19	机修车间	吴历	男	2009/6/9	中专	普通员工	11			3000.00	300.00	800.00	3500.00	0.00	0.00	7600.00	606.00	152.00	15.2	912.00	0.00	27.38	5885.42	18
20	锅炉车间	贺永念	男	2011/12/21	中专	普通员工	9			3000.00	300.00	500.00	3500.00	0.00	0.00	7300.00	584.00	146.00	14.6	876.00	0.00	20.38	5659.02	19
21	研发部	赵强	男	2005/1/5	大专	研究员	15			4000.00	500.00	800.00	4000.00	0.00	0.00	9300.00	744.00	186.00	18.6	1116.00	400.00	55.06	7180.34	20
22	研发部	刘能	女	2012/9/13	大专	助理研究员	8			3000.00	500.00	500.00	3500.00	0.00	0.00	7500.00	600.00	150.00	15	900.00	400.00	13.05	5821.95	21
23	生产车间	曾久久	男	2020/1/1	大专	普通员工	0		2	3000.00	500.00	0.00	2500.00	0.00	100.00	5900.00	472.00	118.00	11.8	354.00	400.00	0.00	4944.20	22
24	生产车间	田真名	女	2020/1/1	大专	普通员工	0			3000.00	500.00	0.00	2500.00	0.00	0.00	6000.00	480.00	120.00	12	360.00	400.00	0.00	5028.00	23
25	销售部	徐州	男	2020/1/1	大专	普通员工	0			3000.00	500.00	0.00	3500.00	0.00	0.00	7000.00	560.00	140.00	14	420.00	400.00	13.98	5652.02	24
26	部门	姓名	性别	入职年份	学历	职务	工龄	事假天数	病假天数	基本工资	学历工资	工龄工资	奖金	事假扣款	病假扣款	应发工资	养老保险(个人)	医疗保险(个人)	工伤保险(个人)	公积金(个人)	专项附加扣除	个税	实发工资	1.5
27	部门	姓名	性别	入职年份	学历	职务	工龄	事假天数	病假天数	基本工资	学历工资	工龄工资	奖金	事假扣款	病假扣款	应发工资	养老保险(个人)	医疗保险(个人)	工伤保险(个人)	公积金(个人)	专项附加扣除	个税	实发工资	2.5
28	部门	姓名	性别	入职年份	学历	职务	工龄	事假天数	病假天数	基本工资	学历工资	工龄工资	奖金	事假扣款	病假扣款	应发工资	养老保险(个人)	医疗保险(个人)	工伤保险(个人)	公积金(个人)	专项附加扣除	个税	实发工资	3.5
29	部门	姓名	性别	入职年份	学历	职务	工龄	事假天数	病假天数	基本工资	学历工资	工龄工资	奖金	事假扣款	病假扣款	应发工资	养老保险(个人)	医疗保险(个人)	工伤保险(个人)	公积金(个人)	专项附加扣除	个税	实发工资	4.5
30	部门	姓名	性别	入职年份	学历	职务	工龄	事假天数	病假天数	基本工资	学历工资	工龄工资	奖金	事假扣款	病假扣款	应发工资	养老保险(个人)	医疗保险(个人)	工伤保险(个人)	公积金(个人)	专项附加扣除	个税	实发工资	5.5
31	部门	姓名	性别	入职年份	学历	职务	工龄	事假天数	病假天数	基本工资	学历工资	工龄工资	奖金	事假扣款	病假扣款	应发工资	养老保险(个人)	医疗保险(个人)	工伤保险(个人)	公积金(个人)	专项附加扣除	个税	实发工资	6.5
32	部门	姓名	性别	入职年份	学历	职务	工龄	事假天数	病假天数	基本工资	学历工资	工龄工资	奖金	事假扣款	病假扣款	应发工资	养老保险(个人)	医疗保险(个人)	工伤保险(个人)	公积金(个人)	专项附加扣除	个税	实发工资	7.5
33	部门	姓名	性别	入职年份	学历	职务	工龄	事假天数	病假天数	基本工资	学历工资	工龄工资	奖金	事假扣款	病假扣款	应发工资	养老保险(个人)	医疗保险(个人)	工伤保险(个人)	公积金(个人)	专项附加扣除	个税	实发工资	8.5
34	部门	姓名	性别	入职年份	学历	职务	工龄	事假天数	病假天数	基本工资	学历工资	工龄工资	奖金	事假扣款	病假扣款	应发工资	养老保险(个人)	医疗保险(个人)	工伤保险(个人)	公积金(个人)	专项附加扣除	个税	实发工资	9.5

图 1－48　工资条辅助列的添加

第四步：对工资条工作表的数据以“辅助列”为主要关键字，进行升序排序，如图 1－49 所示。

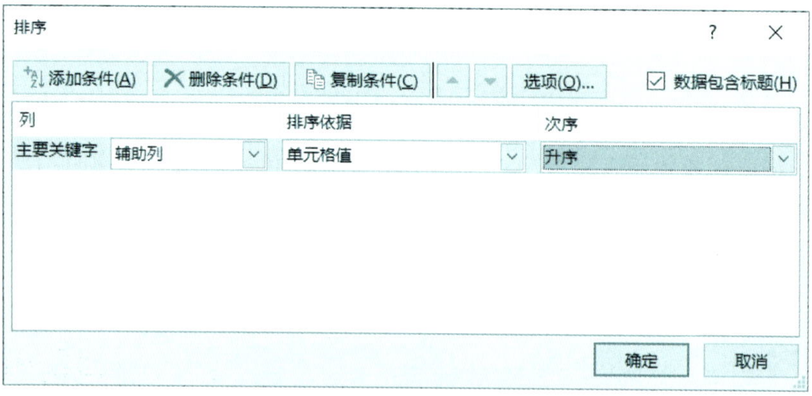

图 1－49　辅助列排序

即可生成工资条数据表，效果如图 1－50 所示。

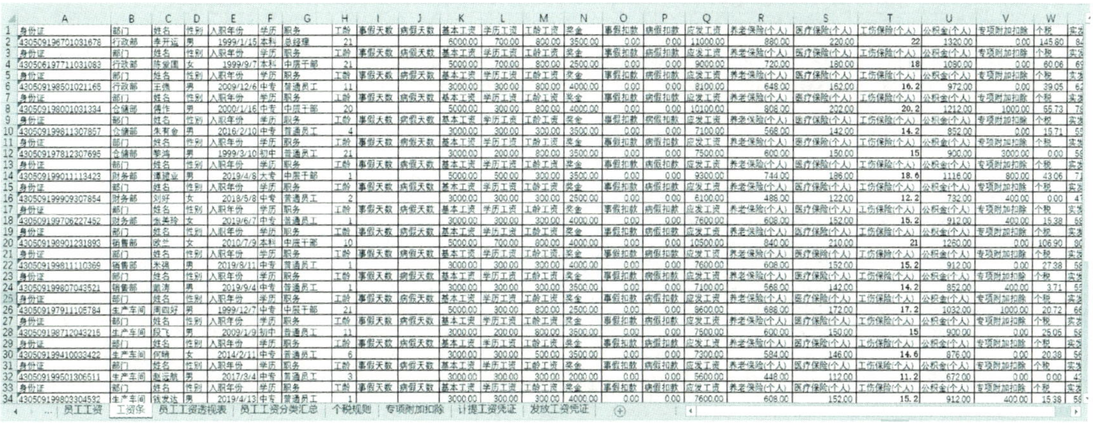

图 1－50　工资条效果图

该工资条在裁剪时由于各员工工资条表头名称和工资数据间隔很近，容易裁剪坏，所以最好在每位员工工资数据后添加空白行，步骤如下：

第一步：在 Y49 单元格录入任意大于 1、小于 1.5 的小数，假设我们这里输入 1.4，同时拖动填充柄将数据“填充序列”到 Y71，效果如图 1－51。

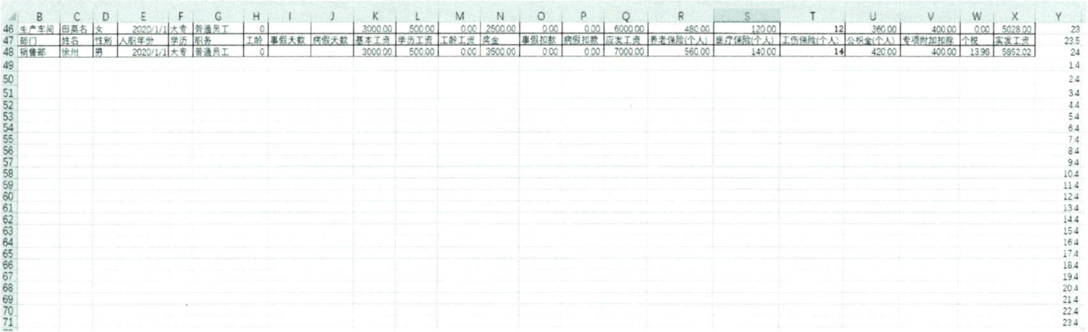

图 1－51　工资表空白行的排序

第二步：对工资条工作表的数据以“辅助列”为主要关键字，进行升序排序：

通过排序，我们发现，如图 1－52 所示，虽然每位员工工资条后都有空白行，但是美观度降低，所以还可以进行格式美化设置，如图 1－53 所示。

第一步：选中工资条工作表的 A3 行，设置该行为无框线。

第二步：选中 A1、A2 行，设置这两行为有框线。

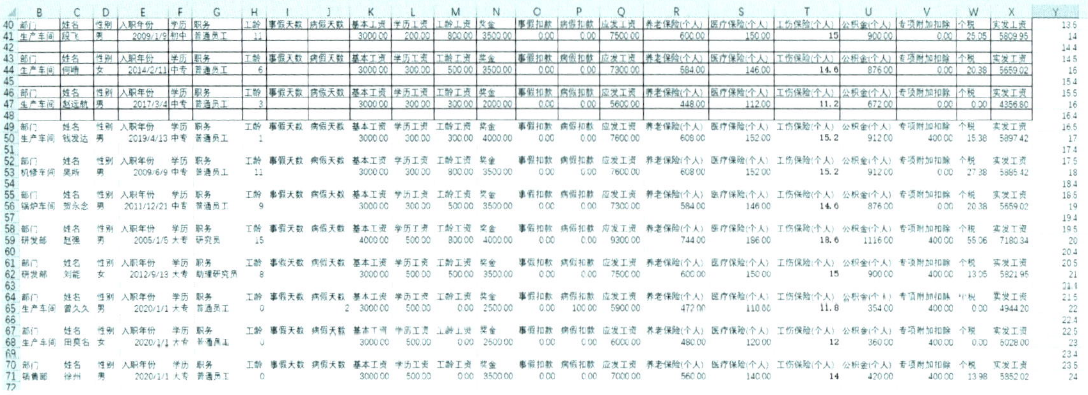

	B	C	D	E	F	G	H	I	J	K	L	M	N	O	P	Q	R	S	T	U	V	W	X	Y
40	部门	姓名	性别	入职年份	学历	职务	工龄	事假天数	病假天数	基本工资	学历工资	工龄工资	奖金	事假扣款	病假扣款	应发工资	养老保险(个人)	医疗保险(个人)	工伤保险(个人)	公积金(个人)	专项附加扣除	个税	实发工资	13.5
41	生产车间	段飞	男	2009/1/9	初中	普通员工	11			3000.00	200.00	800.00	3500.00	0.00	0.00	7500.00	600.00	150.00	15	900.00	0.00	25.05	5809.95	14
42																								14.4
43	部门	姓名	性别	入职年份	学历	职务	工龄	事假天数	病假天数	基本工资	学历工资	工龄工资	奖金	事假扣款	病假扣款	应发工资	养老保险(个人)	医疗保险(个人)	工伤保险(个人)	公积金(个人)	专项附加扣除	个税	实发工资	14.5
44	生产车间	何晴	女	2014/2/11	中专	普通员工	6			3000.00	300.00	500.00	3500.00	0.00	0.00	7300.00	584.00	146.00	14.6	876.00	0.00	20.38	5659.02	15
45																								15.4
46	部门	姓名	性别	入职年份	学历	职务	工龄	事假天数	病假天数	基本工资	学历工资	工龄工资	奖金	事假扣款	病假扣款	应发工资	养老保险(个人)	医疗保险(个人)	工伤保险(个人)	公积金(个人)	专项附加扣除	个税	实发工资	15.5
47	生产车间	赵远航	男	2017/3/4	中专	普通员工	3			3000.00	300.00	300.00	2000.00	0.00	0.00	5600.00	448.00	112.00	11.2	672.00	0.00	0.00	4356.80	16
48																								16.4
49	部门	姓名	性别	入职年份	学历	职务	工龄	事假天数	病假天数	基本工资	学历工资	工龄工资	奖金	事假扣款	病假扣款	应发工资	养老保险(个人)	医疗保险(个人)	工伤保险(个人)	公积金(个人)	专项附加扣除	个税	实发工资	16.5
50	生产车间	钱发达	男	2019/4/13	中专	普通员工	1			3000.00	300.00	300.00	4000.00	0.00	0.00	7600.00	608.00	152.00	15.2	912.00	400.00	15.38	5897.42	17
51																								17.4
52	部门	姓名	性别	入职年份	学历	职务	工龄	事假天数	病假天数	基本工资	学历工资	工龄工资	奖金	事假扣款	病假扣款	应发工资	养老保险(个人)	医疗保险(个人)	工伤保险(个人)	公积金(个人)	专项附加扣除	个税	实发工资	17.5
53	机修车间	吴所	男	2009/6/9	中专	普通员工	11			3000.00	300.00	800.00	3500.00	0.00	0.00	7600.00	608.00	152.00	15.2	912.00	0.00	27.38	5885.42	18
54																								18.4
55	部门	姓名	性别	入职年份	学历	职务	工龄	事假天数	病假天数	基本工资	学历工资	工龄工资	奖金	事假扣款	病假扣款	应发工资	养老保险(个人)	医疗保险(个人)	工伤保险(个人)	公积金(个人)	专项附加扣除	个税	实发工资	18.5
56	锅炉车间	贺永念	男	2011/12/21	中专	普通员工	9			3000.00	300.00	500.00	3500.00	0.00	0.00	7300.00	584.00	146.00	14.6	876.00	0.00	20.38	5659.02	19
57																								19.4
58	部门	姓名	性别	入职年份	学历	职务	工龄	事假天数	病假天数	基本工资	学历工资	工龄工资	奖金	事假扣款	病假扣款	应发工资	养老保险(个人)	医疗保险(个人)	工伤保险(个人)	公积金(个人)	专项附加扣除	个税	实发工资	19.5
59	研发部	赵强	男	2005/1/5	大专	研究员	15			4000.00	500.00	800.00	4000.00	0.00	0.00	9300.00	744.00	186.00	18.6	1116.00	400.00	55.06	7180.34	20
60																								20.4
61	部门	姓名	性别	入职年份	学历	职务	工龄	事假天数	病假天数	基本工资	学历工资	工龄工资	奖金	事假扣款	病假扣款	应发工资	养老保险(个人)	医疗保险(个人)	工伤保险(个人)	公积金(个人)	专项附加扣除	个税	实发工资	20.5
62	研发部	刘能	女	2012/9/13	大专	助理研究员	8			3000.00	500.00	500.00	3500.00	0.00	0.00	7500.00	600.00	150.00	15	900.00	400.00	13.05	5821.95	21
63																								21.4
64	部门	姓名	性别	入职年份	学历	职务	工龄	事假天数	病假天数	基本工资	学历工资	工龄工资	奖金	事假扣款	病假扣款	应发工资	养老保险(个人)	医疗保险(个人)	工伤保险(个人)	公积金(个人)	专项附加扣除	个税	实发工资	21.5
65	生产车间	曹久久	男	2020/1/1	大专	普通员工	0		2	3000.00	500.00	0.00	2500.00	0.00	100.00	5900.00	472.00	118.00	11.8	354.00	400.00	0.00	4944.20	22
66																								22.4
67	部门	姓名	性别	入职年份	学历	职务	工龄	事假天数	病假天数	基本工资	学历工资	工龄工资	奖金	事假扣款	病假扣款	应发工资	养老保险(个人)	医疗保险(个人)	工伤保险(个人)	公积金(个人)	专项附加扣除	个税	实发工资	22.5
68	生产车间	田莫名	女	2020/1/1	大专	普通员工	0			3000.00	500.00	0.00	2500.00	0.00	0.00	6000.00	480.00	120.00	12	360.00	400.00	0.00	5028.00	23
69																								23.4
70	部门	姓名	性别	入职年份	学历	职务	工龄	事假天数	病假天数	基本工资	学历工资	工龄工资	奖金	事假扣款	病假扣款	应发工资	养老保险(个人)	医疗保险(个人)	工伤保险(个人)	公积金(个人)	专项附加扣除	个税	实发工资	23.5
71	销售部	徐州	男	2020/1/1	大专	普通员工	0			3000.00	500.00	0.00	3500.00	0.00	0.00	7000.00	560.00	140.00	14	420.00	400.00	13.98	5852.02	24
72																								

图 1－52 工资条排序

图 1－53 表格框线的绘制

第三步：选中 A1、A2、A3 三行，点击格式刷，再将 A1、A2、A3 三行的格式刷到 A4 到 A72 行，效果如图 1－54 所示。

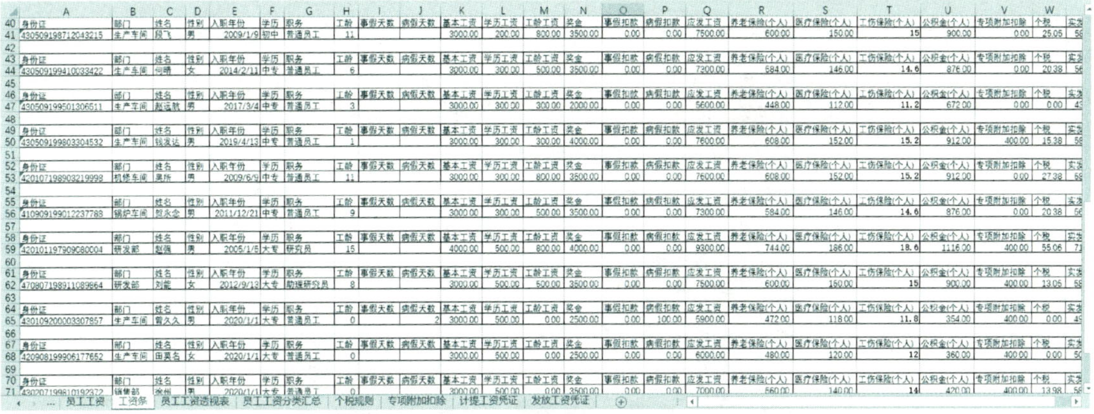

	A	B	C	D	E	F	G	H	I	J	K	L	M	N	O	P	Q	R	S	T	U	V	W	
40	身份证	部门	姓名	性别	入职年份	学历	职务	工龄	事假天数	病假天数	基本工资	学历工资	工龄工资	奖金	事假扣款	病假扣款	应发工资	养老保险(个人)	医疗保险(个人)	工伤保险(个人)	公积金(个人)	专项附加扣除	个税	实发
41	430509198712043215	生产车间	段飞	男	2009/1/9	初中	普通员工	11			3000.00	200.00	800.00	3500.00	0.00	0.00	7500.00	600.00	150.00	15	900.00	0.00	25.05	56
42																								
43	身份证	部门	姓名	性别	入职年份	学历	职务	工龄	事假天数	病假天数	基本工资	学历工资	工龄工资	奖金	事假扣款	病假扣款	应发工资	养老保险(个人)	医疗保险(个人)	工伤保险(个人)	公积金(个人)	专项附加扣除	个税	实发
44	430509199410033422	生产车间	何晴	女	2014/2/11	中专	普通员工	6			3000.00	300.00	500.00	3500.00	0.00	0.00	7300.00	584.00	146.00	14.6	876.00	0.00	20.38	56
45																								
46	身份证	部门	姓名	性别	入职年份	学历	职务	工龄	事假天数	病假天数	基本工资	学历工资	工龄工资	奖金	事假扣款	病假扣款	应发工资	养老保险(个人)	医疗保险(个人)	工伤保险(个人)	公积金(个人)	专项附加扣除	个税	实发
47	430509199501306511	生产车间	赵远航	男	2017/3/4	中专	普通员工	3			3000.00	300.00	300.00	2000.00	0.00	0.00	5600.00	448.00	112.00	11.2	672.00	0.00	0.00	43
48																								
49	身份证	部门	姓名	性别	入职年份	学历	职务	工龄	事假天数	病假天数	基本工资	学历工资	工龄工资	奖金	事假扣款	病假扣款	应发工资	养老保险(个人)	医疗保险(个人)	工伤保险(个人)	公积金(个人)	专项附加扣除	个税	实发
50	430509199803304532	生产车间	钱发达	男	2019/4/13	中专	普通员工	1			3000.00	300.00	300.00	4000.00	0.00	0.00	7600.00	608.00	152.00	15.2	912.00	400.00	15.38	58
51																								
52	身份证	部门	姓名	性别	入职年份	学历	职务	工龄	事假天数	病假天数	基本工资	学历工资	工龄工资	奖金	事假扣款	病假扣款	应发工资	养老保险(个人)	医疗保险(个人)	工伤保险(个人)	公积金(个人)	专项附加扣除	个税	实发
53	420107198903219998	机修车间	吴所	男	2009/6/9	中专	普通员工	11			3000.00	300.00	800.00	3500.00	0.00	0.00	7600.00	608.00	152.00	15.2	912.00	0.00	27.38	69
54																								
55	身份证	部门	姓名	性别	入职年份	学历	职务	工龄	事假天数	病假天数	基本工资	学历工资	工龄工资	奖金	事假扣款	病假扣款	应发工资	养老保险(个人)	医疗保险(个人)	工伤保险(个人)	公积金(个人)	专项附加扣除	个税	实发
56	410909199012237788	锅炉车间	贺永念	男	2011/12/21	中专	普通员工	9			3000.00	300.00	500.00	3500.00	0.00	0.00	7300.00	584.00	146.00	14.6	876.00	0.00	20.38	56
57																								
58	身份证	部门	姓名	性别	入职年份	学历	职务	工龄	事假天数	病假天数	基本工资	学历工资	工龄工资	奖金	事假扣款	病假扣款	应发工资	养老保险(个人)	医疗保险(个人)	工伤保险(个人)	公积金(个人)	专项附加扣除	个税	实发
59	420101197909080004	研发部	赵强	男	2005/1/5	大专	研究员	15			4000.00	500.00	800.00	4000.00	0.00	0.00	9300.00	744.00	186.00	18.6	1116.00	400.00	55.06	71
60																								
61	身份证	部门	姓名	性别	入职年份	学历	职务	工龄	事假天数	病假天数	基本工资	学历工资	工龄工资	奖金	事假扣款	病假扣款	应发工资	养老保险(个人)	医疗保险(个人)	工伤保险(个人)	公积金(个人)	专项附加扣除	个税	实发
62	470807198911089864	研发部	刘能	女	2012/9/13	大专	助理研究员	8			3000.00	500.00	500.00	3500.00	0.00	0.00	7500.00	600.00	150.00	15	900.00	400.00	13.05	58
63																								
64	身份证	部门	姓名	性别	入职年份	学历	职务	工龄	事假天数	病假天数	基本工资	学历工资	工龄工资	奖金	事假扣款	病假扣款	应发工资	养老保险(个人)	医疗保险(个人)	工伤保险(个人)	公积金(个人)	专项附加扣除	个税	实发
65	430109200003307857	生产车间	曾久久	男	2020/1/1	大专	普通员工	0		2	3000.00	500.00	0.00	2500.00	0.00	100.00	5900.00	472.00	118.00	11.8	354.00	400.00	0.00	49
66																								
67	身份证	部门	姓名	性别	入职年份	学历	职务	工龄	事假天数	病假天数	基本工资	学历工资	工龄工资	奖金	事假扣款	病假扣款	应发工资	养老保险(个人)	医疗保险(个人)	工伤保险(个人)	公积金(个人)	专项附加扣除	个税	实发
68	420908199906177652	生产车间	田莫名	女	2020/1/1	大专	普通员工	0			3000.00	500.00	0.00	2500.00	0.00	0.00	6000.00	480.00	120.00	12	360.00	400.00	0.00	50
69																								
70	身份证	部门	姓名	性别	入职年份	学历	职务	工龄	事假天数	病假天数	基本工资	学历工资	工龄工资	奖金	事假扣款	病假扣款	应发工资	养老保险(个人)	医疗保险(个人)	工伤保险(个人)	公积金(个人)	专项附加扣除	个税	实发
71	430207199810192372	销售部	徐州	男	2020/1/1	大专	普通员工	0			3000.00	500.00	0.00	3500.00	0.00	0.00	7000.00	560.00	140.00	14	420.00	400.00	13.98	56

图 1－54　工资条效果图

第四步：将最后一列 Y 列“辅助列”删除。

项目拓展训练

请帮助卓尔康股份公司制作工资条。

任务 8
用 EXCEL 进行宝东农牧薪资查询

任务情境

工作中有时需要对企业员工薪资的情况进行查询，以便企业领导和相关人员了解企业薪资情况，以助于领导将规则进行优化与调整。请用 EXCEL 进行宝东农牧的企业薪资查询工作。

1）请帮助董事长查询工龄大于 10 年员工的薪资情况。

2）请帮助董事长查询该月实发工资大于等于 7000 元的薪资情况。

3）请帮助董事长查询工龄大于 10 年且工资小于 6000 元的员工薪资情况。

任务实施

企业对薪资进行查询时，为了避免对制作好的“员工工资”工作表进行误操作，应当建立副本来进行查询。

1）建立“员工工资”工作表副本。选中“员工工资”工作表按右键点击“移动或复制工作表”，进行如下选择，点击确定，生成副本，并将副本重命名为“员工工资（查询）”，如图 1－55 所示。

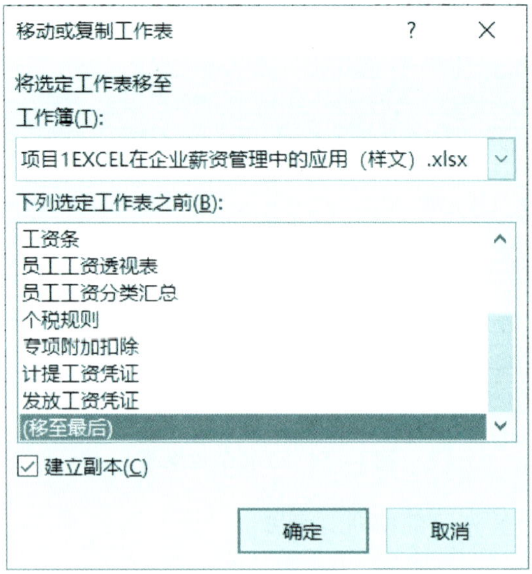

图 1-55　移动或复制工作表对话框

2）请帮助董事长查询工龄大于 10 年员工的薪资情况。将鼠标放在工作表数据区域，选择菜单栏“数据”，找到工具栏“筛选”，如图 1-56 所示，会在每个工资项目的标题处出现下拉选项。

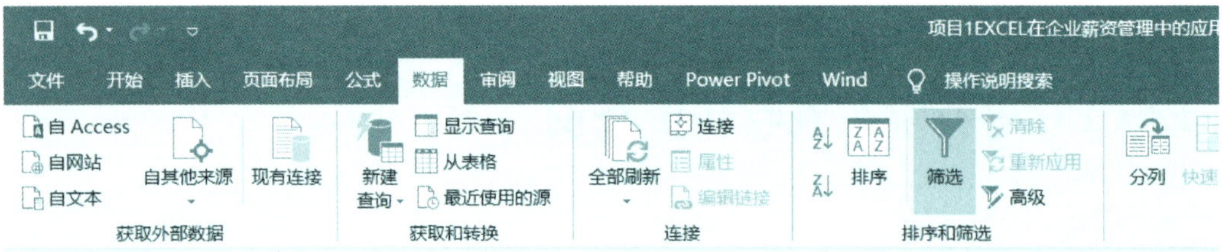

图 1-56　筛选功能

选择选项卡并设置筛选条件，如图 1-57 所示。

图 1-57　筛选条件

最后查询结果如图 1－58 所示。

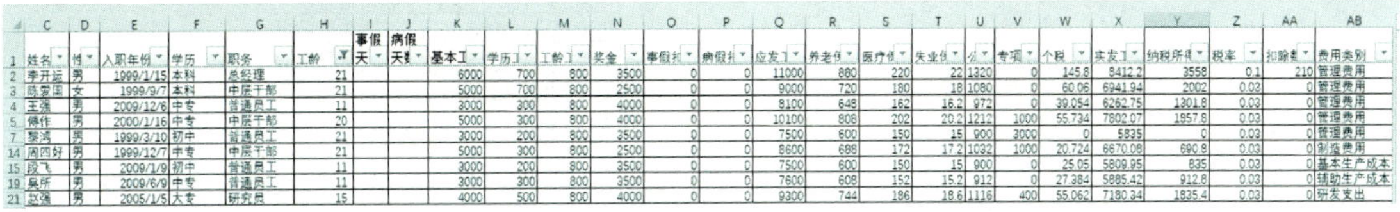

	C	D	E	F	G	H	I	J	K	L	M	N	O	P	Q	R	S	T	U	V	W	X	Y	Z	AA	AB
1	姓名	性	入职年份	学历	职务	工龄	事假天	病假天数	基本工	学历工	工龄工	奖金	事假扣	病假扣	应发工	养老保	医疗保	失业保	公	专项	个税	实发工	纳税所得	税率	扣除数	费用类别
2	李开运	男	1999/1/15	本科	总经理	21			6000	700	800	3500	0	0	11000	880	220	22	1320	0	145.8	8412.2	3558	0.1	210	管理费用
3	陈爱国	女	1999/9/7	本科	中层干部	21			5000	700	800	2500	0	0	9000	720	180	18	1080	0	60.06	6941.94	2002	0.03	0	管理费用
4	王强	男	2009/12/6	中专	普通员工	11			3000	300	800	4000	0	0	8100	648	162	16.2	972	0	39.054	6262.75	1301.8	0.03	0	管理费用
5	傅作	男	2000/1/16	中专	中层干部	20			5000	300	800	4000	0	0	10100	808	202	20.2	1212	1000	55.734	7802.07	1957.8	0.03	0	管理费用
7	黎鸿	男	1999/3/10	初中	普通员工	21			3000	200	800	3500	0	0	7500	600	150	15	900	3000	0	5835	0	0.03	0	管理费用
14	周四好	男	1999/12/7	中专	中层干部	21			5000	300	800	2500	0	0	8600	688	172	17.2	1032	1000	20.724	6670.08	690.8	0.03	0	制造费用
15	段飞	男	2009/1/9	初中	普通员工	11			3000	200	800	3500	0	0	7500	600	150	15	900	0	25.05	5809.95	835	0.03	0	基本生产成本
19	吴所	男	2009/6/9	中专	普通员工	11			3000	300	800	3500	0	0	7600	608	152	15.2	912	0	27.384	5885.42	912.8	0.03	0	辅助生产成本
21	赵强	男	2005/1/5	大专	研究员	15			4000	500	800	4000	0	0	9300	744	186	18.6	1116	400	55.062	7180.34	1835.4	0.03	0	研发支出

图 1－58　工龄大于 10 年员工的查询结果

3）请帮助董事长查询该月实发工资大于等于 7000 元的薪资情况。

第一步：将之前查询结果复原。即将工龄查询时设置的工龄列筛选条件改为全部数据，如图 1－59 所示。

图 1－59　查询结果复原

第二步：找到实发工资，在筛选的选项卡选择如下选项，如图 1－60 所示。

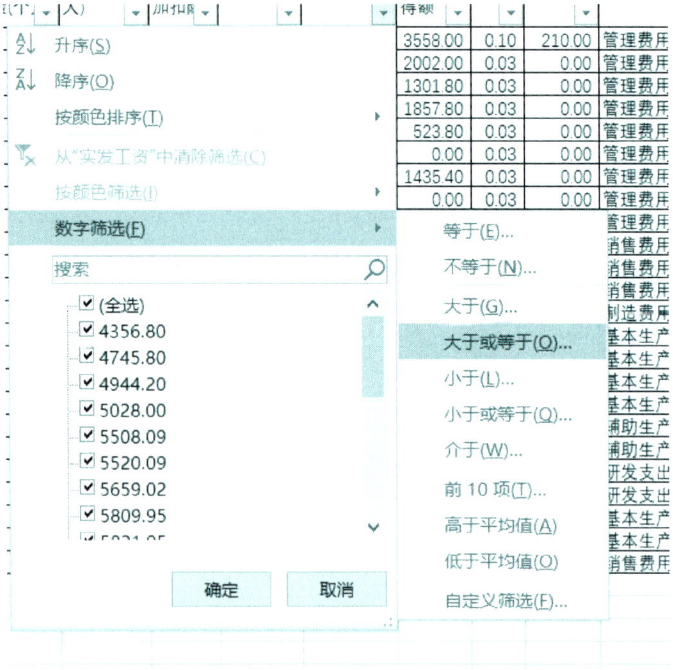

图 1－60　实发工资大于等于 7000 元的窗口

第三步：找到实发工资，在筛选的选项卡选择如下选项，如图 1－61 所示。

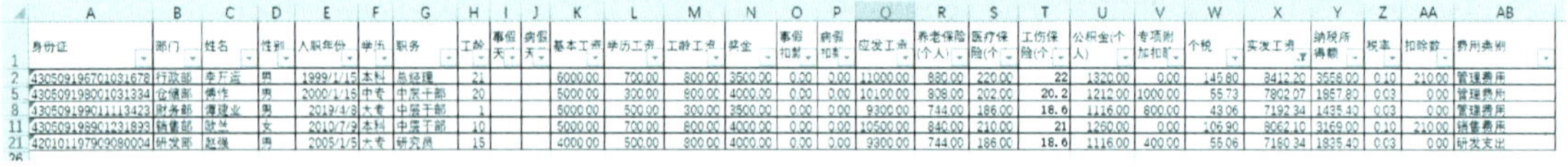

	A 身份证	B 部门	C 姓名	D 性别	E 入职年份	F 学历	G 职务	H 工龄	I 事假天	J 病假天	K 基本工资	L 学历工资	M 工龄工资	N 奖金
2	430509196701031678	行政部	李开远	男	1999/1/15	本科	总经理	21			6000.00	700.00	800.00	3500.00
5	430509198001031334	仓储部	傅作	男	2000/1/16	中专	中层干部	20			5000.00	300.00	800.00	4000.00
8	430509199011113423	财务部	谭建业	男	2019/4/8	大专	中层干部	1			5000.00	500.00	300.00	3500.00
11	430509198901231893	销售部	耿兰	女	2010/7/9	本科	中层干部	10			5000.00	700.00	800.00	4000.00
21	420101197909080004	研发部	赵强	男	2005/1/5	大专	研究员	15			4000.00	500.00	800.00	4000.00

	O 事假扣款	P 病假扣款	Q 应发工资	R 养老保险(个人)	S 医疗保险(个	T 工伤保险(个	U 公积金(个人)	V 专项附加扣除	W 个税	X 实发工资	Y 纳税所得额	Z 税率	AA 扣除数	AB 费用类别
2	0.00	0.00	11000.00	880.00	220.00	22	1320.00	0.00	145.80	8412.20	3558.00	0.10	210.00	管理费用
5	0.00	0.00	10100.00	808.00	202.00	20.2	1212.00	1000.00	55.73	7802.07	1857.80	0.03	0.00	管理费用
8	0.00	0.00	9300.00	744.00	186.00	18.6	1116.00	800.00	43.06	7192.34	1435.40	0.03	0.00	管理费用
11	0.00	0.00	10500.00	840.00	210.00	21	1260.00	0.00	106.90	8062.10	3169.00	0.10	210.00	销售费用
21	0.00	0.00	9300.00	744.00	186.00	18.6	1116.00	400.00	55.06	7180.34	1835.40	0.03	0.00	研发支出

图 1－61　实发工资大于等于 7000 元的查询结果

4）请帮助董事长查询工龄大于 10 年且工资小于 6000 元的员工薪资情况。

第一步：将之前查询结果复原，即将实发工资查询时设置的实发工资筛选条件改为全部数据。

第二步：找到实发工资，在筛选的选项卡选择如下选项，如图 1－62 所示。

图 1－62　工资小于 6000 元的选项

第三步：找到工龄，在筛选的选项卡选择如下选项，如图 1－63 所示。

图 1－63　工龄大于 10 年的选项

点击确定就可以得到需要的结果，如图 1－64 所示。

	A	B	C	D	E	F	G	H	I	J	K	L	M	N
1	身份证	部门	姓名	性别	入职年份	学历	职务	工龄	事假天	病假天	基本工资	学历工资	工龄工资	奖金
7	430509197812307695	仓储部	黎鸿	男	1999/3/10	初中	普通员工	21			3000.00	200.00	800.00	3500.00
15	430509198712043215	生产车间	段飞	男	2009/1/9	初中	普通员工	11			3000.00	200.00	800.00	3500.00
19	420107198903219998	机修车间	吴所	男	2009/6/9	中专	普通员工	11			3000.00	300.00	800.00	3500.00

	O	P	Q	R	S	T	U	V	W	X	Y	Z	AA	AB
1	事假扣	病假扣	应发工资	养老保险(个人)	医疗保险(个	工伤保险(个	公积金(个人)	专项附加扣	个税	实发工资	纳税所得额	税率	扣除数	费用类别
7	0.00	0.00	7500.00	600.00	150.00	15	900.00	3000.00	0.00	5835.00	0.00	0.03	0.00	管理费用
15	0.00	0.00	7500.00	600.00	150.00	15	900.00	0.00	25.05	5809.95	835.00	0.03	0.00	基本生产成本
19	0.00	0.00	7600.00	608.00	152.00	15.2	912.00	0.00	27.38	5885.42	912.80	0.03	0.00	辅助生产成本

图 1－64　工龄大于 10 年且工资小于 6000 元的查询结果

项目拓展训练

请帮助卓尔康股份公司的财务人员查询：

1）高级职称员工的薪资情况。

2）该月实发工资大于等于 6000 元的员工情况。

3）应发工资小于 4000 元的生产车间的员工情况。

扫码进入视频学习

项目 1

项目二 EXCEL 在企业固定资产管理中的应用

2

固定资产是企业为生产商品、提供劳务、出租或经营管理而持有的使用寿命超过一个会计年度的有形资产。它是企业进行生产经营活动的物质基础，其增减、日常管理以及折旧费用的核算和提取，对企业产品生产成本及生产经营费用都产生重要的影响。

在实务中，企业一般应按月计提固定资产折旧。计提固定资产折旧时，当月新增固定资产，当月不计提折旧，下月开始计提折旧；当月减少固定资产当月照提折旧，下月开始不计提。固定资产提足折旧后，不论能否继续使用，均不再计提折旧；提前报废的固定资产，也不再提折旧。

固定资产管理思路为：确定固定资产折旧方法→建立固定资产信息库→计算各固定资产本月折旧额→设置各固定资产折旧费用的类别→分类汇总或透视表方法制作原始凭证→填制记账凭证。

任务 1 用 EXCEL 进行固定资产折旧方法的比较

任务情境

1）湖南宝东农牧科技股份有限公司一台 10KV 配电工程设备资产原值为 280311 元，净残值率 5%，使用年限为 10 年，试使用直线法、双倍余额递减法、年数总和法三种方法对其计提折旧，比较三种方法的不同，并思考：哪一种折旧方法对于企业最有利？

2）湖南宝东农牧科技股份有限公司自建一栋行政楼，于 2016 年 3 月 31 日开始投入使用，固定资产编号为“001”，计提折旧年限 20 年，该行政楼资产原值为 7747211 元，残值率为 4%，采用年数总和法计算该固定资产各期间折旧。

3）湖南宝东农牧科技股份有限公司购买的托利多地磅，于 2016 年 3 月 31 日开始投入使用，固定资产编号为“002”，计提折旧年限 10 年，该厂房资产原值为 229116 元，残值率为 4%，请采用双倍余额递减法计算地磅各期间折旧。

知识链接

固定资产折旧是指固定资产在使用寿命内，按照规定的方法对应计提折旧额进行系统分摊。固定资产折旧方法包括年限平均法、双倍余额递减法、年数总和法等。

1. 年限平均法

年限平均法，又称直线法，是将固定资产原值减去预计净残值后，将应计提折旧额均衡分摊到固定资产的一种方法。该方法计算的每期的折旧额相等，公式如下：

年折旧率 =（1 - 预计净残值率）÷预计使用年限 × 100%

月折旧率 = 年折旧率/12

月折旧额 = 固定资产原价 × 月折旧率

在 EXCEL 中可以利用财务函数直线折旧函数 SLN( )完成。

SLN( )函数是用来返回某项资产每期的线性折旧值，它含有以下参数：Cost 是固定资产原值；Salvage 是资产在折旧期末的价值，即资产残值；Life 是折旧期限。函数参数如图 2 - 1 所示。

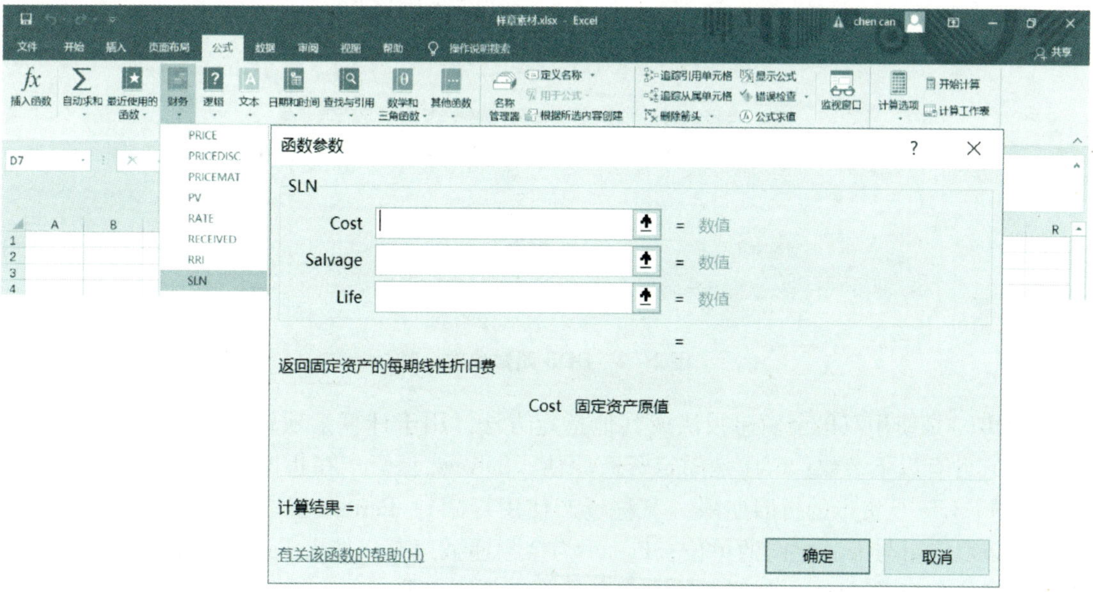

图 2 - 1 SLN 函数参数一览

2. 双倍余额递减法

双倍余额递减法是指在不考虑固定资产预计净残值的情况下，根据每期期初固定资产原价减去累计折旧后的金额和双倍的直线法折旧率计算固定资产折旧的一种方法。应用这种方法计算折旧时，应在固定资产使用寿命到期前两年内，将固定资产账面净值扣除预计净残值后的余额平均摊销。公式如下：

年折旧率 = 2/预计使用寿命（年）×100%

年折旧额 = 每个折旧年度年初固定资产账面净值 × 年折旧率

月折旧额 = 年折旧率/12

第 1 年应提的折旧额 = 固定资产原价 × 年折旧率

第 2 年应提的折旧额 =（固定资产原价 - 第 1 年应提的折旧额）× 年折旧率

第 3 年应提的折旧额 =（固定资产原价 - 第 1 年应提的折旧额 - 第 2 年应提的折旧额）× 年折旧率

……

在 EXCEL 中可以利用财务函数双倍余额递减法函数 DDB( ) 完成，DDB 函数参数如图 2 - 2所示。

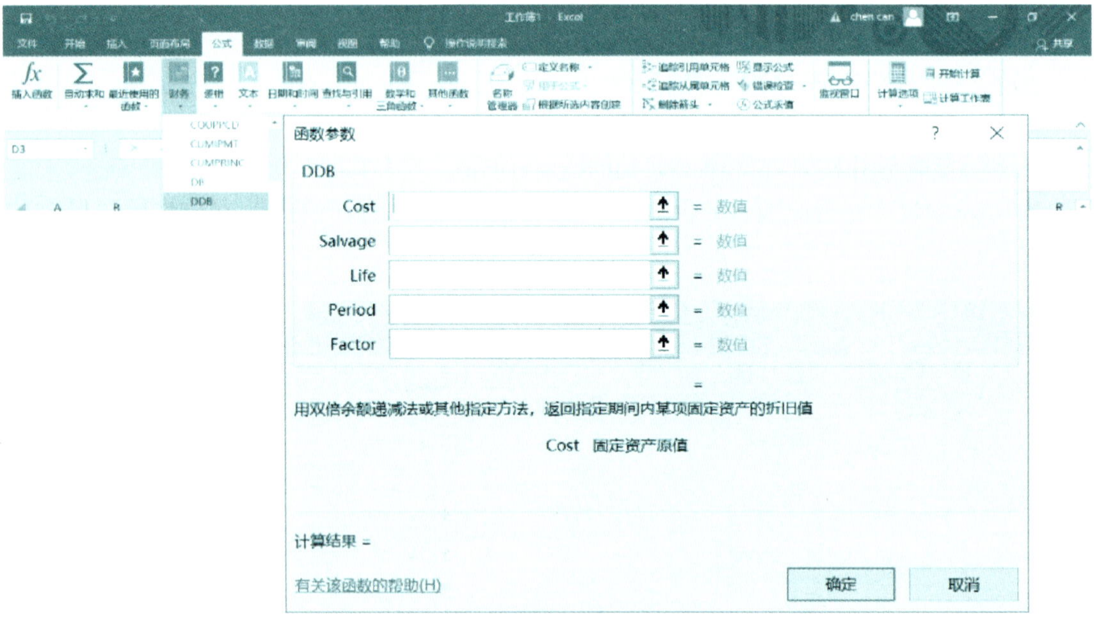

图 2 - 2 DDB 函数参数一览

DDB( ) 是使用双倍余额递减法或其他指定方法，用于计算某项资产在给定期间内的折旧值。它含有以下参数：Cost 是固定资产原值；Salvage 是资产在折旧期末的价值（又称资产残值）；Life 是资产的折旧期限（又称资产使用寿命）；Period 为需要计算折旧值的期间，Period 必须使用与 Life 相同的单位；Factor 为余额递减速率，如果 Factor 省略参数，则假设为 2（双倍余额递减法）。注意：这 5 个参数都必须为正数。

3. 年数总和法

年数总和法，是将固定资产的原值减去净残值后的余额，乘以一个逐年递减的分数计算每年的折旧额，这个分数的分子代表固定资产尚可使用年限，分母代表使用年数之和。计算公式如下：

年折旧率 =（预计使用寿命 - 已使用年限）/［预计使用寿命 ×（预计使用寿命 + 1）/2］ = 尚可使用的年限/预计使用的年数总和 ×100%

月折旧率 = 年折旧率/12

月折旧额 = （固定资产原值 - 预计净残值） × 月折旧率

在 EXCEL 中可以利用财务函数年数总和法函数 SYD( )完成，SYD 函数参数如图 2 - 3 所示。

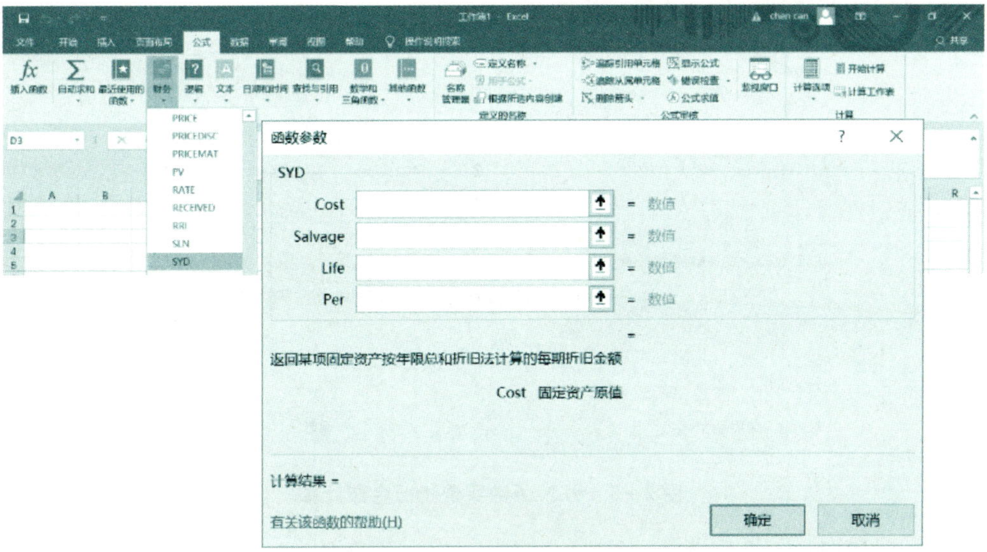

图 2 - 3　SYD 函数参数一览

SYD（ ）是指某项资产在某一指定期间用年数总计法计算的折旧方法。Cost 是固定资产原值，Salvage 是资产在折旧期末的价值（又称资产残值），Life 是资产的折旧期限（又称资产使用寿命），Per 为指定计算资产折旧所用的那一期间，其单位与 Life 相同。

任务实施

（1）湖南宝东农牧科技股份有限公司一台 10KV 配电工程设备资产原值为 280311 元，净残值率 5%，使用年限为 10 年，试使用直线法、双倍余额递减法、年数总和法三种方法分别对该设备计提折旧，比较三种方法的不同，并思考：哪一种折旧方法对于企业最有利？

第一步，按照 EXCEL 建模解决问题的思路，建模并输入关键参数值，如图 2 - 4 所示。

	A	B	C	D
2	年限	10	净残值率	5%
3	原值	280311	残值	
4	年数	直线法	双倍余额递减法	年数总和法
5	1			
6	2			
7	3			
8	4			
9	5			
10	6			
11	7			
12	8			
13	9			
14	10			
15	累计折旧			

图 2 - 4　三种折旧方法比较

第二步，使用年限平均法 SLN( ) 函数，完成每年该设备的年折旧额计算：鼠标选定 B5 单元格，输入 SLN( ) 函数，各参数引用单元格如图 2 - 5 所示，在各参数处按下 F4 键，全部采用绝对引用：= SLN($B$3, $D$3, $B$2)，并拖动填充柄至 B14 单元格，利用年限平均法 SLN( ) 函数完成该设备 10 年的折旧计算。

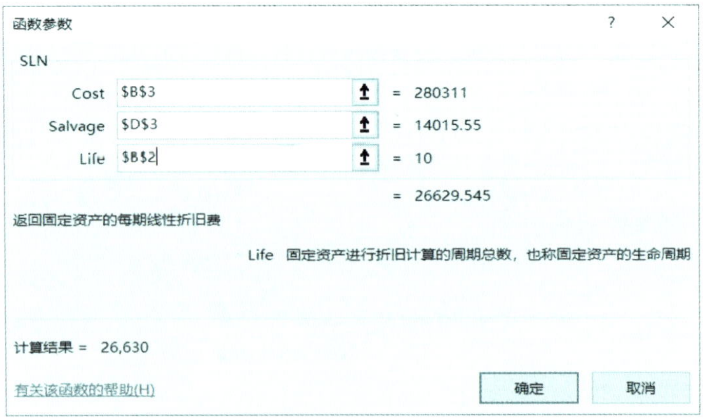

图 2 - 5 SLN 函数实现折旧金额计算

第三步，使用双倍余额递减法 DDB( ) 函数，完成该设备的年折旧额计算。鼠标选定 C5 单元格，财务函数下选择 DDB( ) 函数，出现函数界面，如图 2 - 6 所示。根据 EXCEL 建立模型中已知参数信息，选择参数单元格至函数参数对话框中，公式为：= DDB($B$3,, $B$2, A5)。因各年度 Cost 固定资产原值、Life 资产的折旧总期 2 个参数在折旧期内不变，所以加绝对引用符号，并拖动其填充柄至 C12 单元格。根据现行会计制度规定，采用双倍余额递减法时，应在其折旧年限到期前 2 年内，将固定资产净值扣除预计净残值后的余额平均摊销。在 C13 单元格，输入：=(B3 - SUM(C5:C12) - D3)/2，C14 单元格的公式为：= C13。

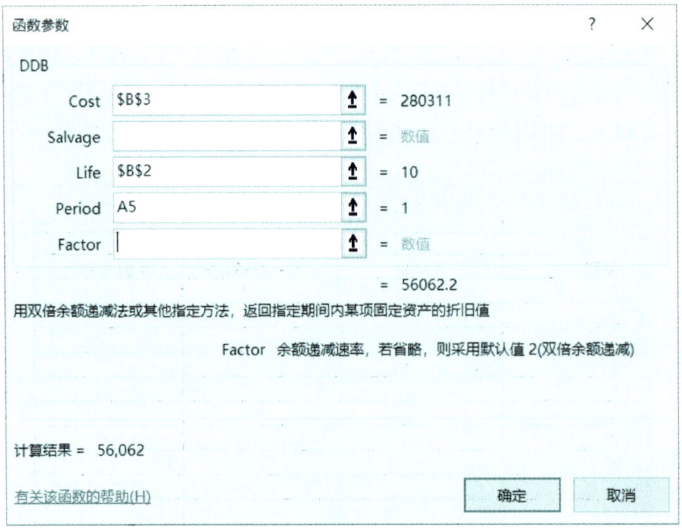

图 2 - 6 DDB 函数实现折旧金额计算

第四步，使用年数总和法 SYD( )函数，完成每年该设备的年折旧额计算。鼠标选定 D5 单元格，财务函数下选择 SYD( )函数，出现函数界面，如图 2－7 所示。根据 EXCEL 建立模型中已知参数信息，选择参数单元格，公式为：＝SYD($B$3，$D$3，$B$2，A5)，并设置原值、残值、计提期数 3 个参数，按下 F4 键，设置成绝对引用，并拖动单元格公式填充至 D14 单元格。

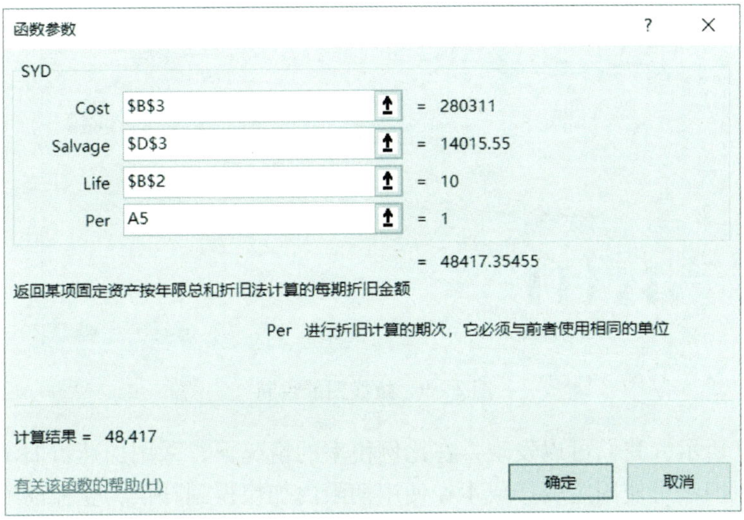

图 2－7 SYD 函数实现折旧金额计算

第五步，各种折旧方法累计折旧的计算。选择 B15 单元格，在其中输入公式：＝SUM(B5:B14)，完成累计折旧合计，拖动该单元格填充柄至 D15 单元格。各种方法的累计折旧相等，印证了计算的正确性，如图 2－8 所示。

	A	B	C	D
2	年限	10	净残值率	5%
3	原值	280311	残值	14015.55
4	年数	直线法	双倍余额递减法	年数总和法
5	1	26,630	56,062	48,417
6	2	26,630	44,850	43,576
7	3	26,630	35,880	38,734
8	4	26,630	28,704	33,892
9	5	26,630	22,963	29,050
10	6	26,630	18,370	24,209
11	7	26,630	14,696	19,367
12	8	26,630	11,757	14,525
13	9	26,630	16,506	9,683
14	10	26,630	16,506	4,842
15	累计折旧	￥266,295.45	￥266,295.45	￥266,295.45

图 2－8 三种折旧方法结果比较

第六步，利用折线图完成各种折旧方法比较。选定单元格区域 A4:D14，【插入】菜单选项卡，选择【图表】功能区中“推荐的图表”下的“折线图”，生成对比图，进行图表区域进行数据设置修改，如图 2 -9 所示。

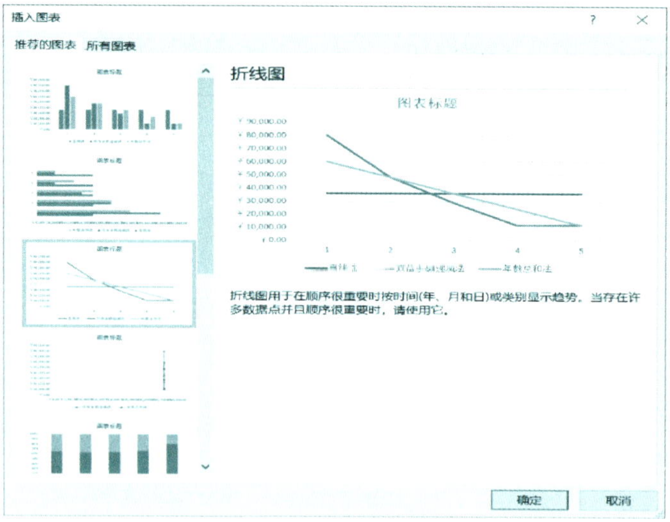

图 2 -9 折线图的绘制

如图 2 -10 所示，我们可以发现，在比例税率的情况下，采用加速折旧法对企业更为有利。因为加速折旧法可使固定资产成本在使用期限内加快得到补偿，企业前期利润少，纳税少；后期利润多，纳税较多，从而起到延期纳税的作用。

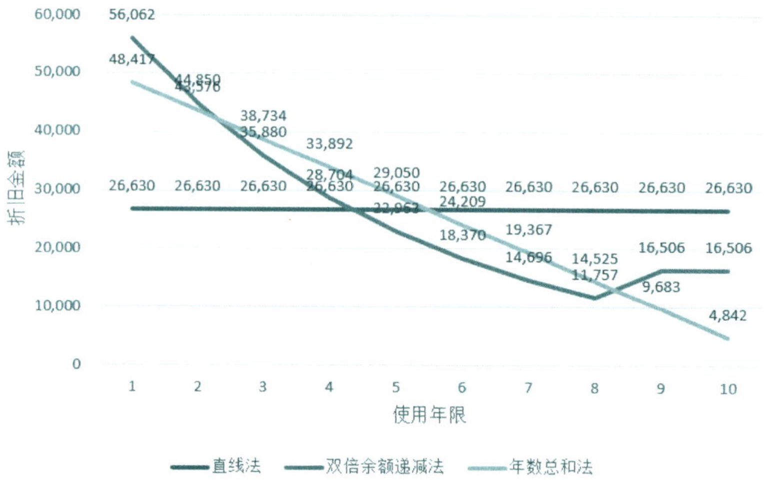

图 2 -10 三种折旧方法折线图

（2）湖南宝东农牧科技股份有限公司自建一栋行政楼，于 2016 年 3 月 31 日开始投入使用，固定资产编号为“001”，计提折旧年限 20 年，该行政楼资产原值为 7747211 元，残值率为 4%，采用年数总和法计算该固定资产各期间折旧。步骤如下：

第一步，按照 EXCEL 建模解决问题的思路，建模并输入关键参数值，如图 2 -11 所示。

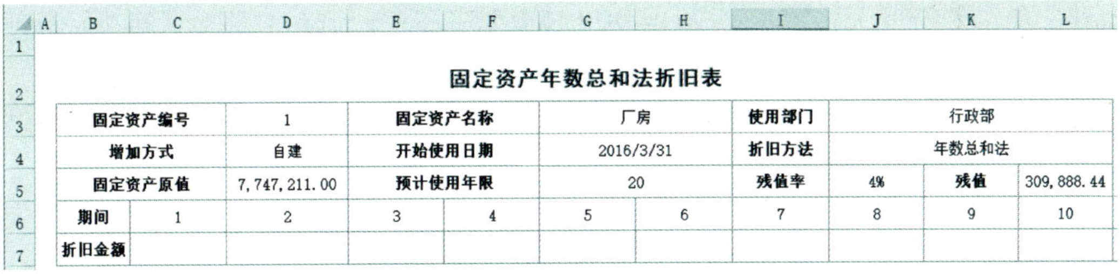

固定资产年数总和法折旧表

固定资产编号		1	固定资产名称		厂房		使用部门	行政部		
增加方式		自建	开始使用日期		2016/3/31		折旧方法	年数总和法		
固定资产原值		7,747,211.00	预计使用年限		20		残值率	4%	残值	309,888.44
期间	1	2	3	4	5	6	7	8	9	10
折旧金额										

图 2－11　年数总和法模型构建

第二步，在 C7 单元格录入公式：＝SYD($D$5, $L$5, $G$5,C6)，其中设置绝对引用的单元格，其目的在于将公式拖动填充柄复制到 V7 单元格时绝对引用符号的单元格不会发生变化。

第三步，W7 单元格 20 年折旧金额合计处录入公式：＝SUM(C7:V7)，为前面 20 年计提折旧合计；也可以等于原值减去净残值，公式为：＝D5－L5，结果相同。

（3）湖南宝东农牧科技股份有限公司购买的托利多地磅，于 2016 年 3 月 31 日开始投入使用，固定资产编号为“002”，计提折旧年限 10 年，该厂房资产原值为 229116 元，残值率为 4%，请采用双倍余额递减法计算地磅各期间折旧。

第一步，按照 EXCEL 建模解决问题的思路，建模并输入关键参数值，如图 2－12、图 2－13所示。

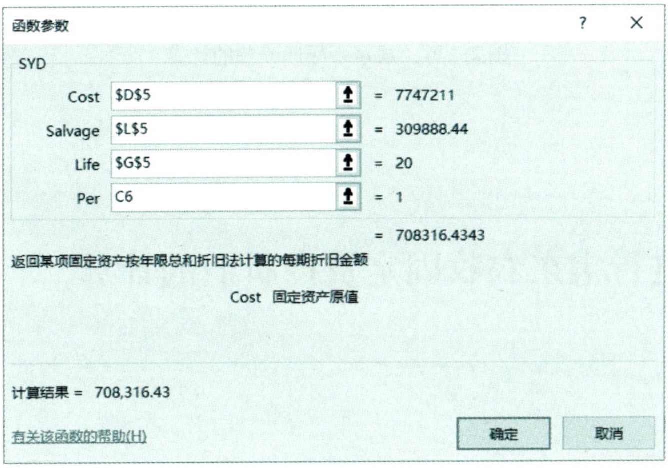

图 2－12　年数总和法的计算

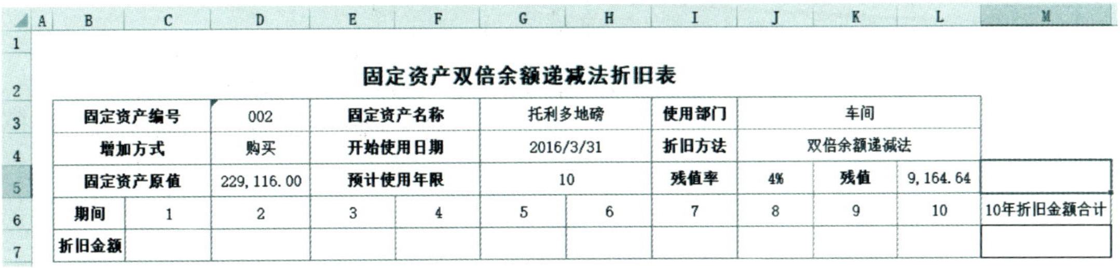

固定资产双倍余额递减法折旧表

固定资产编号		002	固定资产名称		托利多地磅		使用部门	车间			
增加方式		购买	开始使用日期		2016/3/31		折旧方法	双倍余额递减法			
固定资产原值		229,116.00	预计使用年限		10		残值率	4%	残值	9,164.64	
期间	1	2	3	4	5	6	7	8	9	10	10年折旧金额合计
折旧金额											

图 2－13　双倍余额递减法的模型

第二步，在 C7 单元格录入公式：＝DDB（＄D＄5，，＄G＄5，C6），将公式拖动复制到 J7 单元格。

第三步，双倍余额递减法最后两年的处理。K7 单元录入公式：＝（D5－SUM（C7：J7）－L5）/2，L7 单元格录入公式：＝K7。

第四步，M7 单元格 10 年折旧金额合计处录入公式：＝SUM（C7：L7），为前面 10 年计提折旧合计；也可以等于原值减去净残值，公式为：＝D5－L5，结果相同。

函数参数与计算结果如图 2－14 所示。

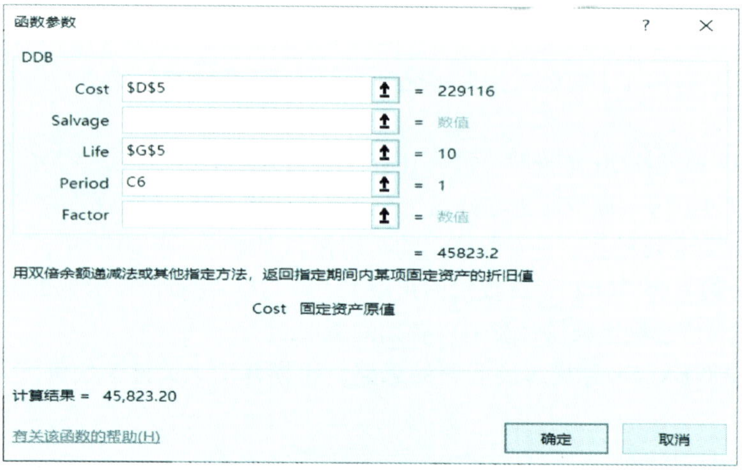

图 2－14　双倍余额递减法的计算

任务 2
用 EXCEL 进行宝东农牧固定资产折旧的计算

任务情境

湖南宝东农牧科技股份有限公司固定资产不多，为了节约企业开支，公司谭总监计划不额外购买特定财务软件的固定资产模块，打算用 EXCEL 对企业的固定资产进行管理。请帮助谭总监用 EXCEL 进行企业固定资产的管理。

1）录入企业固定资产的相关信息；

2）设置“类别名称”“使用部门”“折旧费用类别”三个列的数据有效性，并录入数据信息；

3）实务中应当通过函数获得当前日期，以保证固定资产管理系统可以每月自动更新（在这里由于需要保证答案的唯一性，所以统一录入日期 2020 年 5 月 30 日）；

4）根据公式；（当前年份－开始使用的年份）×12＋当前月份－开始使用的月份－1，

企业所有固定资产时“已计提月份”列的计算；

5）判断企业固定资产折旧是否计提结束；

6）计算“本月计提折旧额”列的金额；

7）计算“至上月止累计折旧额”列的金额；

8）计算“本月末账面净值”列的金额；

9）对每个固定资产，判断其“折旧费用类别”列的折旧费用类别。

任务实施

第一步，打开“EXCEL 在企业固定资产管理中的应用 . XLS”工作簿，找到工作表“固定资产信息库”，在建立好的 EXCEL 模型框架中，按照企业的实际情况录入企业的固定资产，当企业有新增的固定资产时也可以在该表进行录入，如图 2－15 所示。

	A	B	C	D	E	F	G	H	I	J	K	L	M	N	O	P	Q	R
1										固定资产信息库								
2		日期	2020年5月2日															
3	资产编号	资产名称	类别名称	使用部门	数量	使用状况	可使用期数	开始使用日期	折旧方法	资产原值	已计提月份	至上月止累计折旧额	本月计提折旧额	本月末账面净值	净残值率	折旧费用类别	总计提月份	是否结束
4	001	宝东生产厂房	房屋建筑物	生产车间	1	正常使用	240	2016/3/31	平均年限法	5888222					4.00%			
5	002	托利多地磅	机械设备	生产车间	1	正常使用	120	2016/3/31	平均年限法	174470					4.00%			
6	003	合力叉车	运输工具	生产车间	1	正常使用	48	2016/3/24	平均年限法	48890					3.00%			
7	004	电脑设备	办公设备	财务部	6	正常使用	36	2016/3/31	平均年限法	16457					3.00%			
8	005	热水器	办公设备	行政部	1	正常使用	36	2016/6/30	平均年限法	5966					3.00%			
9	006	单反相机	办公设备	行政部	1	正常使用	36	2016/9/30	平均年限法	8626					3.00%			
10	007	打印机	办公设备	财务部	1	正常使用	36	2016/11/30	平均年限法	1573					3.00%			
11	008	兽用B超机	办公设备	生产车间	1	正常使用	36	2017/3/31	平均年限法	6194					3.00%			
12	009	化验仪器	电子设备	研发部	1	正常使用	36	2017/3/31	平均年限法	10412					3.00%			
13	010	塑料托盘	机械设备	生产车间	40	正常使用	36	2017/4/30	平均年限法	6878					3.00%			
14	011	格力空调	办公设备	行政部	28	正常使用	36	2017/6/30	平均年限法	64182					3.00%			
15	012	合力叉车	运输工具	生产车间	3	正常使用	48	2017/6/30	平均年限法	160398					5.00%			
16	013	消防器材	办公设备	生产车间	1	正常使用	12	2017/6/30	平均年限法	3362					5.00%			
17	014	电脑	办公设备	研发部	1	正常使用	12	2017/9/1	平均年限法	2287					5.00%			
18	015	电脑	办公设备	行政部	1	正常使用	12	2017/9/1	平均年限法	3876					5.00%			
19	016	打印机	办公设备	生产车间	1	正常使用	12	2017/9/1	平均年限法	1596					5.00%			
20	017	打印机	办公设备	行政部	1	正常使用	12	2017/9/1	平均年限法	1596					5.00%			
21	018	装车台	运输工具	生产车间	2	正常使用	12	2017/9/1	平均年限法	18582					5.00%			
22	019	监控设备	办公设备	行政部	1	正常使用	36	2017/9/1	平均年限法	27550					5.00%			
23	020	机械手	机械设备	生产车间	1	正常使用	120	2017/9/1	平均年限法	397746					5.00%			
24	021	铁托盘	运输工具	生产车间	318	正常使用	36	2017/10/1	平均年限法	108824					5.00%			
25	022	5P空调	办公设备	行政部	1	正常使用	36	2018/1/31	平均年限法	11666					5.00%			

图 2－15　固定资产信息库

第二步，为了保证“类别名称”“使用部门”“折旧费用类别”列数据后续录入的正确性，应当先设置这三个列的数据有效性，让数据从下拉列表选择录入，如图 2－16 所示。

	A	B	C	D	E	F	G
1	部门			费用类别			资产类型
2	行政部			管理费用			房屋建筑物
3	仓储部			制造费用			机械设备
4	财务部			销售费用			运输工具
5	销售部			基本生产成本			办公设备
6	生产车间			辅助生产成本			电子设备
7	机修车间			研发支出			
8	锅炉车间						
9	研发部						

图 2－16　折旧类别等相关信息

首先设置“类别名称”列：选中 C4:C52 单元格，找到【数据】菜单选项卡，【数据验证】命令，设置【数据验证】对话框。“允许”下拉列表框中选择“序列”选项，在“来源”条件文本框中选择“部门基本信息”工作表中的 G1:G6 单元格，如图 2－17 所示。

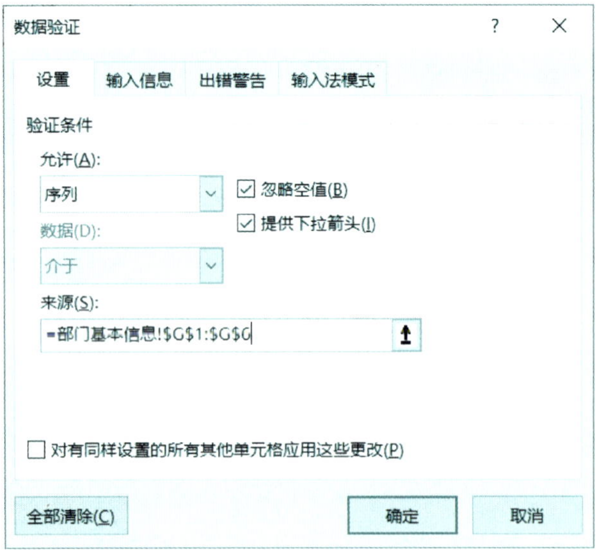

图 2－17　类别名称列数据验证

接下来设置“使用部门”列：选中 D4:D52 单元格，按照上述方法，进行数据验证，如图 2－18 所示。

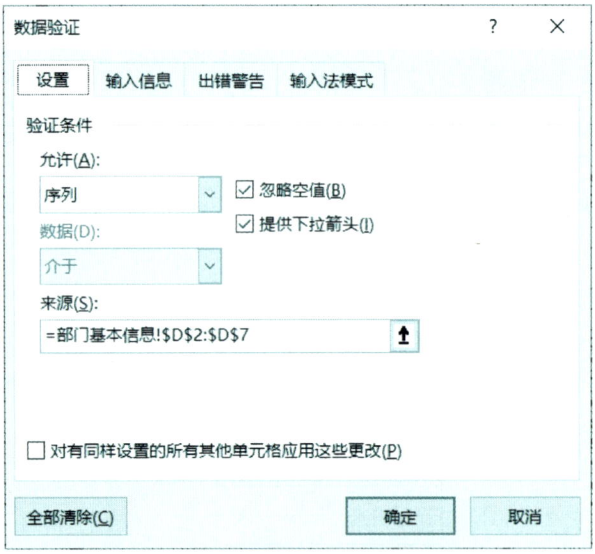

图 2－18　使用部门列数据验证

最后设置“费用类别”列：选中 D4:D52 单元格，按照上述方法，进行数据验证，如图 2－19 所示。

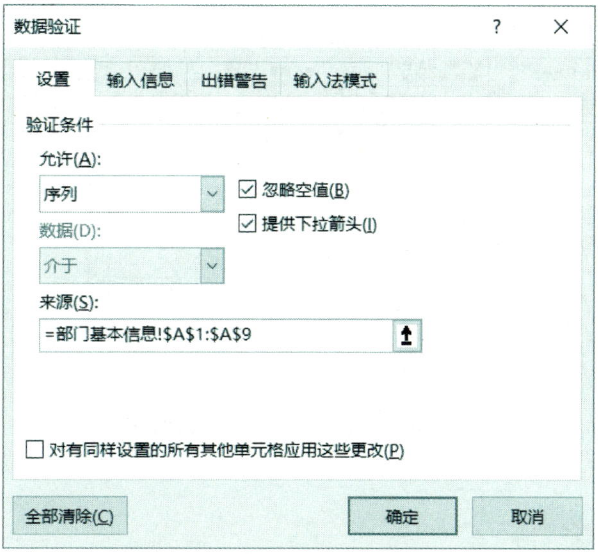

图 2－19 费用类别列数据验证

第三步，在这里由于需要保证答案的唯一性，所以统一录入日期 2020 年 5 月 30 日。企业实务当中应当在 C2 单元格中输入：＝TODAY()，获取当前日期信息。使用该函数可以使数据随着日期的变动，准确无误自动更新“固定资产信息表”中各项公式计算值。

第四步，计算“已计提月份”，在 K4 单元格内输入：＝(YEAR($C$2)－YEAR(H4))*12＋MONTH($C$2)－MONTH(H4)－1，拖动填充柄至 K52 单元格。

第五步，计算“是否结束”，该列判断“计提折旧”是否结束。通过“可使用期数”与“已计提月份”数据比较判断。在 R4 单元格内输入：＝IF(K4＜G4,"否","计提结束")。拖动填充柄至 R52 单元格。

第六步，计算“本月计提折旧额”，先判断固定资产是否计提结束，再进行“平均年限法”折旧额计算，以上计算只需通过逻辑函数 IF()函数内嵌套 SLN()函数便可完成，在 M4 单元格内输入：＝IF(R4＝"否",SLN(J4,J4*O4,G4),"计提结束")。拖动填充柄至 M52 单元格。

第七步，计算“至上月止累计折旧额”，也应先判断某项固定资产是否计提结束，再进行后续的计算。在 L4 单元格内输入：＝IF(R4＝"否",K4*M4,"计提结束")。拖动填充柄至 L52 单元格。

第八步，计算“本月末账面净值”，本月末账面净值＝资产原值－（至上月止累计折旧额＋本月计提折旧额），在 N4 单元格中输入：＝IF(R4＝"否",J4－L4－M4,"计提结束")。拖动填充柄至 N52 单元格。

第九步，“折旧费用类别”选择。根据固定资产使用部门进行归类，生产车间固定资产折旧计入制造费用，财务部、行政部固定资产折旧计入管理费用，研发部固定资产折旧计入研发支出，销售部固定资产折旧计入销售费用。锅炉车间、机修车间固定资产折旧计入辅助生产成本。

经过以上操作，宝东农牧固定资产折旧清单如图 2－20 所示。

固定资产信息库

日期 2020年5月30日

资产编号	资产名称	类别名称	使用部门	数量	使用状况	可使用期数	开始使用日期	折旧方法	资产原值	已计提月份	至上月止累计折旧额	本月计提折旧额	本月末账面净值	净残值率	折旧费用类别	总计提月份	是否结束
001	宝东生产厂房	房屋建筑物	生产车间	1	正常使用	240	2016/3/31	平均年限法	5888222	49	¥1,154,091.51	¥23,552.89	4,710,577.60	4.00%	制造费用	240	否
002	托利多地磅	机械设备	生产车间	1	正常使用	120	2016/3/31	平均年限法	174470	49	¥68,392.24	¥1,395.76	104,682.00	4.00%	制造费用	120	否
003	合力叉车	运输工具	生产车间	1	正常使用	48	2016/3/24	平均年限法	48890	49	计提结束	计提结束	计提结束	3.00%	制造费用	48	计提结束
004	电脑设备	办公设备	财务部	6	正常使用	36	2016/3/31	平均年限法	16457	49	计提结束	计提结束	计提结束	3.00%	管理费用	36	计提结束
005	热水器	办公设备	行政部	1	正常使用	36	2016/6/30	平均年限法	5966	46	计提结束	计提结束	计提结束	3.00%	管理费用	36	计提结束
006	单反相机	办公设备	行政部	1	正常使用	36	2016/9/30	平均年限法	8626	43	计提结束	计提结束	计提结束	3.00%	管理费用	36	计提结束
007	打印机	办公设备	财务部	1	正常使用	36	2016/11/30	平均年限法	1573	41	计提结束	计提结束	计提结束	3.00%	管理费用	36	计提结束
008	兽用B超机	办公设备	生产车间	1	正常使用	36	2017/3/31	平均年限法	6194	37	计提结束	计提结束	计提结束	3.00%	制造费用	36	计提结束
009	化验仪器	电子设备	研发部	1	正常使用	36	2017/3/31	平均年限法	10412	37	计提结束	计提结束	计提结束	3.00%	研发支出	36	计提结束
010	塑料托盘	机械设备	生产车间	40	正常使用	36	2017/4/30	平均年限法	6878	36	计提结束	计提结束	计提结束	3.00%	制造费用	36	计提结束
011	格力空调	办公设备	行政部	28	正常使用	36	2017/6/30	平均年限法	64182	34	¥58,797.84	¥1,729.35	3,654.81	3.00%	管理费用	36	否
012	合力叉车	运输工具	生产车间	3	正常使用	48	2017/6/30	平均年限法	160398	34	¥107,934.49	¥3,174.54	49,288.97	5.00%	制造费用	48	否
013	消防器材	办公设备	生产车间	1	正常使用	12	2017/6/30	平均年限法	3382	34	计提结束	计提结束	计提结束	5.00%	制造费用	12	计提结束
014	电脑	办公设备	研发部	1	正常使用	12	2017/9/1	平均年限法	2287	31	计提结束	计提结束	计提结束	5.00%	研发支出	12	计提结束
015	电脑	办公设备	行政部	1	正常使用	12	2017/9/1	平均年限法	3876	31	计提结束	计提结束	计提结束	5.00%	管理费用	12	计提结束
016	打印机	办公设备	生产车间	1	正常使用	12	2017/9/1	平均年限法	1596	31	计提结束	计提结束	计提结束	5.00%	制造费用	12	计提结束
017	打印机	办公设备	行政部	1	正常使用	12	2017/9/1	平均年限法	1596	31	计提结束	计提结束	计提结束	5.00%	管理费用	12	计提结束
018	装车台	运输工具	生产车间	2	正常使用	12	2017/9/1	平均年限法	18582	31	计提结束	计提结束	计提结束	5.00%	制造费用	12	计提结束
019	监控设备	办公设备	行政部	1	正常使用	36	2017/9/1	平均年限法	27550	31	¥22,537.43	¥727.01	4,285.56	5.00%	管理费用	36	否
020	机械手	机械设备	生产车间	1	正常使用	120	2017/9/1	平均年限法	397746	31	¥97,613.50	¥3,148.82	296,983.68	5.00%	制造费用	120	否
021	铁托盘	运输工具	生产车间	318	正常使用	36	2017/10/1	平均年限法	108824	30	¥86,152.33	¥2,871.74	19,799.92	5.00%	制造费用	36	否
022	5P空调	办公设备	行政部	1	正常使用	36	2018/1/31	平均年限法	11666	27	¥8,312.03	¥307.85	3,046.12	5.00%	管理费用	36	否

图 2－20 宝东农牧固定资产折旧清单

项目拓展训练

卓尔康发展有限公司的固定资产情况如图 2－21 所示，请进行该企业固定资产折旧的计算。

卓尔康发展有限公司固定资产折旧清单

统计日期 2020/3/28

资产编号	资产名称	使用部门	规格型号	类别编号	类别名称	增加方式	使用状况	可使用年限	开始使用日期	折旧方法	资产原值	已计提月份	至上月止累计折旧额	本月计提折旧额	本月末账面净值	净残值率	折旧费用类别	总计提月份	计提是否结束
13051	办公楼	行政部	600平米	011	房屋	自建	在用	22	2014/3/18	平均年限法	1,000,000.00					20.00%			
43062	厂房	生产部	2万平米	011	房屋	自建	在用	20	2010/7/18	平均年限法	8,000,000.00					15.00%			
51002	仓库	生产部	7万平米	011	房屋	自建	在用	25	2005/3/26	平均年限法	2,700,000.00					13.50%			
71007	货车	销售部	SDT	031	运输工具	购入	在用	10	2011/7/15	平均年限法	230,000.00					5.00%			
60082	机床	生产部	HD_C12	041	生产设备	购入	在用	12	2013/6/21	平均年限法	570,000.00					2.00%			
13052	办公楼	行政部	600平米	011	房屋	自建	在用	22	2015/3/18	平均年限法	1,000,000.00					20.00%			
43063	厂房	生产部	2万平米	011	房屋	自建	在用	20	2014/7/18	平均年限法	8,000,000.00					15.00%			
51003	仓库	生产部	7万平米	011	房屋	自建	在用	25	2015/3/26	平均年限法	9,700,000.00					13.50%			
71008	货车	销售部	SDT	031	运输工具	购入	在用	10	2016/7/15	平均年限法	100,000.00					5.00%			
60083	机床	生产部	HD_C12	041	生产设备	购入	在用	12	2014/6/21	平均年限法	450,000.00					2.00%			

图 2－21 卓尔康发展有限公司固定资产折旧清单

任务 3
用 EXCEL 进行宝东农牧固定资产折旧数据分类汇总

任务情境

湖南宝东农牧科技股份有限公司已建立了固定资产信息库模型，并录入了固定资产折旧计算的公式。该模型每月自动更新，每月月底可将更新的数据作为本月记账的原始凭证。请帮助谭总监使用分类汇总方法对企业固定资产折旧费用进行汇总，以便后续填写记账凭证。

知识链接

筛选是 EXCEL 选择符合条件的数据显示，不满足条件的数据暂时隐藏，但不会丢失的数据处理方法。排序是对一列或多列中的数据按文本、数字以及日期和时间进行排列，以便于用户做出分析和判断的一种数据处理方法。分类汇总按照排序所分成的类别进行某一类数据的汇总统计，是 EXCEL 特有的一种数据处理方法，能快速实现数据统计汇总功能，汇总方式包括求和、计数、平均值、最大值、最小值等。

任务实施

第一步，打开“EXCEL 在企业固定资产管理中的应用 . XLS”工作簿，找到工作表“固定资产信息库”，利用“筛选”功能，选出仍在计提折旧的固定资产。选择“固定资产信息库”中 A3:R52 单元格区域，在【数据】菜单选择卡，【排序和筛选】功能区中点击【筛选】，该工作表进入筛选状态，在每个小标题右边都生成了一个可以下拉的倒三角型操作按钮。点击“是否结束”旁的按钮，勾选“否”，如图 2－22 所示。

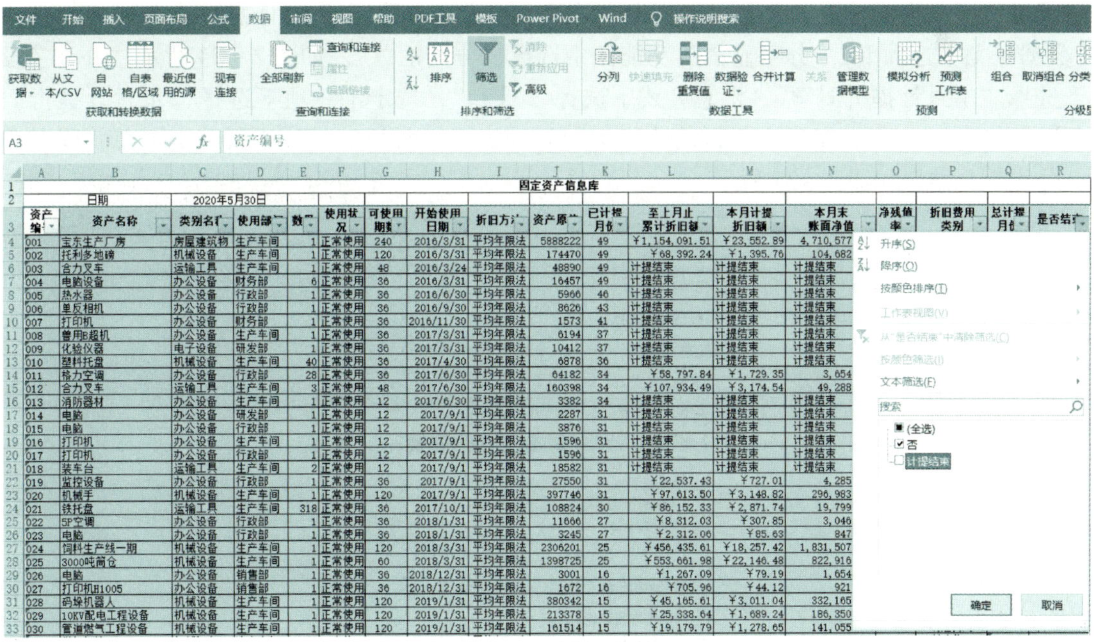

固定资产信息库

日期　2020年5月30日

资产编	资产名称	类别名	使用部	数	使用状况	可使用期数	开始使用日期	折旧方	资产原	已计提月	至上月止累计折旧额	本月计提折旧额	本月末账面净值	净残值率	折旧费用类别	总计提月	是否结
001	宝东生产厂房	房屋建筑物	生产车间	1	正常使用	240	2016/3/31	平均年限法	5888222	49	¥1,154,091.51	¥23,552.89	4,710,577				
002	托利多地磅	机械设备	生产车间	1	正常使用	120	2016/3/31	平均年限法	174470	49	¥68,392.24	¥1,395.76	104,682				
003	合力叉车	运输工具	生产车间	1	正常使用	48	2016/3/24	平均年限法	48890	49	计提结束	计提结束	计提结束				
004	电脑设备	办公设备	财务部	6	正常使用	36	2016/3/31	平均年限法	16457	49	计提结束	计提结束	计提结束				
005	热水器	办公设备	行政部	1	正常使用	36	2016/6/30	平均年限法	5966	46	计提结束	计提结束	计提结束				
006	单反相机	办公设备	行政部	1	正常使用	36	2016/9/30	平均年限法	8626	43	计提结束	计提结束	计提结束				
007	打印机	办公设备	财务部	1	正常使用	36	2016/11/30	平均年限法	1573	41	计提结束	计提结束	计提结束				
008	兽用B超机	办公设备	生产车间	1	正常使用	36	2017/3/31	平均年限法	6194	37	计提结束	计提结束	计提结束				
009	化验仪器	电子设备	研发部	1	正常使用	36	2017/3/31	平均年限法	10412	37	计提结束	计提结束	计提结束				
010	塑料托盘	机械设备	生产车间	40	正常使用	36	2017/4/30	平均年限法	6878	36	计提结束	计提结束	计提结束				
011	格力空调	办公设备	行政部	28	正常使用	36	2017/6/30	平均年限法	64182	34	¥58,797.84	¥1,729.35	3,654				
012	合力叉车	运输工具	生产车间	3	正常使用	48	2017/6/30	平均年限法	160398	34	¥107,934.49	¥3,174.54	49,288				
013	消防器材	办公设备	生产车间	1	正常使用	12	2017/6/30	平均年限法	3382	34	计提结束	计提结束	计提结束				
014	电脑	办公设备	研发部	1	正常使用	12	2017/9/1	平均年限法	2287	31	计提结束	计提结束	计提结束				
015	电脑	办公设备	行政部	1	正常使用	12	2017/9/1	平均年限法	3876	31	计提结束	计提结束	计提结束				
016	打印机	办公设备	生产车间	1	正常使用	12	2017/9/1	平均年限法	1596	31	计提结束	计提结束	计提结束				
017	打印机	办公设备	行政部	1	正常使用	12	2017/9/1	平均年限法	1596	31	计提结束	计提结束	计提结束				
018	装车台	运输工具	生产车间	2	正常使用	12	2017/9/1	平均年限法	18582	31	计提结束	计提结束	计提结束				
019	监控设备	办公设备	行政部	1	正常使用	36	2017/9/1	平均年限法	27550	31	¥22,537.43	¥727.01	4,285				
020	机械手	机械设备	生产车间	1	正常使用	120	2017/9/1	平均年限法	397746	31	¥97,613.50	¥3,148.82	296,983				
021	铁托盘	运输工具	生产车间	318	正常使用	36	2017/10/1	平均年限法	108824	30	¥86,152.33	¥2,871.74	19,799				
022	5P空调	办公设备	行政部	1	正常使用	36	2018/1/31	平均年限法	11666	27	¥8,312.03	¥307.85	3,046				
023	电脑	办公设备	行政部	1	正常使用	36	2018/1/31	平均年限法	3245	27	¥2,312.06	¥85.63	847				
024	饲料生产线一期	机械设备	生产车间	1	正常使用	120	2018/3/31	平均年限法	2306201	25	¥456,435.61	¥18,257.42	1,831,507				
025	3000吨筒仓	机械设备	生产车间	1	正常使用	60	2018/3/31	平均年限法	1398725	25	¥553,661.98	¥22,146.48	822,916				
026	电脑	办公设备	销售部	1	正常使用	36	2018/12/31	平均年限法	3001	16	¥1,267.09	¥79.19	1,654				
027	打印机H1005	办公设备	销售部	1	正常使用	36	2018/12/31	平均年限法	1672	16	¥705.96	¥44.12	921				
028	码垛机器人	机械设备	生产车间	1	正常使用	120	2019/1/31	平均年限法	380342	15	¥45,165.61	¥3,011.04	332,165				
029	10KV配电工程设备	机械设备	生产车间	1	正常使用	120	2019/1/31	平均年限法	213378	15	¥25,338.64	¥1,689.24	186,350				
030	管道燃气工程设备	机械设备	生产车间	1	正常使用	120	2019/1/31	平均年限法	161514	15	¥19,179.79	¥1,278.65	141,055				

图 2－22　筛选没有计提结束的固定资产

第二步，新建一工作表，取名为“固定资产分类汇总”，复制筛选后的数据区域 A3:R52，粘贴至该工作表的 A1 开始的单元格区域内（注意：分两次粘贴，分别选择粘贴“值”、粘贴“格式”）。粘贴后单元格区域出现较多的“######”，依据经验可知，此处为单元格区域太窄，无法完全显示数据，所以，只要选中对应的列，在【开始】下选择【格式】选择【调整列宽】即可自动调整列宽，调整后如图 2－23 所示。

	B	C	D	E	F	G	H	I	J	K	L	M	N	O	P	Q	R
1	资产名称	类别名称	使用部门	数量	使用状况	可使用期数	开始使用日期	折旧方法	资产原值	已计提月份	至上月止累计折旧额	本月计提折旧额	本月末账面净值	净残值率	折旧费用类别	总计提月份	是否结束
2	蒸汽减压阀	机械设备	锅炉车间	1	正常使用	60	2019/3/4	平均年限法	4750	13	¥977.71	¥75.21	3,697.08	5.00%	辅助生产成本	60	否
3	筒仓出料电脑控制系统	电子设备	机修车间	1	正常使用	120	2019/3/11	平均年限法	34542	13	¥3,554.95	¥273.46	30,713.60	5.00%	辅助生产成本	120	否
4	格力空调	办公设备	行政部	28	正常使用	36	2017/6/30	平均年限法	64182	34	¥58,797.84	¥1,729.35	3,654.81	3.00%	管理费用	36	否
5	监控设备	办公设备	行政部	1	正常使用	36	2017/9/1	平均年限法	27550	31	¥22,537.43	¥727.01	4,285.56	5.00%	管理费用	36	否
6	5P空调	办公设备	行政部	1	正常使用	36	2018/1/31	平均年限法	11666	27	¥8,312.03	¥307.85	3,046.12	5.00%	管理费用	36	否
7	电脑	办公设备	行政部	1	正常使用	36	2018/1/31	平均年限法	3245	27	¥2,312.06	¥85.63	847.31	5.00%	管理费用	36	否
8	洗车机	办公设备	行政部	2	正常使用	36	2019/1/31	平均年限法	2090	15	¥827.29	¥55.15	1,207.56	5.00%	管理费用	36	否
9	打印机	办公设备	财务部	1	正常使用	36	2019/2/11	平均年限法	1694	14	¥625.84	¥44.70	1,023.46	5.00%	管理费用	36	否
10	美的空调	办公设备	行政部	1	正常使用	36	2019/2/26	平均年限法	2356	14	¥870.41	¥62.17	1,423.42	5.00%	管理费用	36	否
11	喷雾消毒机	电子设备	行政部	1	正常使用	60	2019/2/26	平均年限法	5510	14	¥1,221.38	¥87.24	4,201.38	5.00%	管理费用	60	否
12	道闸升降杆	办公设备	行政部	1	正常使用	36	2019/3/25	平均年限法	5662	13	¥1,942.38	¥149.41	3,570.21	5.00%	管理费用	36	否
13	会议桌	办公设备	行政部	1	正常使用	60	2019/4/8	平均年限法	16727	12	¥3,178.13	¥264.84	13,284.03	5.00%	管理费用	60	否
14	电脑	办公设备	销售部	1	正常使用	36	2018/12/31	平均年限法	3001	16	¥1,267.09	¥79.19	1,654.72	5.00%	销售费用	36	否
15	打印机H1005	办公设备	销售部	1	正常使用	36	2018/12/31	平均年限法	1672	16	¥705.96	¥44.12	921.92	5.00%	销售费用	36	否
16	降谷机	电子设备	研发部	1	正常使用	60	2019/1/31	平均年限法	3078	15	¥731.03	¥48.74	2,298.24	5.00%	研发支出	60	否
17	分样器	电子设备	研发部	1	正常使用	60	2019/1/31	平均年限法	1292	15	¥306.85	¥20.46	964.69	5.00%	研发支出	60	否
18	傅立叶变换近红外光谱仪	电子设备	研发部	1	正常使用	120	2019/3/4	平均年限法	333222	13	¥34,294.10	¥2,638.01	296,289.90	5.00%	研发支出	120	否
19	UPS不间断电源	办公设备	研发部	1	正常使用	36	2019/4/14	平均年限法	3382	12	¥1,070.97	¥89.25	2,221.79	5.00%	研发支出	36	否
20	宝东生产厂房	房屋建筑物	生产车间	1	正常使用	240	2016/3/31	平均年限法	5888222	49	¥1,154,091.51	¥23,552.89	4,710,577.60	4.00%	制造费用	240	否

图 2-23　固定资产筛选结果

第三步，利用“排序”功能，对“折旧费用类别”列按降序或升序排列。在【数据】下的【排序和筛选】功能区中点击“升序”按钮，对固定资产信息表进行整体排序。

第四步，利用“分类汇总”功能，使固定资产信息表按“折旧费用类别”汇总，以便后续进行记账凭证登记。选定“按折旧费用类别分类汇总”工作中任意一个单元格，打开“数据”菜单选项卡，“分组显示”功能区中选择“分类汇总”。如图 2-24 所示，分类字段下选择“本月计提折旧额”，汇总方式下选择“求和”，选定汇总项下选择“本月计提折旧额”。单击“确定”，完成按“折旧费用类别”计提“本月折旧额”进行分类汇总，固定资产分类汇总结果如图 2-25 所示。

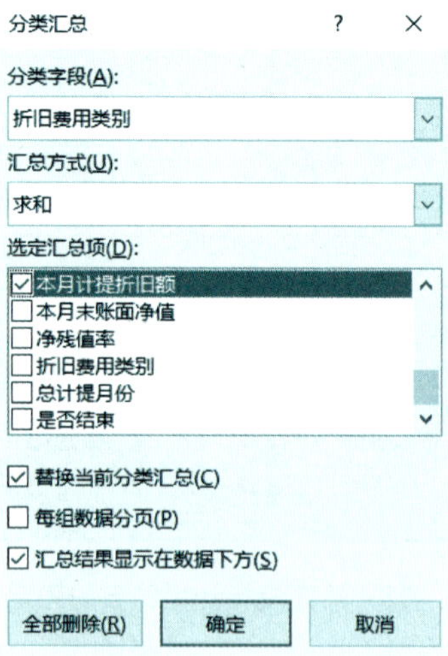

图 2-24　对筛选结果进行分类汇总

资产编号	资产名称	类别名称	使用部门	数量	使用状况	可使用期数	开始使用日期	折旧方法	资产原值	已计提月份	至上月止累计折旧额	本月计提折旧额	本月末账面净值	净残值率	折旧费用类别	总计提月份	是否结束
042	蒸汽减压阀	机械设备	锅炉车间	1	正常使用	60	2019/3/4	平均年限法	4750	13	¥977.71	¥75.21	3,697.08	5.00%	辅助生产成本	60	否
043	筒仓出料电脑控制系统	电子设备	机修车间	1	正常使用	120	2019/3/11	平均年限法	34542	13	¥3,554.95	¥273.46	30,713.60	5.00%	辅助生产成本	120	否
												¥348.67			辅助生产成本 汇总		
011	格力空调	办公设备	行政部	28	正常使用	36	2017/6/30	平均年限法	64182	34	¥58,797.84	¥1,729.35	3,654.81	3.00%	管理费用	36	否
019	监控设备	办公设备	行政部	1	正常使用	36	2017/9/1	平均年限法	27550	31	¥22,537.43	¥727.01	4,285.56	5.00%	管理费用	36	否
022	5P空调	办公设备	行政部	1	正常使用	36	2018/1/31	平均年限法	11666	27	¥8,312.03	¥307.85	3,046.12	5.00%	管理费用	36	否
023	电脑	办公设备	行政部	1	正常使用	36	2018/1/31	平均年限法	3245	27	¥2,312.06	¥85.63	847.31	5.00%	管理费用	36	否
037	洗车机	办公设备	行政部	2	正常使用	36	2019/1/31	平均年限法	2090	15	¥827.29	¥55.15	1,207.56	5.00%	管理费用	36	否
038	打印机	办公设备	财务部	1	正常使用	36	2019/2/11	平均年限法	1694	14	¥625.84	¥44.70	1,023.46	5.00%	管理费用	36	否
039	美的空调	办公设备	行政部	1	正常使用	36	2019/2/26	平均年限法	2356	14	¥870.41	¥62.17	1,423.42	5.00%	管理费用	36	否
040	喷雾消毒机	电子设备	行政部	1	正常使用	60	2019/2/26	平均年限法	5510	14	¥1,221.38	¥87.24	4,201.38	5.00%	管理费用	60	否
044	道闸升降杆	办公设备	行政部	1	正常使用	36	2019/3/25	平均年限法	5662	13	¥1,942.38	¥149.41	3,570.21	5.00%	管理费用	36	否
049	会议桌	办公设备	行政部	1	正常使用	60	2019/4/8	平均年限法	16727	12	¥3,178.13	¥264.84	13,284.03	5.00%	管理费用	60	否
												¥3,513.37			管理费用 汇总		
026	电脑	办公设备	销售部	1	正常使用	36	2018/12/31	平均年限法	3001	16	¥1,267.09	¥79.19	1,654.72	5.00%	销售费用	36	否
027	打印机H1005	办公设备	销售部	1	正常使用	36	2018/12/31	平均年限法	1672	16	¥705.96	¥44.12	921.92	5.00%	销售费用	36	否
												¥123.32			销售费用 汇总		
035	膨谷机	电子设备	研发部	1	正常使用	60	2019/1/31	平均年限法	3078	15	¥731.03	¥48.74	2,298.24	5.00%	研发支出	60	否
036	分样器	电子设备	研发部	1	正常使用	60	2019/1/31	平均年限法	1292	15	¥306.85	¥20.46	964.69	5.00%	研发支出	60	否
041	傅立叶变换近红外光谱仪	电子设备	研发部	1	正常使用	120	2019/3/4	平均年限法	333222	13	¥34,294.10	¥2,638.01	296,289.90	5.00%	研发支出	120	否
047	UPS不间断电源	办公设备	研发部	1	正常使用	36	2019/4/14	平均年限法	3382	12	¥1,070.97	¥89.25	2,221.79	5.00%	研发支出	36	否
												¥2,796.45			研发支出 汇总		

图 2－25 固定资产分类汇总结果

项目拓展训练

卓尔康发展有限公司的固定资折旧费用已经计算完成，请使用分类汇总法对该企业固定资产折旧费用进行归集，如图 2－26 所示。

卓尔康公司固定资产折旧清单

统计日期 2020/3/28

资产编号	资产名称	使用部门	规格型号	类别编号	类别名称	增加方式	使用状况	可使用年限	开始使用日期	折旧方法	资产原值	已计提月份	至上月止累计折旧额	本月计提折旧额	本月末账面净值	净残值率	折旧费用类别	总计提月份	计提是否结束
13051	办公楼	行政部	600平米	011	房屋	自建	在用	22	2014/3/18	平均年限法	1,000,000.00	71	¥215,151.52	¥3,030.30	¥781,818.18	20.00%	管理费用	264	否
43062	厂房	生产部	2万平米	011	房屋	自建	在用	20	2010/7/18	平均年限法	8,000,000.00	115	¥3,258,333.33	¥28,333.33	¥4,713,333.33	15.00%	制造费用	240	否
51002	仓库	生产部	7万平米	011	房屋	自建	在用	25	2005/3/26	平均年限法	2,700,000.00	179	¥1,393,515.00	¥7,785.00	¥1,298,700.00	13.50%	制造费用	300	否
71007	货车	销售部	SDT	031	运输工具	购入	在用	10	2011/7/15	平均年限法	230,000.00	103	¥187,545.83	¥1,820.83	¥40,633.33	5.00%	销售费用	120	否
60082	机床	生产部	HD_C12	041	生产设备	购入	在用	12	2013/6/21	平均年限法	570,000.00	80	¥310,333.33	¥3,879.17	¥255,787.50	2.00%	制造费用	144	否
13052	办公楼	行政部	600平米	011	房屋	自建	在用	22	2015/3/18	平均年限法	1,000,000.00	59	¥178,787.88	¥3,030.30	¥818,181.82	20.00%	管理费用	264	否
43063	厂房	生产部	2万平米	011	房屋	自建	在用	20	2014/7/18	平均年限法	8,000,000.00	67	¥1,898,333.33	¥28,333.33	¥6,073,333.33	15.00%	制造费用	240	否
51003	仓库	生产部	7万平米	011	房屋	自建	在用	25	2015/3/26	平均年限法	9,700,000.00	59	¥1,650,131.67	¥27,968.33	¥8,021,900.00	13.50%	制造费用	300	否
71008	货车	销售部	SDT	031	运输工具	购入	在用	10	2016/7/15	平均年限法	100,000.00	43	¥34,041.67	¥791.67	¥65,166.67	5.00%	销售费用	120	否
60083	机床	生产部	HD_C12	041	生产设备	购入	在用	12	2014/6/21	平均年限法	450,000.00	68	¥208,250.00	¥3,062.50	¥238,687.50	2.00%	制造费用	144	否

图 2－26 卓尔康发展有限公司的固定资折旧费用一览

任务 4
用 EXCEL 进行宝东农牧固定资产折旧数据透视表制作

任务情境

除采用分类汇总以外，财务人员也可以使用透视表对企业固定资产进行汇总，以便后续填写记账凭证。请帮助谭总监使用透视表法进行企业固定资产折旧费用的归集。

任务实施

第一步，打开“EXCEL 在企业固定资产管理中的应用 . XLSX”工作簿，找到工作表“固定资产信息库”，此时的工作表在任务 3 已经完成数据筛选，请将筛选后的数据区域复制粘贴至某新工作表的 A1 开始的单元格区域内，并将新工作表命名为“透视表准备”。

第二步，选定该工作中任意一个单元格，选择“插入”菜单选项卡，“表格”功能区中，单击“数据透视表”，如图 2 – 27 所示。

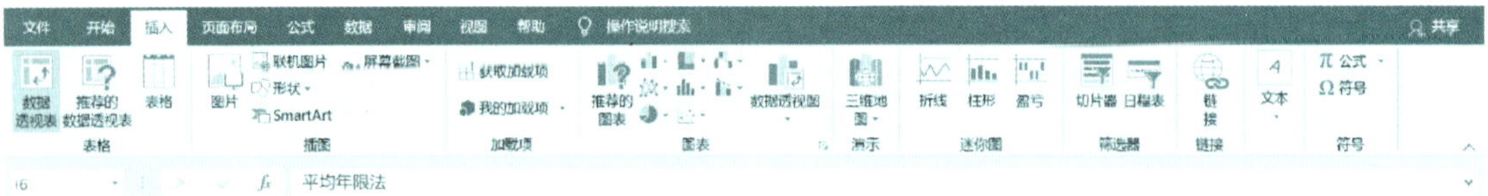

图 2 – 27　数据透视表功能

第三步，在弹出的对话框中进行如下选择，将生成的透视表放在新工作表 A1 单元格上，并将新工作表重命名为“固定资产透视表”，如图 2 – 28 所示。

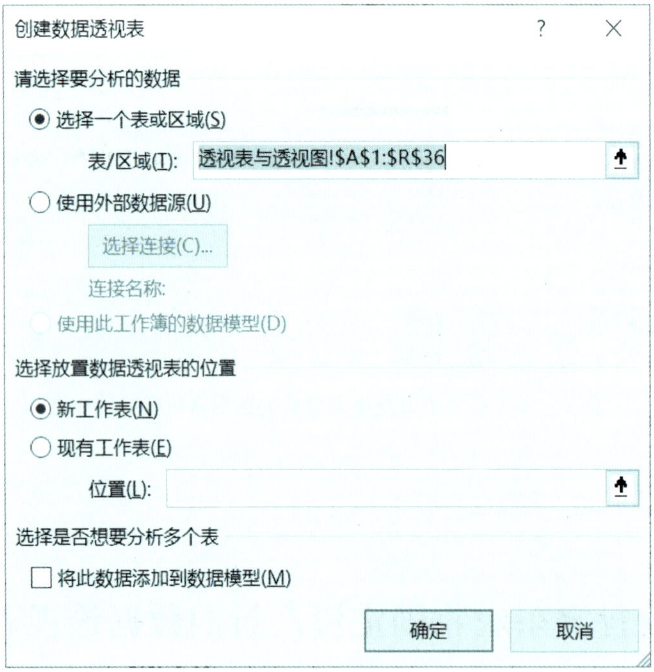

图 2 – 28　创建透视表

第四步，在“固定资产透视表”右侧的对话框，选择“折旧费用类别”，拖至“行”，“本月计提折旧额”，拖至“值”，完成按“折旧费用类别”分类求和“本月计提折旧额”的计算，如图 2 – 29、图 2 – 30 所示。

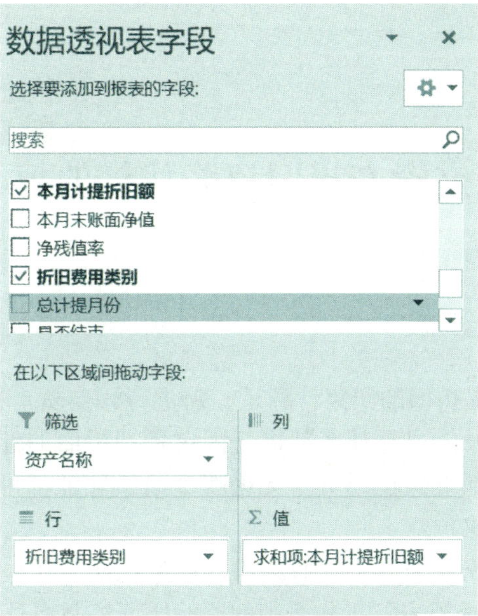

图 2－29 透视表法计提折旧字段选择

行标签	求和项:本月计提折旧额
辅助生产成本	348.6658333
管理费用	3513.374444
销售费用	123.3152778
研发支出	2796.446389
制造费用	104121.4395
总计	**110903.2415**

图 2－30 透视表法计提月折旧额

项目拓展训练

卓尔康发展有限公司的固定资产折旧费用已经计算完成，如图 2－31 所示。请使用透视图表法对该企业固定资产折旧费用进行归集。

卓尔康公司固定资产折旧清单

统计日期 2020/3/28

资产编号	资产名称	使用部门	规格型号	类别编号	类别名称	增加方式	使用状况	可使用年限	开始使用日期	折旧方法	资产原值	已计提月份	至上月止累计折旧额	本月计提折旧额	本月末账面净值	净残值率	折旧费用类别	总计提月份	计提是否结束
13051	办公楼	行政部	600平米	011	房屋	自建	在用	22	2014/3/18	平均年限法	1,000,000.00	71	￥215,151.52	￥3,030.30	￥781,818.18	20.00%	管理费用	264	否
43062	厂房	生产部	2万平米	011	房屋	自建	在用	20	2010/7/18	平均年限法	8,000,000.00	115	￥3,258,333.33	￥28,333.33	￥4,713,333.33	15.00%	制造费用	240	否
51002	仓库	生产部	7万平米	011	房屋	自建	在用	25	2005/3/26	平均年限法	2,700,000.00	179	￥1,393,515.00	￥7,785.00	￥1,298,700.00	13.50%	制造费用	300	否
71007	货车	销售部	SDT	031	运输工具	购入	在用	10	2011/7/15	平均年限法	230,000.00	103	￥187,545.83	￥1,820.83	￥40,633.33	5.00%	销售费用	120	否
60082	机床	生产部	HD_C12	041	生产设备	购入	在用	12	2013/6/21	平均年限法	570,000.00	80	￥310,333.33	￥3,879.17	￥255,787.50	2.00%	制造费用	144	否
13052	办公楼	行政部	600平米	011	房屋	自建	在用	22	2015/3/18	平均年限法	1,000,000.00	59	￥178,787.88	￥3,030.30	￥818,181.82	20.00%	管理费用	264	否
43063	厂房	生产部	2万平米	011	房屋	自建	在用	20	2014/7/18	平均年限法	8,000,000.00	67	￥1,898,333.33	￥28,333.33	￥6,073,333.33	15.00%	制造费用	240	否
51003	仓库	生产部	7万平米	011	房屋	自建	在用	25	2015/3/26	平均年限法	9,700,000.00	59	￥1,650,131.67	￥27,968.33	￥8,021,900.00	13.50%	制造费用	300	否
71008	货车	销售部	SDT	031	运输工具	购入	在用	10	2016/7/15	平均年限法	100,000.00	43	￥34,041.67	￥791.67	￥65,166.67	5.00%	销售费用	120	否
60083	机床	生产部	HD_C12	041	生产设备	购入	在用	12	2014/6/21	平均年限法	450,000.00	68	￥208,250.00	￥3,062.50	￥238,687.50	2.00%	制造费用	144	否

图 2－31 卓尔康发展有限公司的固定资产折旧费用一览

任务 5
用 EXCEL 进行固定资产折旧记账凭证的填写

任务情境

完成固定资产按月计提折旧的归集计算后，需进行固定资产折旧相关记账凭证的填写。湖南宝东农牧科技股份有限公司每月底都进行固定资产折旧的计提，请在“计提固定资产折旧凭证”工作表中进行如下操作（其中无论哪个原始凭证都可以完成固定资产折旧记账凭证的填写，结果是一样的）。

（1）使用“固定资产分类汇总”工作表中的原始凭证填制本月折旧计提的记账凭证。

（2）使用“固定资产透视表”工作表中的原始凭证填制本月折旧计提的记账凭证。

任务实施

（1）使用“固定资产分类汇总”工作表中的原始凭证填制本月折旧计提的记账凭证。

第一步：打开“计提固定资产折旧凭证”工作表，在 A4 单元格摘要处填写“计提 5 月份折旧”，并使用填充柄将摘要内容一直填充到 A9 单元格，在右下侧的“自动填充选项按钮”中选择“复制单元格”。

第二步：按照原始凭证中的费用类别依次填入计提固定资产计提折旧应入账的科目，如图 2－32 所示。

	A	B	C	D	E
1	记账凭证（分类汇总取数）				
2	单位：湖南省宝东农牧发展有限公司		2020年5月30日		凭证号：1
3	摘要	总账科目	明细科目	借方金额	贷方金额
4	计提5月份折旧	生产成本	辅助生产成本		
5	计提5月份折旧	管理费用	折旧费		
6	计提5月份折旧	销售费用	折旧费		
7	计提5月份折旧	研发支出	费用化支出		
8	计提5月份折旧	制造费用	折旧费		
9	计提5月份折旧	累计折旧			
10					
11	合　　计			0.00	0.00
12	主管：　　出纳：	复核：	制单：	附件：　张	

图 2－32　分类汇总取数计提折旧记账凭证（空白）

第三步：进行各科目对应借贷方金额的取数：

D4 单元格“生产成本”的借方金额的填写：将鼠标放置在 D4 单元格输入“＝”然后到“固定资产分类汇总”选择该表的 M41 单元格，就会在 D4 单元格对应编辑栏中看到如下公式：＝固定资产分类汇总！M41。

D5 单元格“管理费用”的借方金额的填写：将鼠标放置在 D5 单元格输入“＝”然后

到“固定资产分类汇总”选择该表的 M15 单元格，就会在 D5 单元格对应编辑栏中看到如下公式：=固定资产分类汇总！M15。

D6 单元格“销售费用”借方金额的取数：将鼠标放置在 D6 单元格输入“=”然后到“固定资产分类汇总”选择该表的 M18 单元格，就会在 D6 单元格对应编辑栏中看到如下公式：=固定资产分类汇总！M18。

D7 单元格“研发支出”借方数据的取数，将鼠标放置在 D7 单元格输入“=”然后到“固定资产分类汇总”选择该表的 M41 单元格，就会在 D7 单元格对应编辑栏中看到如下公式：=固定资产分类汇总！M23。

D8 单元格“制造费用”借方数据的取数，将鼠标放置在 D8 单元格输入“=”然后到“固定资产分类汇总”选择该表的 M41 单元格，就会在 D8 单元格对应编辑栏中看到如下公式：=固定资产分类汇总！M41。

第四步：进行 E10 单元格“累计折旧”贷方金额的计算：将鼠标放置在 E10 单元格输入“=”然后到“固定资产分类汇总”选择该表的 M42 单元格，就会在 E10 单元格对应编辑栏中看到如下公式：=固定资产分类汇总！M42。假若 D11 = E11，即借方合计金额等于贷方合计金额，说明操作正确，结果如图 2 – 33 所示。

	A	B	C	D	E
1	记账凭证(分类汇总取数)				
2	单位：湖南省宝东农牧发展有限公司		2020年5月30日		凭证号：1
3	摘要	总账科目	明细科目	借方金额	贷方金额
4	计提5月份折旧	生产成本	辅助生产成本	348.67	
5	计提5月份折旧	管理费用	折旧费	3513.37	
6	计提5月份折旧	销售费用	折旧费	123.32	
7	计提5月份折旧	研发支出	费用化支出	2796.45	
8	计提5月份折旧	制造费用	折旧费	104121.44	
9	计提5月份折旧	累计折旧			110903.24
10					
11		合　　计		110,903.24	110,903.24
12	主管：　　出纳：	复核：	制单：	附件：	张

图 2 – 33　分类汇总取数计提折旧记账凭证（结果）

（2）使用“固定资产透视表”工作表中的原始凭证填制本月折旧计提的记账凭证。

第一步，将 A4:C9 的数据复制粘贴到 A17:C22，即可填好记账凭证的摘要、总账科目、明细科目三列的数据，如图 2 – 34 所示。

	A	B	C	D	E
13					
14	记账凭证(透视表取数)				
15	单位：湖南省宝东农牧发展有限公司		2020年5月30日		凭证号：1
16	摘要	总账科目	明细科目	借方金额	贷方金额
17	计提5月份折旧	生产成本	辅助生产成本		
18	计提5月份折旧	管理费用	折旧费		
19	计提5月份折旧	销售费用	折旧费		
20	计提5月份折旧	研发支出	费用化支出		
21	计提5月份折旧	制造费用	折旧费		
22	计提5月份折旧	累计折旧			
23					
24		合　　计			
25	主管：　　出纳：	复核：	制单：	附件：	张

图 2 – 34　透视图表取数计提折旧记账凭证

第二步，进行各科目对应借方金额的取数：

D17 单元格“辅助生产成本”借方金额也是通过他表取数得到，将鼠标放置在 D17 单元格输入“=”然后到“固定资产透视表”选择该表的 B4 单元格，就会在 D17 单元格对应编辑栏中看到如下公式：=GETPIVOTDATA("本月计提折旧额",固定资产透视表！$A$3,"折旧费用类别","辅助生产成本")。

由此得到 D18 单元格他表取数的公式为：=GETPIVOTDATA("本月计提折旧额",固定资产透视表！$A$3,"折旧费用类别","管理费用")。

D19 单元格他表取数的公式为：=GETPIVOTDATA("本月计提折旧额",固定资产透视表！$A$3,"折旧费用类别","销售费用")。

D20 单元格他表取数的公式为：=GETPIVOTDATA("本月计提折旧额",固定资产透视表！$A$3,"折旧费用类别","研发支出")。

D21 单元格他表取数的公式为：=GETPIVOTDATA("本月计提折旧额",固定资产透视表！$A$3,"折旧费用类别","制造费用")。

E22 单元格他表取数的公式为：=GETPIVOTDATA("本月计提折旧额",固定资产透视表！$A$3)。

第三步：当我们通过他表取数将各借贷科目金额填入记账凭证后，假若借方合计金额 D24 等于贷方合计金额 E24，说明操作正确，结果如图 2-35 所示。

	A	B	C	D	E
14	记账凭证（透视表取数）				
15	单位：湖南省宝东农牧发展有限公司		2020年5月30日		凭证号：1
16	摘要	总账科目	明细科目	借方金额	贷方金额
17	计提5月份折旧	生产成本	辅助生产成本	348.67	
18	计提5月份折旧	管理费用	折旧费	3513.37	
19	计提5月份折旧	销售费用	折旧费	123.32	
20	计提5月份折旧	研发支出	费用化支出	2796.45	
21	计提5月份折旧	制造费用	折旧费	104121.44	
22	计提5月份折旧	累计折旧			110903.24
23					
24	合计			110,903.24	110,903.24
25	主管： 出纳：	复核：	制单：	附件：	张

图 2-35 透视表取数计提折旧记账凭证（结果）

项目拓展训练

卓尔康发展有限公司的固定资产折旧费已经使用透视图表法和分类汇总法分别进行了归集，请使用这两个原始凭证分别填制记账凭证。

扫码进入视频学习

项目 2

项目三

3 EXCEL 在企业进销存管理中的应用

企业进销存管理是指企业管理过程中采购（进）→入库（存）→销售（销）的动态管理过程。商品流通企业进销存是从商品的采购（进）到入库（存）到销售（销）的动态管理过程。工业企业进销存是从原材料的采购（进）→到入库（存）→领料加工→产品入库（存）→销售（销）的动态管理过程。

使用 EXCEL 进行进销存管理将极大地提高仓库管理和批发销售的效率，不仅极大减少了库存管理和批发销售可能发生的错误，也提升了办事的效率，节省了人力、时间和支出。

任务 1
用 EXCEL 进行宝东农牧采购业务处理

任务情境

本月湖南宝东农牧科技股份有限公司的采购业务如下：

1 月 1 日，从广州市广成饲料有限公司购进玉米 10110 千克，单价 1.8 元，以现金支票支付全部货款。

2 月 4 日，从大连象屿农产有限公司购进玉米 54526 千克，单价 1.5 元，货款尚未支付。

3 月 10 日，从广州市广成饲料有限公司购进玉米 9818 千克，单价 2 元，稻谷 8971 千克，单价 2.2 元，豆粕 29831 千克，单价 2.9 元，货款尚未支付。

4 月 15 日，从黑龙江省龙良农业有限公司购进小麦 3351 千克，单价 2.3 元，稻谷 3585 千克，单价 2.36 元，豆粕 3280 千克，单价 3.08 元，玉米 28391 千克，单价 1.6 元，以转账支票支付全部货款。

5 月 20 日，从大连象屿农产有限公司购进玉米 319751 千克，单价 1.5 元，豆粕 23280

千克，单价 3 元，稻谷 13641 千克，单价 2 元，货款尚未支付。

6 月 25 日，从黑龙江省龙良农业有限公司购进稻谷 11542 千克，单价 1.89 元，豆粕 32800 千克，单价 3.08 元，玉米 129626 千克，单价 1.65 元，货款尚未支付。

7 月 28 日，从广州市广成饲料有限公司购进稻谷 3522 千克，单价 2 元，豆粕 13286 千克，单价 3 元，以转账支票支付全部货款。

8 月 30 日，从黑龙江省龙良农业有限公司购进小麦 1876 千克，单价 2.1 元，以现金支票支付全部货款。

财务刘会计首先整理了采购业务涉及的基础资料，包括表 3－1、表 3－2 和表 3－3。然后使用 EXCEL 对采购业务进行记录，并汇总应付账款情况。

表 3－1　　宝东农牧的供应商

供应商
大连象屿农产有限公司
黑龙江省龙良农业有限公司
广州市广成饲料有限公司

表 3－2　　宝东农牧的原材料

材料编码	材料名称	单位
01.01.YM	玉米	千克
01.01.DG	稻谷	千克
01.02.DB	豆粕	千克
01.01.XM	小麦	千克

表 3－3　　宝东农牧的采购结算方式

结算方式
现金支票
转账支票
银行汇票
银行本票

依据以上资料，完成以下任务：

（1）建立采购业务源数据。

（2）建立采购业务信息表。

（3）建立应付账款汇总表。

任务实施

任务情境的解析过程如下：

（1）建立采购业务源数据。

第一步：新建一工作簿，命名为“项目 3 EXCEL 在企业进销存管理中的应用”，用于进行进销存管理。

第二步：建立“采购业务源数据”工作表，输入供应商、原材料、结算方式的数据，如图 3－1 所示。

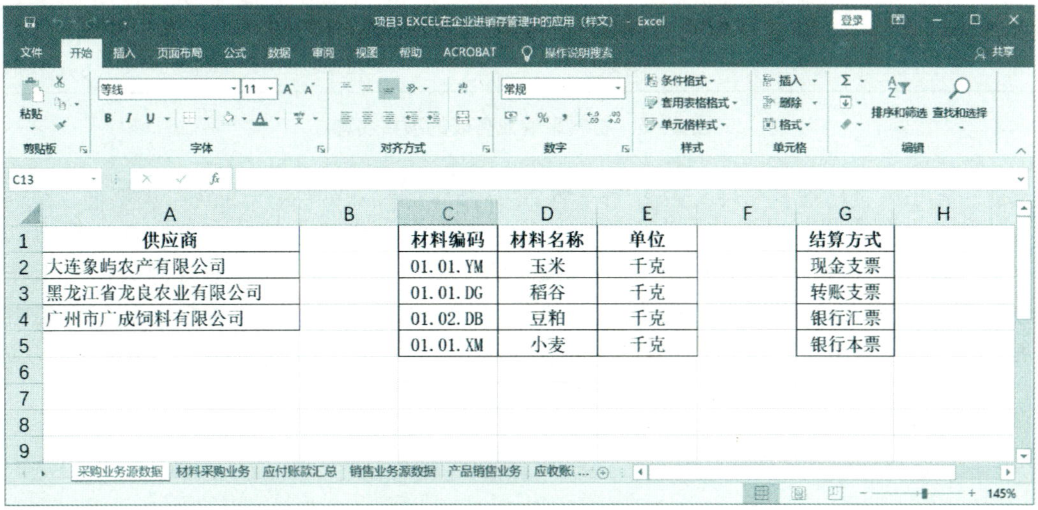

图 3－1 采购业务源数据

第三步：单元格区域命名。选中供应商所在的 A 列，单击“公式”菜单栏下的“名称管理器”按钮，将选中的 A 列单元格区域命名为“供应商”，如图 3－2 所示。

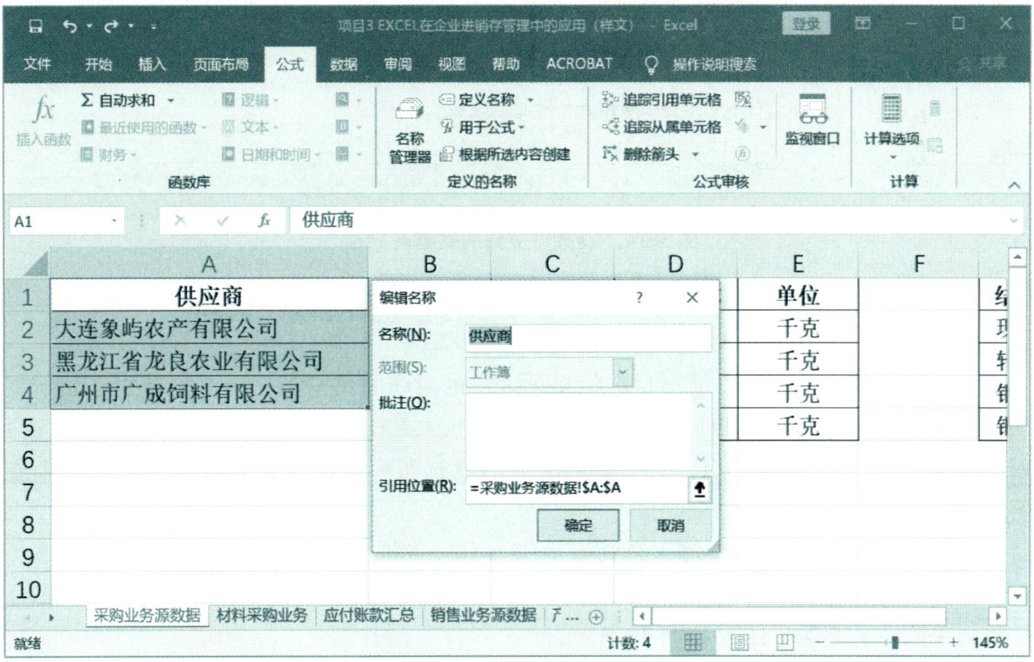

图 3－2 单元格区域命名

同样的方法，将 C、D、E 列命名为“材料信息”，将 G 列命名为“采购结算方式”。

（2）建立采购业务信息表。

第一步：建立“材料采购业务”工作表，输入表中的项目名称，如图 3－3 所示。

业务日期	摘要	供应商	材料编码	材料名称	单位	数量	单价	金额	已付款	结算方式	未付货款

图 3－3 材料采购业务表的项目名称

第二步：设置数据有效性。为了减少输入错误以及输入的便捷，可对“供应商”“材料编码”和“结算方式”设置数据有效性。单击“数据”菜单栏下的“数据验证”按钮，进行设置，如图 3－4 所示。图中来源这一选项中的“供应商”是“采购业务源数据”工作表中的 A 列。设置“材料编码”的数据有效性时，来源选择“采购业务源数据”工作表中的 C 列，设置“结算方式”的数据有效性时，来源选择“采购业务源数据”工作表中的 G 列。

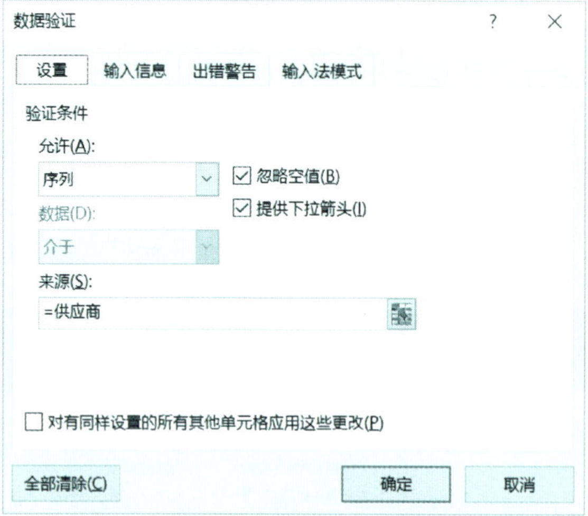

图 3－4 设置供应商的数据有效性

第三步：设置表体公式。业务日期、摘要、供应商、材料编码、数量、单价、已付款、结算方式等信息可以直接输入。其他项目需设置公式。

材料名称、单位两项可以通过材料信息列表中的对应关系自动显示。具体操作如下：在 E2 单元格中输入函数：＝VLOOKUP(D2,材料信息,2,FALSE)，在 F2 单元格中输入函数：＝VLOOKUP(D2,材料信息,3,FALSE)，向下自动填充即可根据录入的材料编码自动生成材料名称和单位。

金额一列，在 I2 单元格中输入公式：＝G2＊H2，并向下填充。

未付货款列，在 L2 单元格中输入公式：＝I2－J2，并向下填充。

材料采购业务表输入结果如图 3－5 所示。

	A	B	C	D	E	F	G	H	I	J	K	L
1	业务日期	摘要	供应商	材料编码	材料名称	单位	数量	单价	金额	已付款	结算方式	未付货款
2	2020年1月1日	采购原材料	广州市广成饲料有限公司	01.01.YM	玉米	千克	10110	1.80	18198.00	18198.00	现金支票	0.00
3	2020年1月4日	采购原材料	大连象屿农产有限公司	01.01.YM	玉米	千克	54526	1.50	81789.00	0.00		81789.00
4	2020年1月10日	采购原材料	广州市广成饲料有限公司	01.01.YM	玉米	千克	9818	2.00	19636.00	0.00		19636.00
5	2020年1月10日	采购原材料	广州市广成饲料有限公司	01.01.DG	稻谷	千克	8971	2.20	19736.20	0.00		19736.20
6	2020年1月10日	采购原材料	广州市广成饲料有限公司	01.02.DB	豆粕	千克	29831	2.90	86509.90	0.00		86509.90
7	2020年1月15日	采购原材料	黑龙江省龙良农业有限公司	01.01.XM	小麦	千克	3351	2.30	7707.30	7707.30	转账支票	0.00
8	2020年1月15日	采购原材料	黑龙江省龙良农业有限公司	01.01.DG	稻谷	千克	3585	2.36	8460.60	8460.60	转账支票	0.00
9	2020年1月15日	采购原材料	黑龙江省龙良农业有限公司	01.02.DB	豆粕	千克	3280	3.08	10102.40	10102.40	转账支票	0.00
10	2020年1月15日	采购原材料	黑龙江省龙良农业有限公司	01.01.YM	玉米	千克	28391	1.60	45425.60	45425.60	转账支票	0.00
11	2020年1月20日	采购原材料	大连象屿农产有限公司	01.01.YM	玉米	千克	319751	1.50	479626.50	0.00		479626.50
12	2020年1月20日	采购原材料	大连象屿农产有限公司	01.02.DB	豆粕	千克	23280	3.00	69840.00	0.00		69840.00
13	2020年1月20日	采购原材料	大连象屿农产有限公司	01.01.DG	稻谷	千克	13641	2.00	27282.00	0.00		27282.00
14	2020年1月25日	采购原材料	黑龙江省龙良农业有限公司	01.01.DG	稻谷	千克	11542	1.89	21814.38	0.00		21814.38
15	2020年1月25日	采购原材料	黑龙江省龙良农业有限公司	01.02.DB	豆粕	千克	32800	3.08	101024.00	0.00		101024.00
16	2020年1月25日	采购原材料	黑龙江省龙良农业有限公司	01.01.YM	玉米	千克	129626	1.65	213882.90	0.00		213882.90
17	2020年1月28日	采购原材料	广州市广成饲料有限公司	01.01.DG	稻谷	千克	3522	2.00	7044.00	7044.00	转账支票	0.00
18	2020年1月28日	采购原材料	广州市广成饲料有限公司	01.02.DB	豆粕	千克	13286	3.00	39858.00	39858.00	转账支票	0.00
19	2020年1月30日	采购原材料	黑龙江省龙良农业有限公司	01.01.XM	小麦	千克	1876	2.10	3939.60	3939.60	现金支票	0.00
20												
21												

采购业务源数据 | 材料采购业务 | 应付账款汇总 | 销售业务源数据 | 产品销售业务 | 应收账款汇总 | 完工入 ... 115%

图 3－5 材料采购业务表

（3）建立应付账款汇总表。

第一步：建立“应付账款汇总表”工作表，输入表中的项目名称，如图 3－6 所示。

	A	B	C	D
1	供应商	应付货款	已付货款	应付账款余额

图 3－6 应付账款汇总表的项目名称

第二步：设置数据有效性。对供应商项目设置数据有效性。

第三步：设置表体公式。

应付货款和已付货款是从材料采购业务表中汇总对应供应商的数据，可以采用 SUMIF 函数。在 B2 单元格中输入函数：＝SUMIF(材料采购业务！$C$2:$C$19,A2,材料采购业务！$I$2:$I$19)，并向下填充。在 C2 单元格中输入函数：＝SUMIF(材料采购业务！$C$2:$C$19,A2,材料采购业务！$J$2:$J$19)，并向下填充。

应付账款余额一列，在 D2 单元格中输入公式：＝B2－C2，并向下填充。

应付账款汇总表输入结果如图 3－7 所示。

	A	B	C	D
1	供应商	应付货款	已付货款	应付账款余额
2	大连象屿农产有限公司	658537.50	0.00	658537.50
3	黑龙江省龙良农业有限公司	412356.78	75635.50	336721.28
4	广州市广成饲料有限公司	190982.10	65100.00	125882.10
5				
6				

采购业务源数据 | 材料采购业务 | 应付账款汇总 | 销售业务源数据 | 产品销售业务 ... 160%

图 3－7 应付账款汇总表

项目拓展训练

资料：旺旺母婴贸易公司 11 月发生的采购业务如图 3－8 所示。

	A	B	C	D	E	F	G	H	I	J	K	L
1	业务日期	摘要	供应商	商品编码	商品名称	单位	数量	单价	金额	已付款	结算方式	未付货款
2	2020年1月1日	采购商品	贝贝熊童装加工厂	1-BQ	步前鞋	双	1000	30.00	30000.00	30000.00	现金支票	0.00
3	2020年1月4日	采购商品	袋鼠母婴加工厂	1-BQ	步前鞋	双	2000	35.00	70000.00	0.00		70000.00
4	2020年1月10日	采购商品	贝贝熊童装加工厂	2-XB	学步鞋	双	6500	50.00	325000.00	0.00		325000.00
5	2020年1月10日	采购商品	开心鼠童装加工厂	4-JB	健步鞋	双	5000	80.00	400000.00	0.00		400000.00
6	2020年1月15日	采购商品	袋鼠母婴加工厂	1-BQ	步前鞋	双	2980	35.00	104300.00	0.00		104300.00
7	2020年1月15日	采购商品	贝贝熊童装加工厂	3-WB	稳步鞋	双	3212	65.00	208780.00	100000.00	转账支票	108780.00
8	2020年1月25日	采购商品	袋鼠母婴加工厂	1-BQ	步前鞋	双	3585	32.00	114720.00	114720.00	转账支票	0.00
9	2020年1月25日	采购商品	贝贝熊童装加工厂	3-WB	稳步鞋	双	3280	60.00	196800.00	10102.40	转账支票	186697.60
10	2020年1月30日	采购商品	开心鼠童装加工厂	4-JB	健步鞋	双	1231	75.00	92325.00	45425.60	转账支票	46899.40
11	2020年1月30日	采购商品	贝贝熊童装加工厂	2-XB	学步鞋	双	2566	55.00	141130.00	0.00		141130.00

图 3－8　旺旺母婴贸易公司 11 月采购业务

其他采购数据如表 3－4、表 3－5、表 3－6 所示。

表 3－4　旺旺母婴贸易公司的供应商

供应商
贝贝熊童装加工厂
袋鼠母婴加工厂
开心鼠童装加工厂

表 3－5　旺旺母婴贸易公司的商品

商品编号	商品名称	单位
1－BQ	步前鞋	双
2－XB	学步鞋	双
3－WB	稳步鞋	双
4－JB	健步鞋	双

表 3－6　旺旺母婴贸易公司的采购结算方式

结算方式
现金支票
转账支票
银行汇票
银行本票

要求：

（1）建立采购业务源数据。

（2）建立采购业务信息表。

（3）建立应付账款汇总表。

任务 2
用 EXCEL 进行宝东农牧销售业务处理

任务情境

本月湖南宝东农牧科技股份有限公司的采购业务如下：

1 月 4 日，销售给廉桥江南猪场红太阳 552 猪料 32000 千克，单价 4.5 元，收到转账支票 50000 元，其他货款暂欠。

2 月 5 日，零售给张强宝庆 111 鸡料 1200 千克，单价 3.6 元，收到现金支付货款 4320 元。

3 月 10 日，销售给城步藤兰生态种植养殖合作社宝庆 111 鸡料 86200 千克，单价 3.5 元，红太阳 552 猪料 65200 千克，单价 4.5 元，收到银行汇票支付全额货款。

4 月 16 日，销售给凯里市养殖合作社宝庆 111 鸡料 52000 千克，单价 3.5 元，红太阳 552 猪料 56320 千克，单价 4.5 元，货款暂欠。

5 月 19 日，零售给姚老三红太阳 552 猪料 520 千克，单价 4.6 元，收到现金支付货款 2392 元。

6 月 22 日，销售给廉桥江南猪场红太阳 552 猪料 22000 千克，单价 4.5 元，货款暂欠。

7 月 25 日，销售给城步藤兰生态种植养殖合作社宝庆 111 鸡料 31520 千克，单价 3.5 元，红太阳 552 猪料 45210 千克，单价 4.5 元，货款暂欠。

8 月 30 日，销售给凯里市养殖合作社宝庆 111 鸡料 35000 千克，单价 3.5 元，红太阳 552 猪料 38210 千克，单价 4.5 元，收到银行汇票支付全额货款。

财务刘会计整理了销售业务涉及的基础资料，见表 3－7、表 3－8 和表 3－9。使用 EXCEL 对销售业务进行记录，并汇总应收账款情况。

表 3－7　宝东农牧的客户

客　户
廉桥江南猪场
城步藤兰生态种植养殖合作社
凯里市养殖合作社
张强
姚老三

表 3－8　宝东农牧的商品

商品编码	商品名称	单位
JSL001	宝庆 111 鸡料	千克
YSL001	红太阳 552 猪料	千克

表 3－9 宝东农牧的销售结算方式

结算方式
现金支票
转账支票
银行汇票
银行本票
现金支付

依据以上资料，完成以下任务：

（1）建立销售业务源数据。

（2）建立销售业务信息表。

（3）建立应收账款汇总表。

任务实施

任务情境的解析过程如下：

（1）建立销售业务源数据。

第一步：打开“项目 3 EXCEL 在企业进销存管理中的应用”工作簿，建立“销售业务源数据”工作表，输入客户、商品、结算方式的数据，如图 3－9 所示。

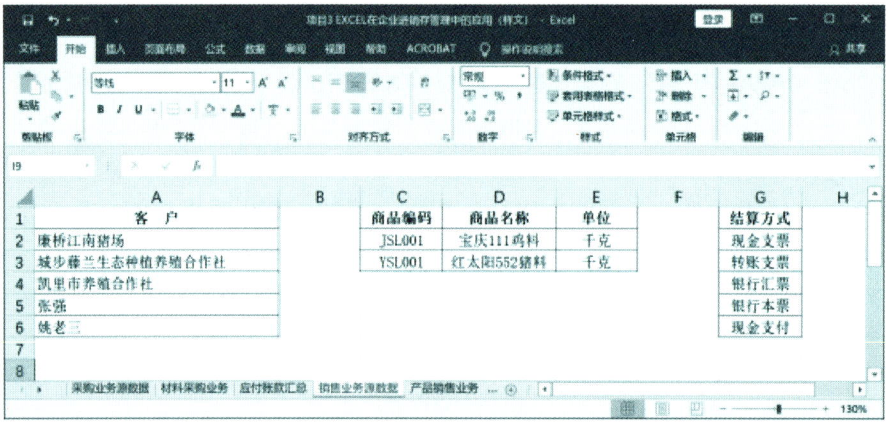

图 3－9 销售业务源数据

第二步：单元格区域命名。选中客户所在的 A 列，单击“公式”菜单栏下的“名称管理器”按钮，将选中的 A 列单元格区域命名为“客户”，如图 3－10 所示。

同样的方法，将 C、D、E 列命名为“商品信息”，将 G 列命名为“销售结算方式”。

（2）建立销售业务信息表。

第一步：建立“产品销售业务”工作表，输入表中的项目名称，如图 3－11 所示。

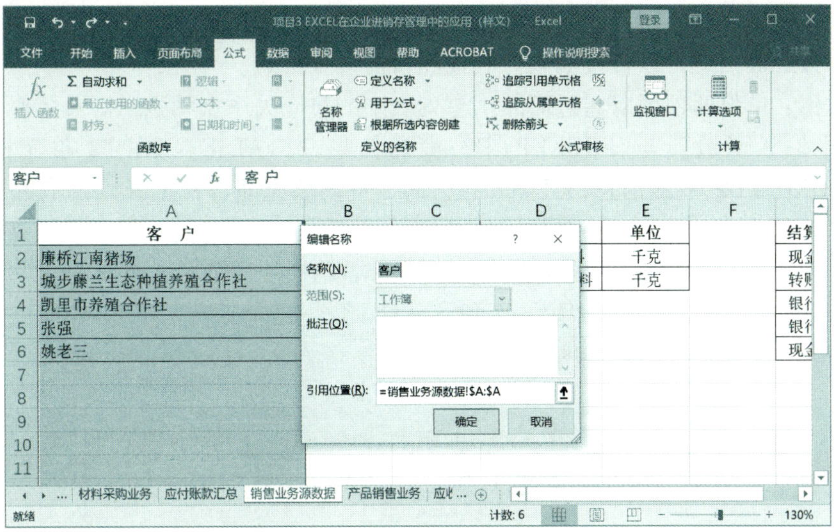

图 3－10　销售信息单元格区域命名

业务日期	摘要	客户	商品编码	商品名称	单位	销售数量	销售单价	应收货款	已收款	结算方式	未收款

图 3－11　产品销售业务表的项目名称

第二步：设置数据有效性。为了减少输入错误以及提高输入的便捷性，可对“客户”“商品编码”和“结算方式”设置数据有效性。单击“数据”菜单栏下的“数据验证”按钮，进行设置，如图 3－12 所示。图中来源这一选项中的“客户”是“销售业务源数据”工作表中的 A 列。设置“商品编码”的数据有效性时，来源选择“销售业务源数据”工作表中的 C 列，设置“结算方式”的数据有效性时，来源选择“销售业务源数据”工作表中的 G 列。

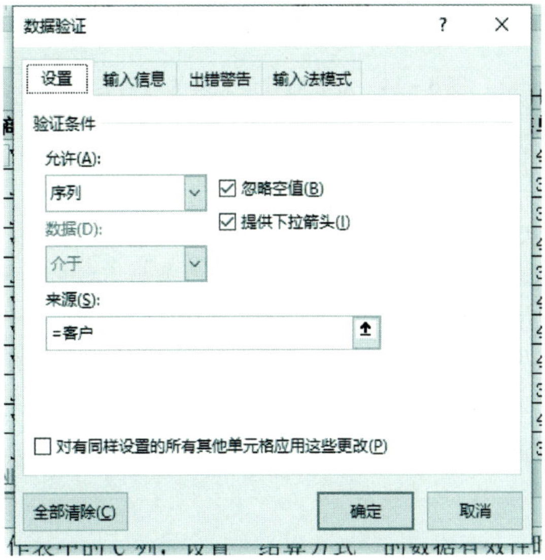

图 3－12　设置客户的数据有效性

第三步：设置表体公式。业务日期、摘要、客户、商品编码、销售数量、销售单价、已收款、结算方式等信息可以直接输入。其他项目需设置公式。

商品名称、单位两项可以通过商品信息列表中的对应关系自动显示。具体操作如下：在E2单元格中输入函数：=VLOOKUP(D2,商品信息,2,FALSE)，在F2单元格中输入函数：=VLOOKUP(D2,商品信息,3,FALSE)，向下自动填充即可根据录入的商品编码自动生成商品名称和单位。

应收货款一列，在I2单元格中输入公式：=G2*H2，并向下填充。

未收货款列，在L2单元格中输入公式：=I2-J2，并向下填充。

产品销售业务表输入结果如图3-13所示。

业务日期	摘要	客户	商品编码	商品名称	单位	销售数量	销售单价	应收货款	实收货款	结算方式	应收账款余额
2020年1月4日	销售饲料	廉桥江南猪场	YSL001	红太阳552猪料	千克	32000	4.50	144000.00	50000.00	转账支票	94000.00
2020年1月5日	零售	张强	JSL001	宝庆111鸡料	千克	1200	3.60	4320.00	4320.00	现金支付	0.00
2020年1月10日	销售饲料	城步藤兰生态种植养殖合作社	JSL001	宝庆111鸡料	千克	86200	3.50	301700.00	301700.00	银行汇票	0.00
2020年1月10日	销售饲料	城步藤兰生态种植养殖合作社	YSL001	红太阳552猪料	千克	65200	4.50	293400.00	293400.00	银行汇票	0.00
2020年1月16日	销售饲料	凯里市养殖合作社	JSL001	宝庆111鸡料	千克	52000	3.50	182000.00	0.00		182000.00
2020年1月16日	销售饲料	凯里市养殖合作社	YSL001	红太阳552猪料	千克	56320	4.50	253440.00	0.00		253440.00
2020年1月19日	零售	姚老三	YSL001	红太阳552猪料	千克	520	4.60	2392.00	2392.00	现金支付	0.00
2020年1月22日	销售饲料	廉桥江南猪场	YSL001	红太阳552猪料	千克	22000	4.50	99000.00	0.00		99000.00
2020年1月25日	销售饲料	城步藤兰生态种植养殖合作社	JSL001	宝庆111鸡料	千克	31520	3.50	110320.00	0.00		110320.00
2020年1月25日	销售饲料	城步藤兰生态种植养殖合作社	YSL001	红太阳552猪料	千克	45210	4.50	203445.00	0.00		203445.00
2020年1月30日	销售饲料	凯里市养殖合作社	JSL001	宝庆111鸡料	千克	35000	3.50	122500.00	122500.00	银行汇票	0.00
2020年1月30日	销售饲料	凯里市养殖合作社	YSL001	红太阳552猪料	千克	38210	4.50	171945.00	171945.00	银行汇票	0.00

图3-13 产品销售业务表

（3）建立应收账款汇总表。

第一步：建立“应收账款汇总表”工作表，输入表中的项目名称，如图3-14所示。

客户	应收货款	已收货款	应收账款余额

图3-14 应收账款汇总表的项目名称

第二步：设置数据有效性。对客户项目设置数据有效性。

第三步：设置表体公式。

应收货款和已收货款是从产品销售业务表中汇总对应客户的数据，可以采用SUMIF函数。在B2单元格中输入函数：=SUMIF(产品销售业务！$C$2:$C$13,A2,产品销售业务！$I$2:$I$13)，并向下填充。在C2单元格中输入函数：=SUMIF(产品销售业务！$C$2:$C$13,A2,产品销售业务！$J$2:$J$13)，并向下填充。

应收账款余额一列，在D2单元格中输入公式：=B2-C2，并向下填充。

应收账款汇总表输入结果如图3-15所示。

	A	B	C	D
1	客户	应收货款	已收货款	应收账款余额
2	廉桥江南猪场	243,000.00	50,000.00	193000.00
3	城步藤兰生态种植养殖合作社	908,865.00	595,100.00	313765.00
4	凯里市养殖合作社	729,885.00	294,445.00	435440.00
5	张强	4,320.00	4,320.00	0.00
6	姚老三	2,392.00	2,392.00	0.00
7				

… 材料采购业务 | 应付账款汇总 | 销售业务源数据 | 产品销售业 … 130%

图 3－15　应收账款汇总表

项目拓展训练

资料：

旺旺母婴贸易公司 11 月发生的销售业务如图 3－16 所示。

业务日期	摘要	客户	商品编码	商品名称	单位	销售数量	销售单价	应收货款	实收货款	结算方式	应收账款余额
2020年1月4日	销售商品	孩子王	1-BQ	步前鞋	双	2000	65.00	130000.00	50000.00	转账支票	80000.00
2020年1月5日	销售商品	丁香爸爸	2-XB	学步鞋	双	1000	120.00	120000.00	43200.00	现金支付	76800.00
2020年1月10日	销售商品	猪爸爸百货	2-XB	学步鞋	双	1500	120.00	180000.00	180000.00	银行汇票	0.00
2020年1月10日	销售商品	咿咿呀呀母婴店	3-WB	稳步鞋	双	3000	150.00	450000.00	293400.00	银行汇票	156600.00
2020年1月16日	销售商品	娃娃乐百货	4-JB	健步鞋	双	2560	180.00	460800.00	0.00		460800.00
2020年1月16日	销售商品	孩子王	2-XB	学步鞋	双	3200	120.00	384000.00	0.00		384000.00
2020年1月19日	销售商品	咿咿呀呀母婴店	2-XB	学步鞋	双	850	120.00	102000.00	60000.00	现金支付	42000.00
2020年1月22日	销售商品	猪爸爸百货	4-JB	健步鞋	双	2000	180.00	360000.00	0.00		360000.00
2020年1月25日	销售商品	孩子王	2-XB	学步鞋	双	2000	120.00	240000.00	0.00		240000.00
2020年1月30日	销售商品	娃娃乐百货	1-BQ	步前鞋	双	5120	65.00	332800.00	332800.00	银行汇票	0.00

图 3－16　旺旺母婴贸易公司 11 月销售业务

其他采购数据如表 3－10、表 3－11 所示。

表 3－10　　旺旺母婴贸易公司的客户

客　户
孩子王
丁香爸爸
猪爸爸百货
咿咿呀呀母婴店
娃娃乐百货

表 3－11　　旺旺母婴贸易公司的商品

商品编号	商品名称	单位
1－BQ	步前鞋	双
2－XB	学步鞋	双
3－WB	稳步鞋	双
4－JB	健步鞋	双

要求：

（1）建立销售业务源数据。

（2）建立销售业务信息表。

（3）建立应收账款汇总表。

任务 3
用 EXCEL 进行宝东农牧出入库管理

任务情境

湖南宝东农牧科技股份有限公司的存货出入库管理由仓储部的人员负责，包括对商品的完工入库记录、商品的出入库汇总记录、原材料的车间领用记录、原材料的出入库汇总记录。

依据以上资料，完成以下任务：

（1）编制商品的出入库管理表。

（2）编制原材料的出入库管理表。

任务实施

任务情境的解析过程如下：

（1）编制商品的出入库管理表。

第一步：建立完工入库数据清单。打开“项目 3 EXCEL 在企业进销存管理中的应用”工作簿，建立“完工入库数据清单”工作表，如图 3－17 所示。

业务日期	摘要	商品编码	商品名称	单位	入库数量	入库单价	入库金额
1月5日	产品入库	JSL001	宝庆111鸡料	千克	100,000.00	2.15	215,000.00
1月12日	产品入库	JSL001	宝庆111鸡料	千克	110,000.00	2.15	236,500.00
1月22日	产品入库	JSL001	宝庆111鸡料	千克	90,000.00	2.15	193,500.00
1月30日	产品入库	JSL001	宝庆111鸡料	千克	100,000.00	2.15	215,000.00
1月5日	产品入库	YSL001	红太阳552猪料	千克	105,000.00	3.30	346,500.00
1月12日	产品入库	YSL001	红太阳552猪料	千克	95,000.00	3.30	313,500.00
1月22日	产品入库	YSL001	红太阳552猪料	千克	100,000.00	3.30	330,000.00
1月30日	产品入库	YSL001	红太阳552猪料	千克	90,000.00	3.30	297,000.00

图 3－17　完工入库数据清单

第二步：建立商品出入库业务汇总清单。打开“项目 3 EXCEL 在企业进销存管理中的应用”工作簿，建立“商品出入库表”工作表，如图 3－18 所示。

上年结转的数据直接录入；入库的数据可通过表间取数从“完工入库清单”取得，销售出库的数据可通过表间取数从“产品销售业务”中取得。如果想得到按业务日期记录的出入库情况，可以对业务日期进行排序。

业务日期	摘要	商品编码	商品名称	单位	入库数量	入库单价	入库金额	销售数量
2020年1月1日	上年结转	JSL001	宝庆111鸡料	千克	13100	2.20	28,820.00	
2020年1月1日	上年结转	YSL001	红太阳552猪料	千克	24540	3.40	83,436.00	
2020年1月4日	销售饲料	YSL001	红太阳552猪料	千克				32000
2020年1月5日	零售	JSL001	宝庆111鸡料	千克				1200
2020年1月5日	产品入库	JSL001	宝庆111鸡料	千克	100000	2.15	215,000.00	
2020年1月12日	产品入库	JSL001	宝庆111鸡料	千克	110000	2.15	236,500.00	
2020年1月10日	销售饲料	JSL001	宝庆111鸡料	千克				86200
2020年1月10日	销售饲料	YSL001	红太阳552猪料	千克				65200
2020年1月22日	产品入库	JSL001	宝庆111鸡料	千克	90000	2.15	193,500.00	
2020年1月30日	产品入库	JSL001	宝庆111鸡料	千克	100000	2.15	215,000.00	
2020年1月16日	销售饲料	JSL001	宝庆111鸡料	千克				52000
2020年1月16日	销售饲料	YSL001	红太阳552猪料	千克				56320
2020年1月19日	零售	YSL001	红太阳552猪料	千克				520
2020年1月22日	销售饲料	YSL001	红太阳552猪料	千克				22000
2020年1月5日	产品入库	YSL001	红太阳552猪料	千克	105000	3.30	346,500.00	
2020年1月12日	产品入库	YSL001	红太阳552猪料	千克	95000	3.30	313,500.00	
2020年1月25日	销售饲料	JSL001	宝庆111鸡料	千克				31520
2020年1月25日	销售饲料	YSL001	红太阳552猪料	千克				45210
2020年1月30日	销售饲料	JSL001	宝庆111鸡料	千克				35000
2020年1月30日	销售饲料	YSL001	红太阳552猪料	千克				38210
2020年1月22日	产品入库	YSL001	红太阳552猪料	千克	100000	3.30	330,000.00	
2020年1月30日	产品入库	YSL001	红太阳552猪料	千克	90000	3.30	297,000.00	
合　计					827640			465380

图 3－18　商品出入库表

（2）编制原材料的出入库管理表。

第一步：建立车间材料领用清单。打开“项目 3 EXCEL 在企业进销存管理中的应用”工作簿，建立“车间材料领用清单”工作表，如图 3－19 所示。

业务日期	摘要	材料编码	材料名称	单位	领用数量
1月1日	领料	01.01.YM	玉米	千克	190000
1月1日	领料	01.01.DG	稻谷	千克	13000
1月1日	领料	01.02.DB	豆粕	千克	50000
1月1日	领料	01.01.XM	小麦	千克	13000
1月15日	领料	01.01.YM	玉米	千克	200000
1月15日	领料	01.01.DG	稻谷	千克	14000
1月15日	领料	01.02.DB	豆粕	千克	52000
1月15日	领料	01.01.XM	小麦	千克	14000
1月25日	领料	01.01.YM	玉米	千克	180000
1月25日	领料	01.01.DG	稻谷	千克	12000
1月25日	领料	01.02.DB	豆粕	千克	51000
1月25日	领料	01.01.XM	小麦	千克	12000

图 3－19　车间材料领用清单

第二步：建立原材料出入库业务汇总清单。打开“项目 3 EXCEL 在企业进销存管理中的应用”工作簿，建立“原材料出入库表”工作表，如图 3－20 所示。

上年结转的数据直接录入；入库的数据可通过表间取数从“材料采购业务”取得，领用出库的数据可通过表间取数从“车间材料领用清单”中取得。如果想得到按业务日期记录的出入库情况，可以对业务日期进行排序。

	A	B	C	D	E	F	G	H	I
1	业务日期	摘要	商品编码	商品名称	单位	采购数量	采购单价	采购金额	领用数量
2	2020年1月1日	上年结转	01.01.YM	玉米	千克	36650	1.88	68,902.00	
3	2020年1月1日	上年结转	01.01.DG	稻谷	千克	50950	2.43	123,808.50	
4	2020年1月1日	上年结转	01.02.DB	豆粕	千克	52020	3.17	164,903.40	
5	2020年1月1日	上年结转	01.01.XM	小麦	千克	48890	2.05	100,224.50	
6	2020年1月1日	采购原材料	01.01.YM	玉米	千克	10110	1.80	18,198.00	
7	2020年1月1日	领料	01.01.YM	玉米	千克				190000
8	2020年1月1日	领料	01.01.DG	稻谷	千克				13000
9	2020年1月1日	领料	01.02.DB	豆粕	千克				50000
10	2020年1月1日	领料	01.01.XM	小麦	千克				13000
11	2020年1月4日	采购原材料	01.01.YM	玉米	千克	54526	1.50	81,789.00	
12	2020年1月10日	采购原材料	01.01.YM	玉米	千克	9818	2.00	19,636.00	
13	2020年1月10日	采购原材料	01.01.DG	稻谷	千克	8971	2.20	19,736.20	
14	2020年1月10日	采购原材料	01.02.DB	豆粕	千克	29831	2.90	86,509.90	
15	2020年1月15日	采购原材料	01.01.XM	小麦	千克	3351	2.30	7,707.30	
16	2020年1月15日	采购原材料	01.01.DG	稻谷	千克	3585	2.36	8,460.60	
17	2020年1月15日	采购原材料	01.02.DB	豆粕	千克	3280	3.08	10,102.40	
18	2020年1月15日	采购原材料	01.01.YM	玉米	千克	28391	1.60	45,425.60	
19	2020年1月15日	领料	01.01.YM	玉米	千克				200000
20	2020年1月15日	领料	01.01.DG	稻谷	千克				14000
21	2020年1月15日	领料	01.02.DB	豆粕	千克				52000
22	2020年1月15日	领料	01.01.XM	小麦	千克				14000
23	2020年1月20日	采购原材料	01.01.YM	玉米	千克	319751	1.50	479,626.50	
24	2020年1月20日	采购原材料	01.02.DB	豆粕	千克	23280	3.00	69,840.00	
25	2020年1月20日	采购原材料	01.01.DG	稻谷	千克	13641	2.00	27,282.00	
26	2020年1月25日	采购原材料	01.01.DG	稻谷	千克	11542	1.89	21,814.38	
27	2020年1月25日	采购原材料	01.02.DB	豆粕	千克	32800	3.08	101,024.00	
28	2020年1月25日	采购原材料	01.01.YM	玉米	千克	129626	1.65	213,882.90	
29	2020年1月25日	领料	01.01.YM	玉米	千克				180000
30	2020年1月25日	领料	01.01.DG	稻谷	千克				12000
31	2020年1月25日	领料	01.02.DB	豆粕	千克				51000
32	2020年1月25日	领料	01.01.XM	小麦	千克				12000

... 原材料出入库表 成本计算表

图 3－20 原材料出入库表

项目拓展训练

资料：已知旺旺母婴贸易公司的期初库存数如表 3－12 所示。

表 3－12 旺旺母婴贸易公司的期初库存数

业务日期	摘要	商品编码	商品名称	单位	入库数量	入库单价	入库金额	销售数量
2020年1月1日	上年结转	1-BQ	步前鞋	双	500	32.00	16,000.00	
2020年1月1日	上年结转	2-XB	学步鞋	双	700	45.00	31,500.00	
2020年1月1日	上年结转	3-WB	稳步鞋	双	200	62.00	12,400.00	
2020年1月1日	上年结转	4-JB	健步鞋	双	100	81.00	8,100.00	

要求：请根据任务 1、2 的拓展训练的资料编制商品出入库表。

任务 4
用 EXCEL 进行宝东农牧发出成本计算

任务情境

湖南宝东农牧科技股份有限公司的存货发出计价方法采用的是全月一次加权平均法，因此出入库管理中，只记录了出库的数量，而没有记录出库的金额。月末，财务部会根据仓储库的商品出入库表和原材料出入库表汇总计算出发出商品的成本。

在此任务中，需要完成：

（1）建立成本计算表。

（2）设置取数公式。

（3）计算发出成本。

知识链接

全月一次加权平均法，是以数量为权数计算每种材料的实际平均单价，作为日常发料凭证的计价依据的方法。全月一次加权平均法在月末计算一次平均单价，用该单价乘以发出材料数量，即为发出材料的实际成本。加权平均单价计算方法为：

加权平均单价 =（期初结存存货实际成本 + 本期入库存货实际成本）/（期初结存存货数量 + 本期入库存货数量）

任务实施

任务情境的解析过程如下：

（1）建立成本计算表。

打开“项目 3 EXCEL 在企业进销存管理中的应用”工作簿，建立“成本计算表”工作表，如图 3－21 所示，设置表中项目名称以及录入商品/材料编码和商品/材料名称。

	A	B	C	D	E	F	G	H	I	J	K
1	商品编码	商品名称	期初结存数量	期初结存金额	入库数量	本期增加金额	发出数量	发出成本	库存数量	结存金额	单位成本
2	JSL001	宝庆111鸡料									
3	YSL001	红太阳552猪料									
4	01.01.YM	玉米									
5	01.01.DG	稻谷									
6	01.02.DB	豆粕									
7	01.01.XM	小麦									
8											
9											

图 3－21 成本计算表结构

（2）设置取数公式。

第一步：设置商品的取数公式。期初结存数量和期初结存金额可以直接通过表间取数得到。在 C2 单元格中输入：=商品出入库表！F2，在 D2 单元格中输入：=商品出入库表！H2。入库数量、本期增加金额和发出数量需要使用 SUMIFS 函数。在 E2 单元格中函数：SUMIFS（商品出入库表！$F$4:$F$23,商品出入库表！$D$4:$D$23,B2,商品出入库表！$B$4:$B$23,"产品入库"），在 F2 单元格中输入函数：=SUMIFS（商品出入库表！$H$4:$H$23,商品出入库表！$D$4:$D$23,B2,商品出入库表！$B$4:$B$23,"产品入库"），在 G2 单元格中输入函数：=SUMIFS（商品出入库表！$I$4:$I$23,商品出入库表！$D$4:$D$23,B2,商品出入库表！$B$4:$B$23,"零售"）+SUMIFS（商品出入库表！$I$4:$I$23,商品出入库表！$D$4:$D$23,B2,商品出入库表！$B$4:$B$23,"销售饲料"）。第 3 行猪料的数据可以直接复制第 2 行的公式得到。

第二步，设置原材料的取数公式。期初结存数量和期初结存金额可以直接通过表间取数得到。在 C4 单元格中输入：=原材料出入库表！F2，在 D4 单元格中输入：=原材料出入库表！H2。入库数量、本期增加金额和发出数量需要使用 SUMIFS 函数。在 E4 单元格中函数：=SUMIFS（原材料出入库表！$F$6:$F$35,原材料出入库表！$D$6:$D$35,B4,原材料出入库表！$B$6:$B$35,"采购原材料"），在 F4 单元格中输入函数：=SUMIFS（原材料出入库表！$H$6:$H$35,原材料出入库表！$D$6:$D$35,B4,原材料出入库表！$B$6:$B$35,"采购原材料"），在 G4 单元格中输入函数：=SUMIFS（原材料出入库表！$I$6:$I$35,原材料出入库表！$D$6:$D$35,B4,原材料出入库表！$B$6:$B$35,"领料"）。后面的原材料数据可以直接复制以上公式得到。

（3）计算发出成本。

根据全月一次加权平均法的公式计算出单位成本。在 K2 单元格中输入公式：=（D2+F2）/（C2+E2）。发出成本等于单位成本×发出数量，在 H2 单元格中输入公式：=K2＊G2。月末库存数量等于期初结存数量+入库数量-发出数量，在 I2 单元格中输入公式：=C2+E2-G2。结存金额等于库存数量×单位成本，在 J2 单元格中输入公式：=K2＊I2。向下复制填充公式，可得到成本计算表的结果，如图 3-22 所示。

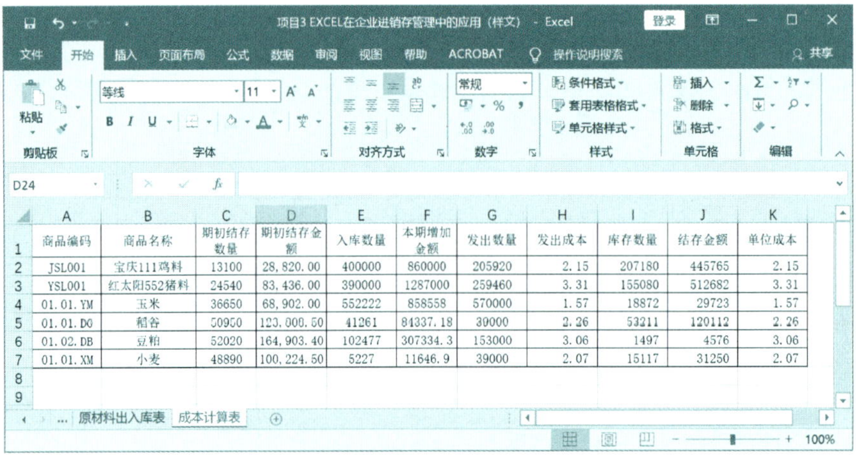

商品编码	商品名称	期初结存数量	期初结存金额	入库数量	本期增加金额	发出数量	发出成本	库存数量	结存金额	单位成本
JSL001	宝庆111鸡料	13100	28,820.00	400000	860000	205920	2.15	207180	445765	2.15
YSL001	红太阳552猪料	24540	83,436.00	390000	1287000	259460	3.31	155080	512682	3.31
01.01.YM	玉米	36650	68,902.00	552222	858558	570000	1.57	18872	29723	1.57
01.01.DG	稻谷	50950	123,008.50	41261	84337.18	39000	2.26	53211	120112	2.26
01.02.DB	豆粕	52020	164,903.40	102477	307334.3	153000	3.06	1497	4576	3.06
01.01.XM	小麦	48890	100,224.50	5227	11646.9	39000	2.07	15117	31250	2.07

图 3-22 成本计算表

项目拓展训练

资料：

旺旺母婴贸易公司采用全月一次加权平均法。月末，财务部会根据仓储库的商品出入库表汇总计算出发出商品的成本。

要求：

(1) 建立成本计算表。

(2) 设置取数公式。

(3) 计算发出成本。

扫码进入视频学习

项目 3

项目四

4 EXCEL 在企业成本核算中的应用

企业成本核算是对生产经营过程中实际发生的成本、费用进行计算，并进行相应的账务处理。成本核算对于企业非常重要，一方面，可以审核各项生产费用和经营管理费用的支出，分析和考核产品成本计划的执行情况，促使企业降低成本和费用；另一方面，还可以为计算利润、进行成本和利润预测提供数据，有助于提高企业生产技术和经营管理水平。

但是，手工的成本核算工作量比较大，EXCEL 则可以更加迅速、准确、灵活地处理成本核算问题。EXCEL 成本核算包括要素费用的分配（材料费用的分配、动力费用分配、职工薪酬费用的分配和折旧费用的分配）、辅助生产费用的分配、制造费用的分配、生产费用在完工产品和在产品之间的分配等成本核算相关表格的编制。

任务 1
用 EXCEL 进行宝东农牧要素费用的归集与分配

任务情境

月末，财务部张会计从生产部、行政部等部门获取本月发生的生产费用表：

（1）本月发生的生产费用如表 4－1～表 4－5 所示。

表 4－1　　湖南宝东农牧科技股份有限公司 2020 年 1 月的材料耗用　　（单位：元）

	直接耗用				共同耗用	
材料用途	玉米	稻谷	小麦	机物料	豆粕	定额耗用量（吨）
宝庆 111 鸡料	550000	32000	70000		120000	200
红太阳 552 猪料	800000	13000	50000			300

续表

材料用途	直接耗用				共同耗用	
	玉米	稻谷	小麦	机物料	豆粕	定额耗用量（吨）
基本生产车间一般耗用				29000		
机修车间				3000		
锅炉车间				8000		
合　计	1350000	45000	120000	40000	120000	

表 4－2　　湖南宝东农牧科技股份有限公司 2020 年 1 月的用电情况

部　门	耗电千瓦时数
生产车间动力电	320000
生产车间照明电	20000
机修车间	30000
锅炉车间	20000
企业管理部门	10000
合 计	40000

注：湖南省普通工业用电价格为 0.75 元/千瓦时。

表 4－3　　湖南宝东农牧科技股份有限公司 2020 年 1 月的职工薪酬费用　　（单位：元）

部　门	职工薪酬
产品生产工人	39900
企业管理人员	92600
机修车间	7600
锅炉车间	7300
生产车间管理人员	8600
销售人员	32200
合　计	188200

注：企业按照职工薪酬总额的 20% 提取养老保险，10% 提取医疗保险，1% 提取失业保险，1% 提取工伤保险，0.8% 提取生育保险，12% 提取住房公积金。

表 4－4　　湖南宝东农牧科技股份有限公司 2020 年 1 月的固定资产情况表（部分）　　（单位：元）

资产编号	资产名称	使用部门	数量	折旧方法	资产原值	本月计提折旧额
042	蒸汽减压阀	锅炉车间	1	平均年限法	4750	75.21
043	筒仓出料电脑控制系统	机修车间	1	平均年限法	34542	273.46
011	格力空调	行政部	28	平均年限法	64182	1729.35
019	监控设备	行政部	1	平均年限法	27550	727.01
022	5P 空调	行政部	1	平均年限法	11666	307.85
023	电脑	行政部	1	平均年限法	3245	85.63

表 4－5　湖南宝东农牧科技股份有限公司 2020 年 1 月的其他费用　（单位：元）

	低值易耗品摊销	劳动保护费	保险费	电话费	办公费	合计
基本生产车间	3600	8000	2000	1000	600	15200
机修车间	400	500		400	100	1400
供水车间	700	400	1000	300	100	2500
企业管理部门	400	200		1000	3000	4600
销售部门	300	200		2000	600	3100
合 计	5400	9300	3000	4700	4400	26800

注：低值易耗品摊销采用一次摊销法。

（2）本月的生产情况如表 4－6 所示。

表 4－6　湖南宝东农牧科技股份有限公司 2020 年 1 月的生产情况　（单位：吨）

产　品	月初在产品	本月投入	本月完工	月末在产品
宝庆 111 鸡料	30	400	400	30
红太阳 552 猪料	40	400	390	50

（3）月初在产品成本如表 4－7 所示。

表 4－7　湖南宝东农牧科技股份有限公司 2020 年 1 月的月初在产品成本　（单位：元）

产　品	直接材料	直接人工	燃料及动力	制造费用	合　计
宝庆 111 鸡料	52000	1000	8000	7800	68800
红太阳 552 猪料	95000	2000	10000	11000	118000
合 计	147000	3000	18000	18800	186800

（4）辅助生产车间对外提供产品和劳务情况如表 4－8 所示。

表 4－8　辅助生产车间 2020 年 1 月提供的产品和劳务情况

受益部门	机修车间（小时）	锅炉车间（吨）
锅炉车间	100	
机修车间		1000
基本生产车间	1800	4800
企业管理部门	300	800
合 计	2200	6600

为了方面后续成本的核算，张会计已将以上获取的资料整理在同一个工作簿中，即“项目 4 EXCEL 在企业成本核算中的应用（素材）. XLSX”。

要求：

1）建立材料费用分配表，对材料费用进行分配（除直接计入的材料费用外，宝庆 111 鸡料和红太阳 552 猪料共同耗用的材料费用按照定额耗用量比例分配）。

2）计算本月的动力费用，并建立动力费用分配表，对动力费用进行分配。（生产车间动力电按照两种产品的工时比例分配，本月产品生产工时为宝庆 111 鸡料 3000 小时，红太阳 552 猪料 7000 小时）。

3）建立职工薪酬费用分配表，计算包含企业承担的五险一金的总职工薪酬费用，并对职工薪酬进行分配（生产工人的工资按两种饲料生产工时的比例分配）。

4）建立折旧费用分配表，对折旧费用进行分配（本月研发费用均计入管理费用）。

5）分配率保留 4 位小数，分配结果保留 2 位小数。

知识链接

1. 材料、动力费用的归集和分配

制造企业发生的直接材料，能够直接计入成本核算对象的，应当直接计入成本核算对象的生产成本，否则应当按照合理的分配标准分配计入。当消耗定额比较准确的情况下，原材料可按照产品的材料定额消耗量比例进行分配。

按照材料定额消耗量比例分配材料费用的计算公式如下：

材料分配率 = 材料消耗总额/分配标准（如总的定额耗用量）

某种产品材料分配额 = 某种产品的定额耗用量 × 材料分配率

制造企业外购动力的，应当根据实际耗用数量或者合理的分配标准对动力费用进行归集和分配，生产部门直接用于生产的动力，直接计入生产成本。生产部门间接用于生产（如照明）的动力，计入制造费用。动力一般按用电千瓦时数，也可按产品的生产工时或机器工时进行分配，相应的计算公式为：

动力费用分配率 = 动力消耗总额/分配标准（如总的生产工时）

某种产品的动力分配额 = 某种产品耗用的生产工时 × 动力分配率

2. 职工薪酬的归集和分配

职工薪酬费用的归集，除了基本工资外还包括企业承担的五险一金。因此，需要计算出含有五险一金的总金额后再进行分配，也可以先对基本工资进行分配再加上五险一金的金额。

在进行分配时，直接进行产品生产的生产工人的职工薪酬，直接计入产品成本的“直接人工”成本项目；不能直接计入产品成本的职工薪酬，按工时、产品产量、产值比例等方式进行合理分配，计入各有关产品成本的“直接人工”项目。相应的计算公式为：

生产职工薪酬费用分配率 = 各种产品生产职工薪酬总额/各种产品生产工时之和

某种产品应分配的生产职工薪酬 = 该种产品生产工时 × 生产职工薪酬费用分配率

3. ROUND 函数

在计算分配的时候，常常会出现除不尽的情况，此时可以使用 ROUND 函数限定保留的小数位数。

语法：ROUND(Number,Digits)。

Number 是要四舍五入的数，Digits 是要小数点后保留的位数。

比如：ROUND(3.1415926,2) =3.14

案例中分配要求保留 4 位小数，分配结果保留 2 位小数，就可以使用该公式。

任务实施

任务情境的解析过程如下：

1）建立材料费用分配表，对材料费用进行分配。

第一步：建立材料费用分配表。打开“项目 4 EXCEL 在企业成本核算中的应用（素材）. XLSX”工作簿，在“材料耗用”工作表后插入新的工作表，并命名为“材料费用分配表”。设置好材料费用分配表的格式和表中项目名称，如图 4 – 1 所示。

材料费用分配表

2020年1月　　单位：元

应借科目		直接计入	分配计入			合计
总账	明细账		定额耗用量	分配率	分配额	
基本生产成本	宝庆111鸡	652000	200	240	48000	700000
	红太阳552	863000	300	240	72000	935000
	小计	1515000	500	240	120000	1635000
制造费用	机物料	29000				29000
辅助生产成本	机修车间	3000				3000
	锅炉车间	8000				8000
合计		1555000			120000	1675000

图 4 – 1　材料费用分配表

第二步：基础数据取数公式设置。利用表间取数功能直接从工作表“材料耗用”中取得直接计入的材料费用和分配计入的材料费用，并用 SUM 函数求和汇总。

在 D5 单元格中输入公式：= SUM(材料耗用！B2:D2)，对直接计入宝庆 111 鸡料的直接材料费用求和。依次输入 D6 单元格公式：= SUM(材料耗用！B3:D3)，输入 D8 单元格公式：= 材料耗用！E4，输入 D9 单元格公式：= 材料耗用！E5，输入 D10 单元格公式：= 材料耗用！E6。

将分配标准和分配总额通过表间取数相应单元格，即输入 E5 取数公式为：= 材料耗用！G2，输入 E6 取数公式为：= 材料耗用！G3，输入 G7 取数公式为：= 材料耗用！F2。

第三步：分配率、分配额和合计数公式设置。按照材料定额消耗量比例分配材料费用的计算公式如下：

分配率 = 总的分配额/总的定额耗用量

某种产品的分配额 = 某种产品的定额耗用量 × 分配率

由此设置 F7 单元格公式为：= G7/E7，G5 单元格公式为：= E5 * F5，G5 单元格公式为：= E6 * F6。

最后根据图 4－2 中显示的公式，补充完成剩余单元格的公式设置。

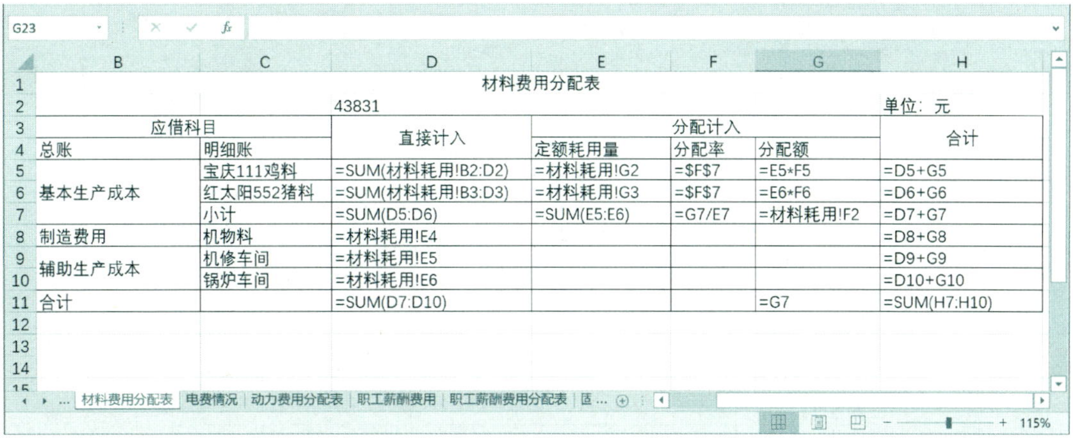

	B	C	D	E	F	G	H
1	材料费用分配表						
2			43831				单位：元
3	应借科目		直接计入	分配计入			合计
4	总账	明细账		定额耗用量	分配率	分配额	
5	基本生产成本	宝庆111鸡料	=SUM(材料耗用!B2:D2)	=材料耗用!G2	=$F$7	=E5*F5	=D5+G5
6		红太阳552猪料	=SUM(材料耗用!B3:D3)	=材料耗用!G3	=$F$7	=E6*F6	=D6+G6
7		小计	=SUM(D5:D6)	=SUM(E5:E6)	=G7/E7	=材料耗用!F2	=D7+G7
8	制造费用	机物料	=材料耗用!E4				=D8+G8
9	辅助生产成本	机修车间	=材料耗用!E5				=D9+G9
10		锅炉车间	=材料耗用!E6				=D10+G10
11	合计		=SUM(D7:D10)			=G7	=SUM(H7:H10)

图 4－2　材料费用分配表中的公式

2）计算本月的动力费用，并建立动力费用分配表，对动力费用进行分配。

第一步：计算本月动力费用。打开“电费情况”工作表，如图 4－3 所示。插入耗电费用列，根据耗电度数和电费单价计算耗电费用，在 C2 单元格输入公式：＝B2 * ＄B＄8，使用填充柄快速复制得到 C3 至 C7 单元格的值。

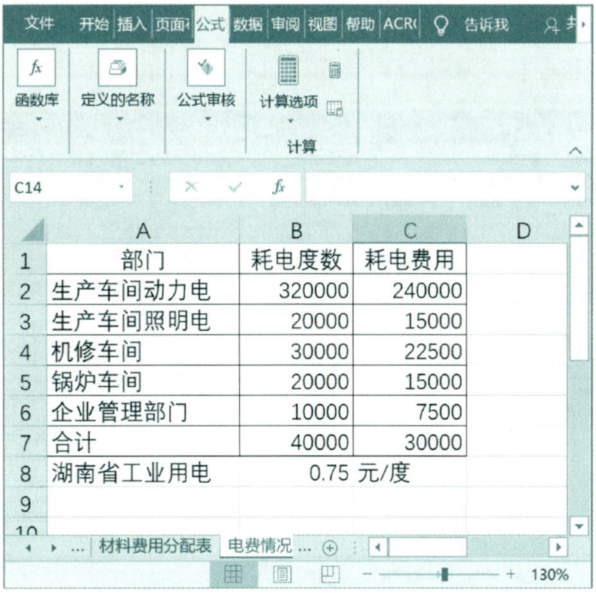

	A	B	C
1	部门	耗电度数	耗电费用
2	生产车间动力电	320000	240000
3	生产车间照明电	20000	15000
4	机修车间	30000	22500
5	锅炉车间	20000	15000
6	企业管理部门	10000	7500
7	合计	40000	30000
8	湖南省工业用电	0.75 元/度	

图 4－3　电费情况

第二步：建立动力费用分配表。在“电费情况”工作表后插入新的工作表，并命名为“动力费用分配表”。设置好动力费用分配表的格式和表中项目名称，如图 4－4 所示。

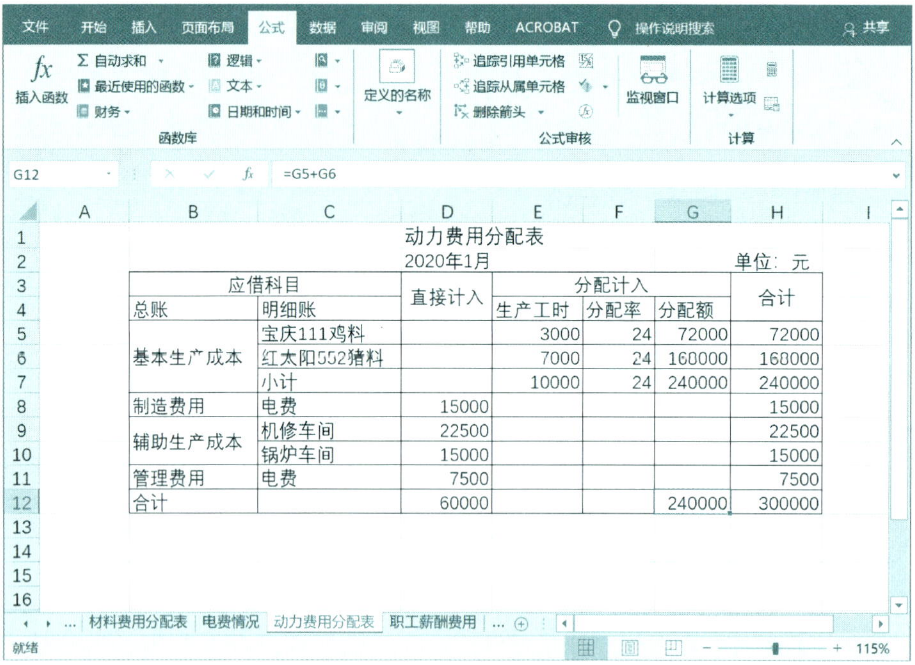

动力费用分配表

2020年1月　　单位：元

应借科目		直接计入	分配计入			合计
总账	明细账		生产工时	分配率	分配额	
基本生产成本	宝庆111鸡料		3000	24	72000	72000
	红太阳552猪料		7000	24	168000	168000
	小计		10000	24	240000	240000
制造费用	电费	15000				15000
辅助生产成本	机修车间	22500				22500
	锅炉车间	15000				15000
管理费用	电费	7500				7500
合计		60000			240000	300000

图 4－4　动力费用分配表

第三步：基础数据取数公式设置。此处取数公式与材料费用分配表中的取数公式类似，也是利用表间取数功能直接从工作表“电费情况”中取得直接计入的电费和分配计入的电费，并用 SUM 函数求和汇总，取数公式设置如图 4－5 所示。

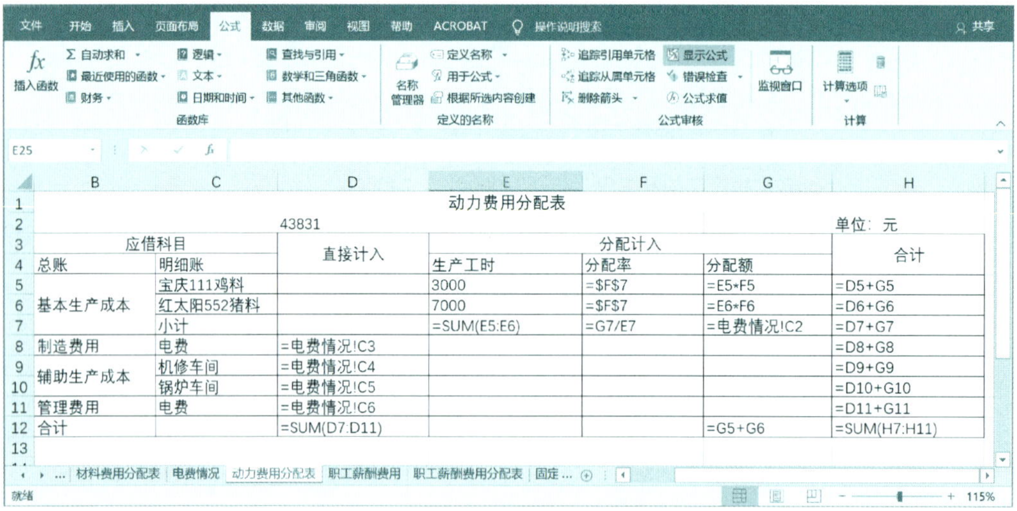

动力费用分配表

43831　　单位：元

应借科目		直接计入	分配计入			合计
总账	明细账		生产工时	分配率	分配额	
基本生产成本	宝庆111鸡料		3000	=$F$7	=E5*F5	=D5+G5
	红太阳552猪料		7000	=$F$7	=E6*F6	=D6+G6
	小计		=SUM(E5:E6)	=G7/E7	=电费情况!C2	=D7+G7
制造费用	电费	=电费情况!C3				=D8+G8
辅助生产成本	机修车间	=电费情况!C4				=D9+G9
	锅炉车间	=电费情况!C5				=D10+G10
管理费用	电费	=电费情况!C6				=D11+G11
合计		=SUM(D7:D11)			=G5+G6	=SUM(H7:H11)

图 4－5　动力费用分配表中的公式

因为生产车间动力电按照两种产品的工时比例分配，所以在 E5 单元格输入 3000，E6 单元格输入 7000，E7 单元格为：＝E5＋E6。最后输入分配总额的取数公式，在 G7 单元格输入公式：＝电费情况！C2。

第四步：分配率、分配额和合计数公式设置。按照两种产品的工时比例分配的计算公式如下：

分配率 = 总的分配额/总的生产工时

某种产品的分配额 = 某种产品的生产工时 × 分配率

由此设置 F7 单元格公式为：= G7/E7，G5 单元格公式为：= E5 * F5，G5 单元格公式为：= E6 * F6。

最后根据图 4 - 5 中显示的公式，补充完成剩余单元格的公式设置。

3）建立职工薪酬费用分配表，计算包含企业承担的五险一金的总职工薪酬费用，并对职工薪酬进行分配（生产工人的工资按两种饲料生产工时的比例分配）。

第一步：建立职工薪酬费用分配表。在“职工薪酬费用”工作表后插入新的工作表，并命名为“职工薪酬费用分配表”。如图 4 - 6 所示，设置好职工薪酬费用分配表的格式和表中项目名称。

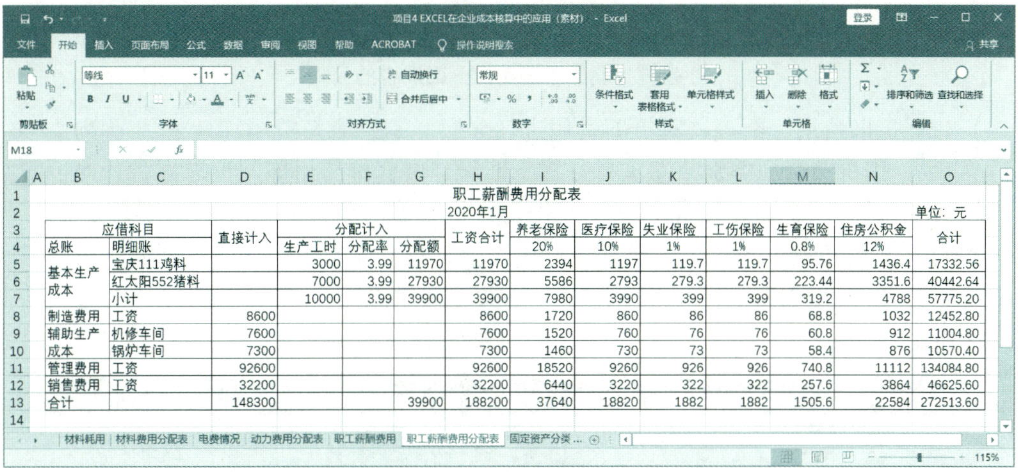

职工薪酬费用分配表

2020年1月　　单位：元

应借科目		直接计入	分配计入			工资合计	养老保险	医疗保险	失业保险	工伤保险	生育保险	住房公积金	合计
总账	明细账		生产工时	分配率	分配额		20%	10%	1%	1%	0.8%	12%	
基本生产成本	宝庆111鸡料		3000	3.99	11970	11970	2394	1197	119.7	119.7	95.76	1436.4	17332.56
	红太阳552猪料		7000	3.99	27930	27930	5586	2793	279.3	279.3	223.44	3351.6	40442.64
	小计		10000	3.99	39900	39900	7980	3990	399	399	319.2	4788	57775.20
制造费用	工资	8600				8600	1720	860	86	86	68.8	1032	12452.80
辅助生产成本	机修车间	7600				7600	1520	760	76	76	60.8	912	11004.80
	锅炉车间	7300				7300	1460	730	73	73	58.4	876	10570.40
管理费用	工资	92600				92600	18520	9260	926	926	740.8	11112	134084.80
销售费用	工资	32200				32200	6440	3220	322	322	257.6	3864	46625.60
合计		148300			39900	188200	37640	18820	1882	1882	1505.6	22584	272513.60

图 4 - 6　职工薪酬费用分配表

第二步：基础数据取数公式设置。利用表间取数功能和 SUM 函数，从工作表“职工薪酬费用”中取得直接计入的职工薪酬费用和分配计入的职工薪酬费用总额，取数公式设置如图 4 - 7 所示。

因为生产工人的工资按两种饲料生产工时的比例分配，所以在 E5 单元格输入 3000，E6 单元格输入 7000，E7 单元格为：= E5 + E6。最后输入分配总额的取数公式，在 G7 单元格输入公式：= 职工薪酬费用！B2。

第三步：职工薪酬费用的分配率、分配额、合计数公式的设置。

分配方法与动力费用分配方法类似，因此设置 F7 单元格公式为：= G7/E7，G5 单元格公式为：= E5 * F5，G5 单元格公式为：= E6 * F6。H 列的合计数公式如图 4 - 7 所示进行设置。

第四步：职工五险一金的计算。

职工五险一金按照上述计算出的工资合计数乘以对应的比率计算得到，此处可以使用混合引用提高录入公式的效率。

在 I5 单元格中输入含有混合引用的公式：= $H5 * I$4，计算出生产宝庆 111 鸡料工人的养老保险，然后将公式复制到整个 I5:N12 单元格区域。最后输入剩余合计内容的公式，如图 4-7 所示。

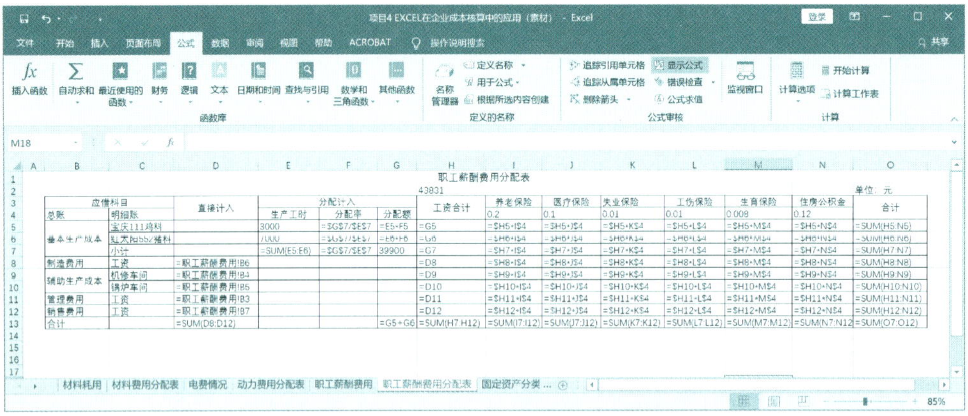

图 4-7 职工薪酬费用分配表中的公式

4）建立折旧费用分配表，对折旧费用进行分配（本月研发费用均计入管理费用）。

第一步：按折旧费用类别汇总本月计提折旧额，嵌套按使用部门汇总本月计提折旧额。

首先，打开“固定资产分类汇总”工作表，将数据清单按照以“折旧费用类别”为主要关键字，“使用部门”为次要关键字进行排序。其次，单击排序后的数据清单中的任一单元格。最后，单击“数据”菜单栏下的“分类汇总”按钮，设定第一层分类汇总选项，如图 4-8 所示。

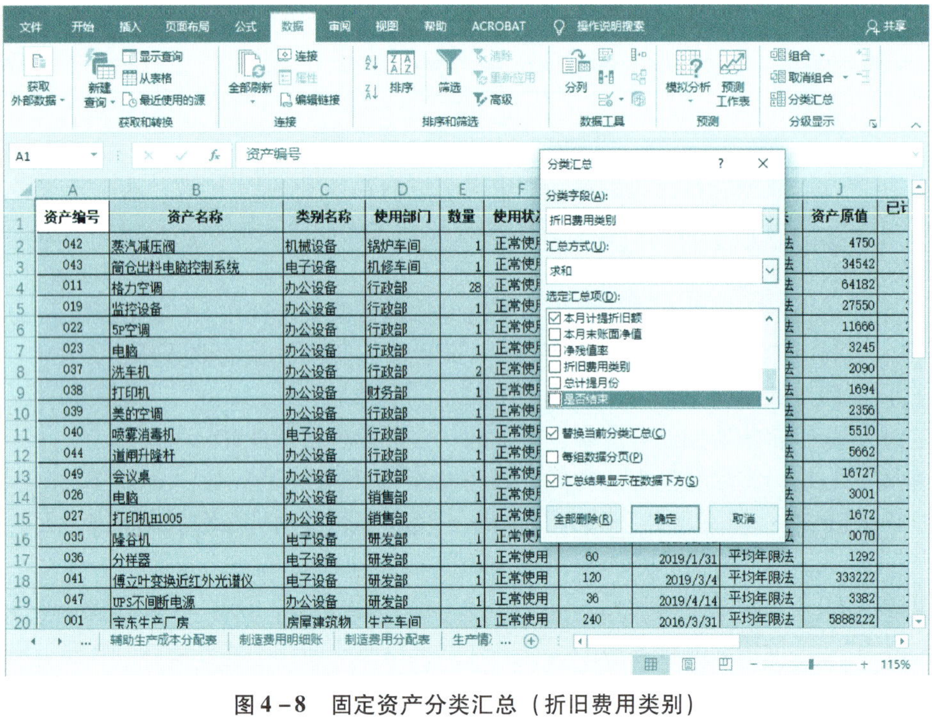

图 4-8 固定资产分类汇总（折旧费用类别）

在按折旧费用类别分类汇总的基础上，嵌套按部门对本月计提的折旧费用进行分类汇总。单击“数据”菜单栏下的“分类汇总”按钮，设定嵌套的分类汇总选项，如图4-9所示。注意，取消“替换当前分类汇总”前面的勾，才能完成嵌套分类汇总。

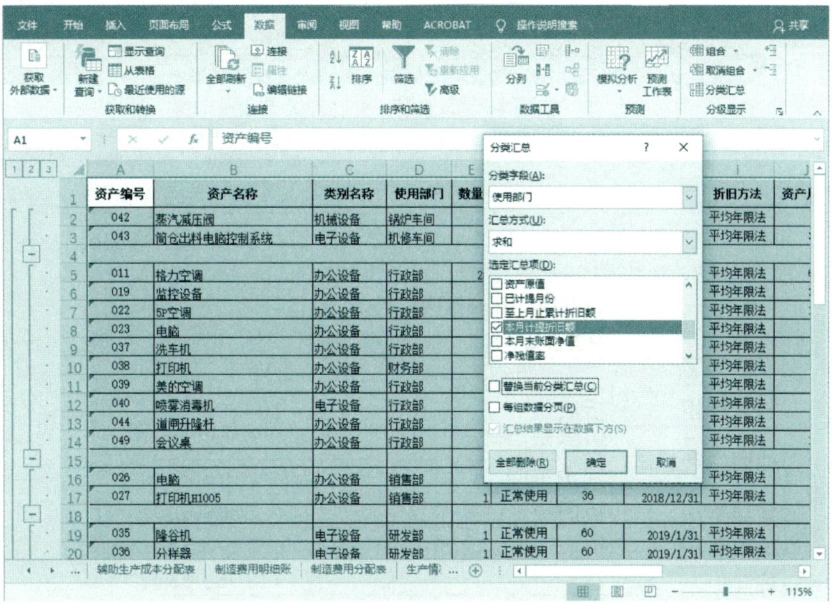

图4-9 固定资产分类汇总（使用部门）

最终，固定资产分类汇总的结果如图4-10所示。图中，“+”“-”称作分级显示符号。单击“+”，可显示汇总行或列展开的各级明细数据。单击“-”按钮可隐藏各级明细数据，只显示汇总行或列。通过分级显示，可获取所需的数据，即按折旧费用类别汇总的本月折旧额，以及辅助生产成本下锅炉车间和机修车间的折旧额。

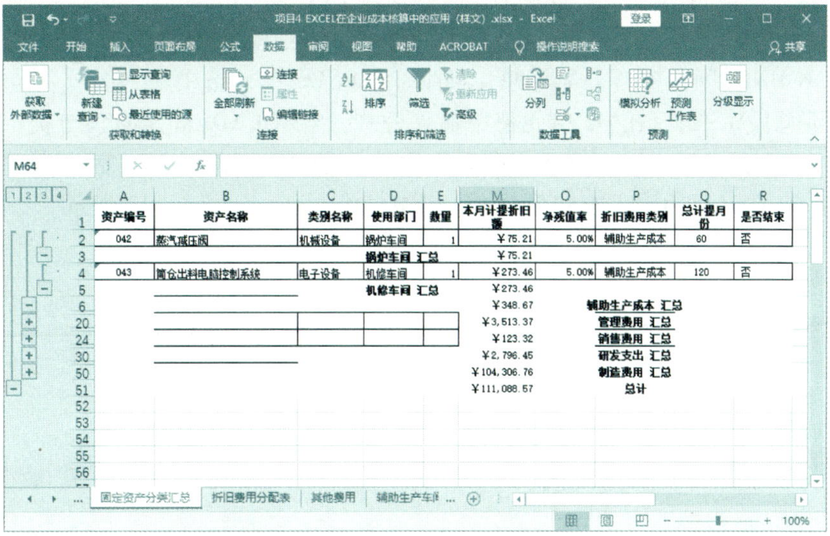

图4-10 固定资产分类汇总结果

第二步：建立折旧费用分配表。在“固定资产分类汇总”工作表后插入新的工作表，并命名为“折旧费用分配表”。设置好折旧费用分配表的格式和表中项目名称，如图 4－11 所示。

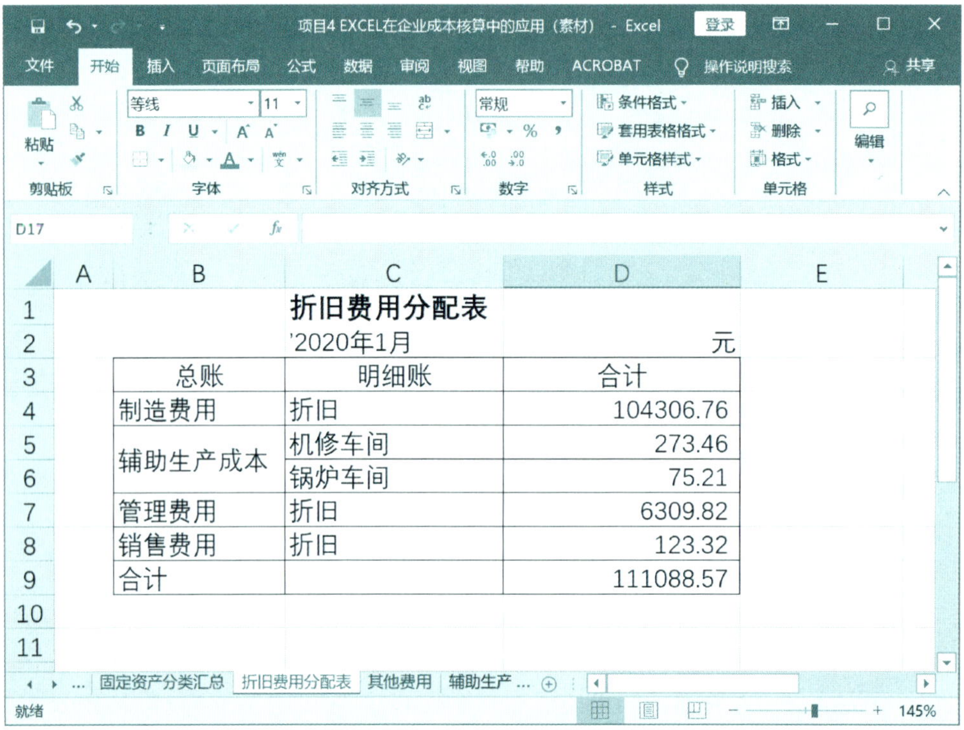

折旧费用分配表

'2020年1月 元

总账	明细账	合计
制造费用	折旧	104306.76
辅助生产成本	机修车间	273.46
	锅炉车间	75.21
管理费用	折旧	6309.82
销售费用	折旧	123.32
合计		111088.57

图 4－11 折旧费用分配表

第三步：基础数据取数公式设置。利用表间取数功能和 ROUND 函数，从工作表“固定资产分类汇总”中取得对应的折旧额，并保留 2 位小数。

在 D4 单元格中输入公式：＝ROUND(固定资产分类汇总！M50,2)，在 D5 单元格中输入公式：＝ROUND(固定资产分类汇总！M4,2)，在 D6 单元格中输入公式：＝ROUND(固定资产分类汇总！M2,2)，在 D7 单元格中输入公式：＝ROUND(固定资产分类汇总！M20＋固定资产分类汇总！M30,2)，在 D8 单元格中输入公式：＝ROUND(固定资产分类汇总！M24,2)，在 D9 单元格中输入求和公式：＝SUM(D4:D8)，如图 4－12 所示。

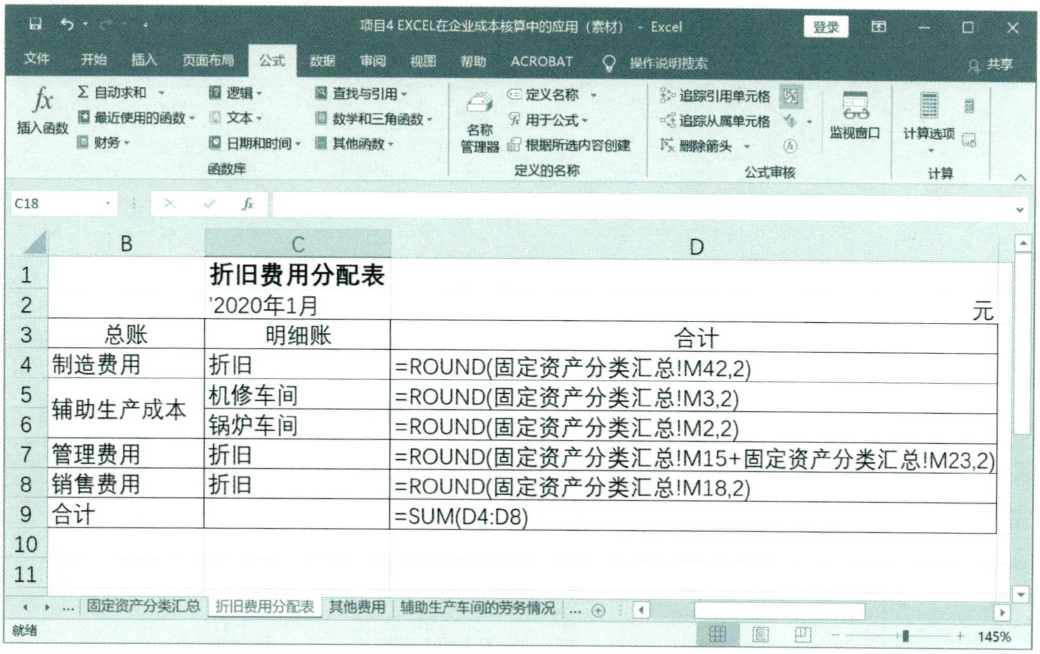

图 4－12　折旧费用分配表中的公式

项目拓展训练

资料：

旺旺加工厂是一家工业企业，企业为一般纳税人，表 4－9 ~ 表 4－13 是该企业 2020 年 11 月的生产情况及成本费用资料。

（1）本月发生的生产费用如表 4－9 所示。

表 4－9　旺旺加工厂 2020 年 11 月的材料耗用　单位：元

	直接耗用				共同耗用	
材料用途	甲材料	乙材料	丙材料	机物料	丁材料	定额耗用量（吨）
A 产品	3000	4000	3000		5500	600
B 产品	2000	3000	1500			400
基本生产车间一般耗用				2900		
机修车间				1000		
运输车间				1000		
合计	5000	7000	4500	4900	5500	

表 4－10 旺旺加工厂 2020 年 11 月的用电情况

部门	耗电千瓦时数
生产车间动力电	10000
生产车间照明电	2000
机修车间	1000
运输车间	500
企业管理部门	6000
合计	19500

注：普通工业用电价格为 0.5 元/千瓦时。

表 4－11 旺旺加工厂 2020 年 11 月的职工薪酬费用 单位：元

部门	职工薪酬
产品生产工人	75000
企业管理人员	30000
机修车间	5000
运输车间	4500
生产车间管理人员	25000
销售人员	50000
合计	189500

注：企业按照职工薪酬总额的 20% 提取养老保险，10% 提取医疗保险，1% 提取失业保险，1% 提取工伤保险，0.8% 提取生育保险，12% 提取住房公积金。

表 4－12 旺旺加工厂 2020 年 11 月的固定资产情况表（部分） 单位：元

资产编号	资产名称	使用部门	数量	折旧方法	资产原值	本月计提折旧额
043	筒仓出料电脑控制系统	电子设备	机修车间	1	￥273.46	043
042	卡车	运输设备	运输车间	1	￥5000.00	042
038	打印机	办公设备	财务部	1	￥44.70	038
019	监控设备	办公设备	行政部	1	￥727.01	019
022	5P 空调	办公设备	行政部	1	￥307.85	022
023	电脑	办公设备	行政部	1	￥85.63	023

表 4－13 旺旺加工厂 2020 年 11 月的其他费用 单位：元

	低值易耗品摊销	劳动保护费	保险费	电话费	办公费	合计
基本生产车间	4600	5500	2000	1000	300	15200
机修车间	400	500		100	50	1400
运输车间	700	500	1500	300	50	2500
企业管理部门	400	300		800	3000	4600
销售部门	300	200		2000	1500	3100
合计	6400	7000	3500	4200	4900	26800

注：低值易耗品摊销采用一次摊销法。

(2) 本月的生产情况如表 4－14 所示。

表 4－14 旺旺加工厂 2020 年 11 月的生产情况 单位：吨

产品	月初在产品	本月投入	本月完工	月末在产品
A 产品	300	1100	1200	200
B 产品	400	2500	2800	100

(3) 月初在产品成本如表 4－15 所示。

表 4－15 旺旺加工厂 2020 年 11 月的月初在产品成本 单位：元

产品	直接材料	直接人工	燃料及动力	制造费用	合计
A 产品	5200	3500	6000	7800	22500
B 产品	11000	3000	5500	5600	25100
合计	16200	6500	11500	13400	47600

(4) 辅助生产车间对外提供产品和劳务情况如表 4－16 所示。

表 4－16 辅助生产车间 2020 年 11 月提供的产品和劳务情况

受益部门	机修车间（小时）	运输车间（千米）
运输车间	100	
机修车间		4
基本生产车间	1800	20
企业管理部门	300	300
销售部门	20	450

要求：

1）建立材料费用分配表，对材料费用进行分配（除直接计入的材料费用外，A 产品和 B 产品共同耗用的材料费用按照定额耗用量比例分配）。

2）计算本月的动力费用，并建立动力费用分配表，对动力费用进行分配（生产车间动力电按照两种产品的工时比例分配，本月产品生产工时为 A 产品 6000 小时，B 产品 4000 小时）。

3）建立职工薪酬费用分配表，计算包含企业承担的五险一金的总职工薪酬费用，并对职工薪酬进行分配（生产工人的工资按两种产品生产工时的比例分配）。

4）建立折旧费用分配表，对折旧费用进行分配（本月研发费用均计入管理费用）。

5）分配率保留 4 位小数，分配结果保留 2 位小数。

任务 2
用 EXCEL 进行宝东农牧辅助生产费用的归集与分配

任务情境

完成材料费用、动力费用、职工薪酬费用和折旧费用分配后，张会计继续对宝东农牧辅助生产费用进行归集与分配。辅助生产费用的核算，首先通过辅助生产成本总账和明细账对各辅助车间在提供服务过程中所发生的费用进行归集，然后再将归集的费用按受益部门（或产品）进行分配。具体步骤如下：

1）编制辅助生产成本明细账。

2）编制辅助生产成本分配表（采用直接分配法）。

知识链接

辅助生产费用的分配方法很多，通常采用直接分配法、交互分配法、计划成本分配法、顺序分配法和代数分配法等。

本案例中采用的是直接分配法。直接分配法的特点是不考虑各辅助生产车间之间相互提供劳务或产品的情况，而是将各种辅助生产费用直接分配给辅助生产以外的各受益单位。采用此方法，各辅助生产费用只进行对外分配，分配一次，计算简单，但分配结果不够准确。此方法适用于辅助生产内部相互提供产品和劳务不多、不进行费用的交互分配对辅助生产成本和企业产品成本影响也不大的情况。

任务实施

任务情境的解析过程如下：

（1）编制辅助生产成本明细账。

第一步：建立辅助生产成本明细账。打开“项目 4 EXCEL 在企业成本核算中的应用（素材）.XLSX”工作簿，在“辅助生产车间的劳务情况”工作表后插入新的工作表，并命名为“辅助生产成本明细表”。设置好辅助生产成本明细账的格式和表中项目名称，如图 4－13 所示。

第二步：设置取数以及求和公式。

辅助生产成本明细账中，摘要列下 E4 至 E8 单元格说明数据来源，通过表间取数可以填制对应车间的各项费用。比如，机修车间辅助生产成本明细账中，F4 单元格输入公式：＝材料费用分配表！D9，G5 单元格输入公式：＝职工薪酬费用分配表！O9，H6 单元格输入公式：＝动力费用分配表！H9，I7 单元格输入公式：＝折旧费用分配表！D5，J8 单元格输入公式：＝其他费用！G3。

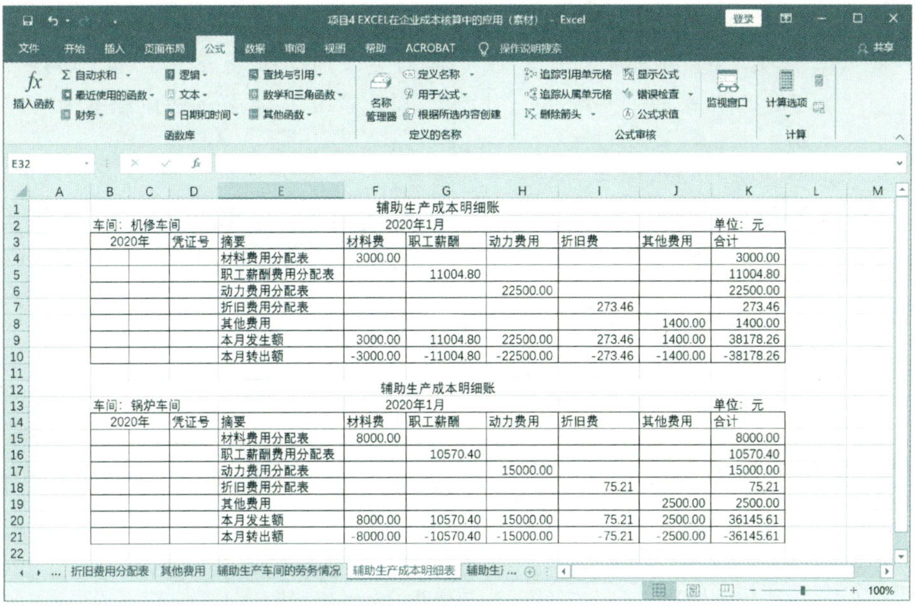

辅助生产成本明细账								
车间：机修车间				2020年1月				单位：元
2020年	凭证号	摘要	材料费	职工薪酬	动力费用	折旧费	其他费用	合计
		材料费用分配表	3000.00					3000.00
		职工薪酬费用分配表		11004.80				11004.80
		动力费用分配表			22500.00			22500.00
		折旧费用分配表				273.46		273.46
		其他费用					1400.00	1400.00
		本月发生额	3000.00	11004.80	22500.00	273.46	1400.00	38178.26
		本月转出额	-3000.00	-11004.80	-22500.00	-273.46	-1400.00	-38178.26
辅助生产成本明细账								
车间：锅炉车间				2020年1月				单位：元
2020年	凭证号	摘要	材料费	职工薪酬	动力费用	折旧费	其他费用	合计
		材料费用分配表	8000.00					8000.00
		职工薪酬费用分配表		10570.40				10570.40
		动力费用分配表			15000.00			15000.00
		折旧费用分配表				75.21		75.21
		其他费用					2500.00	2500.00
		本月发生额	8000.00	10570.40	15000.00	75.21	2500.00	36145.61
		本月转出额	-8000.00	-10570.40	-15000.00	-75.21	-2500.00	-36145.61

图 4－13　辅助生产成本明细账

本月发生额是对每项费用进行汇总，在 F9 单元格输入：＝SUM(F4:F8)，月末需要将辅助生产成本全部转出，因此 F10 单元格输入：＝－F9。G9:I10 单元格区域的公式通过复制 F9 和 F10 的公式可得到。最后一列合计数利用 SUM 函数对每行的数据进行汇总得到。

锅炉车间辅助生产成本明细账的公式设置和机修车间辅助生产成本明细账类似，如图 4－14所示。

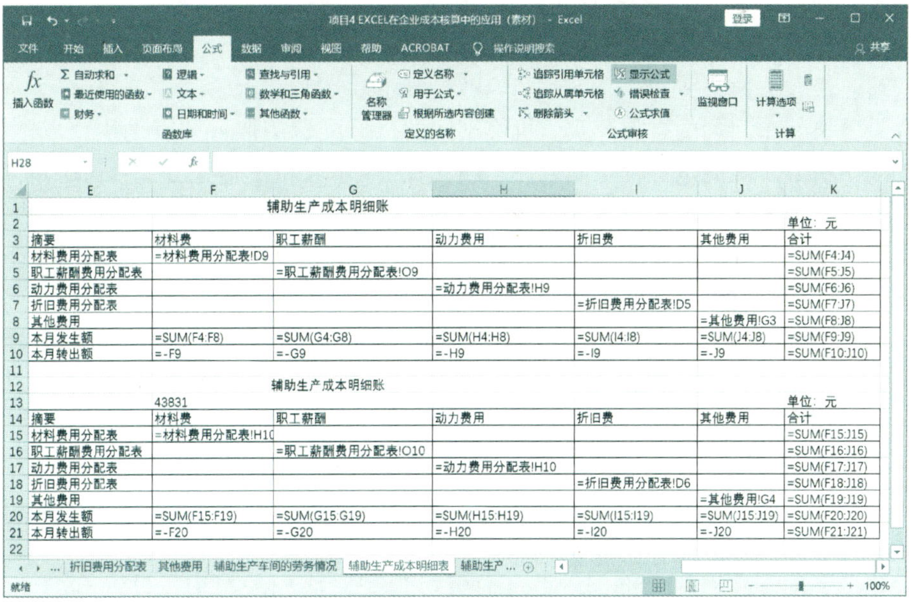

辅助生产成本明细账						
						单位：元
摘要	材料费	职工薪酬	动力费用	折旧费	其他费用	合计
材料费用分配表	=材料费用分配表!D9					=SUM(F4:J4)
职工薪酬费用分配表		=职工薪酬费用分配表!O9				=SUM(F5:J5)
动力费用分配表			=动力费用分配表!H9			=SUM(F6:J6)
折旧费用分配表				=折旧费用分配表!D5		=SUM(F7:J7)
其他费用					=其他费用!G3	=SUM(F8:J8)
本月发生额	=SUM(F4:F8)	=SUM(G4:G8)	=SUM(H4:H8)	=SUM(I4:I8)	=SUM(J4:J8)	=SUM(F9:J9)
本月转出额	=-F9	=-G9	=-H9	=-I9	=-J9	=SUM(F10:J10)
辅助生产成本明细账						
	43831					单位：元
摘要	材料费	职工薪酬	动力费用	折旧费	其他费用	合计
材料费用分配表	=材料费用分配表!H10					=SUM(F15:J15)
职工薪酬费用分配表		=职工薪酬费用分配表!O10				=SUM(F16:J16)
动力费用分配表			=动力费用分配表!H10			=SUM(F17:J17)
折旧费用分配表				=折旧费用分配表!D6		=SUM(F18:J18)
其他费用					=其他费用!G4	=SUM(F19:J19)
本月发生额	=SUM(F15:F19)	=SUM(G15:G19)	=SUM(H15:H19)	=SUM(I15:I19)	=SUM(J15:J19)	=SUM(F20:J20)
本月转出额	=-F20	=-G20	=-H20	=-I20	=-J20	=SUM(F21:J21)

图 4－14　辅助生产成本明细账中的公式

（2）编制辅助生产成本分配表（采用直接分配法）。

第一步：建立辅助生产成本分配表。在“辅助生产成本明细表”工作表后插入新的工作表，并命名为“辅助生产成本分配表”。设置好辅助生产成本分配表的格式和表中项目名称，如图 4－15 所示。

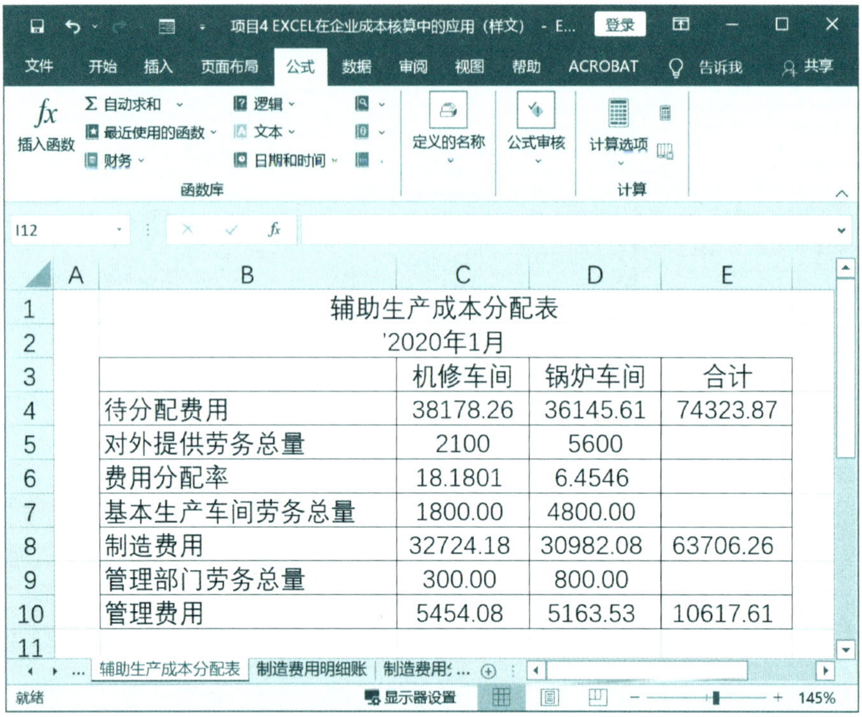

	辅助生产成本分配表 '2020年1月		
	机修车间	锅炉车间	合计
待分配费用	38178.26	36145.61	74323.87
对外提供劳务总量	2100	5600	
费用分配率	18.1801	6.4546	
基本生产车间劳务总量	1800.00	4800.00	
制造费用	32724.18	30982.08	63706.26
管理部门劳务总量	300.00	800.00	
管理费用	5454.08	5163.53	10617.61

图 4－15　辅助生产成本分配表

第二步：设置取数公式。

首先设置机修车间列的取数公式。机修车间的待分配费用取自“辅助生产成本明细表”中归集的属于机修车间的本月发生额合计，因此在 C4 单元格中输入公式：＝辅助生产成本明细表！K9。劳务总量的数据都取自“辅助生产车间的劳务情况”工作表的数据。其中，对外提供的劳务总量等于机修车间总的劳务量减去对锅炉车间提供的劳务量，在 C5 单元格中输入公式：＝辅助生产车间的劳务情况！B6－辅助生产车间的劳务情况！B2。基本生产车间劳务总量 C7 单元格输入公式：＝辅助生产车间的劳务情况！B4，管理部门劳务总量 C9 单元格输入公式：＝辅助生产车间的劳务情况！B5。然后以相同的方法设置锅炉车间的取数公式，公式设置如图 4－16 所示。

第三步：计算分配率，并计算相关费用。

分配率的计算公式＝待分配总费用/对外提供劳务总量，分配率保留四位小数。设置 C6 单元格公式为：＝ROUND(C4/C5,4)。

计算出的分配率乘以对应部门的劳务总量可得到对应相关费用。设置 C8 单元格公式为：＝C7＊C$6，设置 C10 单元格公式为：＝C4－C8。

锅炉车间分配率和分配金额公式可直接复制机修车间列的公式。

最后设置，总的待分配费用、制造费用和管理费用的求和公式，如图 4－16 所示。

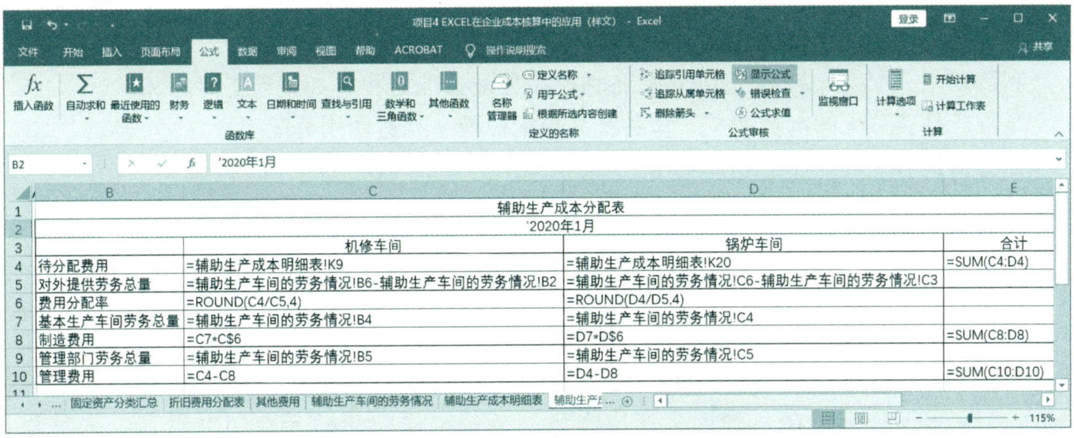

	B	C	D	E
1	辅助生产成本分配表			
2	'2020年1月			
3		机修车间	锅炉车间	合计
4	待分配费用	=辅助生产成本明细表!K9	=辅助生产成本明细表!K20	=SUM(C4:D4)
5	对外提供劳务总量	=辅助生产车间的劳务情况!B6-辅助生产车间的劳务情况!B2	=辅助生产车间的劳务情况!C6-辅助生产车间的劳务情况!C3	
6	费用分配率	=ROUND(C4/C5,4)	=ROUND(D4/D5,4)	
7	基本生产车间劳务总量	=辅助生产车间的劳务情况!B4	=辅助生产车间的劳务情况!C4	
8	制造费用	=C7*C$6	=D7*D$6	=SUM(C8:D8)
9	管理部门劳务总量	=辅助生产车间的劳务情况!B5	=辅助生产车间的劳务情况!C5	
10	管理费用	=C4-C8	=D4-D8	=SUM(C10:D10)

图 4－16　辅助生产成本分配表中的公式

项目拓展训练

资料：根据旺旺加工厂 11 月生产情况和成本费用情况，完成以下任务。

要求：1）编制辅助生产成本明细账；

2）编制辅助生产成本分配表（采用直接分配法）。

任务 3
用 EXCEL 进行宝东农牧制造费用的归集与分配

任务情境

完成辅助生产费用的分配后，张会计继续完成对制造费用的归集与分配，主要包括：

1）编制制造费用明细账，对 1 月的制造费用进行归集；

2）编制制造费用分配表，对 1 月的制造费用进行分配（按工时比例分配）。

知识链接

制造费用平时是按车间归集的间接费用，到了月末要转入各种产品的生产成本中去。如果生产车间只生产一种产品，制造费用直接转入该产品生产成本即可。如果生产车间同时生产多种产品，则应按照一定的方法将通过“制造费用”科目归集的制造费用从贷方分配转入有关成本核算对象中。

制造费用的分配方法很多，通常采用生产工人工时比例法、生产工人工资比例法、机器工时比例法等。企业具体选用哪种分配方法，由企业自行决定，分配方法一经确定，不得随意更改。

制造费用常用计算公式：

制造费用分配率 = 制造费用总额/各种产品分配标准之和（如生产工时之和）

某种产品应分配的制造费用 = 该种产品分配标准 × 制造费用分配率

注意：最后一种产品的制造费用可以倒挤得出。

任务实施

任务情境的解析过程如下：

（1）编制制造费用明细账，对 1 月的制造费用进行归集。

第一步：建立制造费用明细账。打开“项目 4 EXCEL 在企业成本核算中的应用（素材）. XLSX”工作簿，在“辅助生产成本分配表”工作表后插入新的工作表，并命名为“制造费用明细账”。设置好制造费用明细账的格式和表中项目名称，如图 4 - 17 所示。

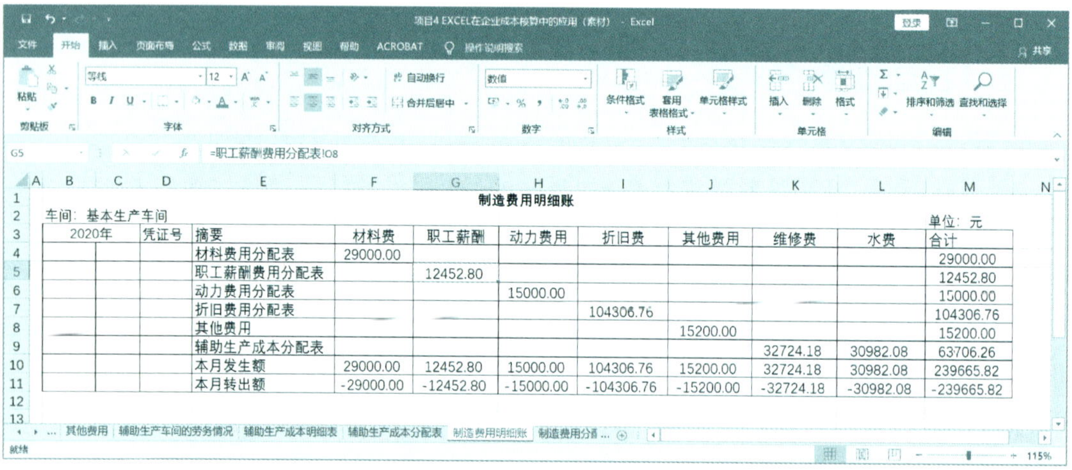

制造费用明细账

车间：基本生产车间　　　　单位：元

2020年		凭证号	摘要	材料费	职工薪酬	动力费用	折旧费	其他费用	维修费	水费	合计
			材料费用分配表	29000.00							29000.00
			职工薪酬费用分配表		12452.80						12452.80
			动力费用分配表			15000.00					15000.00
			折旧费用分配表				104306.76				104306.76
			其他费用					15200.00			15200.00
			辅助生产成本分配表						32724.18	30982.08	63706.26
			本月发生额	29000.00	12452.80	15000.00	104306.76	15200.00	32724.18	30982.08	239665.82
			本月转出额	-29000.00	-12452.80	-15000.00	-104306.76	-15200.00	-32724.18	-30982.08	-239665.82

图 4 - 17　制造费用明细账

第二步：设置取数以及求和公式。制造费用明细账中，摘要列下 E4 至 E9 单元格说明数据来源，通过表间取数可以从前面相应的分配表中填制对应的制造费用明细。在 F4、G5、H6、I7、J8、K9、L10 单元格中分别输入公式“ = 材料费用分配表！H8”“ = 职工薪酬费用分配表！O8”“ = 动力费用分配表！H8”“ = 折旧费用分配表！D4”“ = 其他费用！G2”“ = 辅助生产成本分配表！C8”“ = 辅助生产成本分配表！D8”。

本月发生额是对每项费用进行汇总，在 F10 单元格输入“ = SUM(F4:F9)”，月末需要将辅助生产成本全部转出，因此 F11 单元格输入“ = - F10”。G10:L11 单元格区域的公式通过复制 F10 和 F11 的公式可得到。最后一列合计数利用 SUM 函数对每行的数据进行汇总得到，具体公式设置如图 4 - 18 所示。

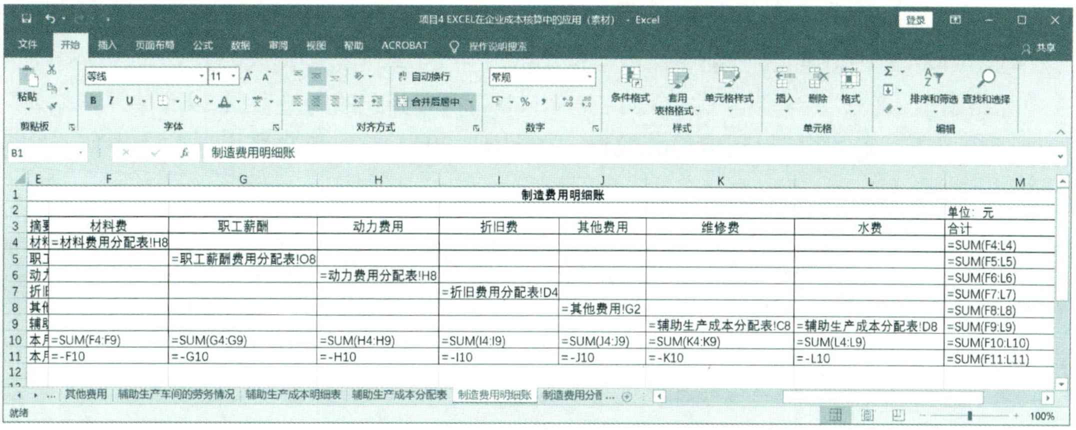

图 4－18　制造费用明细账中的公式

（2）编制制造费用分配表，对 1 月的制造费用进行分配（按工时比例分配）。

第一步：建立制造费用分配表。在“制造费用明细账”工作表后插入新的工作表，并命名为“制造费用分配表”。设置好制造费用分配表的格式和表中项目名称，如图 4－19 所示。

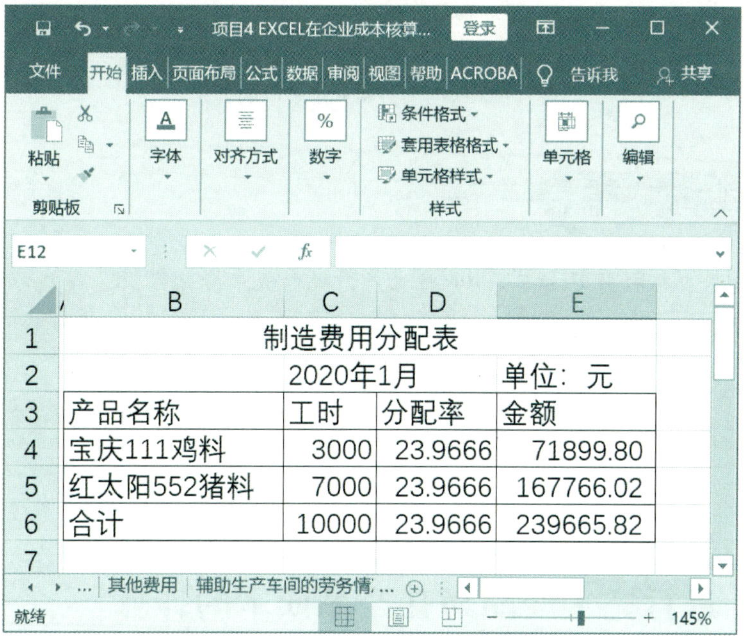

图 4－19　制造费用分配表

第二步：录入基础数据。在 C4 单元格中输入宝庆 111 鸡料的生产工时 3000，在 C5 单元格中输入红太阳 552 猪料的生产工时 7000，C6 单元格输入合计工时 10000。在 E6 单元格中输入取数公式：＝制造费用明细账！M10，从制造费用明细账中取得总的待分配的制造费用。

第三步：计算费用分配率，并计算各种产品分配的制造费用金额。在 D6 单元格输入公式：=ROUND(E6/C6,4)，分配率保留 4 位小数。在 D4 单元格中输入公式：=$D$6，在 E4 单元格中输入公式：=C4*D4，得到宝庆 111 鸡料应分配的制造费用，E5 单元格输入公式：=E6-E4，通过倒挤得到猪料的数据，如图 4-20 所示为制造费用分配表中所有公式的设置。

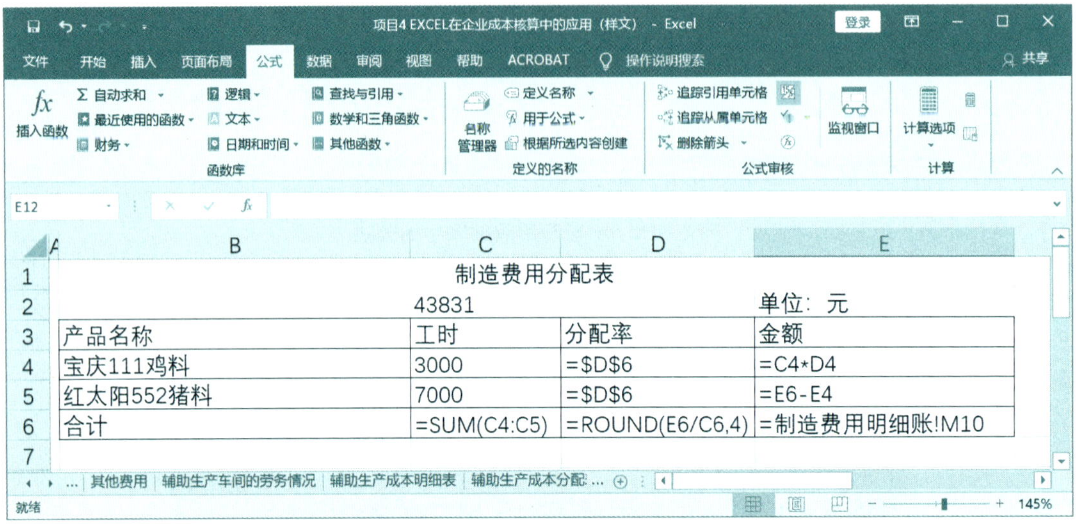

图 4-20 制造费用分配表中的公式

项目拓展训练

资料：根据旺旺加工厂 11 月生产情况和成本费用情况，完成以下任务。

要求：

1）编制制造费用明细账，对 11 月的制造费用进行归集。

2）编制制造费用分配表，对 11 月的制造费用进行分配（按工时比例分配）。

任务 4
用 EXCEL 进行完工产品与在产品成本的计算

任务情境

张会计完成以上材料、人工以及制造费用的分配工作后，接下来需要将归集的生产费用在完工产品与在产品间进行分配。

1）汇总需要分配的生产费用。

2）将生产费用在完工产品和在产品之间分配。宝庆 111 鸡料的在产品成本按年初固定数计算，红太阳 552 猪料的在产品按约当产量计算，其产品的投料方式为生产开始时一次性投入，在产品的完工程度按 50% 计算。

知识链接

每月月末，当月“生产成本”明细账中按照成本项目归集了本月生产成本以后，这些成本就是本月发生的生产成本，并不是本月完工产品的成本。计算本月完工产品成本，还需要将本月发生的生产成本，加上月初在产品成本，然后再将其在本月完工产品和月末在产品之间进行分配，以求得本月完工产品成本。

完工产品、在产品成本之间的关系如下：

本月完工产品成本 = 本月发生生产成本 + 月初在产品成本 − 月末在产品成本

根据这一关系，企业应采用适当的分配方法将生产成本在完工产品和在产品之间进行分配。常用的分配方法有：不计算在产品成本法、在产品按固定成本计价法、约当产量法、定额比例法等。

本案例中宝庆 111 鸡料采用在产品按固定成本计价法。采用这种方法，各月末在产品的成本固定不变。某种产品本月发生的生产成本就是本月完工产品的成本。这种方法适用于月末在产品数量较多，但各月变化不大的产品或月末在产品数量很小的产品。

本案例中红太阳 552 猪料采用约当产量法。采用这种方法，应将月末在产品数量按其完工程度折算为相当于完工产品的产量，即约当产量，然后将产品应负担的全部成本按照完工产品产量与月末在产品约当产量的比例分配计算完工产品成本和月末在产品成本。这种方法适用于产品数量较多、各月在产品数量变化较大且生产成本中直接材料成本和直接人工等成本的比重都相差不大的产品。其计算公式如下：

在产品约当产量 = 在产品数量 × 完工程度

单位成本 =（月初在产品成本 + 本月发生生产成本）/（完工产品产量 + 在产品约当产量）

完工产品成本 = 完工产品产量 × 单位成本

在产品成本 = 在产品约当产量 × 单位成本

注意，如果材料是在生产开始时一次性投入的，这时，在产品无论完工程度如何，都应和完工产品负担相同材料成本。

任务实施

任务情境的解析过程如下：

（1）汇总需要分配的生产费用。

第一步：建立完工产品与在产品费用分配表。打开“项目 4 EXCEL 在企业成本核算中的应用（素材）.XLSX”工作簿，在“期初在产品成本”工作表后插入新的工作表，并命名为“完工产品与在产品费用分配表”。设置好完工产品与在产品费用分配表的格式和表中项目名称，如图 4－21 所示。

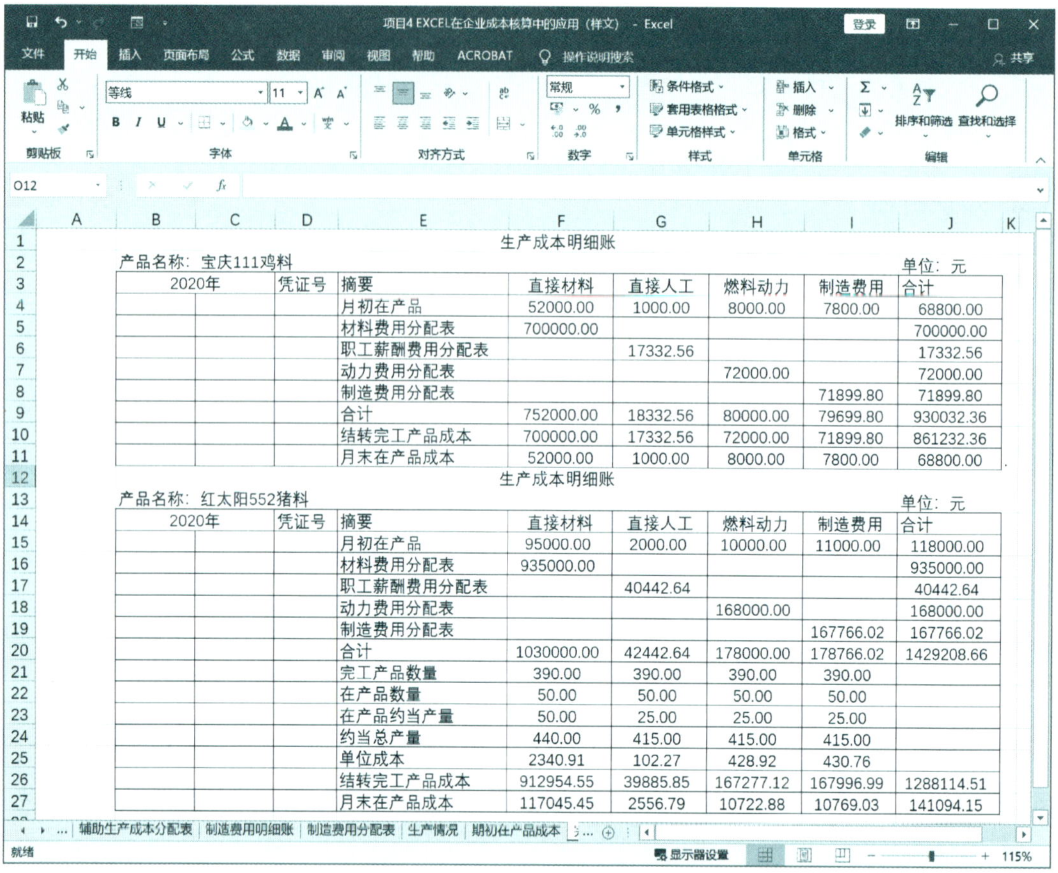

生产成本明细账

产品名称：宝庆111鸡料　　单位：元

2020年		凭证号	摘要	直接材料	直接人工	燃料动力	制造费用	合计
			月初在产品	52000.00	1000.00	8000.00	7800.00	68800.00
			材料费用分配表	700000.00				700000.00
			职工薪酬费用分配表		17332.56			17332.56
			动力费用分配表			72000.00		72000.00
			制造费用分配表				71899.80	71899.80
			合计	752000.00	18332.56	80000.00	79699.80	930032.36
			结转完工产品成本	700000.00	17332.56	72000.00	71899.80	861232.36
			月末在产品成本	52000.00	1000.00	8000.00	7800.00	68800.00

生产成本明细账

产品名称：红太阳552猪料　　单位：元

2020年		凭证号	摘要	直接材料	直接人工	燃料动力	制造费用	合计
			月初在产品	95000.00	2000.00	10000.00	11000.00	118000.00
			材料费用分配表	935000.00				935000.00
			职工薪酬费用分配表		40442.64			40442.64
			动力费用分配表			168000.00		168000.00
			制造费用分配表				167766.02	167766.02
			合计	1030000.00	42442.64	178000.00	178766.02	1429208.66
			完工产品数量	390.00	390.00	390.00	390.00	
			在产品数量	50.00	50.00	50.00	50.00	
			在产品约当产量	50.00	25.00	25.00	25.00	
			约当总产量	440.00	415.00	415.00	415.00	
			单位成本	2340.91	102.27	428.92	430.76	
			结转完工产品成本	912954.55	39885.85	167277.12	167996.99	1288114.51
			月末在产品成本	117045.45	2556.79	10722.88	10769.03	141094.15

图 4－21　完工产品与在产品费用分配表

第二步：设置取数以及求和公式。两种产品的取数公式基本一致，现以宝庆 111 鸡料的生产成本明细账说明公式设置。月初在产品的数据取自工作表“期初在产品成本”，在 F4 单元格中输入公式：＝期初在产品成本！。B2，G4、H4、I4 的顺序和工作表“期初在产品成本”中的顺序一致，因此可以通过复制 F4 单元格的公式得到。本月发生的直接材料、直接人工、燃料动力和制造费用取自对应分配表。在 F5、G6、H7、I8 单元格中分别输入公式“＝材料费用分配表！H5”“＝职工薪酬费用分配表！O5”“＝动力费用分配表！H5”“＝制造费用分配表！E4”。最后设置利用 SUM 函数计算合计行与合计列。两种产品的生产费用的设置取数以及求和公式如图 4－22 所示。

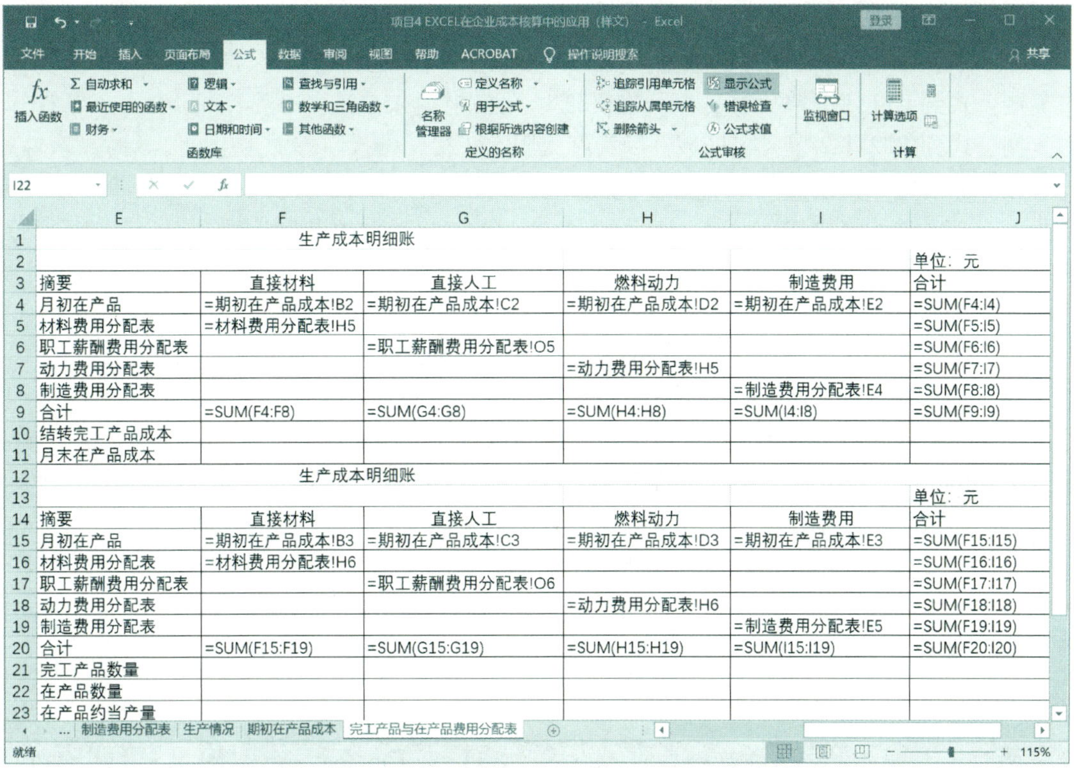

	E	F	G	H	I	J
1	生产成本明细账					
2						单位：元
3	摘要	直接材料	直接人工	燃料动力	制造费用	合计
4	月初在产品	=期初在产品成本!B2	=期初在产品成本!C2	=期初在产品成本!D2	=期初在产品成本!E2	=SUM(F4:I4)
5	材料费用分配表	=材料费用分配表!H5				=SUM(F5:I5)
6	职工薪酬费用分配表		=职工薪酬费用分配表!O5			=SUM(F6:I6)
7	动力费用分配表			=动力费用分配表!H5		=SUM(F7:I7)
8	制造费用分配表				=制造费用分配表!E4	=SUM(F8:I8)
9	合计	=SUM(F4:F8)	=SUM(G4:G8)	=SUM(H4:H8)	=SUM(I4:I8)	=SUM(F9:I9)
10	结转完工产品成本					
11	月末在产品成本					
12	生产成本明细账					
13						单位：元
14	摘要	直接材料	直接人工	燃料动力	制造费用	合计
15	月初在产品	=期初在产品成本!B3	=期初在产品成本!C3	=期初在产品成本!D3	=期初在产品成本!E3	=SUM(F15:I15)
16	材料费用分配表	=材料费用分配表!H6				=SUM(F16:I16)
17	职工薪酬费用分配表		=职工薪酬费用分配表!O6			=SUM(F17:I17)
18	动力费用分配表			=动力费用分配表!H6		=SUM(F18:I18)
19	制造费用分配表				=制造费用分配表!E5	=SUM(F19:I19)
20	合计	=SUM(F15:F19)	=SUM(G15:G19)	=SUM(H15:H19)	=SUM(I15:I19)	=SUM(F20:I20)
21	完工产品数量					
22	在产品数量					
23	在产品约当产量					

图 4－22　完工产品与在产品费用分配表中的公式 1

（2）将生产费用在完工产品和在产品之间分配。

第一步：进行宝庆 111 鸡料的完工产品和在产品的生产费用分配。宝庆 111 鸡料的在产品成本按年初固定数计算，即保持月末在产品的成本不变，倒轧出完工产品的成本。在 F11 单元格中输入公式：＝F4，G11～I11 单元格向右复制 F11 单元格公式。在 F10 单元格中输入公式：＝F9－F11，G10～I10 单元格向右复制 F10 单元格公式，如图 4－23 所示。

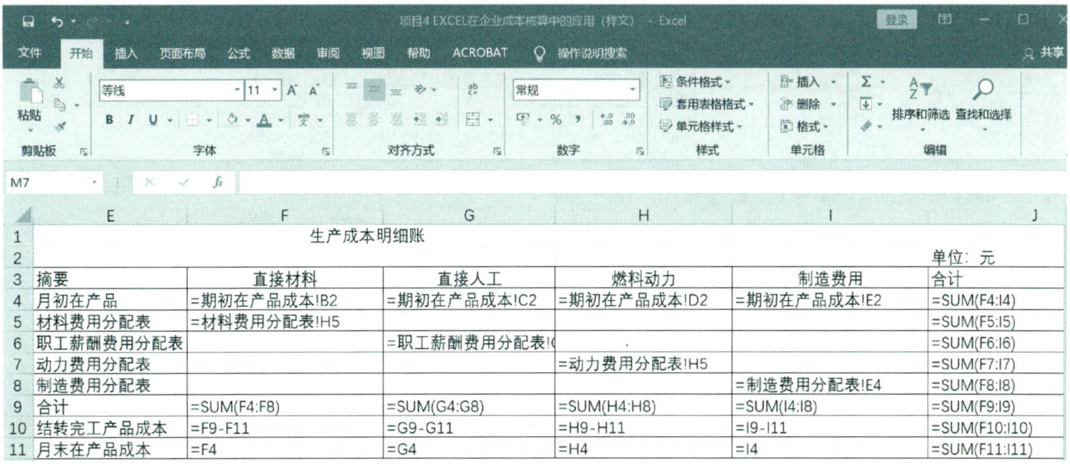

	E	F	G	H	I	J
1	生产成本明细账					
2						单位：元
3	摘要	直接材料	直接人工	燃料动力	制造费用	合计
4	月初在产品	=期初在产品成本!B2	=期初在产品成本!C2	=期初在产品成本!D2	=期初在产品成本!E2	=SUM(F4:I4)
5	材料费用分配表	=材料费用分配表!H5				=SUM(F5:I5)
6	职工薪酬费用分配表		=职工薪酬费用分配表!(			=SUM(F6:I6)
7	动力费用分配表			=动力费用分配表!H5		=SUM(F7:I7)
8	制造费用分配表				=制造费用分配表!E4	=SUM(F8:I8)
9	合计	=SUM(F4:F8)	=SUM(G4:G8)	=SUM(H4:H8)	=SUM(I4:I8)	=SUM(F9:I9)
10	结转完工产品成本	=F9-F11	=G9-G11	=H9-H11	=I9-I11	=SUM(F10:I10)
11	月末在产品成本	=F4	=G4	=H4	=I4	=SUM(F11:I11)

图 4－23　完工产品与在产品费用分配表中的公式 2

第二步：计算红太阳 552 猪料的约当产量。首先从“生产情况”工作表中获取红太阳 552 猪料的完工产品和在产品的数量。在 F21 单元格中输入公式：＝生产情况！$D$3，向右复制公式到 G21:I21 单元格区域；在 F22 单元格中输入公式：＝生产情况！$E$3，向右复制公式到 G22:I22 单元格区域。因为红太阳 552 猪料的投料方式为生产开始时一次性投入，在产品的完工程度按 50% 计算。因此，直接材料对应的在产品约当产量就等于在产品数量，在 F23 单元格中输入公式：= F22。直接人工、燃料动力和制造费用对应的在产品约当产量就等于在产品数量乘以 50%，在 G23 单元格中输入公式：＝G22/2，在 H23 单元格中输入公式：＝H22/2，在 I23 单元格中输入公式：＝I22/2。最后计算约当总产量，在 F24 单元格中输入公式：＝F21＋F23，向右复制公式到 G24:I24 单元格区域。

第三步：计算红太阳 552 猪料的单位成本，将生产费用在完工产品和在产品之间分配。红太阳 552 猪料的单位成本等于总的生产费用除以对应的约当总产量，在 F25 单元格中输入公式：＝ROUND(F20/F24,4)，向右复制公式到 G25:I25 单元格区域。完工产品的总成本等于完工产品数量乘以单位成本，在 F26 单元格中输入公式：＝ROUND(F25＊F21,2)，向右复制公式到 G26:I26 单元格区域。在产品的成本等于在产品约当产量乘以单位成本，在 F27 单元格中输入公式：＝F20－F26，向右复制公式到 G27:I27 单元格区域。

最后利用 SUM 函数计算最后一列合计数，如图 4－24 所示。

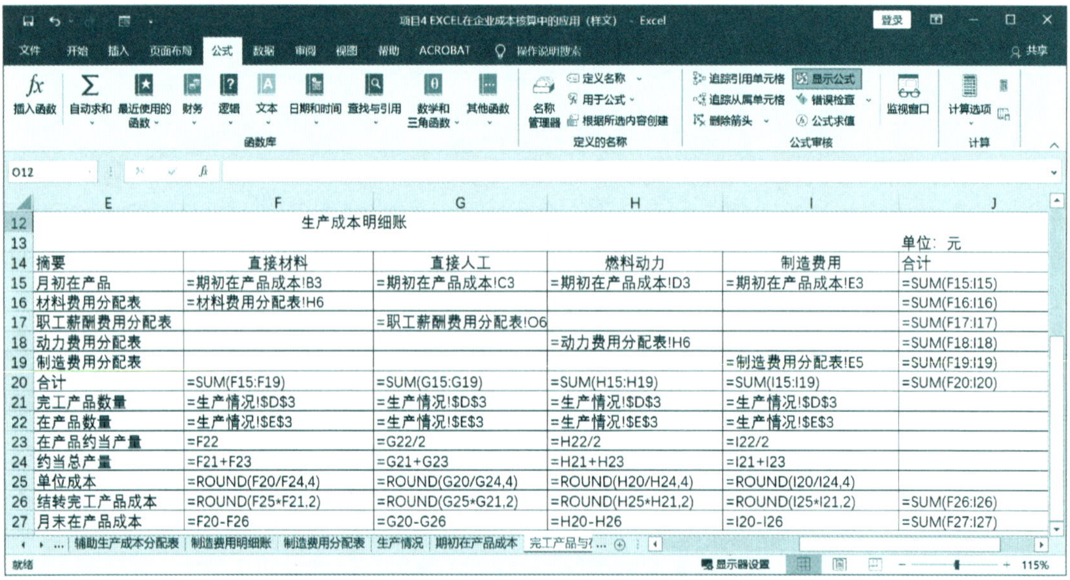

	E	F	G	H	I	J
12		生产成本明细账				
13						单位：元
14	摘要	直接材料	直接人工	燃料动力	制造费用	合计
15	月初在产品	=期初在产品成本!B3	=期初在产品成本!C3	=期初在产品成本!D3	=期初在产品成本!E3	=SUM(F15:I15)
16	材料费用分配表	=材料费用分配表!H6				=SUM(F16:I16)
17	职工薪酬费用分配表		=职工薪酬费用分配表!O6			=SUM(F17:I17)
18	动力费用分配表			=动力费用分配表!H6		=SUM(F18:I18)
19	制造费用分配表				=制造费用分配表!E5	=SUM(F19:I19)
20	合计	=SUM(F15:F19)	=SUM(G15:G19)	=SUM(H15:H19)	=SUM(I15:I19)	=SUM(F20:I20)
21	完工产品数量	=生产情况!$D$3	=生产情况!$D$3	=生产情况!$D$3	=生产情况!$D$3	
22	在产品数量	=生产情况!$E$3	=生产情况!$E$3	=生产情况!$E$3	=生产情况!$E$3	
23	在产品约当产量	=F22	=G22/2	=H22/2	=I22/2	
24	约当总产量	=F21+F23	=G21+G23	=H21+H23	=I21+I23	
25	单位成本	=ROUND(F20/F24,4)	=ROUND(G20/G24,4)	=ROUND(H20/H24,4)	=ROUND(I20/I24,4)	
26	结转完工产品成本	=ROUND(F25*F21,2)	=ROUND(G25*G21,2)	=ROUND(H25*H21,2)	=ROUND(I25*I21,2)	=SUM(F26:I26)
27	月末在产品成本	=F20-F26	=G20-G26	=H20-H26	=I20-I26	=SUM(F27:I27)

图 4－24　完工产品与在产品费用分配表中的公式 3

项目拓展训练

资料：根据旺旺加工厂 11 月生产情况和成本费用情况，完成以下任务。

要求：

1）汇总需要分配的生产费用。

2）将生产费用在完工产品和在产品之间分配。A 产品的在产品成本按年初固定数计算，B 产品的在产品按约当产量计算，其产品的投料方式为生产开始时一次性投入，在产品的完工程度按 60% 计算。

扫码进入视频学习

项目 4

项目五
5 EXCEL 在企业账务处理中的应用

企业账务处理是指从审核原始凭证、编制记账凭证开始，通过记账、对账、结账等一系列会计处理，到编制出会计报表的过程。当前许多企业都采用特定的账务处理软件对企业的账务进行管理，从而提高企业的效率。市场上的账务处理软件品类繁多，比如金蝶、用友等各类账务处理软件，企业可以根据企业自身的实际情况进行软件的选择。

其实除了购买常见的账务处理软件，小微企业也可以使用 EXCEL 对企业的账务进行处理，最后得到所需要的报表。相对账务处理软件简便但需要支付使用费用的特点，用 EXCEL 对企业账务进行处理会便宜一些。这个项目提供一个用 EXCEL 解决企业账务处理的思路，其实和用手工进行账务处理、用用友软件进行账务处理的思路几乎一致。

任务 1 用 EXCEL 进行宝东农牧账务期初数据处理

任务情境

湖南宝东农牧科技股份有限公司是一家集粮食收储、饲料加工、生猪养殖为一体的农牧企业，本期发出存货和期末存货的单位成本采用全月一次加权平均法。2020 年初公司由手工会计转换为用 EXCEL 进行账务处理。根据企业的实际情况，请在 EXCEL 中进行企业账务的期初处理并进行试算平衡，期初余额表如表 5－1 所示。

表 5－1 期初余额表

科目编码	科目名称	借方	贷方	数量	单位
1001	库存现金	20906			

续表

科目编码	科目名称	借方	贷方	数量	单位
100101	宝东现金	8906			
100102	太阳现金	12000			
1002	银行存款	2422132			
100201	农业银行邵阳大道支行	1202000			
100202	湖北施恩农行卡	1213350			
100203	怀化信用卡	2456			
100204	吉首建行卡	4326			
1012	其他货币资金				
101201	期货周转金				
101202	非融资性保证金				
1122	应收账款	239531			
112201	廉桥江南猪场	37000			
112202	城步藤兰生态种植养殖合作社	50900			
112203	凯里市养殖合作社	45890			
112204	张强	80000			
112205	姚老三	25741			
1124	预付账款	7865			
112401	北京中农联成公司	7865			
112402	青岛东海中粮智能装备有限公司				
1221	其他应收款	15300			
122101	欧兰	2000			
122102	米强	5000			
122103	社保个人部分代垫款	8000			
122104	党员党费	300			
1231	坏账准备				
1403	原材料	458000			
140301	玉米	69000		36650	千克
140302	稻谷	124000		50950	千克
140303	豆粕	165000		52020	千克
140304	小麦	100000		48890	千克
1405	库存商品	1460820			
140501	宝庆 111 鸡料	413200		19000	千克
140502	红太阳 552 猪料	1047620		51000	千克
1601	固定资产	1162000			
1602	累计折旧		17000		
1603	固定资产减值准备				
1604	在建工程	250600			
160401	燃气锅炉车间	160000			

续表

科目编码	科目名称	借方	贷方	数量	单位
160402	机械手生产线	90600			
1701	无形资产	101400			
170101	土地使用权	93000			
170102	专利费	8400			
2001	短期借款		840000		
200101	商业银行北京支行		770000		
200102	黄建国		70000		
2202	应付账款		50686		
220201	大连象屿农产有限公司		3452		
220202	黑龙江省龙良农业有限公司		46000		
220203	广州市广成饲料有限公司		1234		
2203	预收账款				
2211	应付职工薪酬		232000		
2221	应交税费				
222101	应交增值税				
22210101	进项税额				
22210102	销项税额				
222102	城市维护建设税				
222103	教育费附加				
222104	地方教育附加				
222105	企业所得税				
222106	房产税				
222107	土地使用税				
222108	应交个人所得税				
222109	印花税				
222110	环境保护费				
2231	应付利息		1567		
223101	贷款利息		1567		
2241	其他应付款		65894		
4001	实收资本		4700000		
4002	资本公积				
4103	本年利润		156788		
4104	利润分配		74619		
4201	库存股				
5001	生产成本		0		
500101	基本生产成本				
50010101	宝庆 111 鸡料				
50010102	红太阳 552 猪料				

续表

科目编码	科目名称	借方	贷方	数量	单位
5101	制造费用				
5301	研发支出				

在“宝东农牧一级会计科目”工作表中，完成如下任务：

1）根据企业实际情况设置二级科目及各级明细科目。

2）请在 A 列设置根据科目编码长度自动确定科目级次的公式。

3）请在第一行相应单元格设置期初借方和贷方余额的合计。

4）请设置一级科目的余额计算公式及试算平衡的公式。

知识链接

账务处理软件系统是会计电算化软件系统的核心模块，市面上大多数软件的账务处理系统通常由以下部分组成：系统初始化、记账凭证输入、记账结账、账簿处理、报表处理等几个部分。要使账务处理软件能够正常运行，必须首先完成系统的初始化，也就是建账。

账务处理软件建账是指软件在正式投入使用之前所做的期初数据处理。在建账之前，会计科目还没有设立，前期各科目的余额和发生额也无法输入，所以建账是账务处理软件正式使用之前必经的首要步骤。用 EXCEL 进行账务处理也把该步骤放在首位。除了像手工账务一样要使用会计科目外，还要为每一个会计科目加入一个编码。会计科目编码通常用阿拉伯数字编制。我们可以参照我们学过的财务软件对会计科目进行编码。

任务实施

任务情境的解析过程如下：

（1）要用 EXCEL 进行企业的账务处理，首先需要建立本账务处理的科目体系，一级会计科目一般是财政部制定，可根据本企业科目使用的实际情况通过网络下载财政部规定的一级会计科目，修改为本企业的的一级会计科目。本项目中，财务经理根据经验已经设置了企业的一级会计科目，具体一级科目设置情况见工作簿“项目 5 EXCEL 在企业账务处理中的应用（素材）.XLSX”的“宝东农牧一级会计科目”工作表。

（2）确定了企业的一级会计科目之后，财务主管需要根据企业的实际情况进行明细科目的设置。在工作表标签栏用鼠标左键点击“宝东农牧一级会计科目”工作表的名称，将“宝东农牧一级会计科目”工作表设置为当前工作表，按住 Ctrl 不放，再单击鼠标并按住鼠标左键不放，拖动鼠标即可完成工作表的复制。双击工作表名称，将该表重命名为“宝东农牧期初余额”，按照任务情境的情况说明给期初余额表中各一级会计科目添加二级科目。该任务情境中科目编码的编码方案为 4222，表示其中一级科目的编码为 4 位，二级科目的编码为 2 位，三级科目编码为 2 位，四级科目编码为 2 位。

（3）完成了企业的明细科目设置之后，在“宝东农牧期初余额”工作表中录入企业各科目的期初余额。值得注意的是，所有的一级科目的金额由下级明细科目金额汇总而来，科目余额表样式如图 5－1 所示。

	A	B	C	D	E	F	G	H
1			合计	3806554	3806554	试算平衡		
2	科目级次	科目编码	科目名称	借方	贷方	数量	单位	单(
3	1	1001	库存现金	20906				
4	2	100101	宝东现金	8906				
5	2	100102	太阳现金	12000				
6	1	1002	银行存款	90132				
7	2	100201	农业银行邵阳大道支行	70000				
8	2	100202	湖北施恩农行卡	13350				
9	2	100203	怀化信用卡	2456				
10	2	100204	吉首建行卡	4326				
11	1	1012	其他货币资金					
12	2	101201	期货周转金					
13	2	101202	非融资性保证金					
14	1	1122	应收账款	239531				
15	2	112201	廉桥江南猪场	37000				
16	2	112202	城步藤兰生态种植养殖合作社	50900				
17	2	112203	凯里市养殖合作社	45890				
18	2	112204	张强	80000				
19	2	112205	姚老三	25741				
20	1	1124	预付账款	7865				
21	2	112401	北京中农联成公司	7865				

图 5-1　科目余额表

（4）操作和公式设置详解：

1）A 列科目级次：按照 4222 的科目编码方案，可根据 B 列科目编码的长度自动得出科目的级次。

A3 单元格的公式为：=1+(LEN(B3)-4)/2

函数使用介绍：

LEN 函数，功能：返回文本串的字符数，格式：=LEN(Text)。

公式设置思路：一级科目编码的长度为 4 位，2～4 级科目编码长度为 2 位，科目编码长度减去 4 位后，每增加 2 位（除以 2）就增加 1 个级次，由于减去了一级科目编码长度的 4 位，除以 2 得出的科目级次需要再加 1 级，例如 100201，总长度位 6 位，为 2 级科目，(LEN("100201")-4)/2=1。

2）冻结窗格设置：单击 A3 单元，从"视图"选项卡 -"冻结窗格" -"冻结拆分窗格"。

3）一级科目余额计算公式

上面已经说到，一级科目的金额是由下一级科目的金额求和得到，所以该工作表中相关录入公式单元格如下所示：

D3 库存现金单元格公式：=SUM(D4:D5)，表示 D3 单元格库存现金的借方金额等于二级科目 D4 单元格宝东现金与二级科目 D5 单元格太阳现金的和。

D6 银行存款单元格公式：=SUM(D7:D10)。

D14 应收账款单元格公式：=SUM(D15:D19)。

D20 预付账款单元格公式：=SUM(D21:D22)。

D23 其他应收款单元格公式：=SUM(D24:D27)。

D29 原材料单元格公式：=SUM(D30:D33)。

D34 库存商品单元格公式：=SUM(D35:D36)。

D40 在建工程单元格公式：=SUM(D41:D42)。

D43 无形资产单元格公式：=SUM(D44:D45)。

D46 短期借款单元格公式：=SUM(E47:E48)。

D49 应付账款单元格公式：=SUM(E50:E52)。

D68 单元格公式：=D69，该科目只有一个二级科目，因此金额等于二级科目金额。

“单价”列数据来自借方金额或贷方金额除以数量，使用 ROUND 函数取 2 位小数进行四舍五入。

H3 单元格的公式：IFERROR(ROUND(MAX(D3:E3)/F3,2),0)

函数使用介绍：

MAX 函数，功能：返回一组数据值中的最大值，忽略逻辑值及文本，格式：=MAX(Number1,Number2,…)。

ROUND 函数，功能：按指定的位数对数据进行四舍五入，格式：=ROUND(Number,Num_digits)。

IFERROR 函数，可以使用 IFERROR 函数捕获和处理公式中的错误。如果公式的计算结果为错误值，则 IFERROR 返回您指定的值；否则，它将返回公式的结果。功能：如果表达式是一个错误，则返回 Value_if_error，否则返回表达式自身的值，公式为：=IFERROR(Value,Value_if_error)。

公式设置思路：通过使用 MAX(D3:E3)从借贷取一个方向的余额，ROUND(MAX(D3:E3)/F3,2)，余额除以数量并取 2 位小数（角和分）。由于很多科目无数量核算要求，“数量”列数据为 0 或者空，金额除以数量即 0 位分母，结果会出现错误，因此需用 IFERROR 对于出现错误提示的单元格屏蔽错误提示而显示 0。例如：H3 单元格所在行为“1001 库存现金”科目即无数量核算要求，F3 单元格为空，(D3:E3)/F3 出显示“#DIV/0!”错误提示。

4）期初金额的试算平衡。在这个步骤需要注意的是，期初借方金额合计应该为各一级科目的借方金额和，期初贷方金额合计应该为各一级科目贷方金额的和：

D1 单元格公式为：=SUMIF($A3:$A500,1,D3:D500)。

E1 单元格公式为：=SUMIF($A3:$A500,1,E3:E500)。

G1 单元格公式为：=IF(D1=E1,"平衡","不平衡")。

由于一级科目的金额是由下一级科目的金额求和得到，因此第 1 行的 D1 和 E1 单元格的期初余额合计只需计算一级科目的余额，也就是在“科目级次”选择级次为“1”的科目求和。当借贷方期初余额相等时，在 G1 单元格显示计算结果：“平衡”，否则显示“不平衡”。

函数使用介绍：

SUMIF 函数，功能：对满足条件的单元格求和，格式为：=SUMIF(Range,Criteria,[Sum_range])，“Range”为必须项，表示条件范围，Criteria 为必须项，表示条件，Sum_range 是可选项，表示求和范围。

D1、E1 单元格公式设置思路：

$A3:$A500（假设期初余额表最大行号为 500），科目级次列，也可以用$A:$A。

$：绝对地址引用的符号，表示总是在指定位置引用单元格。当公式所在单元格的位置改变，绝对引用保持不变。因为借方余额和贷方余额公式中用的科目级次列都是 A 列，当把公式从 D1 拖到 E1，条件范围 A 列不变化，所以用绝对地址。

G1 单元格公式设置思路：

当期初借方余额合计等于贷方余额合计时，G1 单元格显示“平衡”，否则显示“不平衡”。

5）“文本形式的数字”格式的设置。在 EXCEL 账务实操中，当我们需要将会计科目列单元格的会计科目列参加筛选等一些数据运算，我们需要将该单元格转换为文本形式存储的数字，我们在插入行并录入二级科目时，会发现我们录入的二级科目格式和素材的一级科目有所不同。如图 5－2 所示，素材给出的一级科目左上角有一个绿色的三角形，表示该单元格的数字为“文本形式的数字”，所以我们需要将我们录入的二级科目也转换成该格式。

	A	B	C	D
1			合计	3806554
2	科目级次	科目编码	科目名称	借方
3	1	1001	库存现金	20906
4	2	100101	宝东现金	8906
5	2	100102	太阳现金	12000
6	1	1002	银行存款	90132
7	2	100201	农业银行邵阳大道支行	70000
8	2	100202	湖北施恩农行卡	13350
9	2	100203	怀化信用卡	2456

图 5－2　科目编码示意图

在菜单栏找到“数据”，在工具栏中选择“分列”，一直保持默认的选项，在最后一步，选择列数据格式时，选择“文本”，如图 5－3 所示，点击完成，这样就将会计科日的列全部变为“文本形式的数字”格式了。

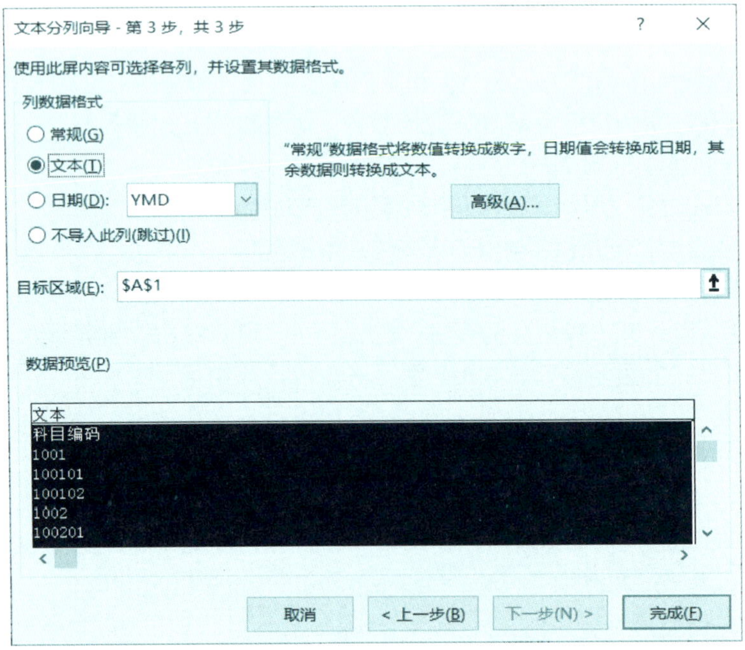

图 5－3　数据分列示意图

小常识

在 EXCEL 当中我们经常需要在某一个特定的工作表的基础上进行再次加工数据，这时有两种办法。第一种方法，通过复制的方法将该工作表的数据粘贴到其他工作表中进行编辑；第二种方法，对该工作表进行“移动或复制”操作，对该工作表建立副本，再在副本的基础上进行编辑。第二种方法是首选。

项目拓展训练

已知卓尔康股份有限公司（简称卓尔康股份）的情况如表 5－2 所示，请使用 EXCEL 进行企业期初账务处理。

表 5－2　期初余额表

科目名称	辅助核算	计量单位	期初余额	
			借	贷
库存现金	日记、指定科目		6875.70	
银行存款	银行日记、指定科目		487992.21	
工行存款	银行日记		287992.21	
中行存款	银行日记		200000.00	
应收账款	客户往来、不受控		157600.00	
其他应收款	个人往来、不受控		3800.00	
唐永康			2000.00	
欧小丽			1800.00	
陕西远方				
坏账准备				798.00
预付账款	供应商往来、不受控			
原材料			1480724.00	
PVC（塑料）	数量核算		150000.00	
		吨	60	
电器元件	数量核算		1330724.00	
		箱	53	
库存商品			542341.00	
测温仪	数量核算		214020.00	
		个	3567	

续表

科目名称	辅助核算	计量单位	期初余额	
			借	贷
雾化机	数量核算		328321.00	
		个	2759	
在建工程			800000.00	
固定资产			260860.00	
累计折旧				47120.91
无形资产			58500.00	
短期借款				760000.00
应付账款	供应商往来、不受控			276850.00
预收账款	客户往来、不受控			
应付职工薪酬				
工资及福利费				8200.00
应交税费			16800.00	
应交增值税			16800.00	
进项税额			16800.00	
销项税额				
应交城建税				
应交教育费附加				
其他应付款				2100.00
实收资本				2856612.00
利润分配			119023.00	
生产成本			17165.00	
测温仪			6800.00	
雾化机			10365.00	
主营业务收入				
测温仪	数量核算	个		
雾化机	数量核算	个		
主营业务成本				
测温仪	数量核算	个		
雾化机	数量核算	个		

任务 2
用 EXCEL 进行宝东农牧记账凭证和账簿处理

任务情境

根据《中华人民共和国增值税暂行条例》规定，饲料企业收购玉米等农产品并加工成半成品用于免税产品生产，免征增值税；生产销售单一大宗饲料、混合饲料、配合饲料、复合预混料、浓缩饲料，免征增值税。

2020 年 1 月宝东农牧的业务如下，请帮助公司进行该月的账务处理：

① 1 日，财务部张出纳从农业银行邵阳大道支行提取现金 5000 元，作为太阳农业发展有限公司的备用金，1 号凭证。

② 4 日，以赊购方式从黑龙江省龙良农业有限公司采购原料，玉米 1000 千克，单价 1.9 元，稻谷 2000 千克，单价 2.52 元，小麦 1650 千克，单价 2.08 元，增值税税率 0，金额合计 10372 元，2 号凭证。

③ 6 日，农业银行邵阳大道支行收到凯里市养殖合作社前欠货款 45890 元，3 号凭证。

④ 6 日，向凯里市养殖合作社销售红太阳 552 猪料 45000 千克，单价 32 元，增值税税率 0，金额合计 1440000 元，款项尚未收到，4 号凭证。

⑤ 7 日，向城步藤兰生态种植养殖合作社销售宝庆 111 鸡料 18000 千克，单价 29 元，金额合计 522000 元已存入湖北施恩农行卡，5 号凭证。

⑥ 7 日，通过农业银行邵阳大道支行以转账方式支付广告费 8000 元，6 号凭证。

⑦ 10 日，领用原材料生产宝庆 111 鸡料，其中稻谷 2000 千克，豆粕 5000 千克，小麦 3500 千克，7 号凭证。

⑧ 13 日，领用原材料生产红太阳 552 猪料，其中玉米 4000 千克，稻谷 4000 千克，小麦 2500 千克，8 号凭证。

⑨ 15 日，通过农业银行邵阳大道支行发放上月工资，代扣个税 2000 元，实际发放 230000 元，9 号凭证。

⑩ 15 日，通过农业银行邵阳大道支行支付代扣个税 2000 元，10 号凭证。

⑪ 20 日，固定资产计提折旧，计提折旧总额 3100 元，其中销售部门折旧额 500 元，管理用固定资产折旧额 1000 元，生产车间折旧额 1600 元，11 号凭证。

⑫ 28 日，支付利息费 20000 元，手续费 300 元，12 号凭证。

⑬ 31 日，通过农业银行邵阳大道支行支付水费 1200 元，其中生产用水费 1000 元，管理用水费 200 元，13 号凭证。

⑭ 31 日，通过农业银行邵阳大道支行支付电费 5900 元，其中生产用水费 5400 元，管理用水费 500 元，14 号凭证。

⑮ 31 日，计提本月工资，生产宝庆 111 鸡料和红太阳 552 猪料的工资分别为 42500 元，车间管理人员工资为 68000 元，销售人员工资为 65000 元，管理人员工资为 40000 元，15 号凭证。

⑯ 31 日，本月完工宝庆 111 鸡料和红太阳 552 猪料的数量均为 5000 千克，期末无未完工产品，根据产量结转制造费用，16 号凭证。

⑰ 31 日，完工产品入库，17 号凭证。

⑱ 31 日，结转本月销售成本，18 号凭证。

⑲ 31 日，结转期间损益，19 号凭证。

根据上述凭证及样表格式，请完成如下任务：

1）在“记账凭证汇总表”中，通过名称管理器和数据验证设置凭证科目编码的选择，根据科目编码通过使用 VLOOKUP 等函数自动显示总账科目明细科目，完成第一行借贷合计金额和差额的公式设置。

2）在“余额及发生额”表中，通过使用 SUMPRODUCT 等函数设置本期发生额和期末余额的计算公式。

3）完成 19 张凭证的填制。

知识链接

在使用用友、金蝶等软件进行账务处理时，使用统一的会计科目编码是成功的关键。用 EXCEL 进行账务处理也相同，在录入凭证、查账等工作时所有的操作都应当使用统一的会计科目编码。因此在账务处理录入凭证时我们务必确保凭证的录入人员填入的都是我们设置好的正确的会计科目编号。在 EXCEL 中，为了保证录入的数据不出错，最好的办法就是对录入数据进行“数据验证”。

任务实施

任务情境的解析过程如下：

（1）记账凭证汇总表格式和公式设置。

打开“项目 5 EXCEL 在企业账务处理中的应用（素材）. XLSX”工作簿，“记账凭证汇总表”样式见素材。

1）单元格 G1 和 H1 分别用于显示凭证借方发生额和贷方发生额合计，公式分别为“ = SUM（G3：G9999）”和“ = SUM（H3：H9999）”（假定凭证汇总表最大行为 9999 行，用户可根据实际情况设定行数），单元格 J1 用于显示借贷发生额的差额，用于提示凭证金额填列以及检查借贷金额是否出错，公式为“ = G1 – H1”。

2）设定“记账凭证汇总表”中“科目编号”列的录入数据来自我们已经设定好的会计科目，即对该列的数据来源进行数据有效性验证。

第一步，打开“宝东农牧期初余额”工作表，用鼠标选中 B 列“科目编码”列，在菜单栏中找到“公式”，在工具栏中找到“名称管理器”，如图 5 – 4 所示：

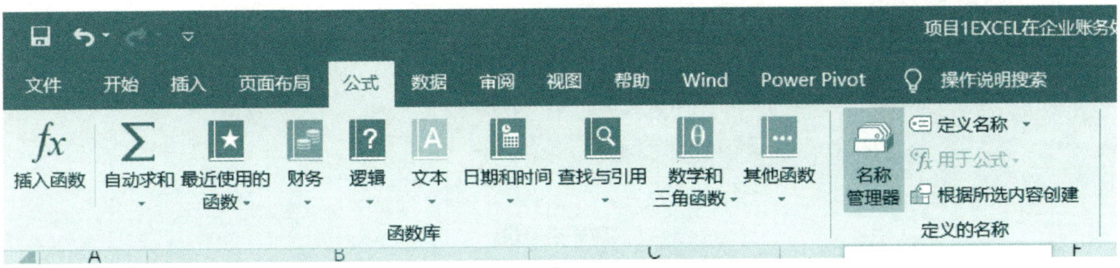

图 5 -4　公式菜单

在弹出的窗口中选择该工作表的 B 列，并将该列命名为“宝东农牧会计科目”，表示后续的会计科目只能来源于该列的会计科目，如图 5 -5 所示。

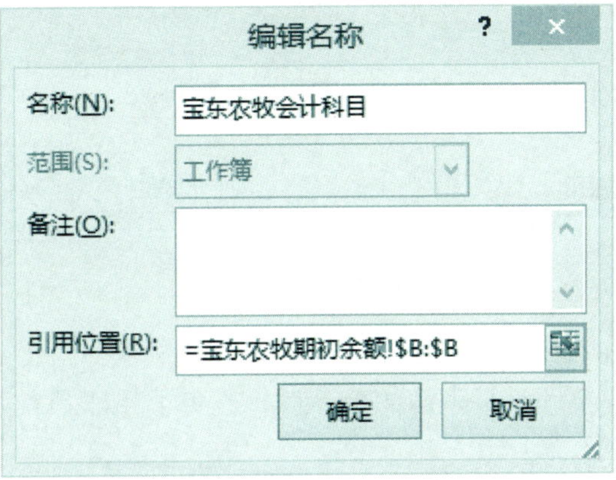

图 5 -5　名称编辑

第二步，回到“记账凭证汇总表”工作表，用鼠标选中“科目编号”列，在菜单栏中找到“公式”，在工具栏中找到“名称管理器”，选择“数据验证”，如图 5 -6 所示。

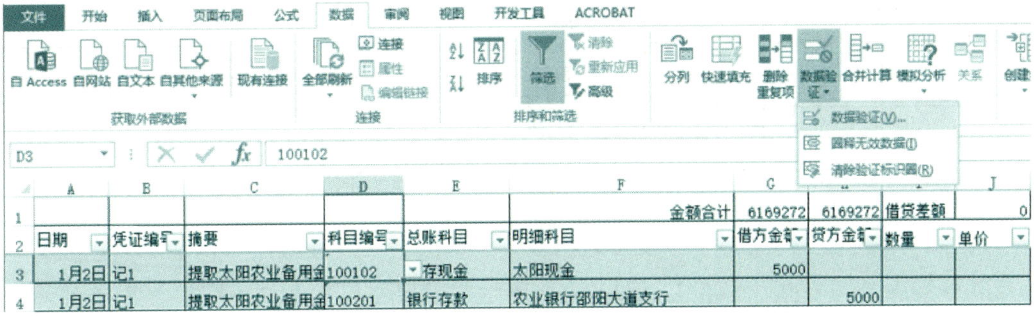

图 5 -6　数据菜单

在弹出的对话框中的验证条件选择“序列”，来源填入刚才我们建立的名称管理器中“宝东农牧会计科目”列，表示该列的数据来源于“宝东农牧会计科目”这个已经命名的列，如图 5 -7 所示。

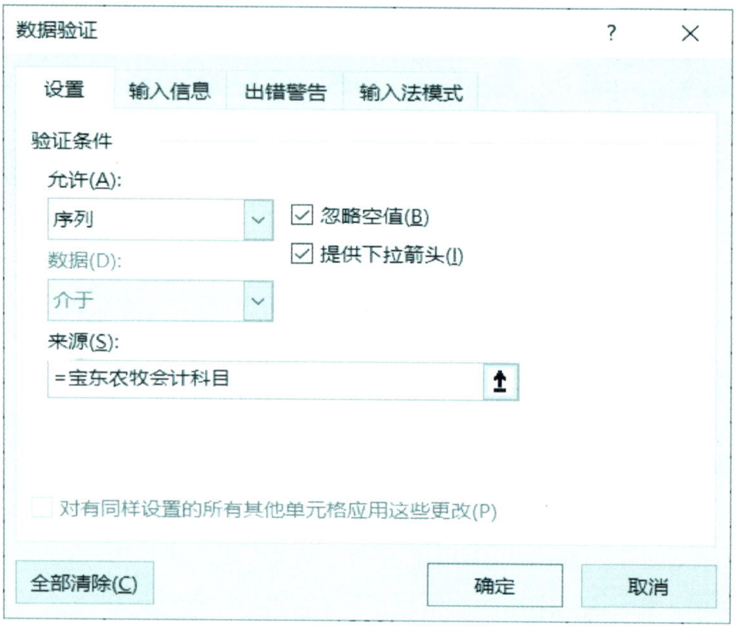

图 5－7　数据验证

这样企业的财务人员就可以根据企业的实际情况进行会计科目的选择，并填制凭证了。通过这种方式保证了企业会计科目来源的唯一性，避免了凭证录入人员可能发生的错误，数据验证效果如图 5－8 所示。

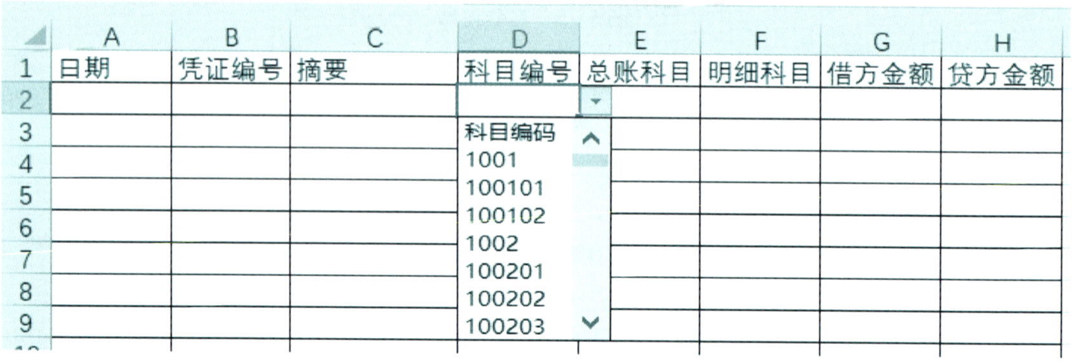

图 5－8　数据验证效果图

3）科目编码列的进一步优化。如上图所示，当财务人员录入凭证时，具体选择某一个科目编码时，有一个缺点——无法看到该科目编码对应的科目名称，下面我们进一步优化，优化后能够看到科目编码对应的会计科目名称。

第一步，我们切换到“宝东农牧期初余额”工作表，在菜单栏“公式”下找到工具栏“名称管理器”，点击后会弹出如下窗口，如图 5－9 所示。点击编辑对引用位置修改为科目编码和科目名称两列。

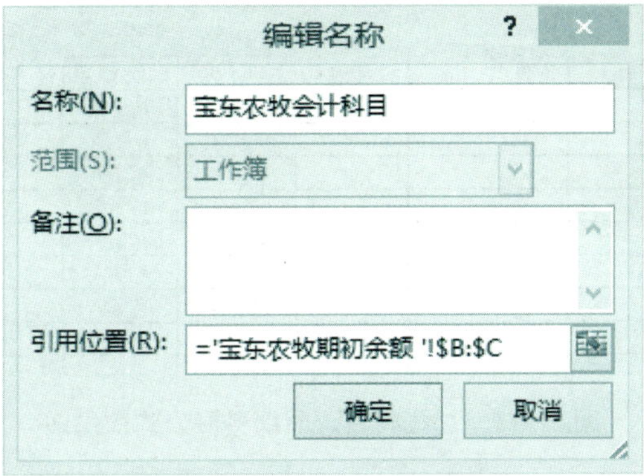

图 5－9 名称编辑

第二步，我们切换到“宝东农牧期初余额”工作表，再次选择科目编码列下拉选项时，我们发现我们在可选的科目编码中既可以看到科目编号，也可以看到科目名称了，如图 5－10 所示。

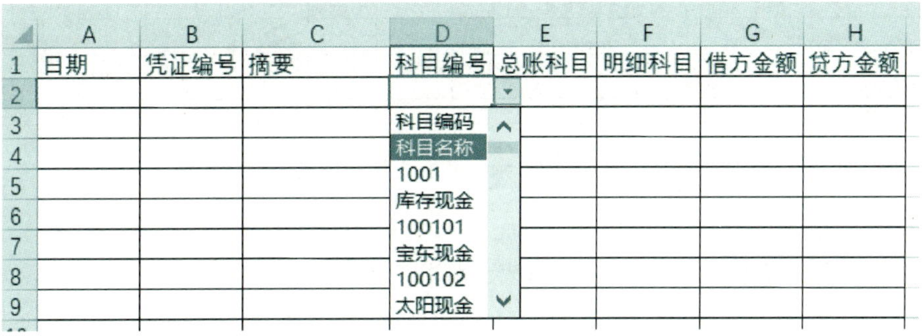

图 5－10 数据验证效果图

4）接下来进行“总账科目”列科目名称的自动显示。在 E2 单元格录入公式：= VLOOKUP(LEFT(D2,4),宝东农牧会计科目,2,FALSE)。其中 LEFT(D2,4)表示对 D2 单元格的会计科目截取左边的 4 位一级科目编码。VLOOKUP 函数表示对截取的 4 位一级科目到我们刚才建立的名称管理器的两列数据中找到他的科目名称。

5）再接下来进行“明细科目”列科目名称的自动显示。在 F2 单元格录入公式：= IF (LEN(D2) =4,"",VLOOKUP(D2,宝东农牧会计科目,2,FALSE))。其中 LEN （D2） 表示判断 D2 单元格的科目编码长度，IF 函数表示当 LEN(D2) =4 为一级科目时，F2 单元格为空白，即没有明细科目；否则，F2 单元格填入 VLOOKUP(D2,宝东农牧会计科目,2,FALSE)查到的明细科目的名称。

6）我们可以选中 E2、F2 单元格，将鼠标置于单元格右下角，待其变成黑色填充柄形状往后拖动公式，出现如下所示信息，表示操作正确，如图 5－11 所示。

	A	B	C	D	E	F	G	H
1	日期	凭证编号	摘要	科目编号	总账科目	明细科目	借方金额	贷方金额
2					#N/A	#N/A		
3					#N/A	#N/A		
4					#N/A	#N/A		
5					#N/A	#N/A		
6					#N/A	#N/A		
7					#N/A	#N/A		
8					#N/A	#N/A		
9								

图 5－11　总账科目、明细科目公式效果图

（2）余额及发生额表公式和格式设置。

使用 EXCEL 填制会计凭证，可以动态计算所填凭证的借贷发生额合计，也可以根据所填凭证动态计算每个账户（科目）的本期发生额合计及期末余额，能实现对账簿随时检查试算平衡，也方便后续凭证填列的取数，余额及发生额表格式如图 5－12 所示。

	B	C	D	E	F	G	H	I	J	K	L	M	N	O	P
1		合计	6138554	6138554	试算结果：	平衡		2031262		2031262		8110926	8110926		
2	科目编码	科目名称	期初余额					本期发生额				期末余额			
3			借方	贷方	数量	单位	单价	借方	数量	贷方	数量	借方	贷方	数量	单价
4	1001	库存现金	20906				0	5000	0	0	0	25906	0	0	0
5	100101	宝东现金	8906				0	0	0	0	0	8906	0	0	0

图 5－12　余额及发生额表格式

操作及公式设置详解：

1）复制“宝东农牧期初余额”工作表，将新工作表改名为“宝东科目余额及发生额”，并按照图 5－12 样式设置格式，单元格 I1、K1、M1、N1 的公式参照 D1、E1 的公式设置。

2）本期“借方发生额”和“贷方发生额”列公式设置（以 I4、K4 单元格为例），假设记账凭证汇总表最多为 9999 行。

I4 单元格公式：SUMPRODUCT((LEFT('记账凭证汇总表'! D $3:D $9999,LEN($B4))=$B4)*('记账凭证汇总表'! G $3:G $9999))

K4 单元格公式：SUMPRODUCT((LEFT('记账凭证汇总表'! D $3:D $9999,LEN($B4))=$B4)*('记账凭证汇总表'! H $3:H $9999))

函数使用介绍：

SUMPRODUCT 函数，功能：返回相应的数组或区域乘积的和，格式为：=SUMPRODUCT(Array1,Array2,Array3,…)。

余额及发生额表用 SUMPRODUCT 函数适用于多条件求和，基本格式为：

SUMPRODUCT((条件区域 1 = 条件 1)*(条件区域 2 = 条件 2)*..,求和区域)。

I4 单元格公式设置思路：每一个科目的发生额合计，只要把凭证汇总表中该科目及它的下级科目的发生额求和即可，也就是汇总记账凭证汇总表为它开头的科目，通过 LEFT('记账凭证汇总表'! D $3:D $9999,LEN($B4))=$B4 来实现。B4 单元格值为“1001”，LEN($B4)=4,LEFT('记账凭证汇总表'! D $3:D $9999,LEN($B4)，取记账凭证汇总表 3～9999 行科目编码的前 4 位，LEFT('记账凭证汇总表'! D $3:D $9999,LEN($B4))=

$B4，筛选记账凭证汇总表3～9999 行科目编码的前4 位等于“1001”的行，*('记账凭证汇总表'! G$3:G$9999)，对相应行的借方发生额求和。K4 单元格公式设置思路同 I4。

3）本期“借方数量”和“贷方数量”列公式设置（以 J4、L4 单元格为例）。

J4 单元格公式：SUMPRODUCT((LEFT('记账凭证汇总表'! D$3:D$9999,LEN($B4))=$B4)*('记账凭证汇总表)'! G$3:G$9999< >0)*('记账凭证汇总表'! I$3:I$9999))。

L4 单元格公式：SUMPRODUCT((LEFT('记账凭证汇总表'! D$3:D$9999,LEN($B4))=$B4)*('记账凭证汇总表'! H$3:H$9999< >0)*('记账凭证汇总表'! I$3:I$9999))。

J4 单元格公式设置思路：在“记账凭证汇总表”中不管是借方发生的数量还是贷方发生的数量都是 I 列，J4 单元格是求借方发生额对应的数量，即求借方发生额不等于0 的行对应的数量，通过增加一个条件:'记账凭证汇总表'! H$3:H$9999< >0 来实现。L4 单元格公式设置思路同 I4。

4）期末余额金额、数量及单价列公式设置（以 M4、N4、O4、P4 单元格为例）。

M4 单元格为期末借方余额，公式为：IF((D4+I4)-(E4+K4)>=0,(D4+I4)-(E4+K4),0)。

N4 单元格为期末贷方余额，公式为：IF((D4+I4)-(E4+K4)<0,-((D4+I4)-(E4+K4)),0)。

M4 单元格公式设置思路：“期初借方+本期借方-期初贷方-本期贷方”的计算结果如果大于或等于零，表明余额方向在借方，M4 单元格直接取计算结果填列；如果计算结果小于零，表明余额方向在贷方，借方余额 M4 单元格为0。L4 单元格公式设置思路同 I4。

O4 单元格为期末数量，需根据余额方向来计算数量，公式为：IF(M4< >0,F4+J4-L4,F4+L4-J4)，公式设置思路同 M4、N4。

P4 单元格为期末单价，公式设置请参看“任务一”中期初余额单价设置公式。

（3）记账凭证汇总表凭证填制。

① 1 号凭证，2 日，财务部张出纳从农业银行邵阳大道支行提取现金 5000 元，作为太阳农业发展有限公司的备用金，应编制的会计分录如图5-13 所示，需要注意的是 D、E、F 三列的内容是由我们上面录入的函数自动生成的。

	A	B	C	D	E	F	G	H	I	J
1						金额合计	5000	5000	借贷差额	0
2	日期	凭证编号	摘要	科目编号	总账科目	明细科目	借方金额	贷方金额	数量	单价
3	1月2日	记1	提取太阳农业备用金	100102	库存现金	太阳现金	5000			
4	1月2日	记1	提取太阳农业备用金	100201	银行存款	农业银行邵阳大道支行		5000		

图5-13　记账凭证汇总表格式

借：库存现金——太阳现金（100102）　　5000

　　贷：银行存款——农业银行邵阳大道支行（100201）　　5000

② 2 号凭证，原材料 G 列填借方金额，I 列填数量，J 列填单价。

借：原材料——玉米（140301） 1900（数量 1000，单价 1.9）

原材料——稻谷（140302） 5040（数量 2000，单价 2.52）

原材料——小麦（140304） 3432（数量 1650，单价 2.08）

贷：应付账款——黑龙江省龙良农业有限公司（220202） 10372

③ 3 号凭证。

借：银行存款——农业银行邵阳大道支行（100201） 45890

贷：应收账款——凯里市养殖合作社（112203） 45890

④ 4 号凭证。

借：应收账款——凯里市养殖合作社（112203） 1440000

贷：主营业务收入——红太阳 552 猪料（600103）

1440000（数量 45000，单价 32）

⑤ 5 号凭证。

借：银行存款——湖北恩施农行卡（100202） 522000

贷：主营业务收入——宝庆 111 鸡料（600102）

522000（数量 18000，单价 29）

⑥ 6 号凭证。

借：销售费用——广告费（660103） 8000

贷：银行存款——农业银行邵阳大道支行（100201） 8000

⑦ 7 号凭证，本月购入原材料已全部填制凭证，通过查询余额及发生额表，玉米单价（加权成本）为 1.88 元，稻谷 2.44 元，豆粕 3.17 元，小麦 2.05 元，根据领用数量计算领用金额。原材料 H 列填借方金额，I 列填数量，J 列填单价。

借：生产成本——宝庆 111 鸡料（50010101） 27905

贷：原材料——稻谷（140302） 4880（数量 2000，单价 2.44）

——豆粕（140303） 15850（数量 5000，单价 3.17）

——小麦（140304） 7175（数量 3500，单价 2.05）

⑧ 8 号凭证，原材料 H 列填借方金额，I 列填数量，J 列填单价。

借：生产成本——红太阳 552 猪料（50010102） 22405

贷：原材料——玉米（140301） 7520（数量 4000，单价 1.88）

——稻谷（140302） 9760（数量 4000，单价 2.44）

——小麦（140304） 5125（数量 2500，单价 2.05）

⑨ 9 号凭证。

借：应付职工薪酬（2211） 232000

贷：应交税费——应交个人所得税（222108） 2000

银行存款——农业银行邵阳大道支行（100201） 230000

⑩ 10 号凭证。

借：应交税费——应交个人所得税（222108） 2000

贷：银行存款——农业银行邵阳大道支行（100201） 232000

⑪ 11 号凭证，计提折旧。
借：销售费用——折旧费（660101） 500
管理费用——折旧费（660201） 1000
制造费用（5101） 1600
贷：累计折旧（1602） 3100
⑫ 12 号凭证，支付手续费和支付利息。
借：财务费用——利息费用（660301） 20000
财务费用——手续费（660303） 300
贷：银行存款——农业银行邵阳大道支行（100201） 20300
⑬ 13 号凭证，支付水费。
借：制造费用（5101） 1000
管理费用——水费（660204） 200
贷：银行存款——农业银行邵阳大道支行（100201） 1200
⑭ 14 号凭证，支付电费。
借：制造费用（5101） 5400
管理费用——电费（660205） 500
贷：银行存款——农业银行邵阳大道支行（100201） 5900
⑮ 15 号凭证，计提本月工资。
借：生产成本——宝庆 111 鸡料（50010101） 42500
——红太阳 552 猪料（50010102） 42500
制造费用（5101） 68000
销售费用——工资（660102） 65000
管理费用——工资（660202） 40000
贷：应付职工薪酬（2211） 258000

⑯ 结转制造费用，通过查询余额及发生额表，可知制造费用本月发生额合计为 76000 元。

借：生产成本——宝庆 111 鸡料（50010101） 38000
——红太阳 552 猪料（50010102） 38000
贷：制造费用（5101） 76000

⑰ 完工产品入库，通过查询余额及发生额表，可知宝庆 111 鸡料的成本合计为 108405 元，红太阳 552 猪料的成本合计为 102905 元，入库数量都是 5000 千克，计算得出入库单价分别为 21.68 元和 20.58 元。

借：库存商品——宝庆 111 鸡料（140501） 108405（数量 5000，单价 21.68）
贷：生产成本——宝庆 111 鸡料（50010101） 108405
借：库存商品——红太阳 552 猪料（140502）
102905（数量 5000，单价 20.58）
贷：生产成本——红太阳 552 猪料（50010102） 102905

⑱ 结转销售成本，通过查询余额及发生额表，可知宝庆 111 鸡料的加权单价为 21.73

元，红太阳 552 猪料的加权单价为 20. 55 元。

借：主营业务成本——宝庆 111 鸡料（640102）

391140（数量 18000，单价 21. 73）

主营业务成本——红太阳 552 猪料（640103）

924750（数量 45000，单价 20. 55）

贷：库存商品——宝庆 111 鸡料（140501）

391140（数量 18000，单价 21. 73）

库存商品——红太阳 552 猪料（140502）

9247505（数量 45000，单价 20. 55）

⑲ 通过查询余额及发生额表，结转期间损益，借贷计入本年利润。

借：主营业务收入——宝庆 111 鸡料（600102）

522000（数量 18000，单价 29）

——红太阳 552 猪料（600103）

1440000（数量 45000，单价 32）

贷：主营业务成本

——宝庆 111 鸡料（640102）　391140（数量 18000，单价 21. 73）

——红太阳 552 猪料（640103）　924750（数量 5000，单价 20. 55）

销售费用——折旧费（660101）　500

——工资（660102）　65000

——广告费（660103）　8000

管理费用——折旧费（660201）　1000

——工资（660202）　40000

——水费（660204）　200

——电费（660205）　500

财务费用——利息费用（660301）　20000

——手续费（660303）　300

项目拓展训练

已知卓尔康股份 1 月的业务情况如下，请使用 EXCEL 进行企业记账凭证和账簿处理：

① 1 日，财务部孙佳从工商银行提取现金 7000 元，作为备用金（现金支票号 XJ001），附件 1 张。

② 2 日，研发部欧小丽因出席技术研讨会借支差旅费 6000 元，现金支付，附件 1 张。

③ 5 日，从广东云天公司购入原材料 PVC（塑料）5 吨，增值税专用发票上注明的不含税单价 2650 元；购入原材料电器元件 3 箱，不含税单价 24900 元。货款及增值税开出工商银行转账支票支付（转账支票号 ZW001），材料已验收入库，附

件 3 张。

④ 7 日，生产测温仪领用原材料 PVC（塑料）2 吨，原材料电器元件 1 箱；生产雾化机领用原材料 PVC（塑料）4 吨，原材料电器元件 3 箱，附件 1 张。

⑤ 9 日，收到泛美集团投资资金 200000 元，存入中行账户（转账支票号 ZZW001），附件 2 张。

⑥ 12 日，开出增值税专用发票，销售给沈阳达达公司测温仪 3000 个，不含税价款 240000 元；雾化机 2000 个，不含税价款 468000 元。售价及税金已存入工商银行账户（转账支票号 ZZW002），附件 3 张。

⑦ 21 日，销售部程红兵支付广告费 1000 元，并办妥手续（工行现金支票号 XJ002），附件 1 张。

⑧ 23 日，收到客户广西稳压转账支付到工商银行货款 58000 元（转账支票号 ZZW003），附件 1 张。

⑨ 25 日，向中国银行借一年期贷款 300000 元，到期一次还本付息，年利率 6%，附件 2 张。

⑩ 31 日，自动计算并结转本月应交城市维护建设税和教育费附加，附件 0 张。

⑪ 31 日，分配本月职工工资及福利费 126800 元，其中测温仪工人工资及福利费 22800 元，雾化机工人工资及福利费 45000 元，车间管理人员工资及福利费 23000 元，管理人员工资及福利费 36000 元，附件 1 张。

⑫ 31 日，计提固定资产折旧 7000 元，其中：车间折旧 4000 元，销售部门折旧 1000 元，管理部门折旧 2000 元，附件 1 张。

⑬ 31 日，结转分配制造费用（按生产工时分配），本月生产测温仪用工 3000 小时，生产雾化机用工 6000 小时，附件 0 张。

⑭ 31 日，结转本月测温仪、雾化机销售成本，附件 0 张。

⑮ 31 日，结转本月损益类账户的发生额，自动生成一张凭证，附件 0 张。

任务 3
用 EXCEL 进行宝东农牧账簿查询及凭证打印样式设置

任务情境

除了填制记账凭证，查询账簿和凭证打印也是会计日常工作中的一个重要内容。科目汇总表、总账、三栏式明细账、多栏式明细账、数量金额明细账是常用的账簿格式，利用账簿查询功能可随时对账表进行查询、分析管理，取得所需财务信息。会计凭证用来记录经济业务，明确经济责任，即作为记账依据的书面证明，打印会计凭证并连同原始凭证装订成册作为会计档案保管，也是会计工作的要求。

根据记账凭证汇总表及余额及发生额表完成以下任务：

1）通过透视表设置科目汇总表、总账、各种明细账、会计凭证查询或打印样式。

2）通过 INDEX、MATCH 等函数完成会计凭证打印样式的设置。

知识链接

数据透视表是一种交互式的表，可以进行某些计算，如求和与计数等。所进行的计算与数据及数据透视表中的排列有关，可以动态地改变它们的版面布置，以便按照不同方式分析数据，也可以重新安排行号、列标和页字段。每一次改变版面布置时，数据透视表会立即按照新的布置重新计算数据。另外，如果原始数据发生更改，则可以更新数据透视表。

任务实施

任务情境的解析过程如下：

一、数据透视表基本操作步骤介绍

1）单击“插入”选项卡下的“数据透视表”工作组中的“数据透视表”命令，将弹出“创建数据透视表”对话框。

2）在弹出的“创建数据透视表”对话框中的“选择一个表或区域”的引用选择框中已经自动将当前活动单元格所在的单元格区域选中。在“选择要放置数据透视表的位置”下选择“新工作表”，单击“确定”，将新建一个工作表。

3）在“数据透视表字段”窗格的“选择要添加到报表的字段”列表框中选中需要进行分析的字段，可根据需要将选中字段在“筛选器”“列”“行”“值”四个区域中拖动。

4）除了通过选中“选择要添加到报表的字段”列表框中字段前面的选择框以外，还可以通过按住该字段不放，拖动到指定的数据透视表区域。

二、宝东农牧账簿查询

打开“项目 5 EXCEL 在企业账务处理中的应用（素材）.XLSX”工作簿，选择“记住凭证汇总表”。

（1）选择“记账凭证汇总表”的 A2:J73（本月记账凭证汇总表最大行号为 73），点击“插入”菜单选项卡中的“数据透视表”，选择“新建工作表”放置数据透视表位置，单击“确定”，将新建的工作表命名为“宝东账簿查询”，如图 5－14 所示。

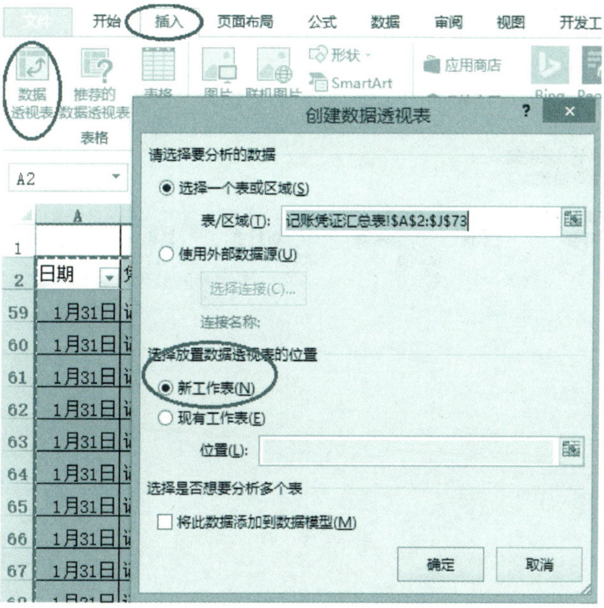

图 5－14　创建数据透视表

（2）“科目汇总表”透视表设置

1）鼠标右键单击透视表第一行“借方金额”“贷方金额”和“数量”值字段，设置—值字段汇总方式计算类型：求和；或者设置值汇总依据—求和，如图 5－15 所示。

图 5－15　数据透视表表头

2）设置透视表布局：“设计”—“报表布局”—“以表格形式显示”。

3）科目汇总表账簿格式及设置如图 5－16 所示。

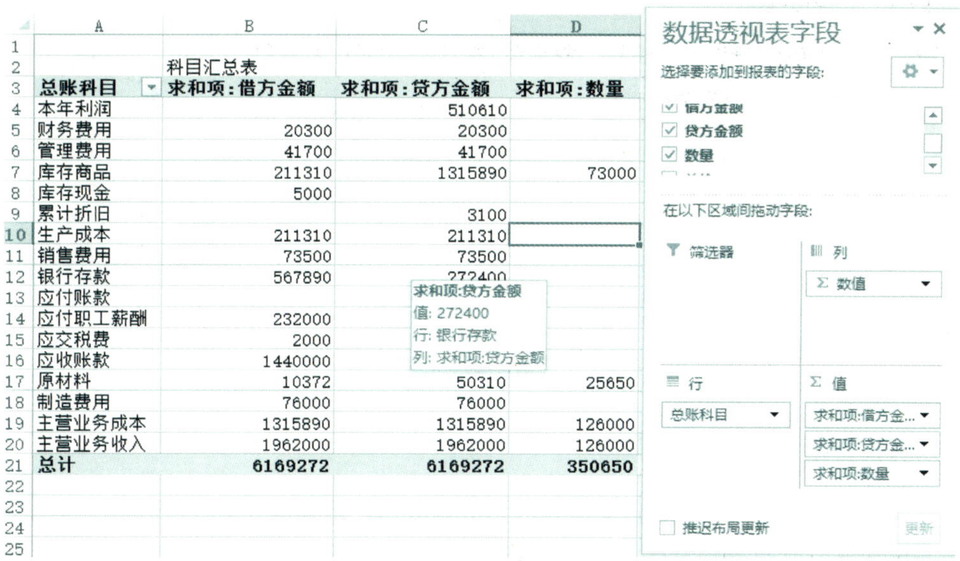

图 5－16　科目汇总透视表字段设置

（3）“多栏式明细账”透视表设置如图 5－17 所示。

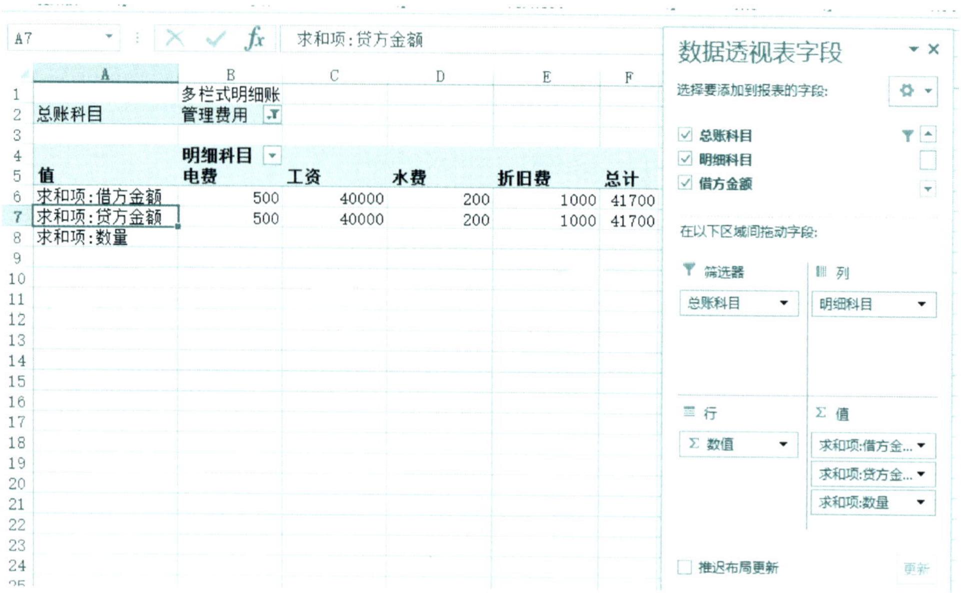

图 5－17　多栏式明细账透视表字段设置

（4）“三栏及数量金额式明细账”透视表设置如图 5－18 所示。

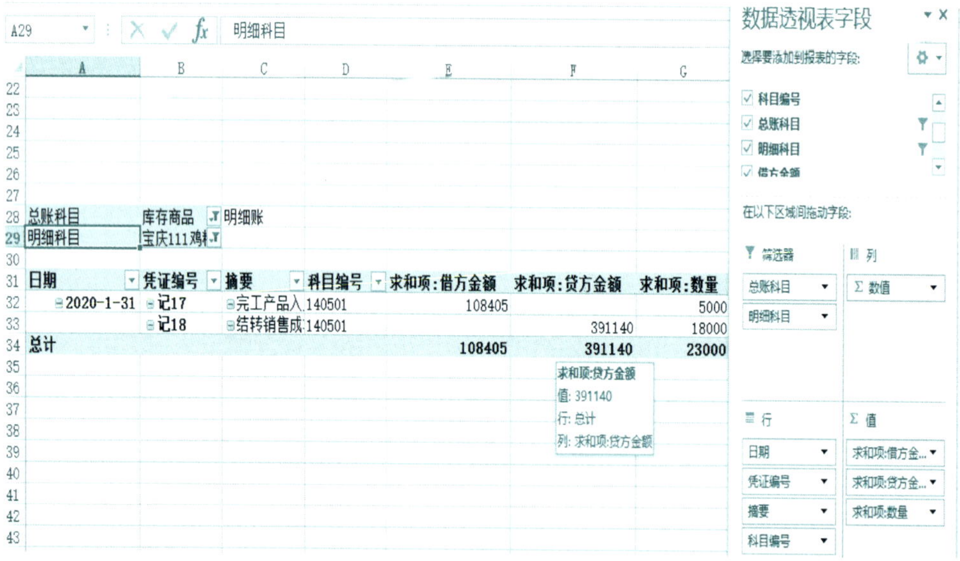

图 5－18　三栏式明细账透视表字段设置

三、宝东农牧会计凭证打印样式设置

记账凭证汇总表中的凭证是以二维表的形式保存各凭证要素，与手工记账凭证的样式差别大，通过透视表或者函数，将二维表形式的凭证要素转换成手工记账凭证的样式，既符合习惯，也方便打印和原始凭证的粘贴。

（一）通过透视表设置凭证打印样式

（1）透视表的数据源为记账凭证汇总表，字段设置如图5－19所示。

图5－19 凭证样式透视表字段设置

（2）工作表自定义页脚设置如图5－20所示。

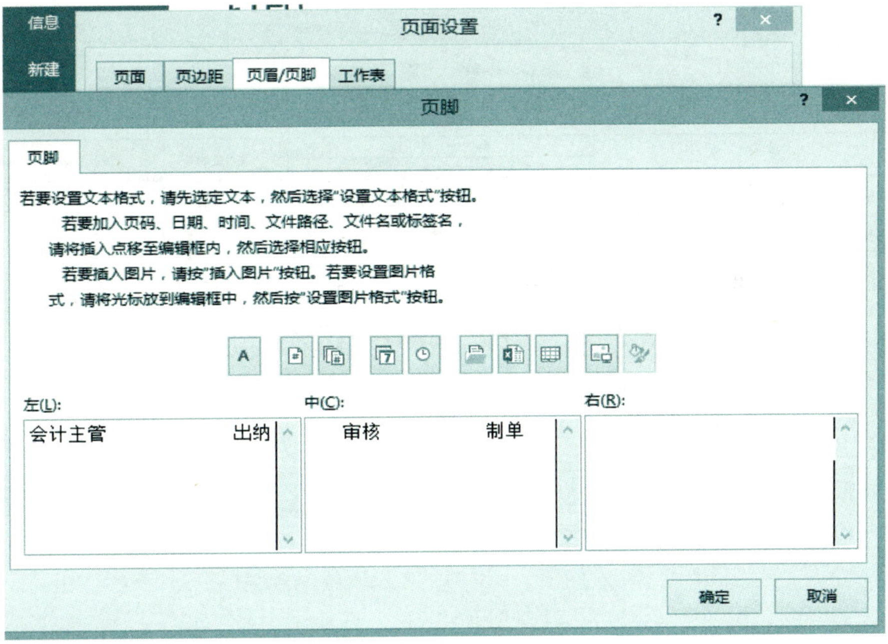

图5－20 页眉页脚设置

（3）透视表设置凭证打印格式的优缺点。

优点：设置容易，操作简单；

缺点：透视表的凭证样式与手工凭证的样式有一定的差别。

（二）通过函数设置凭证打印样式

（1）函数设置的凭证打印样式如图5-21所示。

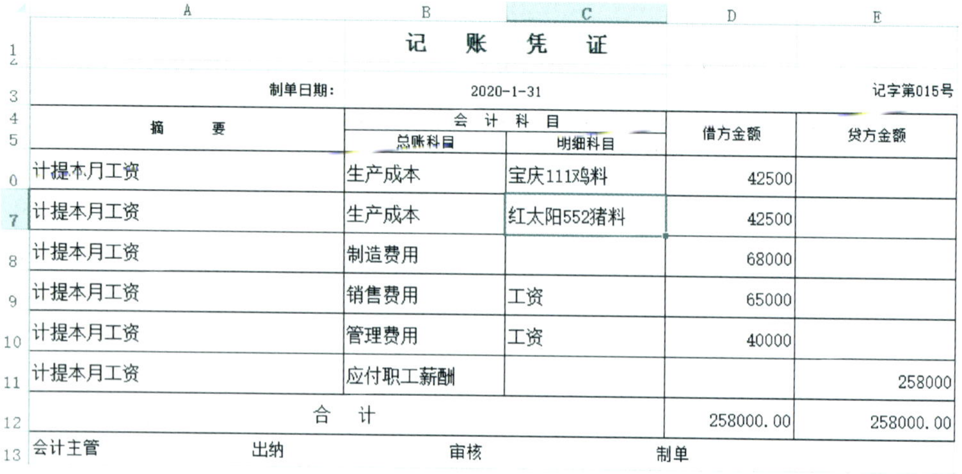

摘要	会计科目 总账科目	会计科目 明细科目	借方金额	贷方金额
记账凭证				
制单日期：	2020-1-31			记字第015号
计提本月工资	生产成本	宝庆111鸡料	42500	
计提本月工资	生产成本	红太阳552猪料	42500	
计提本月工资	制造费用		68000	
计提本月工资	销售费用	工资	65000	
计提本月工资	管理费用	工资	40000	
计提本月工资	应付职工薪酬			258000
合计			258000.00	258000.00
会计主管	出纳	审核	制单	

图5-21 函数打印凭证效果示意图

（2）公式设置列表如图5-22所示。

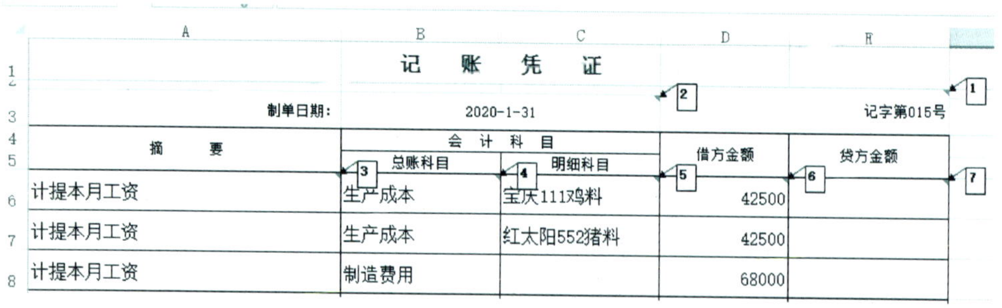

摘要	会计科目 总账科目	会计科目 明细科目	借方金额	贷方金额
记账凭证				
制单日期：	2020-1-31			记字第015号
计提本月工资	生产成本	宝庆111鸡料	42500	
计提本月工资	生产成本	红太阳552猪料	42500	
计提本月工资	制造费用		68000	

图5-22 凭证样式公式设置顺序示意图

需在上图中有批注的单元格设置取数公式，按照批注序号排列的各单元公式详见表5-2。

表5-2 单元公式列表

批注序号	单元格地址	单元格公式
1	D2	输入凭证编号
2	B3	=INDEX(记账凭证汇总表! $A$3:$A$9999,MATCH("记"&VALUE(MID(D2,4,3)),记账凭证汇总表! $B$3:$B$9999,0))
3	A6	=IF(ROW()-ROW($A$5)>COUNTIF(记账凭证汇总表! $B$3:$B$9999,"记"&VALUE(MID($D$2,4,3))),"",INDEX(记账凭证汇总表! $C$3:$C$999,MATCH("记"&VALUE(MID($D$2,4,3)),记账凭证汇总表! $B$3:$B$9999,0)+ROW()-ROW($A$6)))

续表

批注序号	单元格地址	单元格公式
4	B6	=IF(ROW()-ROW($A$5)>COUNTIF(记账凭证汇总表!$B$3:$B$9999,"记"&VALUE(MID($D$2,4,3))),"",INDEX(记账凭证汇总表!$E$3:$E$999,MATCH("记"&VALUE(MID($D$2,4,3)),记账凭证汇总表!$B$3:$B$9999,0)+ROW()-ROW($A$6)))
5	C6	=IF(ROW()-ROW($A$5)>COUNTIF(记账凭证汇总表!$B$3:$B$9999,"记"&VALUE(MID($D$2,4,3))),"",INDEX(记账凭证汇总表!$F$3:$F$999,MATCH("记"&VALUE(MID($D$2,4,3)),记账凭证汇总表!$B$3:$B$9999,0)+ROW()-ROW($A$6)))
6	D6	=IF(ROW()-ROW($A$5)>COUNTIF(记账凭证汇总表!$B$3:$B$9999,"记"&VALUE(MID($D$2,4,3))),"",INDEX(记账凭证汇总表!$G$3:$G$999,MATCH("记"&VALUE(MID($D$2,4,3)),记账凭证汇总表!$B$3:$B$9999,0)+ROW()-ROW($A$6)))
7	E6	=IF(ROW()-ROW($A$5)>COUNTIF(记账凭证汇总表!$B$3:$B$9999,"记"&VALUE(MID($D$2,4,3))),"",INDEX(记账凭证汇总表!$H$3:$H$999,MATCH("记"&VALUE(MID($D$2,4,3)),记账凭证汇总表!$B$3:$B$9999,0)+ROW()-ROW($A$6)))

（三）公式设置详解

1. 函数介绍

（1）INDEX 函数，功能：返回表或区域中的值或值的引用，格式：INDEX(Array,Row_num，[Column_num])。

（2）MATCH 函数，功能：返回指定数值在指定数组区域中的位置，格式：MATCH(Lookup_value，Lookup_array，[Match_type])。

（3）ROW 函数，功能：确定光标的当前行位置的函数。如果省略 Reference，则假定是对函数 ROW 单元格的引用，格式：ROW（Reference）。

（4）VALUE 函数，功能：代表数字的文本字符串转换成数字，格式：VALUE（Text）。

（5）COUNTIF 函数，功能：对指定区域中符合指定条件的单元格计数的一个函数，格式：COUNTIF(Range,Criteria)。

（6）MID 函数，功能：从一个字符串中截取出指定数量的字符，格式：MID(Text,Start_num，Num_chars)。

2. 公式设置思路

（1）在 D2 单元格输入 3 位数的凭证编号，D2 单元格的完整内容是：记字第 015 号（以 15 号凭证为例），通过公式"记"&VALUE(MID(D2,4,3))转换为“记 15”。

（2）通过公式 MATCH("记"&VALUE(MID(D2,4,3)),记账凭证汇总表!$B$3:$B$9999,0)（假设记账凭证汇总表最大行为 9999 行）找到 15 号凭证的第一行。

（3）通过公式 INDEX(记账凭证汇总表!A3:A73,MATCH("记"&VALUE(MID(D2,4,3)),记账凭证汇总表!$B$3:$B$9999,0))，B3 单元格返回 15 号凭证的日期。

（4）通过 COUNTIF(记账凭证汇总表！$B$3：$B$9999,"记"&VALUE(MID($D$2,4,3)))统计15号凭证的行数。

（5）A6 单元格公式设置完成，通过向下自动填充，可以完成 A7、A8、A9……单元格公式的设置。

A6 单元格公式：IF(ROW()-ROW($A$5)>COUNTIF(记账凭证汇总表！$B$3：$B$9999,"记"&VALUE(MID($D$2,4,3))),"",INDEX(记账凭证汇总表！$C$3：$C$999,MATCH("记"&VALUE(MID($D$2,4,3)),记账凭证汇总表！$B$3：$B$9999,0)+ROW()-ROW($A$6)))。

将 A6 单元格公式向下自动填充到某一行，需判断本行是否超过凭证的行数，例如 15 号凭证行数为 6 行，A6 到 A11 单元格显示凭证的摘要内容，A12 单元格应该为空，通过 IF(ROW()-ROW($A$5)>COUNTIF(记账凭证汇总表！$B$3：$B$9999,"记"&VALUE(MID($D$2,4,3))),""来实现。假设当前单元格为 A12，则 ROW()函数返回值为 12，ROW($A$5)返回值为 5，ROW()-ROW($A$5)也就是 12-5>6（6 为 15 号凭证的行数），IF 函数返回空("")。

将 A6 单元格公式向下自动填充到某一行，当判断本行不超过凭证的行数时，通过 INDEX 和 MATCH 函数的组合 IF(ROW()-ROW($A$5)>COUNTIF(记账凭证汇总表！$B$3：$B$9999,"记"&VALUE(MID($D$2,4,3))),"",INDEX(记账凭证汇总表！$C$3：$C$999,MATCH("记"&VALUE(MID($D$2,4,3)),记账凭证汇总表！$B$3：$B$9999,0)+ROW()-ROW($A$6)))返回指定凭证的第一行摘要内容（例如 15 号凭证）。将单元格公式向下自动填充一行时，通过 ROW()-ROW($A$6)))来控制返回凭证下一行的摘要内容。例如将 A6 单元格公式拖动到 A7，应显示凭证第二行的摘要内容，ROW()-ROW($A$6)的计算结果为 1，MATCH("记"&VALUE(MID($D$2,4,3)),记账凭证汇总表！$B$3：$B$9999,0)+ROW()-ROW($A$6))将凭证编号的匹配结果加 1，通过 INDEX 返回凭证第二行的摘要内容。

凭证表体的总账科目（B6）、明细科目（C6）、借方金额（D6）、贷方金额（E6）的公式设置思路和摘要（A6）一样。

项目拓展训练

请使用 EXCEL 完成卓尔康股份账簿的查询和凭证打印功能。

任务 4
用 EXCEL 进行宝东农牧资产负债表和利润表编制

任务情境

编制会计报表是会计核算的一种专门方法，也是会计工作的一项重要内容。通过使用函数从记账凭证汇总表、余额及发生额表取数，完成资产负债和利润表的编制。根据“余额及发生额表”，使用 SUMPRODUCT 等函数完成资产负债表和利润表各项目的公式设置。

知识链接

资产负债表表示企业在一定日期（通常为各会计期末）的财务状况（即资产、负债和所有者权益的状况）的主要会计报表。资产负债表利用会计平衡原则，将合乎会计原则的资产、负债、股东权益等交易科目分为“资产”和“负债及所有者权益”两大部分，在经过分录、转账、分类账、试算、调整等会计程序后，以特定日期的静态企业情况为基准，浓缩成一张报表。其报表功用除了企业内部除错、经营方向、防止弊端外，也可让所有阅读者在最短时间内了解企业财务状况。

利润表是反映企业在一定会计期间经营成果的报表，是一张动态报表。利润表可以为报表阅读者提供做出合理经济决策所需要的有关资料，也可以用来分析利润增减变化的原因、公司的经营成本、做出投资价值评价等。

任务实施

任务情境的解析过程如下：

一、资产负债表和利润表填列方法介绍

（一）资产负债表填列方法介绍

（1）根据有关总账账户的期末余额直接填列。如“交易性金融资产”“短期借款”“应付票据”“应付职工薪酬”“实收资本（或股本）”“资本公积”“盈余公积”等项目。

（2）根据有关总账账户的期末余额分析计算填列。如“货币资金”项目，应根据“库存现金”“银行存款”和“其他货币资金”三个总账账户的期末余额合计数填列；“存货”项目，应根据“原材料”“委托加工物资”“周转材料”“库存商品”“生产成本”“材料成本差异”等总账账户期末余额的分析汇总数，再减去“存货跌价准备”账户余额后的净额填列；“未分配利润”项目，应根据“本年利润”账户和“利润分配”账户的期末余额分析计算填列，若为负数表示未弥补的亏损。

（3）根据有关明细账户的期末余额分析计算填列。如“预付账款”项目，应根据“应付账款”和“预付账款”明细账户的期末借方余额合计数填列；“应付账款”项目，应根据“应付账款”和“预付账款”明细账户的期末贷方余额合计数填列；“预收账款”项目应根据“应收账款”和“预收账款”明细账户的期末贷方余额合计数填列；“应收账款”项目应根据“应收账款”和“预收账款”明细账户的期末借方余额合计数填列。

（4）根据有关总账户和明细账户的期末余额分析、计算后填列。如“长期借款”项目，应根据“长期借款”总账账户期末余额扣除“长期借款”明细账户中将在一年内到期且企业不能自主清偿义务展期的长期借款后的金额填列；“应付债券”项目，应根据“应付债券”填列。

总账户期末余额扣除“应付债券”明细账户中将在一年内到期的金额填列；“长期待摊费用”项目，应根据“长期待摊费用”账户的期末余额扣除将于一年内摊销的数额后的金额填列。

（5）根据有关总账账户期末余额减去备抵账户余额后的净额填列。如“应收账款”“应收票据”“其他应收款”“存货”“长期股权投资”“固定资产”“工程物资”“在建工程”“无形资产”等项目，应根据总账账户期末余额分别减去相应减值准备账户后的净额填列。“固定资产”项目，应根据“固定资产”总账账户期末余额减去“累计折旧”“固定资产减值准备”备抵账户余额后的净额填列；“无形资产”项目，应根据“无形资产”总账账户期末余额减去“累计摊销”“无形资产减值准备”备抵账户期末余额后的净额填列。

（6）报表中合计和总计项目填列。报表中的合计与总计，应根据报表项目之间的关系计算填列。如“流动资产合计”+“非流动资产合计”=“资产总计”；“流动负债合计”+“非流动负债合计”=“负债合计”；“负债合计”+“所有者权益合计”=“负债和所有者权益合计”。

（二）利润表填列方法介绍

（1）根据有关账户的发生额直接填列：如“税金及附加”“销售费用”“管理费用”“财务费用”“资产减值损失”“公允价值变动损益”“营业外收入”“营业外支出”“所得税费用”等项目。

（2）按照有关账户的发生额分析计算填列。如“营业收入”项目，应根据“主营业务收入”和“其他业务收入”账户的发生额分析计算填列；“营业成本”项目，应根据“主营业务成本”和“其他业务成本”账户的发生额分析计算填列。

（3）营业利润、利润总额、净利润应按以下公式计算填列。

营业利润 = 营业收入 − 营业成本 − 税金及附加 − 销售费用 − 管理费用 − 财务费用 − 资产减值损失 + 公允价值变动收益（−公允价值变动损失）+投资收益（−投资损失）

利润总额 = 营业利润 + 营业外收入 − 营业外支出

净利润 = 利润总额 − 所得税费用

二、宝东农牧资产负债表和利润表的填列

（一）宝东农牧资产负债表填列

1. 资产负债表格式设置

资产负债表的样式和格式设置可以从网站下载（例如：http：//www.gov.cn/xinwen/

2018 -07/03/content_5303119. htm），宝东农牧资产负债表格式详见“项目5 EXCEL在企业账务处理中的应用（素材）. XLSX”的“资产负债表”工作表。

2. 资产负债表取数公式设置思路

资产负债表的数据来自余额及发生额表，常见的取数方法是每个资产负债表项目直接引用余额及发生额表的数据，单元格公式设置为余额及发生额表的单元格地址，这种方法未使用EXCEL函数，相对简单，但需手工为每个资产负债项目设置对应的余额及发生额表单元格地址，不能使用函数自动填充功能，工作量大。由于资产负债表很多项目名称与账户名称相同，因此另一种方法是使用函数通过项目名称自动取余额及发生额表对应账户的数据，设置一个项目的公式后通过函数填充功能实现大部分资产负债表项目的自动填列，填列方法特殊的项目，则根据填列要求通过修改取数公式来完成数据的填列。

3. 资产负债表公式设置

公式设置以“其他应收款”“货币资金”项目为例，设置效果如图5-23所示。

	A	B	C	D	E	F
1				资产负债表（简表）		
2						会企01表
3	编制单位：	年	月	日		单位：元
4 5	资 产	期末余额	年初余额	负债和所有者权益（或股东权益）	期末余额	年初余额
6	流动资产：			流动负债：		
7	货币资金	2743528	2443038	短期借款	840000	840000
8	交易性金融资产	0	0	交易性金融负债	0	0
9	衍生金融资产	0	0	应付票据	0	0
10	应收票据	0	0	应付账款	61058	50686
11	应收账款	1633641	239531	预收款项	0	0
12	预付账款	7865	7865	合同负债	0	0
13	应收利息	0	0	应付职工薪酬	258000	232000
14	应收股利	0	0	应交税费	0	0
15	其他应收款	15300	15300	应付利息	1567	1567
16	存货	774302	1918820	应付股利	0	0
17	一年内到期的非流动资产	0	0	其他应付款	65894	65894
18	其他流动资产	0	0	一年内到期的非流动负债	0	0
19	流动资产合计	5174636	4624554	其他流动负债	0	0

图5-23 资产负债表

在余额及发生额表中，D列是期初借方余额列，E列是期初贷方余额列，M列是期末借方余额列，N列是期末贷方余额列。

（1）“其他应收款”项目公式设置。

A15单元格是“其他应收款”项目名称，C15单元格是“其他应收款”项目的“年初余额”，单元格公式：

C15 = SUMPRODUCT((宝东科目余额及发生额！ $A$4：$A$110 =1)*(宝东科目余额及发生额！ $C$4：$C$110 = TRIM($A15))*宝东科目余额及发生额！D$4：D$110)。

A7单元格是“货币资金”项目名称，C7单元格是“货币”项目的“年初余额”，单元格公式：C7 = SUMPRODUCT((宝东科目余额及发生额！ $A$4：$A$110 =1)*(宝东科目余额及发生额！$C$4：$C$110={"库存现金","银行存款","其他货币资金"}）*宝东科目余额及发生额！D$4：D$110）。

函数使用介绍：

TRIM 函数，功能：删除字符串中多余的空格，格式：TRIM(Text)，使用此函数用于删除项目名称前后的空格，以便与科目及余额表中的科目精确匹配。

提示：如果需删除字符串中间的空格，请用 SUBSTITUTE 函数。

公式设置思路：

C15 单元格是其他应收款的年初余额，数据来源于余额及发生额表的年初余额，需先找到其他应收款所在行，再取该行年初余额对应单元格数据。"宝东科目余额及发生额！C$4：C$110=TRIM(A15)"用于查找（匹配）其他应收款所在行；"宝东科目余额及发生额！$A$4：$A$110=1"用于限定从一级科目中查找其他应收款，之所以限定一级科目，是因为有些科目名称既可能是一级科目，也可能是明细科目，例如"制造费用"；"宝东科目余额及发生额！D$4：D$11"为年初借方余额列。求其他应收款的期末余额（B15 单元格），只需修改公式中的余额列由 D 列改为 M 列即可，修改后的其他应收款期末余额单元格公式为：=SUMPRODUCT((宝东科目余额及发生额！$A$4：$A$110=1)*(宝东科目余额及发生额！$C$4：$C$110=TRIM($A15))*宝东科目余额及发生额！M$4：M$110)。

（2）"货币资金"项目公式设置。

货币资金项目的数据来自"库存现金""银行存款"和"其他货币资金"三个总账账户的余额，公式设置可参考"其他应收款"项目的公式，分别取上述三个账户的余额后相加，C7 单元格公式为：

SUMPRODUCT((宝东科目余额及发生额！$A$4：$A$110=1)*(宝东科目余额及发生额！$C$4：$C$110="库存现金")*宝东科目余额及发生额！D$4：D$110)+SUMPRODUCT((宝东科目余额及发生额！$A$4：$A$110=1)*(宝东科目余额及发生额！$C$4：$C$110="银行存款")*宝东科目余额及发生额！D$4：D$110)+SUMPRODUCT((宝东科目余额及发生额！$A$4：$A$110=1)*(宝东科目余额及发生额！$C$4：$C$110="其他货币资金")*宝东科目余额及发生额！D$4：D$110)。

使用此方法设置的公式长，操作烦琐，若"存货"项目按上述方法设置公式，长度会更长，此方法不可取。因此，通过使用 SUMPRODUCT 和数组，可实现多个账号的自动循环相加。

在 EXCEL 中，数组用 {} 表示，数组公式用"Ctrl+Shift+Enter"三个键才能得到正确的结果，当在函数中使用数组时，函数会对数组中的每一个元素进行运算，因此 C7 单元格的公式可简化为：

=SUMPRODUCT((宝东科目余额及发生额！$A$4：$A$110=1)*(宝东科目余额及发生额！$C$4：$C$110={"库存现金","银行存款","其他货币资金"})*宝东科目余额及发生额！D$4：D$110)。

B7 单元格（货币资金期末余额）公式为：SUMPRODUCT((宝东科目余额及发生额！$A$4：$A$110=1)*(宝东科目余额及发生额！$C$4：$C$110={"库存现金","银行存款","其他货币资金"})*宝东科目余额及发生额! M$4:M$110)。

（二）宝东农牧利润表表填列

1. 利润表表格式设置

利润表的样式和格式设置可以从网站下载（例如：http：//www.gov.cn/xinwen/2018-07/03/content_5303119.htm），宝东农牧资产负债表格式详见“项目 5 EXCEL 在企业账务处理中的应用（素材）.XLSX”的“利润表”工作表。

2. 利润表取数公式设置思路

利润表公式设置思路同资产负债表，取余额及发生额的本期借贷发生额对应的 I 列和 K 列即可。

资产负债表和利润表每个单元格公式的设置详见素材文件。

项目拓展训练

请使用 EXCEL 进行卓尔康股份资产负债表和利润表的编制。

扫码进入视频学习

项目 5

项目六 6 EXCEL 在货币时间价值中的应用

货币时间价值是指在没有风险和通货膨胀的情况下，货币经历一定时间的投资和再投资所增加的价值，是等量货币在不同时间点上的价值差额。货币时间价值的实质是货币周转使用所形成的增值额，是货币所有者让渡货币使用权而参与社会财富分配的一种形式，相当于没有风险和通货膨胀情况下的社会平均货币利润，如国债利率基本上是无风险利率。

不是所有的货币都具有时间价值，只有在循环和周转中的货币，其总量才随着时间的推移按几何级数增长，使得货币具有时间价值。由于不同时间点上单位货币的价值不同，所以不同时间的现金收支不宜直接进行比较，需要把它们换算到相同的时间基础上，然后才能进行大小的比较和比率的计算。

货币时间价值几乎渗透到财务领域的每一个细节，是进行财务管理必须树立的价值观念，也是财务管理后续章节项目投资、股票投资、债券投资等的依据。

任务1
用 EXCEL 进行单利终值和现值的计算

任务情境

（1）湖南宝东农牧科技股份有限公司有一张票面金额 30 万元、票面利率 2.3% 的带息银行承兑汇票，出票日期为 2020 年 8 月 12 日，到期日是 2020 年 11 月 10 日（90 天），企业到期能收到的票据款金额为多少？

（2）湖南宝东农牧科技股份有限公司的刘会计因为房地产限购政策的原因，购买第二套房的计划只能推迟到三年以后，目前她计划将购房首付金额的 50% 也就是 25 万元放在银行进行定期储蓄，目前长沙银行的 3 年期大额存单的利率为 4.256%，请计算刘会计 3 年后可以从银行收到的本金和利息一共为多少？

（3）如果刘会计计划 3 年后从长沙银行收到的本利和一共为 25 万元，请问她现在需要存入银行多少钱？

知识链接

现值是指未来某一时点上的一定量货币折算到现在所对应的金额。**终值**又称将来值，是现在一定量的货币折算到未来某一时点所对应的金额。终值和现值的计算涉及利息计算方式的选择，目前有两种利息计算方式，即单利和复利。**单利**是指一笔货币无论存期多长，只有本金计取利息，其所产生的利息不加入本金重复计算利息的方法，即利不生息。除非特别指明，在计算利息时，给出的利率均为年利率，年为 360 天，月为 30 天。

单利利息的计算公式：

$$I = P \times i \times n$$

单利终值，就是按单利计算的本利和，计算公式为：

$$F = P + I = P + P \times i \times n = P \times (1 + i \times n)$$

单利现值，就是以后年份收到或付出货币按单利计算相当于现在的价值，计算公式为：

$$P = F/(1 + i \times n)$$

任务实施

任务情境的解析过程如下：

（1）公司有一张票面金额 30 万元、票面利率 2.3% 的带息银行承兑汇票，出票日期为 2020 年 8 月 12 日，到期日是 2020 年 11 月 10 日（90 天），企业到期能收到的票据款金额为多少？

第一步：为了计算湖南宝东农牧科技股份有限公司 2020 年 11 月 10 日能收到的票据款，我们可以把该企业和票据款计算有关的参数录入 EXCEL 工作簿中构建一个计算模型，如图 6－1 所示。

	A	B
1	期数（月）	3
2	票面金额	300000
3	票面利率	2.300%
4	到期值	

图 6－1 银行承兑汇票单利计息求终值计算模型

第二步，按照单利终值公式，在 B4 单元格录入：＝B3＊B2/360＊B1＊30＋B2，即可得到计算结果为 301725 元。我们发现用 EXCEL 模型进行计算的优点是：当我们的期数、票面金额或者票面利率发生变化时，我们不用再关心算法，只需要在模型上修改参数即可看到结果，模型在有许多类似算法的财务计算中可以反复利用。

	A	B	C
1	期数（月）	3	
2	票面金额	300000	
3	票面利率	2.300%	B4单元格录入公式如下：
4	到期值	301725	=B3*B2/360*B1*30+B2

图 6－2　银行承兑汇票单利计息求终值模型计算结果

（2）刘会计因为房地产限购政策的原因，购买第二套房的计划只能推迟到三年以后，目前她计划将购房首付金额的 25 万元放在银行进行定期储蓄，目前长沙银行的 3 年期大额存单的利率为 4.256%，请计算刘会计 3 年后可以从银行收到的本金和利息一共为多少？

第一步：按照 EXCEL 建模解决问题的思路，我们继续录入关键参数，构建模型，如图 6－3 所示。

	A	B
6	期数（年）	3
7	期初金额	250000
8	利率	4.256%
9	到期值	

图 6－3　银行存款单利计息求终值计算模型

第二步，按照单利终值公式，在 B9 单元格录入：＝B8＊B7＊B6＋B7，即可得到刘女士 3 年后的终值为 281920 元。储蓄客户存入不同存储金，或者银行利率及期数等关键参数变化时，只需要在模型修改关键参数，也会得到相应的到期值，如图 6－4 所示。

	A	B	C
6	期数（年）	3	
7	期初金额	250000	
8	利率	4.256%	B9单元格录入公式如下：
9	到期值	281920	=B8*B7*B6+B7

图 6－4　银行存款单利计息求终值计算结果

（3）请问如果刘会计计划三年后从长沙银行收到的本利和一共为 25 万元，请问她现在需要存入银行多少钱？

第一步：按照 EXCEL 建模解决问题的思路，我们继续录入关键参数，构建模型，如图 6－5 所示。

	A	B
11	期数（年）	3
12	单利终值	250000
13	利率	4.256%
14	期初存入额	

图 6－5　银行存款单利计息求现值计算模型

第二步，按照单利现值公式，在 B9 单元格录入：=B12/(1+B11*B13)，即可得到结果：刘女士现在将 221694.0976 元存入银行，3 年后就可以得到 250000 元。

	A	B	C
11	期数（年）	3	
12	单利终值	250000	
13	利率	4.256%	B13单元格录入公式如下：
14	期初存入额	221694.0976	=B12/(1+B11*B13)

图 6-6　银行存款单利计息求现值计算结果

小常识

在计算利息时，除非特别指明，否则给出的利率是指年利率。对于不足一年的利息，以一年等于 360 天来折算。现实生活中的商业票据的贴现的计算、单利计息条件下债券的计算、我们存入银行的储蓄在一个储蓄周期内都是按单利来进行计算的。单利不是货币时间价值的表现形式，不能以单利计量货币时间价值。在财务管理中，如果不加注明，一般按照复利计算货币的时间价值。

项目拓展训练

（1）湖南宝东农牧科技股份有限公司有一张带息期票，面额为 12000 元，票面利率 4%，出票日期 6 月 15 日，8 月 14 日到期（共 60 天），请用本节案例中已经构建好的模型，计算公司该张票据到期时的票据款。

（2）湖南宝东农牧科技股份有限公司因急需用款，于 6 月 25 日凭该期票到银行办理贴现，银行规定的贴现率 6%。因该期票 8 月 14 日到期，贴现期为 50 天。请构建 EXCEL 模型，计算银行付给企业的金额应该为多少？

（3）图 6-7 是中国建设银行的城乡居民存款挂牌利率表，湖南宝东农牧科技股份有限公司的王司机 5 万元的存款选择整存整取 3 年期项目，请用 EXCEL 模型计算 3 年后到期时王先生收到的金额应该为多少？

城乡居民存款挂牌利率表

2015-10-24

项目	年利率（%）
一、城乡居民存款	
（一）活期	0.30
（二）定期	
1. 整存整取	
三个月	1.35
半年	1.55
一年	1.75
二年	2.25
三年	2.75
五年	2.75
2. 零存整取、整存零取、存本取息	
一年	1.35
三年	1.55
五年	1.55
3. 定活两便	按一年以内定期整存整取同档次利率打六折执行

图 6－7　城乡居民存款挂牌利率表

任务 2
用 EXCEL 进行复利终值的计算

任务情境

拿破仑和玫瑰花的故事

拿破仑 1797 年 3 月在卢森堡第一国立小学演讲时说了这样一番话：“为了答谢贵校对我们，尤其是对我夫人约瑟芬的盛情款待，我不仅今天呈上一束玫瑰花，并且在未来的日子里，只要我们法兰西存在一天，每年的今天我将亲自派人送给贵校一束价值相等的玫瑰花，作为法兰西与卢森堡友谊的象征。”

卢森堡这个小国对这位“欧洲巨人与卢森堡孩子亲切、和谐相处的一刻”念念不忘，并载入他们的史册。1984 年年底，卢森堡旧事重提，向法国提出违背“赠送玫瑰花”诺言的索赔：要么从 1797 年起到 1984 年（共 187 年），用 3 路易作为一束玫瑰花的本金，以 5 厘复利（即利滚利）计息全部清偿这笔“玫瑰款”；要么法国政府在法国各大报刊上公开承认拿破仑是个言而无信的小人。起初，法国政府准备不惜重金赎回拿破仑的声誉，但却被电脑算出的数字惊呆了：原本 3 路易的许诺，本息竟高达 137 万法郎（按 1 路易 =50 法郎计算）。经过冥思苦想，法国政府斟词琢句的答复是：“以后，无论在精神上还是物质上，法国将始终不渝地对卢森堡大公国的中小学教育事业予以支持与赞助，来兑现我们的拿破仑将军那一诺千金的玫瑰花信誉。”这一措辞最终得到了卢森堡人民的谅解。

你知道 137 万法郎是怎么计算出来的吗？请用财务管理理论中学过的复利终值公式和 EXCEL 函数两种方法进行计算。

知识链接

复利终值指现在的特定货币按复利计算方法，折算到将来某一定时点的价值，或者说是现在的一定本金在将来一定时间，按复利计算的本金与利息之和，也就是通常说的“利滚利”。已知本金为 P，利率为 I，经过 n 期，复利终值计算过程如图 6－8 所示：

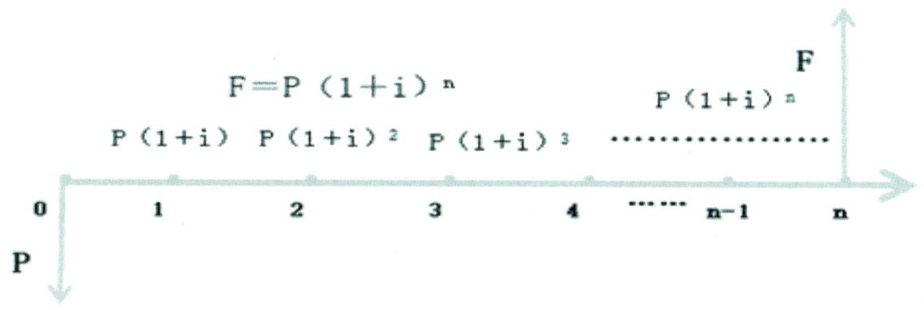

图 6－8　利率终值求解思路

所以第 n 年的本利和为：$F_n = P \times (1+i)^n = P \times (F/P,i,n)$

式子$(1+i)^n$称为复利终值系数，也可以叫作 1 元的复利终值，用$(F/P,i,n)$表示。

在 EXCEL 中，也可以用 FV 函数这样一个财务函数完成已知期数 n、利率 i、本金 P 求复利终值的计算。我们可以在 EXCEL 工具栏找到公式，点击“插入函数”，如图 6－9 所示。

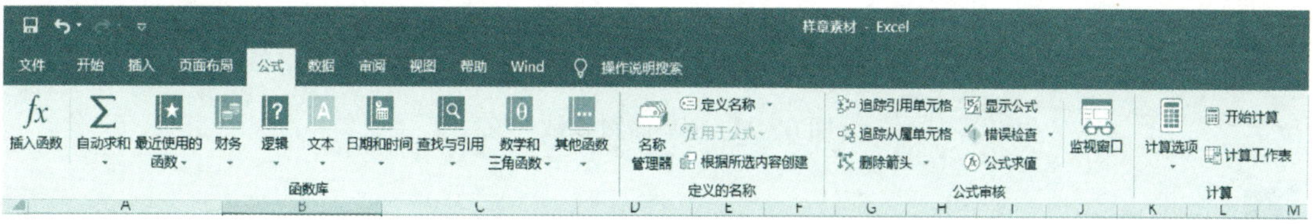

图 6－9　EXCEL 财务函数功能

立即弹出插入函数对话框，我们可以找到 FV 函数，如图 6－10 所示。

FV 函数基于固定利率及等额分期付款方式，返回某项投资的未来值。其具有下列参数，如图 6－11 所示：Rate 表示利率；Nper 表示总期数；Pmt 年金，表示各期所应支付的金额，在整个年金期间保持不变。如果省略 Pmt，则必须包括 Pv 参数、Pv 现值或一系列未来付款的当前值的累积和。如果省略 Pv，则假定其值为 0（零），并且必须包括 Pmt 参数。Type 可填数字 0 或 1，用以指定各期的付款时间是在期初还是期末。如果省略 Type，则假定其值为 0。

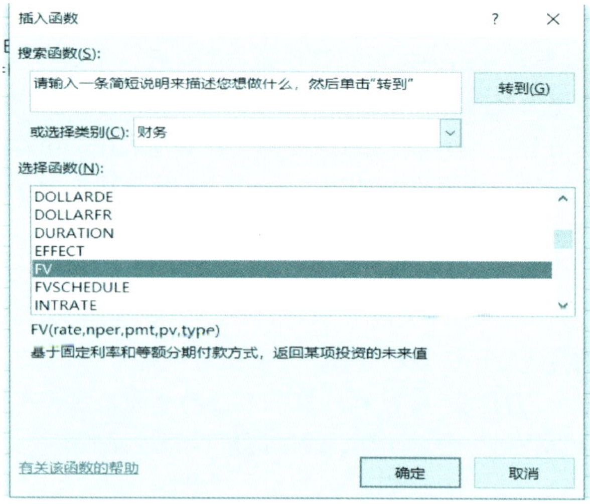

图 6-10　插入 FV 函数

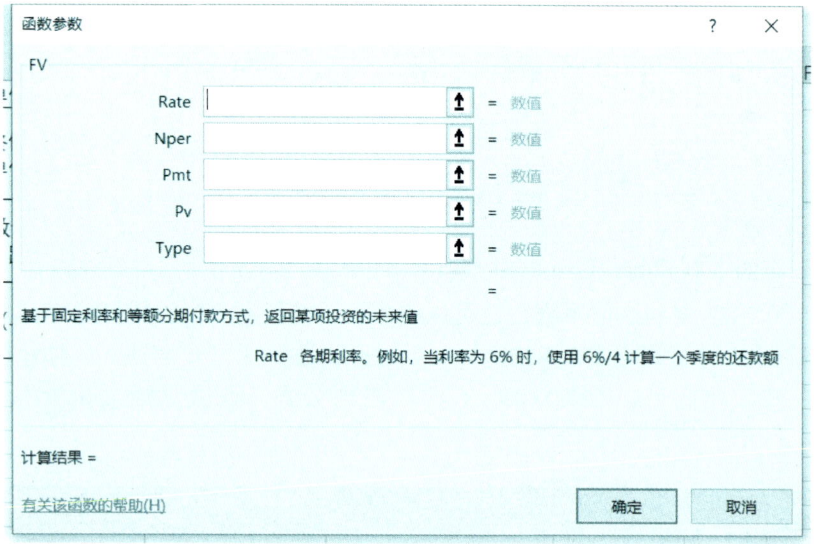

图 6-11　FV 函数参数一览

任务实施

通过对情境的分析，我们知道法国需要还款的期数是 187 期，计算的复利利率为 5%，本金为 3 路易，由于期数太大，无法通过查复利终值系数表(F/P,%,n)查到 187 期的相关系数，因此对于期数和利率在系数表中无法查询到的情况，用 EXCEL 建模可以很快完成分析，步骤如下：

第一步，按照 EXCEL 建模解决问题的思路，我们建立模型，录入决策有关的关键参数，如图 6-12 所示。

	A	B
1	1路易=50法郎	
2	利率:	5%
3	期数（年）:	187
4	本金（单位：路易）	3
5	用复利终值公式计算还款额（单位：路易）	
6	用FV函数计算还款额（单位：路易）	
7	还款额（单位：法郎）	

图 6－12　复利终值计算模型

第二步，我们可以用两种方法进行最终还款额的计算，我们先用第一种方法，即用复利终值系数 $(1+i)^n$ 来完成还款额的计算，值得注意的是（1+5%）的 187 次方，我们可以直接录入（1+B2）^B3，也可以用 POWER 函数：POWER(1+B2,B3)，如图 6－13 所示。

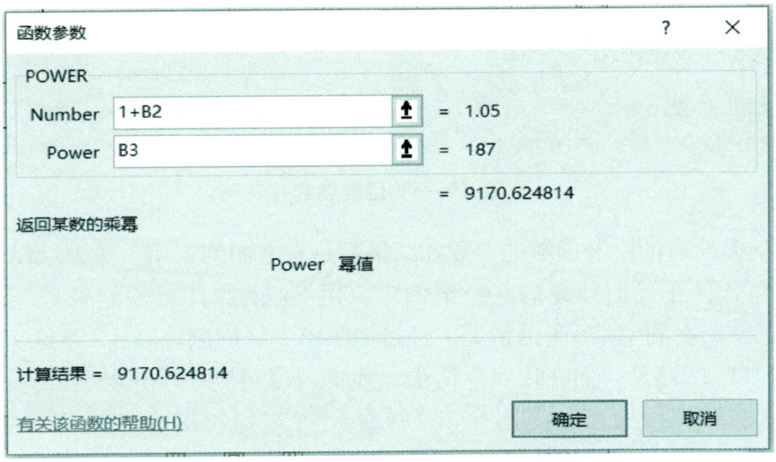

图 6－13　POWER 函数的参数

所以，在 B6 单元格录入公式“=B4 * (1+B2)^B3”或者“=B4 * POWER(1+B2,B3)”，都可以得到 27511.87 路易这样一个结果，如图 6－14 所示。

	A	B	C
1	1路易=50法郎		
2	利率:	5%	
3	期数（年）:	187	
4	本金（单位：路易）	3	
5	用复利终值公式计算还款额（单位：路易）	27,511.87	=B4*(1+B2)^B3 =B4*POWER(1+B2,B3)
6	用FV函数计算还款额（单位：路易）		
7	还款额（单位：法郎）		

图 6－14　复利终值公式计算结果

第三步，我们还可以用第二种方法，用 FV 函数完成还款额的计算，我们把鼠标放在 B6 单元格，插入 FV 函数，出现函数的界面，函数窗口包括了对函数各个参数的简介。按照案例的信息我们可以将数据填入函数窗口中，如图 6－15 所示。

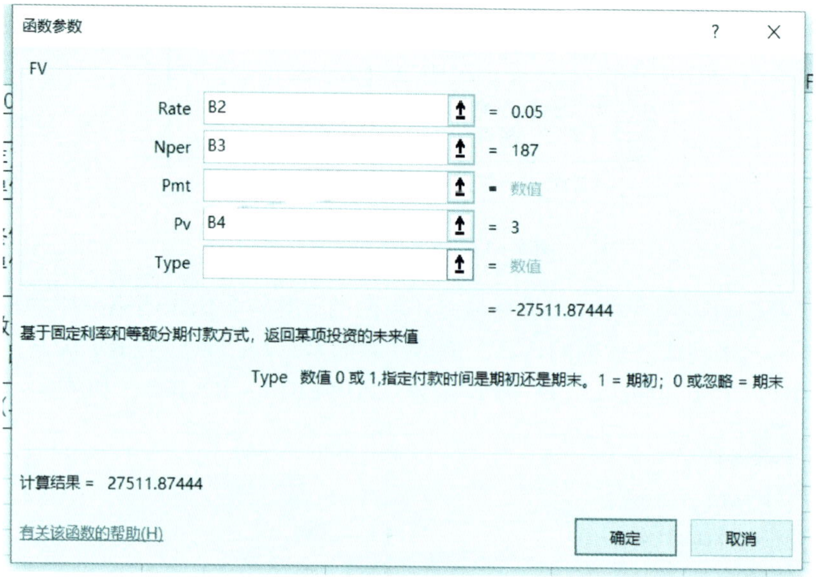

图 6－15　FV 函数参数列表

值得注意的是所有的财务函数的参数和结果都是有方向的，用负数表示现金的流出，正数表示现金的流入，在我们计算的这个案例中，用 FV 函数计算的结果是－27511.87，表示：3 路易的欠款，在利率是 5% 的情况下经过 187 年，我们应该归还 27511.87 路易，也就是现金流出 27511.87 路易。而在现实生活中，我们习惯得到一个正数的结果，所以我们可以用 ABS 函数将结果变为正数，如图 6－16 所示。

	A	B	C
1	1路易=50法郎		
2	利率:	5%	
3	期数（年）:	187	
4	本金（单位：路易）	3	
5	用复利终值公式计算还款额（单位：路易）	27,511.87	=B4*(1+B2)^B3 =B4*POWER(1+B2,B3)
6	用FV函数计算还款额（单位：路易）	27511.87444	=ABS(FV(B2,B3,,B4))
7	还款额（单位：法郎）		

图 6－16　FV 函数计算结果

第四步，由于 1 路易等于 50 法郎，我们可以用乘法公式很快计算出法国需要归还卢森堡的精确数额，如图 6－17 所示。你计算对了吗？

	A	B	C
1	1路易=50法郎		
2	利率:	5%	
3	期数（年）:	187	
4	本金（单位：路易）	3	
5	用复利终值公式计算还款额（单位：路易）	27,511.87	=B4*(1+B2)^B3或者 =B4*POWER(1+B2,B3)
6	用FV函数计算还款额（单位：路易）	27511.87444	=ABS(FV(B2,B3,,B4))
7	还款额（单位：法郎）	1,375,593.72	=B5*50 或者 =B6*50

图 6－17　最终还款额计算

项目拓展训练

（1）湖南宝东农牧科技股份有限公司拟投资 100 万元到一个 5 年期的项目，每年的投资报酬率为 12%，按复利计算这 100 万元本金投入此项目后，企业 5 年后可以收回的本息合计多少？请用复利终值公式和 FV 函数两种方法进行该项投资本利和的计算。

（2）当前社会中存在民间借贷的现象，而民间借贷往往采用复利计息，刘会计将 5 万元钱借给隔壁老王做生意，老王答应按照复利 8% 的利息于 3 年后归还本利和，请你用复利终值公式和 FV 函数两种方法进行该项投资本利和的计算。

（3）图 6－18 是中国建设银行的城乡居民存款挂牌利率表，湖南宝东农牧科技股份有限公司的王司机将 1 万元的存款选择整存整取 1 年期项目，第 1 年到期时自动转存，第 2 年到期时还自动转存，请问第 3 年到期时（即期数为 3）王司机得到的金额为多少？

城乡居民存款挂牌利率表

2015-10-24

项目	年利率（%）
一、城乡居民存款	
（一）活期	0.30
（二）定期	
1. 整存整取	
三个月	1.35
半年	1.55
一年	1.75
二年	2.25
三年	2.75
五年	2.75
2. 零存整取、整存零取、存本取息	
一年	1.35
三年	1.55
五年	1.55
3. 定活两便	按一年以内定期整存整取同档次利率打六折执行

图 6－18　城乡居民存款挂牌利率表

任务 3
用 EXCEL 进行复利现值的计算

任务情境

投资金额决策

许多企业为了筹资以及巩固企业和员工的关系，会和企业员工发生民间借贷关系。湖南宝东农牧科技股份有限公司约定员工可以将资金借给公司，公司会按 8% 的复利进行计息。谭总监手头有点资金，本来打算购买第二套住房，但是因房地产限购等一些政策原因，他 5 年后才能购买第二套住房，而银行的利率比较低，谭总打算将购房资金放在企业。请问：假设谭总监希望 5 年后能从企业得到 60 万元的本利和，他现在需要将多少资金借给公司？请用财务管理中学过的复利现值公式以及今天学习的 EXCEL 函数两种方法进行分析计算。

知识链接

复利现值是指未来某期的一定量的货币，按复利计算的现在的价值。或者说是为取得将来一定本利和，现在所需要的本金。由终值求现值，叫贴现。贴现时所用的利息率叫贴现率。财务管理中已知终值求现值的公式为：

$$P = F \times (1+i)^{-n} = F \times (P/F, i, n)$$

式中，$(1+i)^{-n}$称为复利现值系数，或称 1 元的复利现值，用$(P/F,i,n)$表示。在 EXCEL 中，也可以用 PV 函数这样一个财务函数完成已知期数 n、利率 i、终值 F 求复利现值的计算。我们可以在 EXCEL 工具栏找到公式，点击“插入函数”，立即弹出插入函数对话框，我们可以找到 PV 函数，如图 6－19 所示。

PV 函数基于固定利率及等额分期付款方式，返回某项投资的现值。其具有下列参数：Rate 表示利率；Nper 表示总期数；Pmt 年金，表示各期所应支付的金额，在整个年金期间保持不变。如果省略 Pmt，则必须包括 FV 参数。FV 为未来值，或在最后一次支付后希望得到的现金余额。如果省略 FV，则假定其值为 0（零），并且必须包括 Pmt 参数。Type 可填数字 0 或 1，用以指定各期的付款时间是在期初还是期末。如果省略 Type，则假定其值为 0。PV 函数参数如图 6－20 所示。

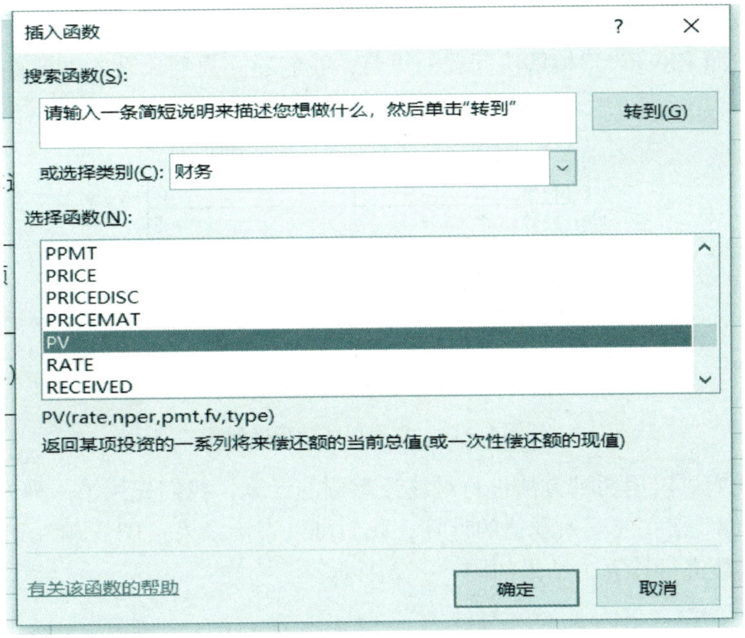

图 6－19 插入 PV 函数

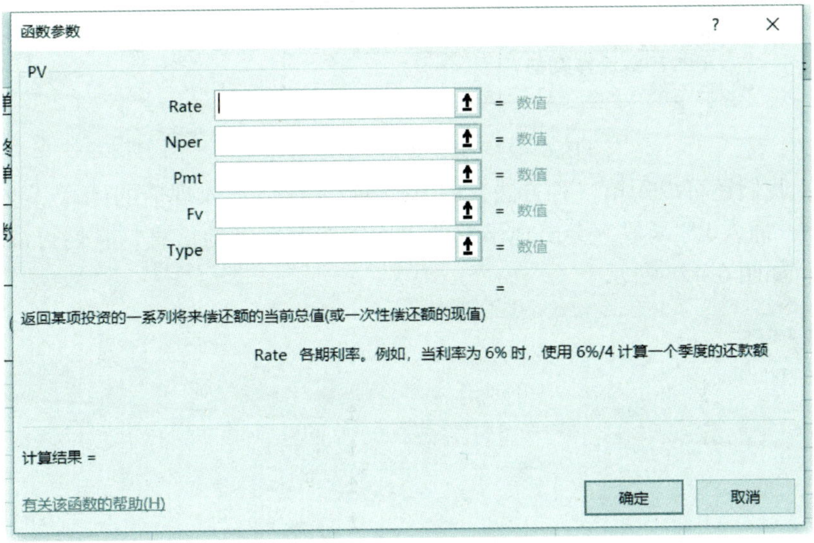

图 6－20 PV 函数参数

任务实施

通过对情境的分析，我们知道谭总监进行放贷的期数是 5 期，计算的复利利率为 8%，终值为 60 万元，我们可以用财务管理理论课程中学过的查询复利现值系数表(P/F,%,n)的办法查询相关系数，也可以由复利现值计算公式直接计算，在 EXCEL 中我们建议直接用公式进行计算，或者用 PV 函数完成，步骤如下：

第一步，按照 EXCEL 建模解决问题的思路，我们建立模型，录入决策有关的关键参数，如图 6－21 所示。

	A	B
1	利率:	8%
2	期数（年）：	5
3	终值	600000
4	用复利现值公式计算期初存入额	
5	用PV函数计算期初存入额	

图 6－21　复利现值计算模型

第二步，我们可以用两种方法进行最终还款额的计算，我们先用第一种方法，即用复利现值系数 $(1+i)^{-n}$ 来完成存入现值的计算，我们可以直接录入：B3 * (1 + B1)^ - B2，也可以用 POWER 函数进行计算，结果如图 6－22 所示。

	A	B	C
1	利率:	8%	
2	期数（年）：	5	
3	终值	600000	
4	用复利现值公式计算期初存入额	¥408,349.92	=B3*(1+B1)^-B2
5	用PV函数计算期初存入额		

图 6－22　复利现值公式计算结果

第三步，我们还可以用第二种方法，用 PV 函数完成应存入现值的计算，我们把鼠标放在 B6 单元格，插入 PV 函数，会出现函数的界面。按照案例的信息，我们可以将数据填入函数窗口中，如图 6－23 所示。

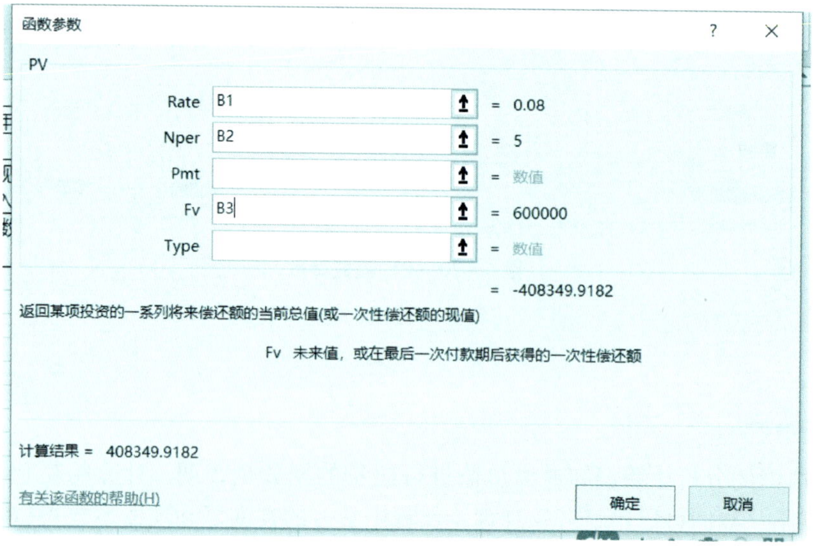

图 6－23　PV 函数参数

值得注意的是，所有的财务函数的参数和结果都是有方向的，用负数表示现金的流出，正数表示现金的流入，我们这个案例中，用 PV 函数计算得到的结果是 –408349. 92，表示在利率是 8% 的情况下 5 年后要得到 60 万元应该存入 408349. 92 元，是负数表示现金流出 408349. 92 元，即期初应该从谭总监流出 408349. 92 元给公司。而在现实生活中，我们习惯得到一个正数的结果，所以我们可以用 ABS 函数将结果变为正数，如图 6 –24 所示。

	A	B	C
1	利率:	8%	
2	期数（年）:	5	
3	终值	600000	
4	用复利现值公式计算期初存入额	¥408,349.92	=B3*(1+B1)^-B2
5	用PV函数计算期初存入额	¥408,349.92	=ABS(PV(B1,B2,,B3))

图 6 –24　PV 函数计算结果

小知识

EXCEL 中的财务函数比如 PV、FV、PMT 等函数中的现值、终值、年金参数都是有方向的，用负数表示货币的流出，正数表示货币的流入，其中财务函数返回的结果值也是有方向的，如果得到的结果为负数，表示是流出资金。

复利终值和复利现值互为逆运算；复利终值系数 $(1+i)^n$ 和复利现值系数 $(1+i)^{-n}$ 互为倒数。

项目拓展训练

（1）刘会计希望 10 年后儿子 18 岁的时候有一笔 30 万元的教育金，现在有一个投资项目，利率为 10%，复利计息，请问刘会计现在应该投资多少钱至该项目？用财务管理中学过的复利现值公式以及今天学习的 EXCEL 函数两种方法进行分析计算。

（2）王先生计划于 5 年后买车，需购车款 13 万元，王先生进行一项复利计息的投资，利率为 6%，为了 5 年后得到 13 万元购车款，求王先生现在需要的投资额。用财务管理中学过的复利现值公式以及今天学习的 EXCEL 函数两种方法进行分析计算。

任务 4
用 EXCEL 进行普通年金现值和终值的计算

任务情境

购买商业保险决策

湖南宝东农牧科技股份有限公司员工——50 岁的王司机打算购买一款商业保险，作为自己身故后的保障金，保险的大致内容为：王司机从现在开始每年年末支付 2230 元给保险公司，连续支付 10 年。王司机身故后，保险公司会支付给受益人 3 万元的身故保障金。

王司机觉得该款保险很划算，因为他只需要支付 22300 元的金额，身故后受益人就可以得到 30000 元的身故保障金。当他和刘会计说起这件事的时候，刘会计却认为是一个赔本的买卖。刘会计告诉王司机，不同时间点上的货币价值没有可比性，必须折合到同一个时间点才能进行比较。在贴现率为 3.5% 的假设下：

（1）将中国公民的平均寿命 78 岁作为王司机的身故年龄，用现值进行比较，分析王司机有没有必要购买这款保险。

（2）将中国公民的平均寿命 78 岁作为王司机的身故年龄，并用终值进行比较，分析土司机有没有必要购买这款保险。

（3）尝试根据该保险的情况绘制不同身故年龄购买该保险的收益现值与支出现值折线图，帮助王司机进行决策。

知识链接

年金是指等额、定期的系列收支。或者叫间隔期相等的系列等额收付款项。年金有普通年金、预付年金、递延年金和永续年金。

从第一期开始每期期末收款、付款的年金叫普通年金。普通年金现值是指在一定时期内按相同时间间隔在每期期末收付的相等金额折算到第一期初的现值之和。普通年金的现值可以用图 6－25 中的计算思路和公式进行计算。

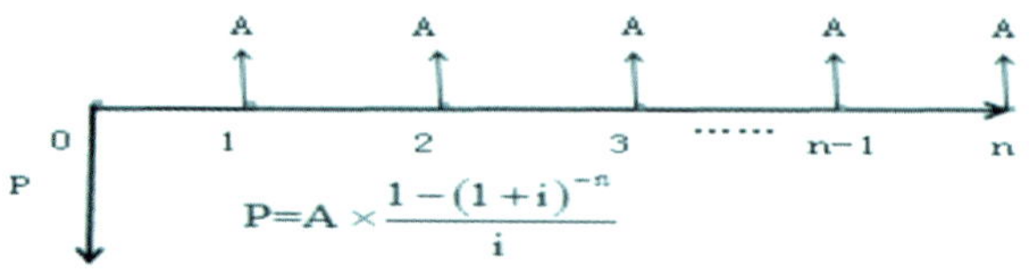

图 6－25　普通年金现值计算思路

$\frac{1-(1+i)^{-n}}{i}$被称为年金现值系数，记作（P/A，i，n），在 EXCEL 中我们用 PV 函数也可以完成已知年金求现值的计算。

普通年金的终值是，每期期末发生的收取或支付款项按复利计算的终值之和。普通年金的终值可以用图 6－26 中的计算思路和公式进行计算。

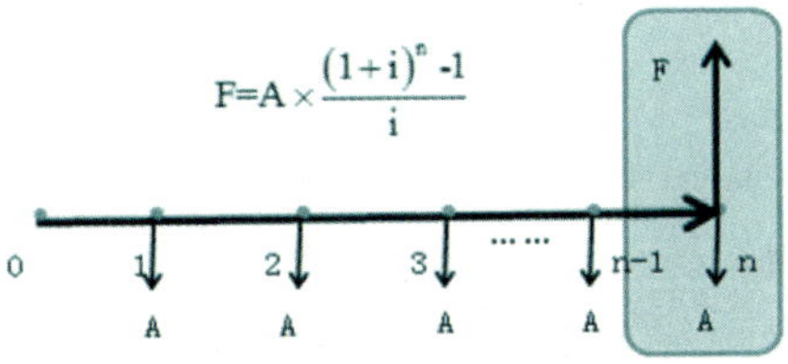

图 6－26　普通年金终值计算思路

$\frac{(1+i)^n-1}{i}$被称为年金终值系数，用符号(F/A,i,n)表示。在 EXCEL 中我们用前面学过的 FV 函数也可以完成已知年金求终值的计算。

任务实施

不同时间点上的货币价值没有可比性，所以当我们需要对一笔投资进行分析、判断其是否划算时，我们应该将该笔投资的现金流入和流出折算到同一个时间点才能进行比较。

我们可以将王先生身故后的身故保险金 3 万元、他从现在开始连续 10 年的投资额，都折算到现在这个时间点进行比较；还可以将王先生身故时收到的身故保险金 3 万元、他从现在开始连续 10 年的投资额都折算到王先生身故时那个时间点进行比较。

（1）用现值进行比较，分析王司机有没有必要购买这款保险？

第一步，按照 EXCEL 建模解决问题的思路，我们建立模型，录入与决策有关的关键参数，其中我们进行计算的贴现率为 3.5%，我们需要将王司机从现在开始连续 10 年年末缴纳的 2230 元年金折现到当前时间点，还需要将王司机 78 岁（根据平均寿命假设，下同）身故时距离现在 28 年得到的 3 万元保障金贴现到当前时间点，EXCEL 模型如图 6－27 所示。

	A	B
1	50岁王司机保险购买决策模型(普通年金现值)	
2	贴现率:	3.50%
3	支付年金的期数（年）:	10
4	支付的年金（普通年金）	2230
5	身故时得到的保险金	¥30,000.00
6	中国人平均寿命	78
7	身故得到保险金距离现在的期数	28
8	用年金现值系数、复利现值系数求:	
9	支付年金的现值	
10	身故时得到的保险金现值	
11	用PV函数求:	
12	支付年金的现值	
13	身故时得到的保险金现值	
14	是否应该购买保险	

图 6－27　用现值进行保险决策的 EXCEL 模型

第二步，我们用财务管理理论中的公式进行计算。其中将王司机从现在开始连续 10 年年末缴纳的 2230 元年金折现到当前时间点，我们需要将普通年金和普通年金现值系数相乘得到王司机支付的年金现值，在 B9 单元格录入公式：= B4 * (1 - (1 + B2)^ - B3)/B2。将王司机 78 岁身故时距离现在 28 年得到的 3 万元保障金贴现到当前时间点，需要将终值 3 万元与复利现值系数相乘，得到身故时得到的保险金现值，在 B10 单元格录入公式：= B5 * (1 + B2)^ - B7，如图 6 - 28 所示。

	A	B	C
1	50岁王司机保险购买决策模型(普通年金现值)		
2	贴现率:	3.50%	
3	支付年金的期数（年）:	10	
4	支付的年金（普通年金）	2230	
5	身故时得到的保险金	¥30,000.00	
6	中国人平均寿命	78	
7	身故得到保险金距离现在的期数	28	
8	用年金现值系数、复利现值系数求:		
9	支付年金的现值	¥18,546.03	=B4*(1-(1+B2)^-B3)/B2
10	身故时得到的保险金现值	¥11,449.63	=B5*(1+B2)^-B7
11	用PV函数求:		
12	支付年金的现值		
13	身故时得到的保险金现值		
14	是否应该购买保险		

图 6 - 28　通过定义公式得到现值

第三步，我们用财务函数 PV 函数完成保险购买决策。首先求王司机支付 10 年的 2230 元普通年金的现值，我们在 B12 单元格插入 PV 函数，弹出 PV 函数对话框，将鼠标选择 B2 单元格，填入利率 RATE 参数位置；选择 B3 单元格填入期数参数的位置；在 PMT 参数也就是年金参数处，填入 - B4 单元格，注意财务函数的 PMT 参数是有方向的，负数表示货币从投资人流出，且 PMT 参数和 TYPE 参数相关，当 TYPE 参数处填写 0，或者忽略表示该年金是普通年金，点击确定可以得到 ¥18546.03，如图 6 - 29 所示。我们发现这与之前用现值系数求出来的结果是相同的。

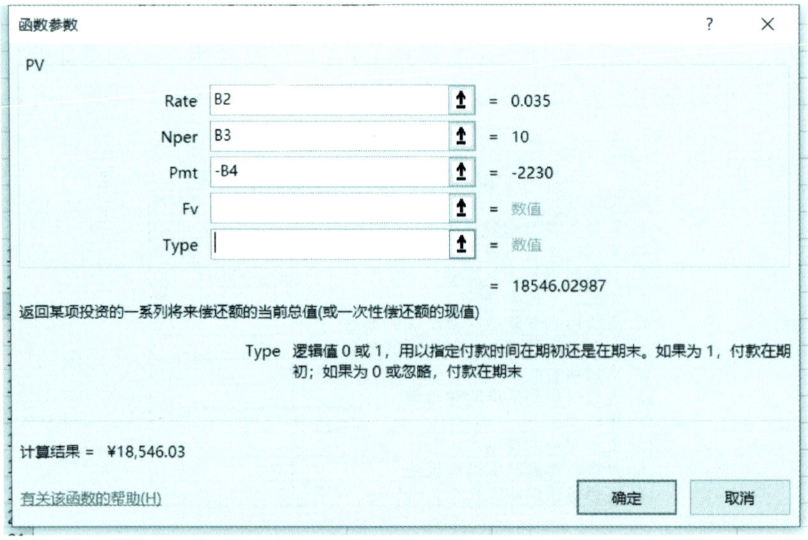

图 6 - 29　通过 PV 函数得到现值

接下来我们计算王司机 78 岁身故时的 3 万元保障金贴现到当前时间点的现值，我们在 B13 单元格处仍然插入 PV 函数，弹出 PV 函数对话框，将鼠标选择 B2 单元格，填入利率 RATE 参数位置；选择 B7 单元格就是距离现在期数的单元格，填入期数参数的位置；在 PMT 参数也就是年金参数处，没有年金，同时 TYPE 参数也没有值；但是在 FV 参数处，我们需要填写王司机身故时得到的 3 万元保证金，即 B5 单元格，请注意为正号，因为是货币流向王司机。填写函数参数如图 6－30 所示。

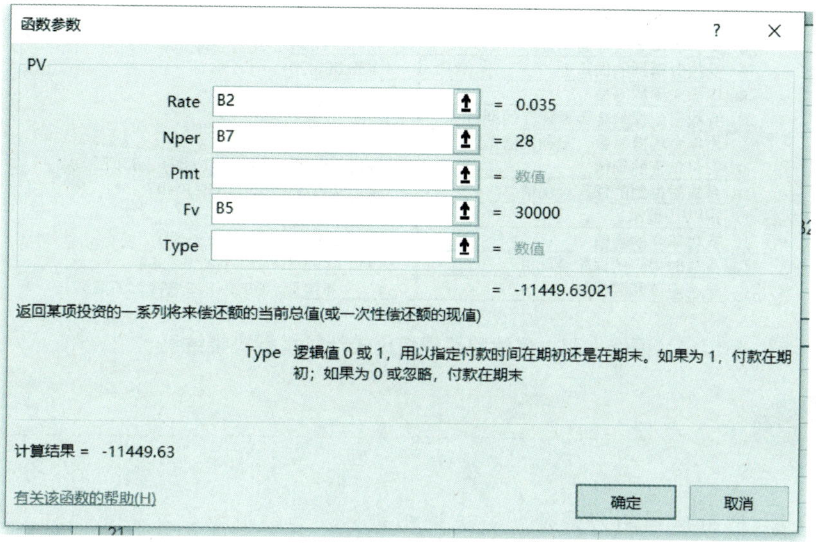

图 6－30　身故时保险金现值的计算

于是我们可以得到计算结果，如图 6－31 所示。

	A	B	C
1	50岁王司机保险购买决策模型(普通年金现值)		
2	贴现率:	3.50%	
3	支付年金的期数（年）:	10	
4	支付的年金（普通年金）	2230	
5	身故时得到的保险金	¥30,000.00	
6	中国人平均寿命	78	
7	身故得到保险金距离现在的期数	28	
8	用年金现值系数、复利现值系数求:		
9	支付年金的现值	¥18,546.03	=B4*(1-(1+B2)^-B3)/B2
10	身故时得到的保险金现值	¥11,449.63	=B5*(1+B2)^-B7
11	用PV函数求:		
12	支付年金的现值	¥18,546.03	=PV(B2,B3,-B4)
13	身故时得到的保险金现值	¥11,449.63	=abs(PV(B2,B7,,B5))

图 6－31　身故时保险金现值的计算结果

其中 B13 单元格得到的结果是负数，原因是财务函数的输出结果也是有方向的，负数表示王先生希望 28 年后得到一笔 3 万元的金额，在贴现率为 3.5% 的情况下现在应该投入 11449.63 元。在我们的决策结果展示中，我们可以把数据都显示为正数，加上绝对值符号即可。

第四步，我们已经把王司机进行该项投资支付的金额和收益金额都折算到了同一个时间点，现在就可以进行对比和决策，如图 6－32 所示。其中支付的金额现值为 18546.03 元，收益现值为 11449.63 元，支付现值大于收入现值，所以不建议王司机购买该款保险，我们可以在 B14 单元格录入公式进行判断：＝IF(B12＜B13,"购买","不购买")。

	A	B	C
1	50岁王司机保险购买决策模型(普通年金现值)		
2	贴现率:	3.50%	
3	支付年金的期数（年）:	10	
4	支付的年金（普通年金）	2230	
5	身故时得到的保险金	¥30,000.00	
6	中国人平均寿命	78	
7	身故得到保险金距离现在的期数	28	
8	用年金现值系数、复利现值系数求:		
9	支付年金的现值	¥18,546.03	=B4*(1-(1+B2)^-B3)/B2
10	身故时得到的保险金现值	¥11,449.63	=B5*(1+B2)^-B7
11	用PV函数求:		
12	支付年金的现值	¥18,546.03	=PV(B2,B3,-B4)
13	身故时得到的保险金现值	¥11,449.63	=abs(PV(B2,B7,,B5))
14	是否应该购买保险	不购买	=IF(B12<B13,"购买","不购买")

图 6－32　保险购买现值比较计算模型决策结果

小知识

用 EXCEL 进行建模的好处是，当决策相关参数如贴现率等发生变化时，我们只需要修改变化的参数，在相应的单元格仍然显示决策结果，而不需要修改算法，比如王司机需要将该决策的贴现率修改成 5% 时，我们只需要在决策模型中修改贴现率参数，决策仍然会自动进行。

EXCEL 函数的另外一个好处是财务管理中许多的计算公式复杂并且计算量大，财务管理函数可以帮助财务人员简单快速计算出结果。

（2）用终值进行比较，分析王司机有没有必要购买这款保险。

我们还可以将王司机的身故保险金 3 万元和他从现在开始连续 10 年的投资额都折算到王司机身故时那个时间点进行比较。

第一步，按照 EXCEL 建模解决问题的思路，我们建立模型，其中我们进行计算的贴现率为 3.5%，我们需要将王司机从现在开始连续 10 年年末缴纳的 2230 元年金首先贴现到第 10 年，然后将年金终值再次计算折现到身故时的时间点，而身故时得到的 3 万元保障金就是终值，因此录入决策参数如图 6－33 所示，并得到现金流量图，如图 6－34 所示。

第二步，我们用财务管理理论中的公式进行计算，在 B24 单元格录入：＝((1＋B17)^B18－1)/B17＊B19＊(1＋B17)^B22，其中“((1＋B17)^B18－1)/B17＊B1”为 2230 元连续 10 年缴纳的年金终值。

第三步，我们用财务函数 FV 函数完成保险购买决策。先计算 2230 元连续 10 年缴纳的年金终值，录入函数：FV(B17,B18,－B19)，再继续贴现到 18 年后 B27 单元格，最终的函数为：＝FV(B17,B22,,FV(B17,B18,－B19))，得到最终结果，如图 6－35 所示：

	A	B
16	50岁王司机保险购买决策模型(普通年金终值)	
17	贴现率:	3.50%
18	支付年金的期数（年）:	10
19	支付的年金（普通年金）	2230
20	身故时得到的保险金	¥30,000.00
21	中国人平均寿命	78
22	年金支付完毕后距离终值点期数	18
23	用年金终值系数、复利现值系数求:	
24	支付年金的终值	
25	身故时得到的保险金终值	¥30,000.00
26	用FV函数求:	
27	支付年金的终值	
28	身故时得到的保险金终值	
29	是否应该购买保险	

图 6－33 用终值进行保险决策的 EXCEL 模型

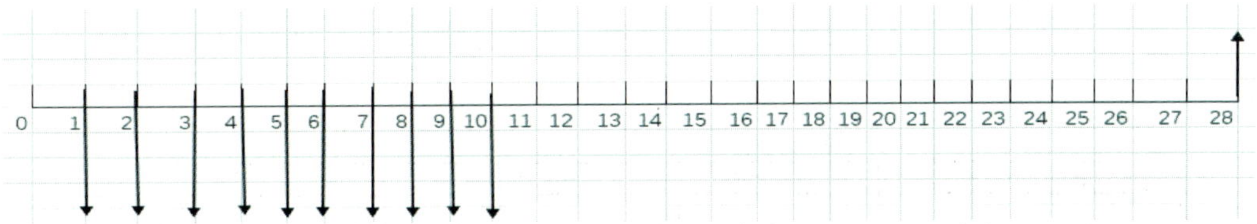

图 6－34 现金流量图

	A	B	C
16	50岁王司机保险购买决策模型(普通年金终值)		
17	贴现率:	3.50%	
18	支付年金的期数（年）:	10	
19	支付的年金（普通年金）	2230	
20	身故时得到的保险金	¥30,000.00	
21	中国人平均寿命	78	
22	年金支付完毕后距离终值点期数	18	
23	用年金终值系数、复利现值系数求:		
24	支付年金的终值	¥48,593.79	=((1+B17)^B18-1)/B17*B19*(1+B17)^B22
25	身故时得到的保险金终值	¥30,000.00	
26	用FV函数求:		
27	支付年金的终值	¥48,593.79	=ABS(FV(B17,B22,,FV(B17,B18,-B19,,0)))
28	身故时得到的保险金终值	¥30,000.00	
29	是否应该购买保险		

图 6－35 用终值进行保险决策的终值计算结果

第四步，我们已经把王司机进行该项投资支付的金额和收益金额都折算到了同一个时间点，现在就可以进行决策，录入函数：＝IF(B28＞B27,"购买","不购买")，表示当收益的终值大于投资的终值时，购买，否则不购买，如图 6－36 所示。

	A	B	C
16	50岁王司机保险购买决策模型(普通年金终值)		
17	贴现率:	3.50%	
18	支付年金的期数（年）:	10	
19	支付的年金（普通年金）	2230	
20	身故时得到的保险金	¥30,000.00	
21	中国人平均寿命	78	
22	年金支付完毕后距离终值点期数	18	
23	用年金终值系数、复利现值系数求:		
24	支付年金的终值	¥48,593.79	=((1+B17)^B18-1)/B17*B19*(1+B17)^B22
25	身故时得到的保险金终值	¥30,000.00	
26	用FV函数求:		
27	支付年金的终值	¥48,593.79	=ABS(FV(B17,B22,,FV(B17,B18,-B19,,0)))
28	身故时得到的保险金终值	¥30,000.00	
29	是否应该购买保险	不购买	=IF(B28>B27,"购买","不购买")

图 6－36　用终值进行保险决策的 EXCEL 模型决策结果

（3）尝试根据该保险的情况绘制不同身故年龄购买该保险的收益现值与支出现值折线图，帮助王司机进行决策。

第一步，首先构建如图 6－37 所示决策模型，然后计算收到身故保障金到当期的总期数，在 B3 单元格录入：＝A3－50，并且拖动填充柄将公式填充到 B23 单元格。

	A	B	C	D	E	F
1	投资人投资决策表					
2	身故年龄	距离现在期数	3万元收益的现值	投保人支出现值	贴现率:	0.035
3	60				支付年金的期数（年）:	10
4	61				支付的年金（普通年金）	2230
5	62				身故时得到的保险金	30000
6	63					
7	64					
8	65					
9	66					
10	67					
11	68					
12	69					
13	70					
14	71					
15	72					
16	73					
17	74					
18	75					
19	76					
20	77					
21	78					
22	79					
23	80					

图 6－37　投资决策模型的构建

第二步，计算 3 万元终值保障金折现到当前的现值，如图 6－38 所示。在 C3 单元格录入函数：＝ABS(PV($F$2,B3,, $F$5))，利率和终值参数加绝对引用，然后拖动填充柄将公式从 C3 一直填充到 C23 单元格。

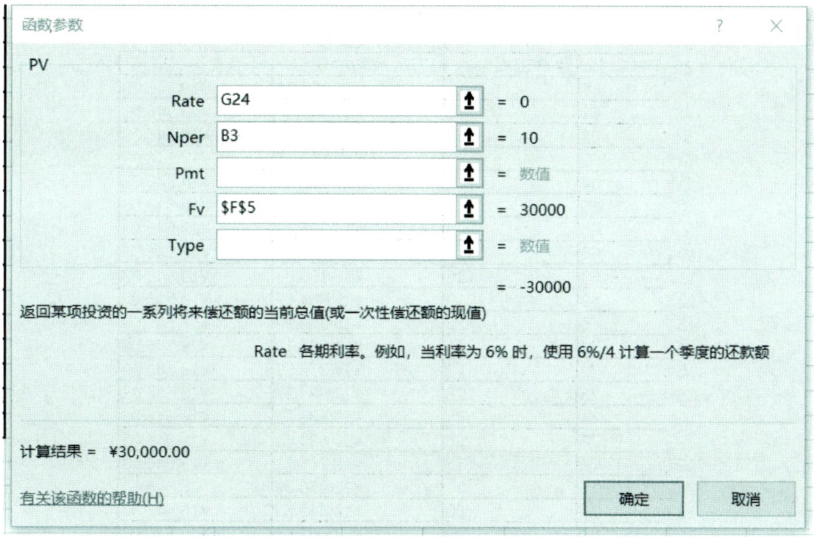

图 6-38　3 万元金额求现值

第三步，计算投保人支出年金的现值，在 D3 单元格录入公式：=PV($F$2,$F$3,-$F$4)，如图 6-39 所示。

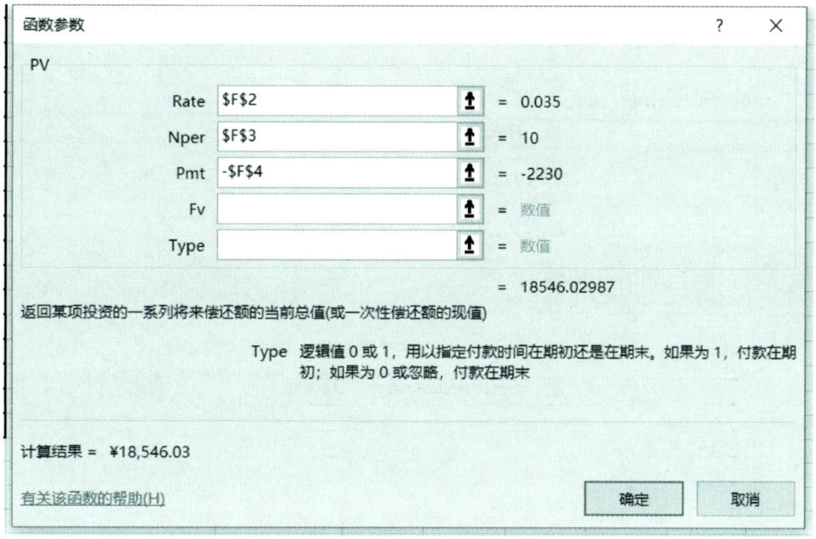

图 6-39　2230 元年金求现值

决策表决策的结果如图 6-40 所示。

	A	B	C	D
1	投资人投资决策表			
2	身故年龄	距离现在期数	3万元收益的现值	投保人支出现值
3	60	10	¥21,267.56	¥18,546.03
4	61	11	¥20,548.37	¥18,546.03
5	62	12	¥19,853.50	¥18,546.03
6	63	13	¥19,182.12	¥18,546.03
7	64	14	¥18,533.45	¥18,546.03
8	65	15	¥17,906.72	¥18,546.03
9	66	16	¥17,301.18	¥18,546.03
10	67	17	¥16,716.11	¥18,546.03
11	68	18	¥16,150.83	¥18,546.03
12	69	19	¥15,604.67	¥18,546.03
13	70	20	¥15,076.98	¥18,546.03
14	71	21	¥14,567.13	¥18,546.03
15	72	22	¥14,074.52	¥18,546.03
16	73	23	¥13,598.57	¥18,546.03
17	74	24	¥13,138.71	¥18,546.03
18	75	25	¥12,694.41	¥18,546.03
19	76	26	¥12,265.13	¥18,546.03
20	77	27	¥11,850.37	¥18,546.03
21	78	28	¥11,449.63	¥18,546.03
22	79	29	¥11,062.44	¥18,546.03
23	80	30	¥10,688.35	¥18,546.03

图 6－40　投资决策模型结果一览

第四步，我们生成投资人收益和支出的折线图，选中 A2:A23 同时按住 Ctrl 键选择 C2:C23、D2:D23 两列，点击菜单栏“插入”，找到工具栏点击“推荐的图表”选项，在弹出的窗口选择折线图，点击确定，如图 6－41 所示。

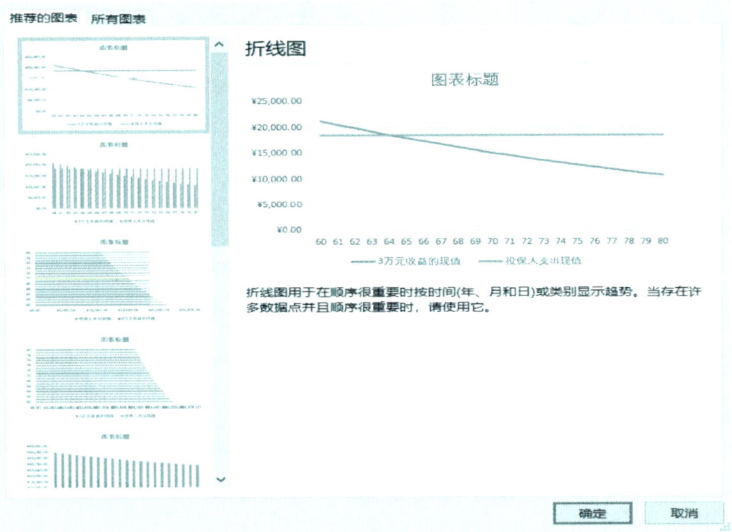

图 6－41　折线图的绘制

我们可以将折线图的名称更改为“投资人投资决策折线图”。其中，横坐标为身故年龄，对应的两条直线为投资人身故年龄收到的收益现值及投资现值。通过该折线图我们可以直观地看到，在贴现率是 3.5% 的情况下，该项投资对于身故年龄在 64 岁及之前的投保人，该投资是值得的；对于身故年龄大于 65 岁的投保人，由于支出的现值大于收入的现值，不建议投资，如图 6 - 42 所示。

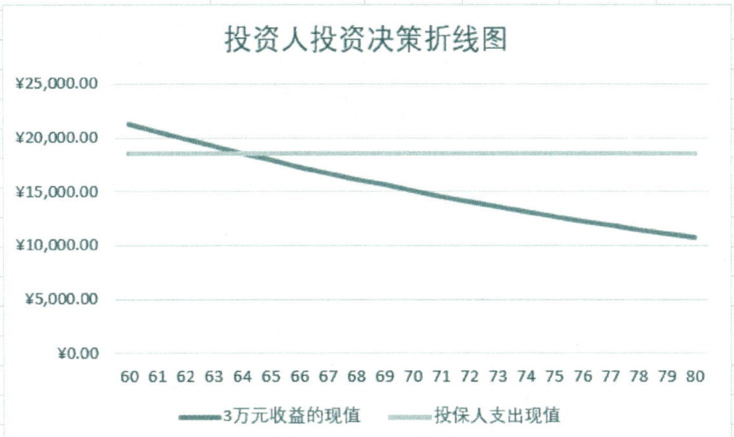

图 6 - 42 投资决策折线图结果

小知识

年金在现实生活中使用非常广泛。比如许多商业保险的购买和收益，都是用年金的形式进行展现的。固定资产的折旧、房贷一族的定期还贷，房屋和商铺租金的支付，以及天猫花呗、京东白条以及信用卡的分期还款功能都是年金在现实生活中的应用。

项目拓展训练

保险公司推出一款“我爱宝贝”保险，如果从小孩出生开始，每年年末支付 2 万元，连续支付 18 年，那么可以得到一大笔收益，包括：孩子 18 岁成年即可得到成人礼奖励金 6 万元，22 岁大学本科毕业又可以得到创业金 8 万元，28 岁可以得到生育奖励金 10 万元，60 岁以后每年可以得到 2 万元退休金直到身故，假设身故年龄为 78 岁，在贴现率为 3.5% 的情况下，请用 EXCEL 建立模型对该款保险进行购买决策分析。尝试绘制出收益现值与支出现值折线图。

任务 5
用 EXCEL 进行预付年金现值和终值的计算

任务情境

购买商业保险决策

现实生活中有一些保险的支付形式是预付年金的形式，我们仍然以任务 4 中湖南宝东农牧科技股份有限公司 50 岁的王司机购买商业保险为案例，只是保险条例变为：王司机从现在开始每年年初支付 2230 元给保险公司，连续支付 10 年。王司机身故后，保险公司会支付 3 万元的身故保障金。

我们知道，不同时间点上的货币价值没有可比性，必须折合到同一个时间点才能进行比较。

（1）将中国公民的平均寿命 78 岁作为王司机的身故年龄，用现值进行比较，分析王司机有没有必要购买这款保险。

（2）将中国公民的平均寿命 78 岁作为王司机的身故年龄，并用终值进行比较，分析王司机有没有必要购买这款保险。

（3）尝试根据该保险的情况绘制不同身故年龄购买该保险的收益现值与支出现值折线图，帮助王司机进行决策。

知识链接

预付年金又称为即付年金，是指在每期期初等额收付的年金。预付年金与普通年金的区别在于付款时间的不同。在计算预付年金的终值和现值时，可在普通年金终值和现值系数的基础上进行一定的调整，就可以得到预付年金的终值和现值系数，从而计算预付年金的终值和现值。

我们在进行预付年金现值的计算时可以用普通年金现值的求解方法，将现值计算至如图 6 - 43 左起第一只眼睛处，然后再调整至如图 6 - 43 左起第二只眼睛处。预付年金终值是一定时期内每期期初等额收付款项的复利终值之和。预付年金现值 = 普通年金现值 × (1 + i)。在 EXCEL 中我们用 PV 函数也可以完成已知预付年金求现值的计算。

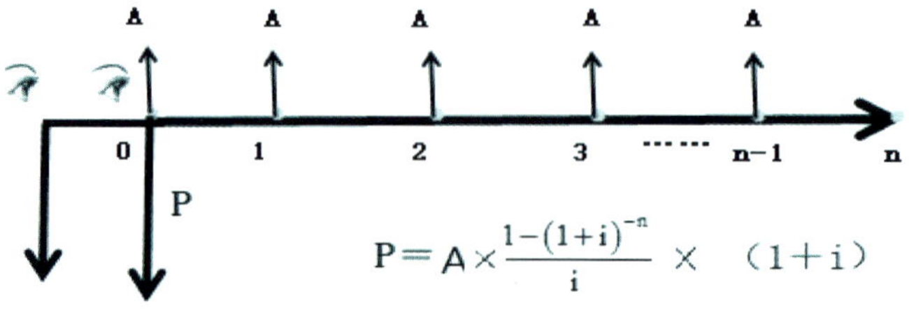

图 6 - 43 预付年金现值求解思路

我们在进行预付年金终值的计算时可以先求普通年金终值，将终值计算至如图 6－44 左起第一只眼睛处，再调整至如图 6－44 左起第二只眼睛处。预付年金终值＝普通年金终值×(1＋i)。在 EXCEL 中我们用 FV 函数也可以完成已知预付年金求终值的计算。

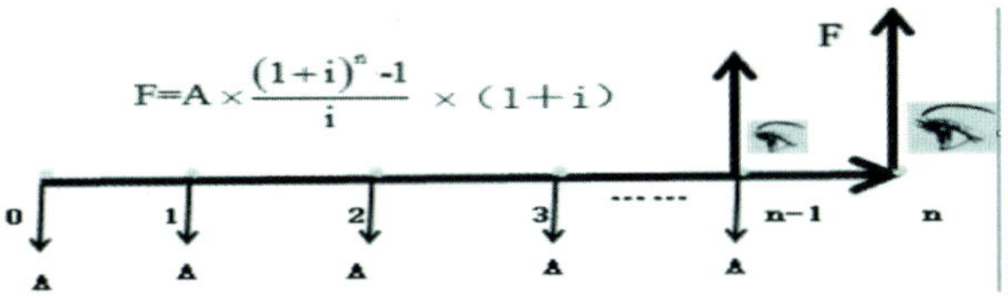

图 6－44　预付年金终值求解思路

任务实施

（1）用现值进行比较，分析王司机有没有必要购买这款保险。

第一步，按照 EXCEL 建模解决问题的思路，首先建立决策模型，由于在任务 4 我们已经建立好了模型，我们可以将该模型建立副本，重命名为“预付年金现值终值”，然后在已经构建的模型基础上进行相关修改，如图 6－45 所示。

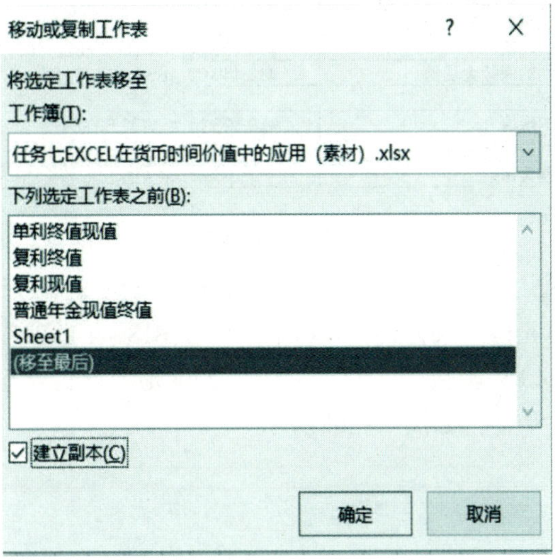

图 6－45　移动或复制工作表

第二步，B9 单元格公式改为：＝B4＊(1－(1＋B2)^－B3)/B2＊(1＋B2)，即预付年金现值需要在普通年金现值的基础上乘以（1＋i）；B12 单元格的 PV 函数的 PMT 参数的 2230 元为预付年金，所以 TYPE 参数处需要填写 1，表示期初支付年金，PV 函数参数，如图 6－46 所示。

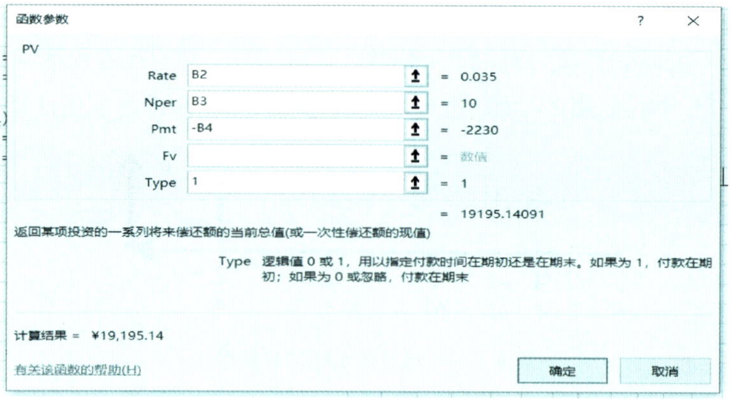

图 6－46 PV 函数参数

最后的决策模型及结果如图 6－47 所示。

	A	B	C
1	50岁王司机保险购买决策模型（预付年金现值）		
2	贴现率:	3.50%	
3	支付年金的期数（年）:	10	
4	支付的年金（预付年金）	2230	
5	身故时得到的保险金	¥30,000.00	
6	中国人平均寿命	78	
7	身故得到保险金距离现在的期数	28	
8	用年金现值系数、复利现值系数求:		
9	支付年金的现值	¥19,195.14	=B4*(1-(1+B2)^-B3)/B2*(1+B2)
10	身故时得到的保险金现值	¥11,449.63	=B5*(1+B2)^-B7
11	用PV函数求:		
12	支付年金的现值	¥19,195.14	=PV(B2,B3,-B4)
13	身故时得到的保险金现值	¥11,449.63	=abs(PV(B2,B7,,B5))
14	是否应该购买保险	不购买	=IF(B12<B13,"购买","不购买")

图 6－47 预付年金现值计算结果

（2）用终值进行比较，分析王司机有没有必要购买这款保险。

支付年金终值 B24 单元格录入公式：=((1＋B17)^B18－1)/B17＊B19＊(1＋B17)^B22＊(1＋B17)。B27 单元格的 FV 函数的 PMT 参数的 2230 元为预付年金，所以 TYPE 参数处需要填写 1，表示期初支付年金，如图 6－48 所示。

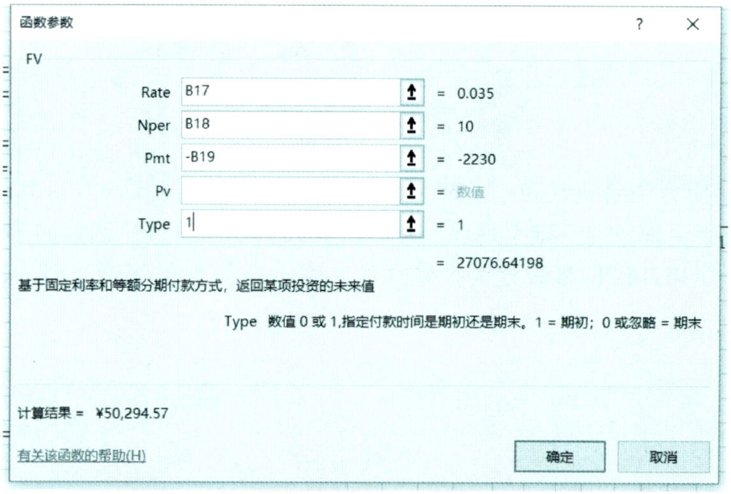

图 6－48 FV 函数参数

最后的决策模型及结果如图 6－49 所示。

	A	B	C
16	50岁王司机保险购买决策模型（预付年金终值）		
17	贴现率:	3.50%	
18	支付年金的期数（年）:	10	
19	支付的年金（预付年金）	2230	
20	身故时得到的保险金	¥30,000.00	
21	中国人平均寿命	78	
22	年金支付完毕后距离终值点期数	18	
23	用年金终值系数、复利现值系数求:		
24	支付年金的终值	¥50,294.57	=((1+B17)^B18-1)/B17*B19*(1+B17)^B22*(1+B17)
25	身故时得到的保险金终值	¥30,000.00	
26	用FV函数求:		
27	支付年金的终值	¥50,294.57	=ABS(FV(B17,B22,,FV(B17,B18,-B19,,1)))
28	身故时得到的保险金终值	¥30,000.00	
29	是否应该购买保险	不购买	=IF(B28>B27,"购买","不购买")

图 6－49　预付年金终值计算结果

小知识

对不同时间点的资金进行比较时，可以把资金同时折算到期初，也可以把资金同时折算到期末，但是一般情况下都习惯折算到期初进行比较。

项目拓展训练

（1）根据本任务的保险的情况，尝试绘制不同身故年龄购买该保险的收益现值与支出现值折线图，并帮助王司机进行决策。

（2）有保险公司推出一款“我爱宝贝”保险，如果从孩子出生开始，每年年初支付 2 万元，连续支付 18 年，那么可以得到一大笔收益，包括：到 18 岁成年即可得到成人礼奖励金 6 万元，22 岁大学本科毕业又可以得到创业金 8 万元，28 岁可以得到生育奖励金 10 万元，60 岁以后每年可以得到 2 万元退休金，直到身故，请用 EXCEL 建立模型对该款保险进行购买决策分析。尝试绘制出收益现值与支出现值折线图。

任务 6
用 EXCEL 进行年偿债基金、本金及利息的计算

任务情境

长沙市政府对房地产一直进行有效调控，使房价一直处于二线城市的低位，以此吸引人才来长沙就业。湖南宝东农牧发展有限公司长沙分公司的销售小李想要在长沙市望城区某楼

盘购买一套一室一厅的住房，面积 40 平方米，单价 5200 元/平方米，70 年产权。目前银行的购房贷款有等额本金贷款和等额本息贷款两种贷款方式，小李计划首付 30%，其余购房资金向银行贷款，10 年还清，月末还款，已知建设银行住房 5 年以上公积金贷款利率为 3.25%。

（1）等额本息还款方式下小李每月末应归还银行多少贷款？每月还款额中有多少本金？有多少利息？

（2）等额本金还款方式下小李的每月末贷款还款额是多少？每月还款额中分别包含多少利息和本金？

（3）绘制两种还款方式下小李归还贷款的堆积面积图。

知识链接

年偿债基金是指为了在约定的未来某一时点清偿某笔债务或积聚一定数额的资金（实际上等于年金终值 F）而必须分次等额提取的存款准备金（等于年金 A）。年偿债基金的计算原理是已知普通年金终值 F，求普通年金 A，这个 A 就是年偿债基金，公式可以由普通年金终值的计算公式推导得到：

普通年金终值：$F = A \times (F/A, i, n) = A \times \{[(1+i)^n - 1]/i\}$

年偿债基金：$A = F \div (F/A, i, n) = F \times (A/F, i, n) = F \times i/[(1+i)^n - 1]$

$i/[(1+i)^n - 1]$称为偿债基金系数，它与普通年金终值系数互为倒数。

银行的还款方式主要包括等额本息还款和等额本金还款。等额本息还款方式把按揭贷款的本金总额与利息总额相加作为最终还款金，然后平均分摊到还款期限的每个月中，每个月的还款额是固定的，求等额本息还款方式下每月还款额其实就是已知终值求年金的过程。每月等额的还款金又由本金和利息构成，本金比重逐月递增，利息比重逐月递减。等额本息还款方法是最为普遍，也是大部分银行长期推荐的方式。等额本息还款方式具体计算公式如下：

每月还款额 = [本金 ×(1 + 月利率)^贷款月数] × 月利率 ÷ [(1 + 月利率)^还款月数 - 1] = 本金总额与利息总额和 × 年偿债基金系数

等额本息还款方式的每月还款额用公式法计算比较复杂，用 PMT 财务函数计算就非常简单，PMT 函数的窗口如图 6 - 50 所示。

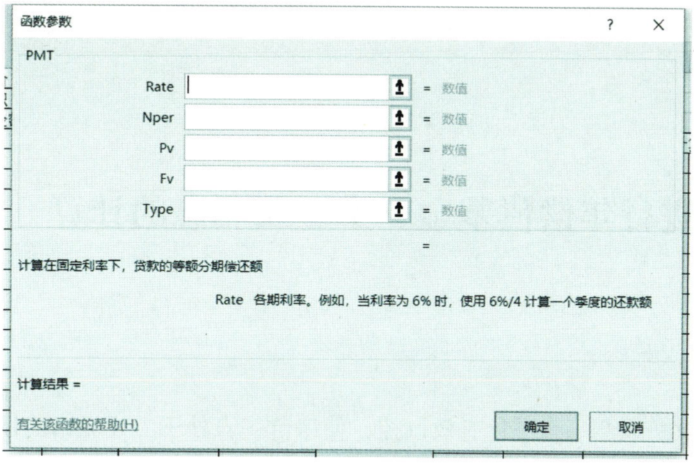

图 6 - 50　PMT 函数参数一览

PMT 函数即年金函数，基于固定利率及等额分期付款方式，返回贷款的每期付款额，表示求各期所应支付的金额，它的参数如下：Rate 表示利率；Nper 表示总期数；PV 表示在投资期初的投资或贷款的价值；FV 为未来值，或在最后一次支付后希望得到的现金余额；Type 可填数字 0 或 1，用以指定各期的付款时间是在期初还是期末。如果省略 Type，则假定其值为 0。

求利息和本金的函数分别为 IPMT 和 PPMT，分别表示等额本息还款方式下每月还款额中包含的本金和利息分别为多少，其参数设置与 PMT 函数类似，只是增加了一个 PER 参数，该参数产生的原因是等额本息还款方式下不同期数的利息和本金不同。

等额本金还款是借款人每月等额偿还本金，贷款利息随本金逐月递减，还款额也逐月递减，该种贷款偿还方式没有特定的财务函数，需要我们按照银行的算法进行列式计算。等额本金还款方式具体计算公式如下：

每月还款本金 = 贷款金额 ÷ 贷款期月数

每月还款额 = 每月还款本金 + （贷款金额 - 该月之前已归还的本金和） × 月利率

每月还款利息 = 每月还款额 - 每月还款本金

任务实施

（1）等额本息还款方式下小李每月末应归还银行多少贷款？每月还款额中有多少本金？有多少利息？

按照 EXCEL 建模解决问题的思路，首先建立决策模型。我们把有关的决策参数填入模型中，当购房人的房屋面积、单价等参数发生变化时只需改变参数即可。

B3 单元格的公式为：= B1 * B2。

D3 单元格的公式为：= B3 * (1 - D2)。

F2 单元格的公式为：= F1 * 12。

F4 单元格的公式为贷款人 120 期应还的本利和与年偿债基金系数的乘积：= D3 * (1 + F3)^F2 * F3/((1 + F3)^F2 - 1)。

B6 单元格的公式为：= ABS(PMT($F$3, $F$2, $D$3))，其中 = PMT(F3,F2,D3) 公式的结果为一个负数，表示现在购房人从银行得到 145600 元，则未来的 120 期，每月都应该支付 1422.79 元的月供给银行。用 ABS 函数使得结果变为正数，符合大家的习惯。每个参数添加绝对引用符号，选中 B6 单元格拖动填充柄，将所有 B6 到 B125 单元格都填充公式。

C6 单元格录入函数：= ABS(PPMT($F$3,A6, $F$2, $D$3))，每期归还的本金随着期数的变化而变化，因此 PER 参数的值是变化的，所以不加绝对引用符号。选中 C6 单元格拖动填充柄，将所有 C6 到 C125 单元格都填充公式。

PPMT 函数参数如图 6 - 51 所示。

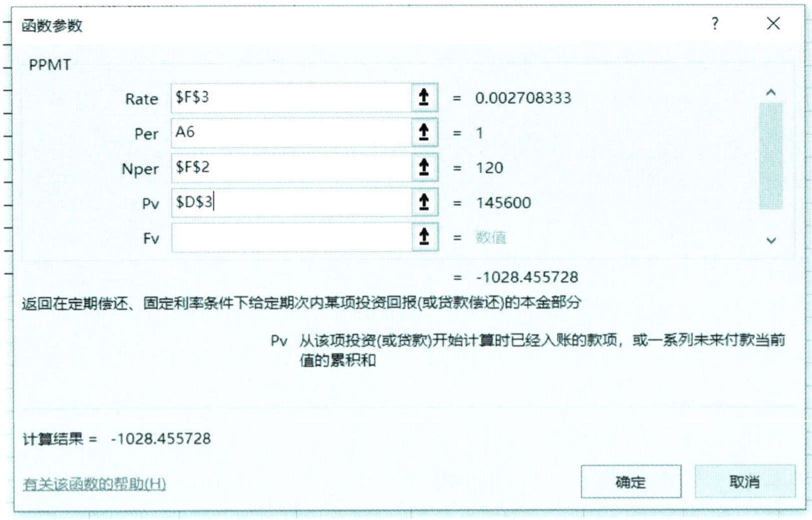

图 6－51　PPMT 函数参数

D6 单元格录入函数：＝ABS(IPMT($F$3,A6,$F$2,$D$3))，每期归还的利息随着期数的变化而变化，因此 PER 参数的值是变化的，所以不加绝对引用符号。选中 D6 单元格拖动填充柄，将所有 D6 到 D125 单元格都填充公式。

IPMT 函数参数如图 6－52 所示。

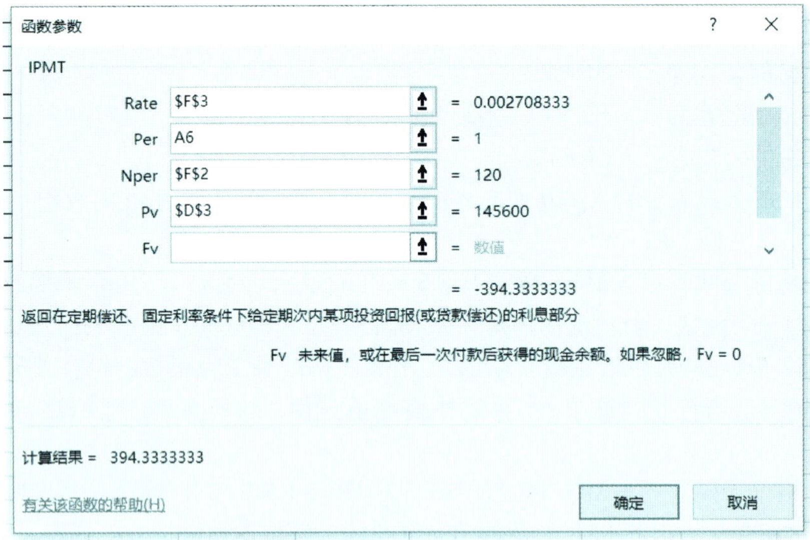

图 6－52　IPMT 函数参数

B126 单元格录入公式＝SUM(B6:B125)。

C126 单元格录入公式＝SUM(C6:C125)，当得到的结果和贷款金额 145600 元相等时，说明我们的结果是正确的。

D126 单元格录入公式＝SUM(D6:D125)，效果如图 6－53 所示：

	A	B	C	D	E	F
1	房屋单价	5200	贷款利率	3.25%	总还款期（年）	10
2	房屋面积	40	首付比例	30%	总还款期（月）	120
3	购房总金额	208000	贷款金额	145600	月利率	0.27%
4	等额本息还款（财务函数计算）				用年偿债基金系数计算等额本息还款方式每月还款额	
5	期数	月还款额	每月归还本金	每月归还利息		
6	1	¥1,422.79	¥1,028.46	¥394.33		¥1,422.79
7	2	¥1,422.79	¥1,031.24	¥391.55		
8	3	¥1,422.79	¥1,034.03	¥388.75		
9	4	¥1,422.79	¥1,036.83	¥385.95		
10	5	¥1,422.79	¥1,039.64	¥383.15		
11	6	¥1,422.79	¥1,042.46	¥380.33		
117	112	¥1,422.79	¥1,388.57	¥34.22		
118	113	¥1,422.79	¥1,392.33	¥30.45		
119	114	¥1,422.79	¥1,396.11	¥26.68		
120	115	¥1,422.79	¥1,399.89	¥22.90		
121	116	¥1,422.79	¥1,403.68	¥19.11		
122	117	¥1,422.79	¥1,407.48	¥15.31		
123	118	¥1,422.79	¥1,411.29	¥11.50		
124	119	¥1,422.79	¥1,415.11	¥7.68		
125	120	¥1,422.79	¥1,418.95	¥3.84		
126	合计	¥170,734.69	¥145,600.00	¥25,134.69		

图 6－53　等额本息还款方式月供计算结果

（2）等额本金还款方式下小李的每月贷款还款额是多少，每月还款额中分别包含多少利息和本金？

按照 EXCEL 建模解决问题的思路，我们仍然继续建立决策模型，以便把有关的决策参数填入模型中。当决策参数发生变化时只需改变参数，模型仍然可以得到准确的决策结果。

C129 单元格录入公式：＝$D$3/$F$2，将鼠标定位到 C129 单元格，鼠标变成填充柄形状时，拖动填充柄将公式绝对引用到 C129 到 C248 单元格，使用绝对引用的原因是每月归还的本金都相同，这也是等额本金还款方式名字的由来。

为了便于模型的计算，添加了“该月之前已归还本金和”列，其中 E129 单元格的数值为 0，因为第 1 期之前尚未归还本金。E130 单元格录入公式：＝SUM($C$129:C129)，其后单元格的公式用填充柄一直引用到 E248。

B129 单元格录入公式：＝C129＋($D$3－E129)＊$F$3，将鼠标定位到 B129 单元格，鼠标变成填充柄形状时，拖动填充柄将公式绝对引用到 B129 到 B248 单元格。

B249 单元格录入公式：＝SUM(B129:B248)。

C249 单元格录入公式：＝SUM(C129:C248)，当得到的结果和贷款金额 145600 元相等时，说明我们的结果是正确的。

D129 单元格录入公式：＝B129－C129，得到每月归还利息，并用填充柄将公式一直相对引用到单元格 D248。

D249 单元格录入公式：＝SUM(D129:D248)，效果如图 6－54 所示。

（3）绘制两种还款方式下小李归还贷款的图表。

使用 EXCEL 表格进行模型的建立可以得到我们想要的分析数据，给决策带来参考，模型数据分析结束后用图表的形式将数据展示出来，会更加直观。

首先绘制等额本息还款方式下，小李归还贷款的堆积面积图。选中“期数”从标题单元格 A5 开始到 A125 列结束，再按住 Ctrl 键，选中“每月归还本金”从标题单元格 C5 到

	A	B	C	D	E
127	等额本金还款（财务函数计算）				
128	期数	月还款额	每月归还本金	每月归还利息	该月之前已归还本金和
129	1	¥1,607.67	¥1,213.33	¥394.33	0
130	2	¥1,604.38	¥1,213.33	¥391.05	¥1,213.33
131	3	¥1,601.09	¥1,213.33	¥387.76	¥2,426.67
132	4	¥1,597.81	¥1,213.33	¥384.48	¥3,640.00
133	5	¥1,594.52	¥1,213.33	¥381.19	¥4,853.33
134	6	¥1,591.24	¥1,213.33	¥377.90	¥6,066.67
240	112	¥1,242.91	¥1,213.33	¥29.58	¥134,680.00
241	113	¥1,239.62	¥1,213.33	¥26.29	¥135,893.33
242	114	¥1,236.34	¥1,213.33	¥23.00	¥137,106.67
243	115	¥1,233.05	¥1,213.33	¥19.72	¥138,320.00
244	116	¥1,229.76	¥1,213.33	¥16.43	¥139,533.33
245	117	¥1,226.48	¥1,213.33	¥13.14	¥140,746.67
246	118	¥1,223.19	¥1,213.33	¥9.86	¥141,960.00
247	119	¥1,219.91	¥1,213.33	¥6.57	¥143,173.33
248	120	¥1,216.62	¥1,213.33	¥3.29	¥144,386.67
249	合计	¥169,457.17	¥145,600.00	¥23,857.17	

图6－54 等额本金还款方式月供计算结果

C125列结束，以及“每月归还利息”从标题单元格D5开始到D125列结束，共三个数据区域，在菜单栏点击插入，找到工具栏中“推荐的图表”，在弹出的窗口中选择面积图，找到本次绘图所需要的“堆积面积图”的对应图形样式，如图6－55所示。

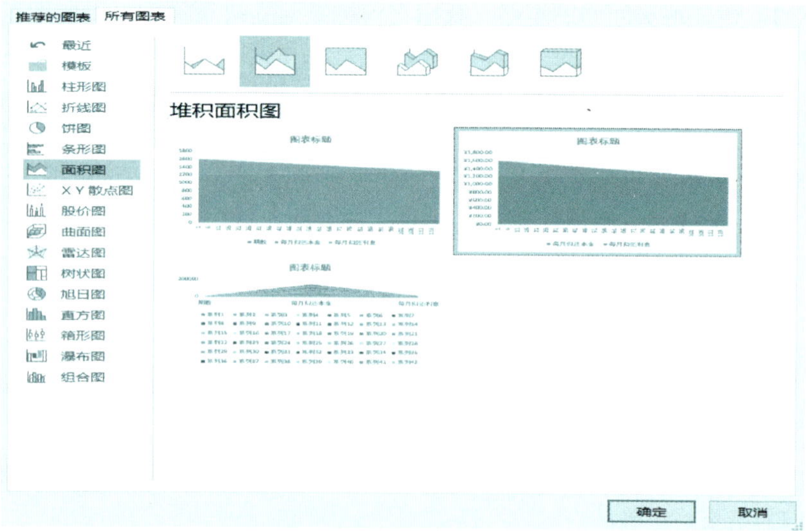

图6－55 等额本息还款方式堆积面积图选择

点击确定可以得到堆积面积图，如图6－56所示。其中蓝色区域为每月归还本金的变化情况，在等额本息还款方式下借款人归还的每期本金数随着归还期数的增加而增加，归还的每期利息数随着归还期数的增加而减少，各月归还本金和利息金额的和等额，这也是等额本息还款方式的名字的由来。

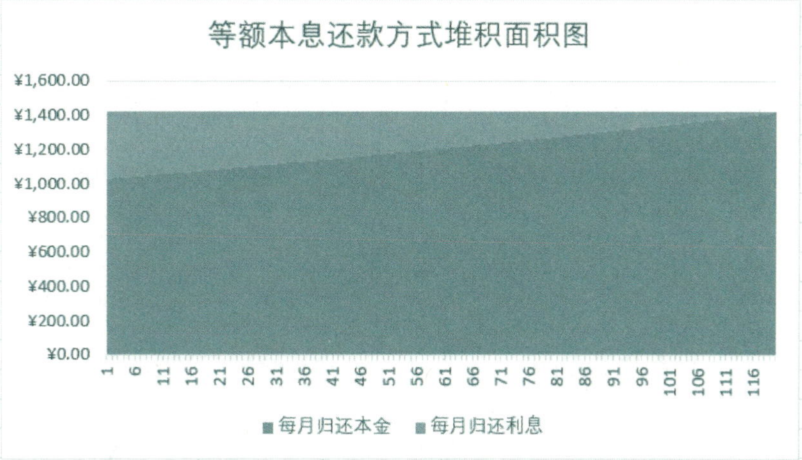

图 6－56 等额本息还款方式每月还款本金和利息堆积面积图

接下来绘制等额本金还款方式下，小李归还贷款的堆积面积图。选中“期数”从标题单元格 A128 开始到 A248 列结束，再按住 Ctrl 键，同时选中“每月归还本金”从标题单元格 C128 到 C248 列结束，以及“每月归还利息”从标题单元格 D128 开始到 D248 列结束，共三个数据区域，在菜单栏点击插入，找到工具栏中“推荐的图表”，在弹出的窗口中选择面积图，找到本次绘图所需要的“堆积面积图”的对应图形样式，如图 6－57 所示。

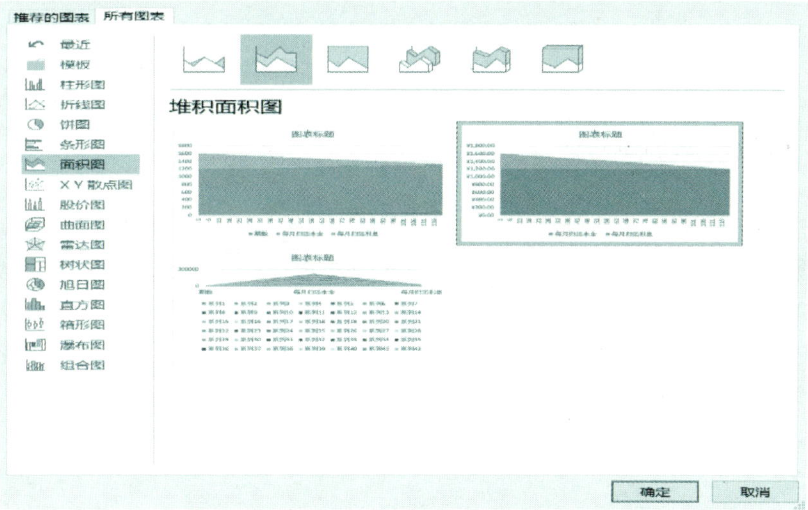

图 6－57 等额本息还款方式堆积面积图选择

点击确定可以得到如图 6－58 所示堆积面积图，其中蓝色区域为等额本金还款方式每月归还本金的变化情况，在等额本息还款方式下借款人归还的每期本金数始终不变，也是等额本金还款方式名字的由来。归还的每期利息数随着归还期数的增加而减少，各月归还本金和利息金额的和随着归还期数的增加而减少。

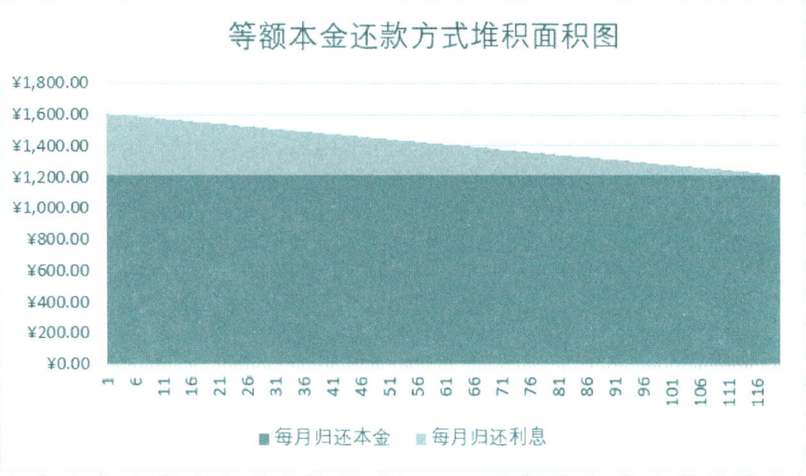

图 6－58　等额本金还款方式每月还款本金和利息堆积面积图

小知识

PMT 函数可以解决：已知终值求普通年金的问题，已知终值求预付年金的问题，已知现值求普通年金的问题，已知现值求预付年金的问题。比起用财务管理的相关系数计算有许多方便之处。

项目拓展训练

（1）随着全国乡村振兴战略的实施，从国家到地方都出台了越来越多的惠农政策，支持农村和农业发展。我们国家的惠农政策，除了农业直接补贴和农业项目补贴之外，农业贷款补贴也是重中之重，国家出台了不少低息贷款和贴息贷款的项目。湖南宝东农牧科技股份有限公司 2020 年从农业银行获得一笔利率为 3% 的农业贷款 200 万元，每期期末分期付款 5 年还清，有等额本金和等额本息两种还款方式，请列出公司两种还款方式下每月还款情况表，以及归还款项中本金和利息的情况。

（2）小张从某银行贷款 4000 元，使用分期付款的方式购买手机，合同约定小张 12 个月还清该贷款，利率为 12%，每期期初归还等额的款项，请用 EXCEL 函数计算小张每月月初应该归还银行多少钱，其中每月的利息和本金情况如何？

任务 7
用 EXCEL 进行年资本回收额的计算

任务情境

湖南宝东农牧科技股份有限公司计划在湖南邵阳郊区投资 5 个养猪场，计划的投资额是 300 万元，并计划在 5 年内收回投资，保底收益率 14.5% 的情况下，为了使该项投资是合算的，那么企业每年至少应当收回多少万元?

知识链接

年资本回收额是指在给定的年限内等额回收或清偿初始投入的资本或所欠的债务。年资本回收额计算实质为，已知普通年金现值 P，求普通年金 A，这里的 A 即资本回收额。已知 $P = A \times (P/A, i, n)$，则 $A = P/(P/A, i, n) = P \times (A/P, i, n)$，$A = P \times i/(1-(1+i)^{-n})$，其中 $i/(1-(1+i)^{-n})$ 称为资本回收系数，用符号 $(A/P, i, n)$ 表示。资本回收系数与普通年金现值系数互为倒数。在 EXCEL 中我们用 PMT 函数可以完成已知现值求年资本回收额的计算。

任务实施

第一步，按照 EXCEL 建模解决问题的思路，我们建立模型，录入决策有关的关键参数，如图 6－59 所示。

	A	B
1	年资本回收额计算	
2	投资额	3000000
3	保底收益率	14.50%
4	期数	5
5	每年保底收回金额（年资本回收系数计算）	
6	每年保底收回金额（财务函数计算）	

图 6－59　年资本回收额计算模型

第二步，我们可以用两种方法进行最终还款额的计算，我们先用第一种方法，即用资本回收系数来完成计算，在 B5 单元格录入公式：＝B2 * B3/(1－(1＋B3)^－B4)。

第三步，我们用财务函数 PMT 函数进行计算，在 B6 单元格录入公式：＝PMT(B3,B4,－B2)，其中 PV 参数处填写的“－B2”的原因是期初资金流出－3000000 作为投资，TYPE 参数处没有填写，表示收付款在期末，如图 6－60 所示。

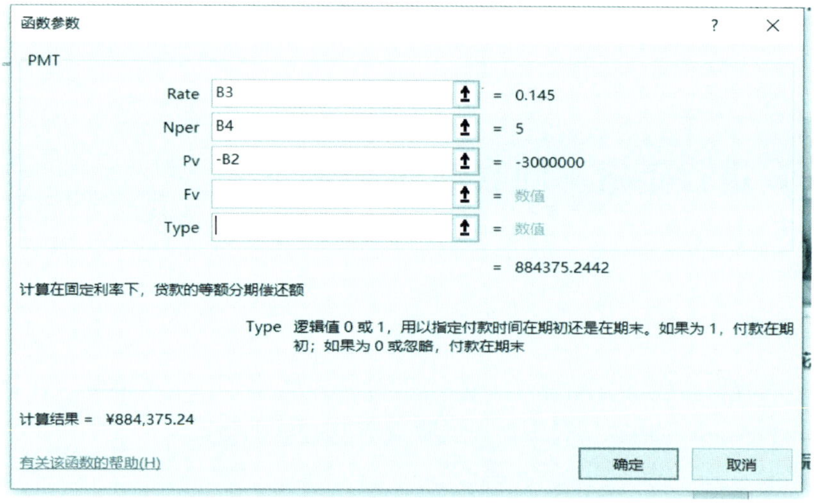

图 6－60　用 PMT 函数进行年资本回收额的计算

最终效果如图 6－61 所示。

	A	B
1	年资本回收额计算	
2	投资额	3000000
3	保底收益率	14.50%
4	期数	5
5	每年保底收回金额（年资本回收系数计算）	¥884,375.24
6	每年末保底收回金额（财务函数计算）	¥884,375.24

图 6－61　年资本回收额计算结果

项目拓展训练

当前有些房地产公司推出产权酒店项目，投资人购买产权酒店的客房，酒店每年收取投资人一定管理费，帮助投资人将酒店客房租出去，作为回报投资人每年年初都可以收到租金。假设湖南宝东农牧科技股份有限公司李总投资了一家产权酒店，投资金额为 40 万元，在酒店购买一室一厅的客房并委托酒店进行出租。李总计划 15 年收回投资，要求的最低收益率为 10%，请问，按照李总的底线，该投资项目每年年初应该有多少净资金流入才可行？

任务 8
用 EXCEL 进行等额投资收益率的计算

任务情境

现在很多人喜欢提前消费，各大网络电子商务平台、各大银行信用卡部都提供了分期付款的业务，分期付款购物风靡一时。湖南宝东农牧科技股份有限公司员工都住进了企业的公租房新房，其中有三名员工家庭购买了冰箱，三人都选择网购冰箱并进行分期付款。甲员工在某猫平台选择花呗分期，购买的是一款经济型冰箱，价格为 1899 元，可以选择 3、6、12 期三种还款方式，每期需还款额分别为 647. 56 元、330. 74 元、170. 12 元，如图 6 – 62 所示。乙员工选择在某东上白条分期，购买的是一款节能型的冰箱 2799 元，可选择 3、6、12 期三种还款方式，每期需还款额分别为 930. 09 元、471. 9 元、242. 87 元，如图 6 – 63 所示。丙员工选择商业银行信用卡分期，该员工购买的是 12000 元的豪华冰箱，分期购买的情况如图6 – 64 所示（1 期 =1 月，期末归还）。

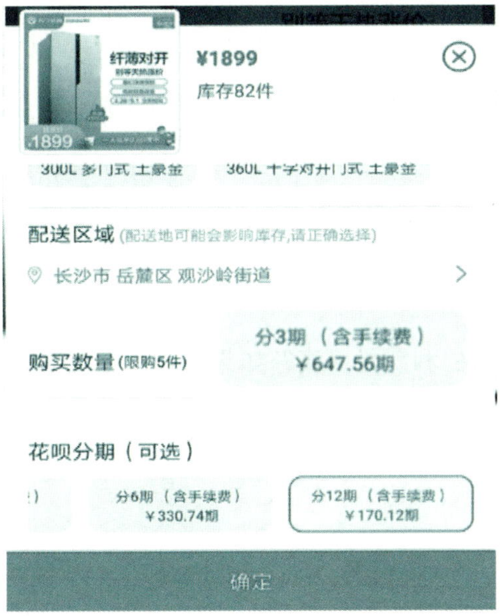

图 6 – 62　花呗分期情况

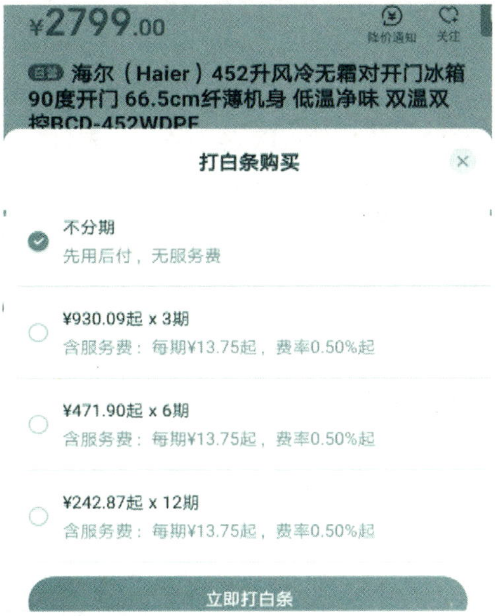

图 6 – 63　白条分期情况

期数	3期	6期	10期	12期	18期	24期
每期手续费费率	0.95%	0.80%	0.75%	0.75%	0.75%	0.75%

图 6 – 64　信用卡分期付款情况

信用卡的分期付款手续费率如图6－64。

（1）请问如果甲员工选择花呗3期还款，还款的利率是多高？如果选择6期还款，还款的利率是多高？12期呢？

（2）请问如果乙员工选择白条3期还款，还款的利率是多高？如果选择6期还款，还款的利率是多高？12期呢？

（3）请问如果丙员工选择信用卡3期还款，还款的利率是多高？如果选择6期还款，还款的利率是多高？12期呢？

（4）如果还有丁员工，他向同事借钱购买冰箱，约定借款3980元，于一年后归还4300元，请问丁员工该项借款的利率为多少？

知识链接

在财务管理理论基础中，复利计息方式下利率与现值或者终值之间存在一定的数量关系，已知现值（或终值）系数，可通过内插法计算对应的利率。具体公式如下：

$$i = i_i + \frac{B - B_1}{B_2 - B_1} \times (i_2 - i_1)$$

公式中所求利率为i，i对应的现值（或终值）系数为B，B_1、B_2为现值（或终值）系数表中B相邻的系数，i_1、i_2为B_1、B_2对应的利率。这种计算方式局限性非常大，可行性很差，经过查表大费周章之后结果极大可能不精确，因此在此不进行操作和案例解析。

EXCEL财务管理函数中提供了一个计算利率的非常便捷的函数——RATE函数，RATE函数基于等额分期付款的方式，返回某项投资或贷款的实际利率。该函数语法：RATE（Nper,Pmt,Pv,Fv,Type,Guess），其中Nper是总投资（或贷款）期；Pmt是各期所应付给（或得到）的金额；Pv是一系列未来付款当前值的累积和；Fv是未来值，或在最后一次支付后希望得到的现金余额；Type是数字0或1，用以指定各期的付款时间是在期初还是期末，0为期末，1为期初；Guess为预期利率（估计值），如果省略预期利率，则假设该值为10%。

任务实施

（1）请问如果甲员工选择花呗3期还款，还款的利率是多高？如果选择6期还款，还款的利率是多高？12期呢？

按照EXCEL建模解决问题的思路，我们建立模型，录入决策有关的关键参数，如图6－65所示：

	A	B	C	D
1	花呗利率			
2	总贷款金额	1899		
3	期数	3	6	12
4	每期归还额	647.56	330.74	170.12
5	借款月利率			
6	借款利率			

图6－65　花呗分期利率计算模型构建

在 B5 单元格录入函数：=RATE(B3，-B4，$B$2)，其中 PMT 参数处填写的是 -B4，表示每期等额流出 -647.56 元现金；其中 PV 参数处 $B$2 是绝对引用，当后续单元格拖动填充柄填充公式时，该单元格参数不发生变化。RATE 函数参数设置如图 6-66 所示。

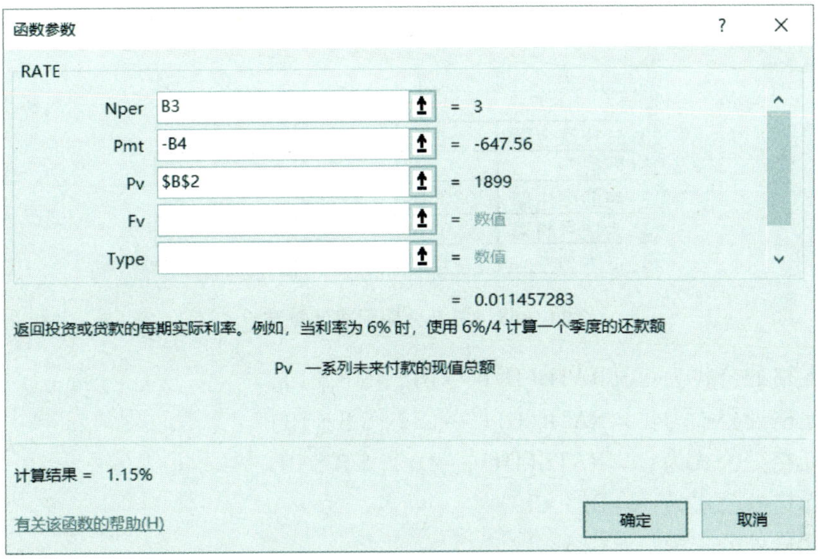

图 6-66 RATE 函数参数一览

将鼠标放置于 B5 单元格右下角，鼠标变成黑色十字填充柄时，拖动填充柄，将公式复制到 C5、D5 单元格。

C5 单元格公式为：=RATE(C3，-C4，$B$2)。

D5 单元格公式为：=RATE(D3，-D4，$B$2)。

由于每期为 1 个月，这里得到的 3 个利率值都是月利率，我们需要把它们转换成年利率：

在 B6 单元格录入函数：=B5*12，这样就得到了年利率，将鼠标放置于 B6 单元格右下角，鼠标变成黑色十字填充柄时，拖动填充柄，将公式填充到 C6、D6 单元格。

C6 单元格公式为：=C5*12。

D6 单元格公式为：=D5*12。

当借款期数为 3 期时，甲员工的借款利率为 13.75%；当借款期数为 6 期时，甲员工的借款利率为 15.27%；当借款期数为 12 期时，甲员工的借款利率为 13.57%。分期利率计算结果如图 6-67 所示。

	A	B	C	D
1	花呗利率			
2	总贷款金额	1899		
3	期数	3	6	12
4	每期归还额	647.56	330.74	170.12
5	借款月利率	1.15%	1.27%	1.13%
6	借款利率	13.75%	15.27%	13.57%

图 6-67 花呗分期利率计算结果

（2）请问如果乙员工选择白条3期还款，还款的利率是多高？如果选择6期还款，还款的利率是多高？12期呢？

按照EXCEL建模解决问题的思路，我们建立模型，录入决策有关的关键参数，如图6-68所示。

	A	B	C	D
9	白条利率			
10	总贷款金额	2799		
11	期数	3	6	12
12	每期归还额	930.09	471.9	242.87
13	借款月利率	-0.16%	0.33%	0.63%
14	借款利率	-1.87%	3.96%	7.53%

图6-68　白条分期利率计算结果

B13单元格处公式为：=RATE(B11，-B12，$B$10)。

C13单元格处公式为：=RATE(C11，-C12，$B$10)。

D13单元格处公式为：=RATE(D11，-D12，$B$10)。

B14单元格处公式为：=B13*12。

C14单元格处公式为：=C13*12。

D14单元格处公式为：=D13*12。

当借款期数为3期时，乙员工的借款利率为-1.87%，可以考虑某东平台的金融决策出了问题，分期付款还成了负利率，也有可能是推广期以低利率甚至负利率引流或提高用户黏性。当借款期数为6期时，甲员工的借款利率为3.96%；当借款期数为12期时，甲员工的借款利率为7.53%。

（3）请问如果丙员工选择信用卡3期还款，还款的利率是多高？如果选择6期还款，还款的利率是多高？12期呢？

丙员工选择信用卡还款，信用卡还贷每期归还本金，同时收取一定的手续费，所以需要先根据手续费率计算出每期的还款额，然后继续用我们之前的思路计算利率。

无论形式如何变化，我们仍然可以按照EXCEL建模解决问题的思路，先建立模型，录入决策有关的关键参数再决策，如图6-69所示。

	A	B	C	D
17	某银行信用卡利率			
18	总贷款金额	12000		
19	期数	3	6	12
20	手续费率	0.95%	0.80%	0.75%
21	每期手续费			
22	每期需归还额			
23	借款月利率			
24	借款利率			

图6-69　银行卡分期利率计算模型构建

B21 单元格录入公式：= $B$18 * B20，表示每期手续费等于总贷款金额和每期手续费率的乘积。然后拖动填充柄，将该公式填充到 C21、D21 单元格。其中 C21 单元格公式为：= $B$18 * C20；D21 单元格公式为：= $B$18 * D20。

B22 单元格录入公式：= $B$18/B19 + B21，表示每期需归还的总金额为贷款金额除以期数再加上该期的手续费。然后拖动填充柄，将该公式填充到 C22、D22 单元格。其中 C22 单元格公式为：= $B$18/C19 + C21；D22 单元格公式为：= $B$18/D19 + D21。

借款利率的计算仍然用 RATE 函数：

B23 单元格处公式为：=RATE(B19，-B22，$B$18)。

C23 单元格处公式为：=RATE(C19，-C22，$B$18)。

D23 单元格处公式为：=RATE(D19，-D22，$B$18)。

B24 单元格处公式为：=B23 * 12。

C24 单元格处公式为：=C23 * 12。

D24 单元格处公式为：=D23 * 12。

效果如图 6-70 所示。

	A	B	C	D
17	某银行信用卡利率			
18	总贷款金额	12000		
19	期数	3	6	12
20	手续费率	0.95%	0.80%	0.75%
21	每期手续费	114	96	90
22	每期需归还额	4114	2096	1090
23	借款月利率	1.42%	1.36%	1.35%
24	借款利率	17.02%	16.27%	16.22%

图 6-70 银行卡分期利率计算结果

(4) 如果还有丁员工，他向同事借钱购买冰箱，约定借款 3980 元，于一年后归还 4300 元，请问丁员工该项借款的利率为多少？

按照 EXCEL 建模解决问题的思路，我们建立模型，录入决策有关的关键参数，如图 6-71所示。

	A	B
27	个人借贷	
28	借款金额	3980
29	归还金额	4300
30	期数	1
31	利率	8.04%

图 6-71 朋友间借贷利率计算结果

B31 单元格录入公式：=RATE(B30，，B28，-B29)，PMT 参数没有值，表示该笔借款没有年金归还，只在期末一次性归还 4300 元，FV 参数处为负数表示现金的流出；NPER 处是借款的期数 1 年，借贷 RATE 函数参数如图 6-72 所示。

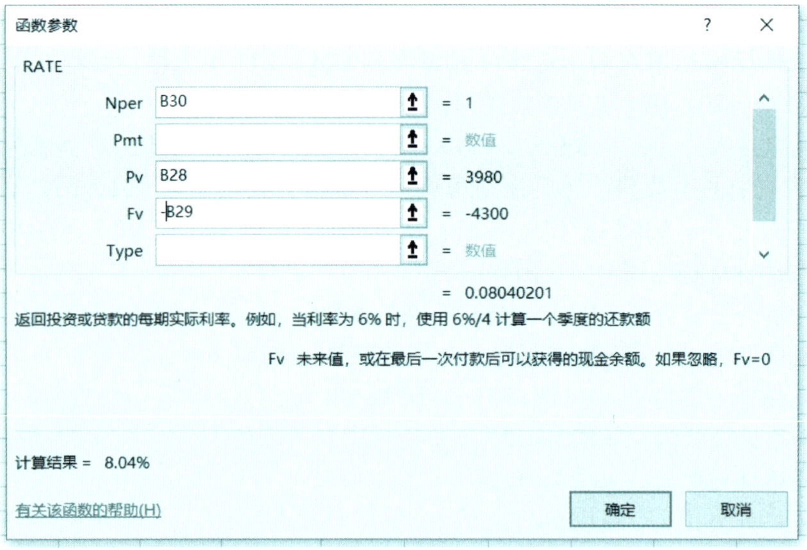

图 6－72　朋友间借贷 RATE 函数参数

项目拓展训练

（1）现在民间借贷非常活跃，王先生借款给某房地产公司 20 万元，合同约定三年后房地产公司一次性偿还 40 万元，请计算王先生该笔借款的利率是多少？

（2）王先生借款 10 万元给一个朋友，要求朋友 5 年内每年年末归还 24400 元，请问王先生这笔借款的利率是多少？

（3）现有 15000 元，要想在 10 年后达到 50000 元，那么在选择投资项目时，最低可接受的报酬率是多少？

（4）小明同学想通过信用卡分期购买一部手机，信用卡分期消费 8400 元，分 12 期还完，月手续费费率为 0.6%，请计算实际年化是多少？

（5）周总找中介做了 1 笔 30 万元的信用贷，36 期，每月手续费 0.5%，每月还款 9833 元，另外中介收了贷款总额 5 个点的服务费，请计算实际年化是多少？

任务 9
用 EXCEL 进行不等额投资收益率的计算

任务情境

（1）小张毕业后进行创业，初始投资 5 万元，他在校创新创业园开了一个摄影摄像公司。该公司每个月月底的回报情况如图 6－73 所示，请用 IRR 函数计算这一年的收益率？

	A	B	C	D	E	F	G	H	I	J	K	L	M
1	小张期初投入	1	2	3	4	5	6	7	8	9	10	11	12
2	-50000	-5000	-3000	0	2000	6000	8000	9000	10000	3800	6700	8900	9800

图 6－73 小张创业公司现金流量表

（2）老张购买湖南宝东农牧科技股份有限公司股票进行投资，2019 年 3 月 2 日购买 36000 元，2019 年 3 月 17 日补仓 26600 元，2019 年 12 月 20 日卖出 28260 元，2020 年 3 月 19 日补仓 16800 万元，2020 年 6 月 12 日卖出了 26215 元，2020 年 8 月 1 日全部卖出共 39180 元，请用 XIRR 函数计算老张投资这支股票的年化收益率。

（3）老张在 2019 年年初拿出 20000 元购买了电子式国债，3 年期，年化收益率为 4%，每年付息，到期还本并支付最后一期利息。老张在每次收回钱后，用收回的钱买了一个年化收益率为 6% 的投资产品。现在我们来算一下这种情况的实际年化收益率会是多少呢？

知识链接

股票、基金、黄金、房产、期货等投资方式虽已为众多理财者所熟悉和运用。但投资的成效如何，许多人的理解仅仅限于收益的绝对量上，缺乏科学的判断依据。任务 8 中我们学习了等额投资收益的利率的计算，但是现实生活中有许多投资的资金流入流出是不等额的。

IRR 函数可以返回由投资数字表示的一系列现金流的内部收益率。这些现金流不必等同，它们可能作为年金，也可以不是。但是，这些现金流必须定期（如每月或每年）出现。内部收益率是针对包含付款（负值）和收入（正值）的定期投资收到的利率。

函数的语法为 IRR(Values,[Guess])，其中 Values 参数录入的是数组或单元格的引用，这些单元格包含用来计算内部收益率的数字。Values 必须包含至少一个正值和一个负值，以计算返回的内部收益率。IRR 使用值的顺序来说明现金流的顺序。一定要按资金流的顺序输入支出值和收益值。如果数组或引用包含文本、逻辑值或空白单元格，这些数值将被忽略。Guess 参数可有可无，多数情况下，不必为 IRR 计算提供 Guess 值。如果省略 Guess，则假定它为 0.1（10%）。

现实生活中还有一种投资，其现金流量的发生日期是不确定的，即现金流并非定期，XIRR 函数就是专为这类型的现金流量求报酬率，但是 XIRR 函数传回来的报酬率已经是年报酬率。XIRR 函数的语法为 XIRR(Values,Dates,[Guess])，Values 参数录入的是一系列现金流，Dates 参数录入的是和现金流对应的具体时间，Guess 参数可有可无，多数情况下，不必为 XIRR 计算提供 Guess 值。需要注意的是该函数计算的是不定期现金流的内部收益率，计算一组定期现金流的内部收益率，请使用 IRR 函数。

除此之外，我们还会遇到这样一种情况，就是一笔投资的收入是分批收回的，收回后我们为了不让资金闲置，又买了别的理财产品，这样不同的收益率混在一起，最后真实的年化收益率可以用 MIRR 函数进行计算，语法为：MIRR(Values,Finance_rate, Reinvest_rate)，即收益率 =（现金流，融资率，再投资利率）其中 Values 参数录入的是一系列现金流，这些数值代表一系列定期支出（负值）和收益（正值），Finance_rate 现金流中使用的资金支付的利率即融资利率，Reinvest_rate 则是收回钱后继续投资的产品收益率。MIRR 有个缺点，和 IRR 一样只能计算固定间隔时间的收益率。

任务实施

（1）小张毕业后进行创业，初始投资 5 万元，他在校创新创业园开了一个摄影摄像公司。每月该公司除去各项开支净流入各不相同，请用 IRR 函数计算这一年的收益率？

按照 EXCEL 建模解决问题的思路，我们建立模型，录入决策有关的关键参数，由于小张的各项现金流是以月为间隔期，所以使用函数进行收益率的计算时，得到的返回值是以月为时间单位的内部收益率，在模型中我们布局月利率和年利率两个数据单元格，如图 6－74 所示。

	A	B	C	D	E	F	G	H	I	J	K	L	M
1	小张期初投入	1	2	3	4	5	6	7	8	9	10	11	12
2	-50000	-5000	-3000	0	2000	6000	8000	9000	10000	3800	6700	8900	9800
3	月利率	1.23%											
4	年化收益率	14.82%											

图 6－74　小张创业公司收益率计算模型

在 B3 单元格录入函：＝IRR（A2：M2），具体如图 6－75 所示，其中 GUESS 参数是内部报酬率的猜测值，如果没有填写猜测值则默认为 0.1。

在 B4 单元格录入公式：＝B3＊12，转化月利率为年化收益率。

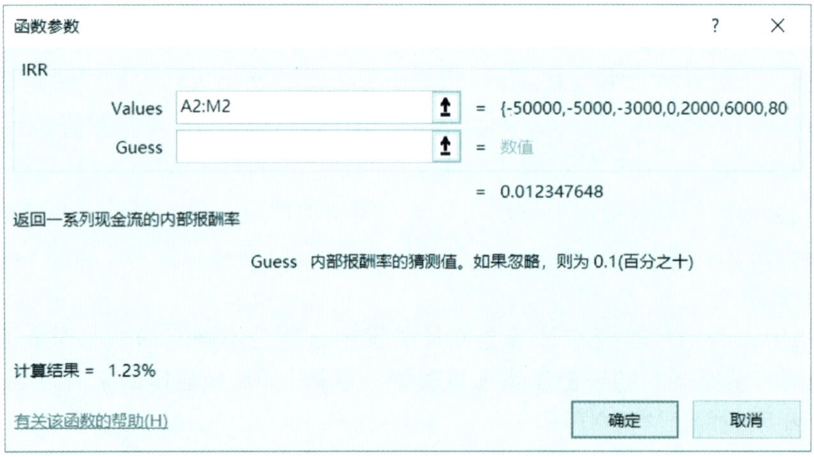

图 6－75　小李创业公司收益率计算 IRR 函数参数

（2）老张购买湖南宝东农牧科技股份有限公司股票进行投资，2019 年 3 月 2 日购买 36000 元，2019 年 3 月 17 日补仓 26600 元，2019 年 12 月 20 日卖出 28260 元，2020 年 3 月 19 日补仓 16800 万元，2020 年 4 月 12 日卖出了 26215 元，2020 年 8 月 1 日全部卖出，共 39180 元，请用 XIRR 函数计算老张投资这支股票的年化收益率？

按照 EXCEL 建模解决问题的思路，我们建立模型，录入决策有关的关键参数，其中现金流根据实际的流入流出情况填写，负数表示现金流出，正数表示现金流入，如图 6－76 所示；现金流对应的日期应当按照时间的顺序进行填写，需要注意的是 XIRR 函数返回的结果已经是年化收益率了，如图 6－77 所示。

	A	B
7	老张股票投资收益率计算	
8	日期	现金流
9	2019/3/2	-36000
10	2019/3/17	-26600
11	2019/12/20	28260
12	2020/3/19	-16800
13	2020/4/12	26215
14	2020/8/1	39180
15	年化收益率	19.62%

图 6－76　老张股票收益率计算模型

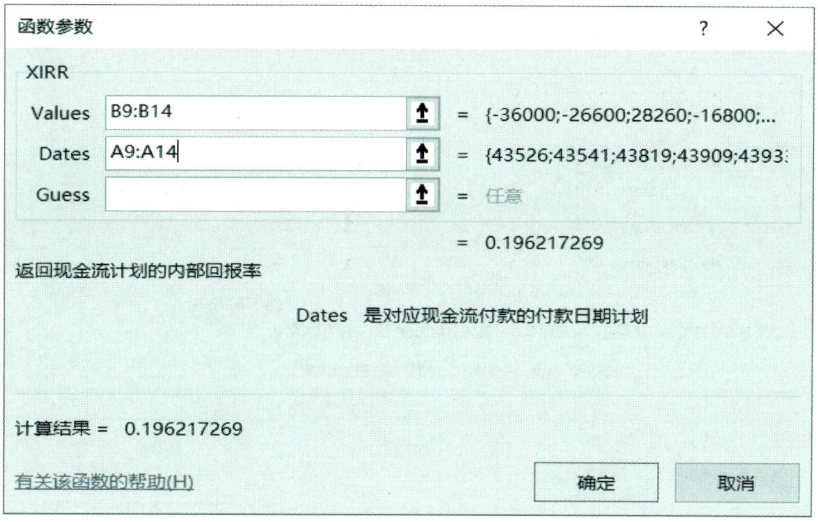

图 6－77　老张股票收益率计算 XIRR 函数参数

（3）老张在 2019 年年初拿出 20000 元购买了电子式国债，3 年期，年化收益率为 4%，每年付息，到期还本并支付最后一期利息。老张在每次收回钱后，用收回的钱购买一个年化收益率为 6% 的投资产品。现在我们来算一下这种情况，实际年化收益率会是多少呢？

按照 EXCEL 建模解决问题的思路，我们建立模型，录入决策有关的关键参数，由于老张拿出的 20000 元是自有资金，没有融资利率，如果有人通过借款来投资，那么在融资利率处 D18 单元格应该填写借款的利率。在该案例中我们即便修改 D18 单元格的数值，也对最后年化收益率的计算结果没有任何影响，所以我们会发现该参数不参与函数的计算，这个参数存在的意义应该是让投资人将最后的年化收益率的结果与融资利率进行比较，以助于投资人判断是否应该通过融资的方式进行投资。混合投资的模型如图 6－78 所示。

	A	B	C	D
17	混合投资收益率			
18	期数	现金流	融资利率	0
19	2019	-20000	再投资利率	6%
20	2020	800	国债投资利率	4%
21	2021	800		
22	2022	20800		
23	年化收益率	4.08%		

图 6－78　混合投资收益率计算模型

B20 单元格填入公式：＝ABS($B$19 ＊ $D$20)，各单元加入绝对引用符号，进行填充柄填充，将公式直接填充到 B21、B22 单元格。

B21 单元格填入公式：＝ABS($B$19 ＊ $D$20)。

B22 单元格填入公式：＝ABS($B$19 ＊ $D$20)＋ABS(B19)。

B23 单元格填入公式：＝MIRR(B19:B22,D18,D19)，具体如图 6－79 所示。

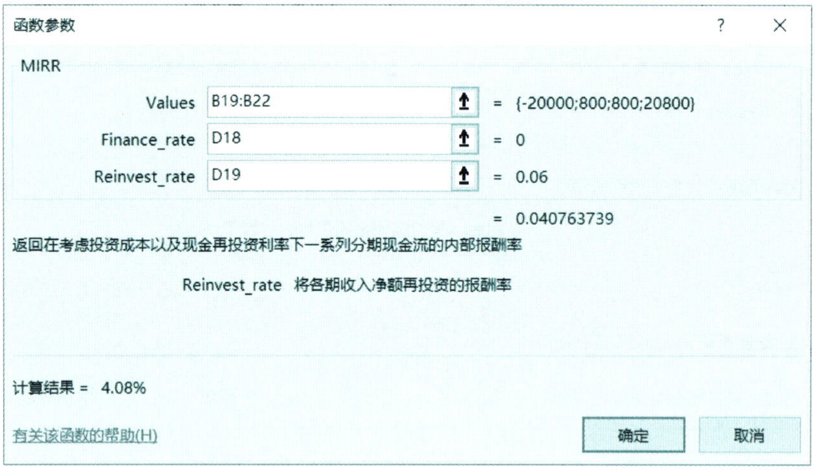

图 6－79　MIRR 函数参数

项目拓展训练

(1) 小明同学想通过信用卡分期购买一部手机，信用卡分期消费 8400 元，分 12 期还完，月手续费费率为 0.6%。请用 IRR 函数计算该项分期付款实际年化是多少？

(2) 周总找中介做了 1 笔 30 万元的信用贷，36 期，每月手续费 0.5%，每月还款 9833 元，另外中介收了贷款总额 5 个点的服务费。请用 IRR 函数计算该项信用贷款实际年化是多少？

(3) 王先生打算以 12 万元购买一个车位，他正好收到银行的电话，说可以分期付款购买车位，借款额度 12 万元，12 个月等额还款，每月还 1 万，月手续费率是 0.6%（每个月还 0.6%×120000＝720 元手续费），不要利息，算下来一年的手续费是 720×12=8640 元。王先生认为，如果用 8640 元除以 12 万元，那么年化利率只要 7.2%。王先生虽然可以一次性付款，但是如果他的钱放到他的一个朋友那里进行民间借贷，朋友承诺给他的年利率是 10%。他想如果他把买车位的钱放到朋友那里投资，自己到银行去贷款买车位，还可以赚取 10% -7.2% =2.8% 的利率差。你觉得他的这种思路对吗？这种信用卡分期付款的实际利率到底有多少？

（4）王先生购买宝东农牧股票进行投资，2018 年 4 月 4 日购买 12000 元，2018 年 7 月 7 日购买 5000 元，2018 年 9 月 18 日售出 3000 元，2019 年 11 月 23 日收到分红 86 元，2020 年 1 月 2 日他手中留存的该股票市值共 14800 元，他决定全部卖出。请问王先生该支股票的年化收益率是多少？

任务 10
用 EXCEL 进行期数的计算

任务情境

湖南宝东农牧科技股份有限公司的周女士首次购房，打算从建设银行进行商业贷款，贷款利率为 4.9%，周女士在长沙市岳麓区某楼盘购买一套 82 平方米的二居室精装修房楼房，每平方米价格为 12300 元，她计划使用等额本息还款方式首付 30%，她每月工资为 9600 元，除去其他基本生活开销，该女士每月最多可以承担 4200 元的还款金额，该女士和银行约定每期期初还款，请分析她应该选择多少年的还款期？

知识链接

现实生活中投资人有时已知投资的金额和投资的收益，可以用 EXCEL 的 NPER 财务函数计该笔投资的投资年限。该函数返回一个 Double 数据类型值，用于计算定期定额支付且利率固定的年金总期数。函数语法为：NPER(Rate,Pmt,Pv,[Fv],[Type])，其中 Rate 参数必须有，用于指定每一期的利率需要和期数的时间单位一致。Pmt 参数必须有，用于指定每一期所付金额，付款金额通常包含本金和利息，且付款金额在年金的有效期间不变。Pv 参数必须有，用于指定未来一系列付款或收款的现值。Fv 参数可选，用于指定在付清贷款后所希望的未来值或现金结存。Type 可选，用于指定 PMT 的收支时间，如果是期初支付为 1，期末支付填写 0，如果省略的话，缺省值为 0。

任务实施

第一步，按照 EXCEL 建模解决问题的思路，我们建立模型，如图 6-80 所示。录入决策有关的关键参数，贷款金额 B5 单元格录入公式：=B2*B3*(1-B4)。

	A	B
1	王女士购房期数决策	
2	每平米价格	12300
3	面积	82
4	首付比例	30%
5	贷款金额	706020
6	月还款额	4200
7	贷款利率	4.90%
8	还款期数（月）	282.40
9	还款期数（年）	23.53

图 6－80　购房期数计算模型

还款期数（月）B8 单元格处填入公式：＝NPER(B7/12，－B6,B5,,1)，由于购房时的 PMT 参数是以月为单位的现金流，因此 NPER 函数的返回值的时间单位也为月，在 RATE 参数处填写的是 B7/12，原因是该参数的时间单位也应当和 PMT 参数的时间单位一致，所以将银行贷款的年利率转换成月利率，和银行约定期初还款则 Type 参数填写 1。NPER 函数参数如图 6－81 所示。

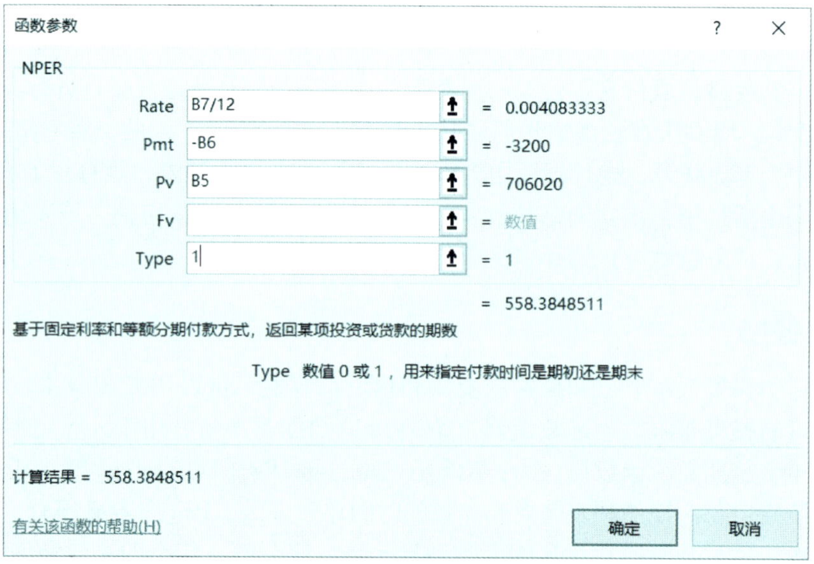

图 6－81　NPER 函数参数

还款期数（年）B9 单元格填入公式：＝B8/12，得到需要还款的年数，由于是一个小数，我们可以预估该女士应该申请 24 年贷款，其每月月供金额稍微小于她的最大承受金额 4200 元。

项目拓展训练

（1）某企业现有资金 100000 元，投资项目的年报酬率为 8%，问多少年后可以使现有资金增加到 200000 元?

(2) 宝东农牧拟购置一台柴油机或汽油机。柴油机比汽油机每月可以节约燃料费 5000 元，但柴油机的价格比汽油机高出 50000 元。假设资金的年报酬率为 18%，年资金周转 12 次以上（每月复利一次)。问柴油机至少应使用多久才合算?

(3) 按揭方式购房，首付后贷款 60 万元，假设贷款的年利率为 7.95%，每月还款能力为 5000 元，问需多少年能够还清贷款?

任务 11
用 EXCEL 进行资产风险的衡量

任务情境

湖南宝东农牧科技股份有限公司准备新建养猪场进行投资，考察了全国兄弟企业大量的养猪场发现，因为一些环保设备、养殖设备及理念的区别，大致全国有两种模式的猪场投资方案。采用 A 方案建设猪场，大约有 20% 的猪瘟低发概率；企业可以达到 15% 的收益率；大约 60% 的猪瘟中等发作概率，企业达到 10% 的收益率，20% 的猪瘟高发概率，此种情况下企业收益率为 0。采用 B 方案建设猪场，大约 30% 的猪瘟低发概率，此种情况下企业达到 20% 的收益率；大约 40% 的猪瘟中等发作概率，企业可以达到 15% 的收益率；大约 30% 的猪瘟高发概率，企业收益率为负值 -10%，如果你是财务经理，应该如何选择宝东农牧的猪场投资方案？请分别计算两种项目的期望报酬率、方差、标准离差和标准离差率，并做出基于风险因素的评价决策。

知识链接

风险是指收益的不确定性。从财务管理的角度来看，风险是指由于各种因素的影响，使企业的实际收益与预计收益发生背离，从而蒙受经济损失的可能性。

资产的风险大小可以用资产收益率的离散程度来衡量。离散程度是资产收益率的各种可能结果与预期收益率的偏差。衡量风险的主要指标有收益率的方差、标准差、标准离差率等。

(1) 期望值，是一个概率分布中的所有可能结果，以各自相应的概率为权数计算的加权平均值。期望收益率反映预计收益的平均化，在各种不确定因素影响下，它代表着投资者的合理预期。其计算公式为：

$$\overline{E} = \sum_{i=1}^{n} X_i P_i$$

在 EXCEL 中要求一组数据和另一组数据的乘积的和，直接用 SUMPRODUCT 函数即可完成运算，该函数语法为：SUMPRODUCT(Array1,[Array2],[Array3],...)，Array1 参数必须存在，表示其相应元素为需要进行相乘并求和的第一个数组参数。Array2、Array3 等参数可选，表示其相应元素需要和 Array1 参数对应的数值进行相乘并求和。函数表示在给定的几组数组中，将数组间对应的元素相乘，并返回乘积之和。

（2）方差。方差是用来表示随机变量与期望值之间的离散程度的一个数值。其计算公式为：

$$\sigma^2 = \sum_{i=1}^{n} (X_i - \overline{E})^2 \cdot P_i$$

（3）标准差。标准差也称均方差和标准离差，是方差的平方根。其计算公式为：

$$\sigma = \sqrt{\sum_{i=1}^{n} (X_i - \overline{E})^2 \cdot P_i}$$

（4）标准离差率。标准离差率是标准离差同期望值之比，通常用符号 V 表示。其计算公式为：

$$V = \frac{\sigma}{\overline{E}} \times 100\%$$

方差和标准差作为绝对数，只适用于期望值相同的决策方案风险程度的比较。对于期望值不同的决策方案，评价和比较其各自的风险程度只能借助于标准差率这一相对数值。在期望值不同的情况下，标准离差率越大，风险越大；反之，标准离差率越小，风险越小。

任务实施

按照 EXCEL 建模解决问题的思路，我们建立模型，录入决策有关的关键参数，如图 6－82 所示。

	A	B	C	D	E	F	G
1		投资A方案统计			投资B方案统计		
2	猪瘟情况	低发	中等	高发	低发	中等	高发
3	发生概率	20.00%	60.00%	20.00%	30.00%	40.00%	30.00%
4	报酬率	15.00%	10.00%	0.00%	20.00%	15.00%	-10.00%
5	期望值			9.00%			9.00%
6	与期望值差值	6.00%	1.00%	-9.00%	11.00%	6.00%	-19.00%
7	与期望值差值平方	0.36%	0.01%	0.81%	1.21%	0.36%	3.61%
8	方差			0.24%			1.59%
9	标准差			4.90%			12.61%
10	标准离差率			54.43%			140.11%

图 6－82 资产风险衡量计算模型

B5 单元格填入公式：＝SUMPRODUCT(B3:D3,B4:D4)，让报酬率数组和出现概率数组进行相乘求和，得到 A 方案期望值。选中该单元格右下角拖动填充柄将公式填充到 E5 单元格，进行相对引用公式为：＝SUMPRODUCT(E3:G3,E4:G4)，SUMPRODUCT 函数参数如图 6－83 所示。

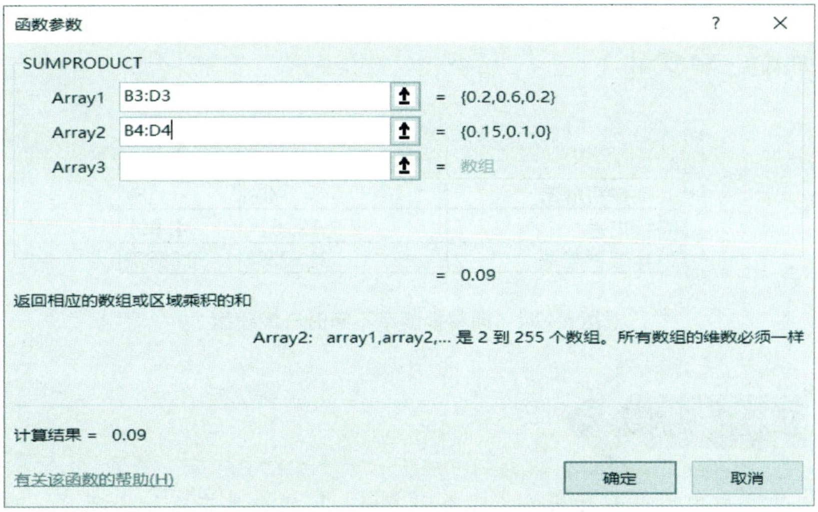

图 6－83　SUMPRODUCT 函数参数一览

B6 单元格填入公式：＝B4－＄B＄5，＄B＄5 表示绝对引用 B5 单元格，选中该单元格右下角，向右拖动填充柄，将公式填充到 C5、D5 单元格，这两个单元格公式分别为“＝C4－＄B＄5”“＝D4－＄B＄5”。

E6 单元格填入公式：＝E4－＄E＄5，＄E＄5 表示绝对引用 E5 单元格，选中该单元格右下角，向右拖动填充柄，将公式填充到 F5、G5 单元格，这两个单元格公式分别为“＝F4－＄E＄5”“＝G4－＄E＄5”。

B7 单元格填入公式：＝B6＊B6，选中该单元格右下角，向右拖动填充柄，将公式进行相对引用，填充到 C7、D7、E7、F7、G7 单元格。

B8 单元格填入公式：＝SUMPRODUCT(B7:D7,B3:D3)，选中该单元格右下角，向右拖动填充柄，将公式进行相对引用，填充到 E8 单元格，公式为：＝SUMPRODUCT(E7:G7,E3:G3)。

B9 单元格填入公式：＝SQRT(B8)，选中该单元格右下角，向右拖动填充柄，将公式进行相对引用，填充到 E9 单元格，公式为：＝SQRT(E8)。

B10 单元格填入公式：＝B9/B5，选中该单元格右下角，向右拖动填充柄，将公式进行相对引用，填充到 E10 单元格，公式为：＝E9/E5。

通过 EXCEL 模型的建立，我们发现 A、B 两个方案的期望收益率相同，都是 9%，继续比较两个方案的风险大小，衡量风险的主要指标有：收益率的方差、标准差、标准离差率。我们计算出其收益率的方差、标准差、标准离差率，得到的结果都显示 B 方案比 A 方案的风险要高，所以在期望报酬率相同的情况下，风险低的 A 方案是最佳方案。

在上述案例中，两个投资项目的期望报酬率相等，可以直接根据方差、标准差、标准离差率三者之一来比较风险程度。但是如果期望报酬率不等，则必须计算标准离差率来比较两个项目的风险。比如：有两个方案，C 方案的期望报酬率 40%，D 方案的期望报酬率 15%，C 方案、D 方案标准差分别为 12.61% 和 4.9%。由于两个方案的期望报酬率不同，不能直接通过标准差的值来判断两个方案的风险程度，需要将两个方案的标准离差率计算出来，进行风险的比较，计算后发现 C 方案的期望报酬率高、标准离差率低、风险低，所以选择 C 方案。具体如图 6－84 所示。

	A	B	C
14		C方案	D方案
15	期望报酬率	40%	15%
16	标准差	12.61%	4.90%
17	标准离差率	31.5250%	32.6667%

图 6－84　期望报酬率不等时决策模型

项目拓展训练

湖南宝东农牧科技股份有限公司有 A、B 两个生产线投资项目，两个投资项目的收益率及其概率分布情况如表 6－1 所示，试用 EXCEL 模型计算两个项目的期望收益率，以及收益率的方差、标准差及标准离差率，作为财务经理，应该选择哪个项目进行投资？

表 6－1　A 项目和 B 项目投资收益率的概率分布

经济情况	繁荣	正常	衰退
发生概率	0.3	0.4	0.3
A 方案报酬率	45%	25%	－20%
B 方案报酬率	15%	25%	10%

扫码进入视频学习

项目 6

项目七
7 EXCEL 在筹资管理中的应用

筹资管理是指企业根据其生产经营、对外投资和调整资本结构的需要，通过筹资渠道和资本（金）市场，运用筹资方式，经济有效地为企业筹集所需的资本（金）的财务行为。筹资的方式主要有筹措股权资金和筹措债务资金。筹资管理的目的是满足公司资金需求，降低资金成本，增加公司的利益，减少相关风险。

通过本章的学习，学生应该在回顾企业筹资目的与各种筹资渠道和方式的基础上，能熟练运用 EXCEL 提供的函数和工具，掌握资金需要量预测的基本方法，进行筹资成本与方式分析，并利用资本成本和各种杠杆进行最佳资本结构决策。

任务 1
用 EXCEL 进行宝东农牧筹资需要量预测

任务情境

（1）湖南宝东农牧科技股份有限公司 2010 年的销售额为 20 万元，生产能力还有剩余，销售净利率为 10%，股利支付率为 60%，预计 2011 年的销售额为 24 万元，销售净利率和股利支付率不变，该公司 2010 年 12 月 31 日的资产负债表如表 7－1 所示，要求：利用 EXCEL 软件采用销售百分比法预测该公司 2011 年的外部筹资需求量。

（2）湖南宝东农牧科技股份有限公司产量和资金占用量的历史资料如表 7－2 所示。假定 2017 年该企业预计产量为 9500 千克。要求用高低点法预测 2017 年的资金占用量，并画出散点图。

（3）假定湖南宝东农牧科技股份有限公司 2016 年下半年资金占用量资料如表 7－3 所示，运用线性回归法预测 2017 年 1 月的资金占用量，预计 1 月产量为 170 万件。

表 7－1 湖南宝东农牧科技股份有限公司简要资产负债表

2011 年			单位：元
资产		负债及所有者权益	
货币资金	30000	应付票据	20000
应收账款	30000	应付账款	40000
存货	60000	长期借款	60000
固定资产（净值）	70000	实收资本	60000
无形资产	10000	留存收益	20000
总计	200000	总计	200000

表 7－2 产量和资金占用量的历史资料

产量与资金占用量历史数据		
年度	宝东 617 蛋鸭里料（千克）	资金占用量 Y（元）
2012	7500	70000
2013	7000	66000
2014	8000	73000
2015	8500	79000
2016	9000	82000

表 7－3 湖南宝东农牧科技股份有限公司下半年资金占用量

月份	6	7	8	9	10	11	12
产销量（万件）	120	110	120	130	140	150	160
资金占用量（万元）	100	95	99	105	110	112	115

知识链接

资金需求量预测是指根据企业未来的发展目标和现实条件，参考有关资料，利用专门方法对企业未来某一时期内的资金需求量所进行的推测和估算。合理预测一定时期的资金需求量，对于保证资金供应、有效组织资金运用、提高资金利用效率具有重要的意义。资金需求量的预测方法主要有销售百分比法、线性回归法和因果分析预测法等，这里重点分析前两种方法。

销售百分比法是根据资金各个项目与销售收入之间的依存关系，并结合销售收入的增长情况来预测计划期企业需要从外部追加筹措资金的数额的方法。

具体步骤如下：

（1）对资产负债表上的项目进行分类；区分敏感项目与非敏感项目，并计算基年资产负债表各敏感项目与销售收入的百分比。

其中，敏感项目是指直接随销售额变动的资产、负债项目，例如现金、应收账款、存货、应付账款、应付职工薪酬等项目；非敏感项目是指不随销售额变动的资产、负债项目，如固定资产、长期股权投资、短期借款、应付债券、实收资本、留存收益等项目。

（2）对于各个敏感性项目，计算其基期的金额占基期销售收入的百分比，并分别计算出敏感性资产项目占基期销售收入百分比及其合计数，以及敏感性负债项目占基期销售收入的百分比和合计数。

(3) 根据计划期的销售收入和销售净利润率，结合计划期支付股利的比率，确定计划期内部留存收益的增加额。

(4) 根据销售收入的增长额确定企业计划期需要从外部筹措的资金需求量，计算公式为：

对外筹资需要量 = 增加的资产 - 增加的负债 - 增加的留存收益

高低点法又称两点法，是指通过观察一定相关范围内各期产销量（或销售额）与资金占用量所构成的所有坐标点，从中选出产销量最高和最低的两点坐标，并据此推算不变资金总额和单位变动资金，从而推测资金需要量的一种方法。运用高低点法预测资金需要量的具体步骤是：

1) 从各期产销量与相应的资金占用量的历史数据中找出产销量最高和最低的两点。

2) 根据高低两点的数据计算单位变动资金：

单位变动资金 = （最高点资金占用量 - 最低点资金占用量） ÷ （最高点产销量 - 最低点产销量）

3) 计算不变资金总额：

不变资金总额 = 高点资金占用量 - 单位变动资金 × 高点产销量

或：

不变资金总额 = 低点资金占用量 - 单位变动资金 × 低点产销量

4) 根据数学模型预测某一时期的资金需要量：$y = a + bx$

线性回归法和高低点法一样也是资金习惯性预测法中的一种。在 EXCEL 当中可以使用 FORECAST 函数、SLOPE 函数、INTERCEPT 函数进行直线方程、斜率（变动成本）、截距（固定成本）的估算。我们还可以使用 CORREL 函数对企业历年产销量和资金是否存在线性关系进行判断，所得结果接近于 1 的，才可以使用资金习性预测法进行资金的预测。

任务实施

(1) 销售百分比法进行资金预测的解析过程如下：

第一步，首先对所有项目进行敏感性分析，填入单元格 B13：B17、E13：E7。

第二步，利用逻辑函数判断资产、负债的敏感性。在单元格 C13 输入公式：=IF(B13 = "敏感性项目",C4/$B$21,"不适合")，然后将公式往下拉，一直复制到 C17 单元格。

第三步，在单元格 F13 输入公式：=IF(E13 = "敏感性项目",F4/$B$21,"不适合")，然后将公式往下拉，一直复制到 F17 单元格。

第四步，然后在 C18 单元格输入公式：=SUM(C13:C17)，在 F18 单元格输入公式：=SUM(F13:F17)，求得相关项目与基期销售额之间的百分比的合计数。

第五步，在 B23 单元格内输入公式：=B22 - B21，求得销售增加额。

第六步，在 B26 单元格内输入公式：=(C18 - F18) * B23，求得预测期筹资总额。

第七步，在 B27 单元格内输入公式：=B22 * B24 * B25，求得内部资金来源数额。

第八步，在 B28 单元格内输入公式：=B26 - B27，求得外部筹资额。

销售百分比法是资金需求量预测中比较简单的一种方法，一般适合较短期的资金变动，无法对长期资金需求量进行预测。

(2) 高低点法任务情境的解析过程，如图 7-1 所示。

	A	B	C	D	E
1	企业产量与资金占用量历史数据				
2	年度	宝东617蛋鸭料（千克）	资金占用量Y（元）	产销量最高点	9000
3	2012	7500	70000	产销量最低点	7000
4	2013	7000	66000	产销量最高点对应的Y	82000
5	2014	8000	73000	产销量最低点对应的Y	66000
6	2015	8500	79000		
7	2016	9000	82000		
8	b	8	单位变动资金=（最高点资金占用量-最低点资金占用量）/（最高点产销量-最低点产销量）		
9	a	10000	不变资金总额=高或低点资金占用量-单位变动资金*高或低点产销量		
10	2017年预计产量	9500			
11	预计资金占用量	86000			

图 7－1　高低点法预测企业资金

第一步，在 E2、E3、E4、E5 单元格输入“＝MAX(B3:B7)”“＝MIN(B3:B7)”“＝VLOOKUP(E2,B3:C7,2,FALSE)”“＝VLOOKUP(E3,B3:C7,2,FALSE)”，在单元格 B8 输入公式：＝(E4－E5)/(E2－E3)。

第二步，在单元格 B9 输入公式：＝E4－B8＊E2。

第三步，在 B11 单元格内输入公式：＝B9＋B8＊B10，求得 2017 年资金占用量 86000 元。

第四步，画出散点图，单击鼠标选定“B2:C7”区域，单击“插入”按钮，选择“散点图”。找到“设计”栏中“添加图标元素”按钮，选择“趋势线”中“线性预测”出现“设置趋势线格式”对话框，勾选“显示公式选项”，将图表标题改为“企业资金预测散点图法”，得出最终结果如图 7－2 所示。

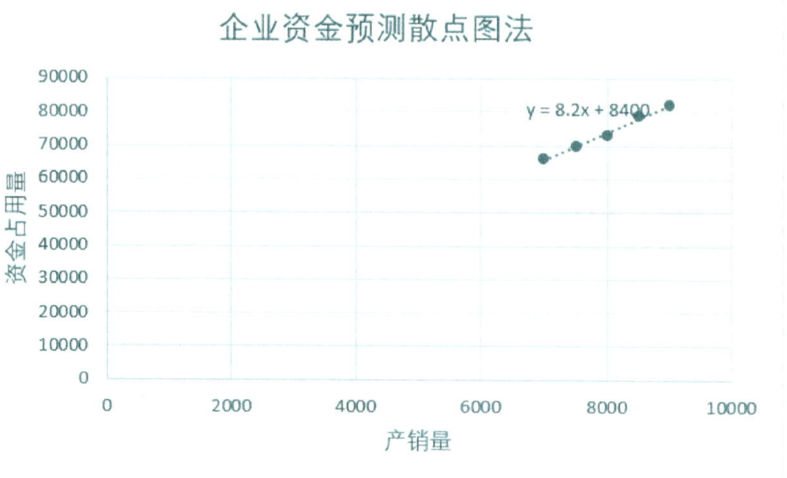

图 7－2　散点图法预测企业资金

（3）回归分析法预测企业资金的解析过程如下：

第一步，选中 C7 单元格，单击插入“函数”，选择“SLOPE”函数，单击确定，在因变量数据栏，选择 B4:H4 区域，自变量数据栏，选择 B3:H3 区域。

第二步，预测方程变量 b，在单元格 C7 录入公式：=SLOPE(B4:H4,B3:H3)，得出变量 b 数值。预测方程常量 a，在单元格 C8 输入公式：=INTERCEPT(B4:H4,B3:H3)，得出常量 a 数值。在 C10 单元格输入公式：=FORECAST(C9,B4:H4,B3:H3)，得出 2017 年 1 月资金需求量。在 C11 单元格输入公式：=C8+C9*C7，得出 2017 年 1 月资金需求量。

第三步，在 C12 单元格输入公式：=CORREL(B3:H3,B4:H4)，计算两个变量的相关性。

回归分析法预测企业资金的模型如图 7-3 所示。

	A	B	C	D	E	F	G	H
1	下半年资金占用情况如下表，请预测2017年1月份资金情况							
2	月份	6	7	8	9	10	11	12
3	产销量（万件）	120	110	120	130	140	150	160
4	资金占用量（万元	100	95	99	105	110	112	115
5								
6	回归分析法预测资金需求量 (Y=a+bx)							
7	预测方程变量项b		0.41					
8	预测方程常量项a		50.63					
9	2017年产量预测值		170					
10	2017年资金需求量预测值		120.38	函数求解				
11	2017年资金需求量预测值		120.38	公式求解				
12	是否线性关系预测		0.99					

图 7-3　回归分析法预测企业资金

项目拓展训练

（1）卓尔康发展有限公司 2020 年销售额为 10000 万元，销售净利润率 10%，利润留存率为 40%，2021 年预计销售额增长 20%，公司有足够的生产能力，无须追加固定资产投资。2020 年 12 月 31 日资产负债表数据如图 7-4 所示。请用销售百分比法预测该公司 2021 年需要对外筹集的资金量。

	A	B	C	D	E	F
2	卓尔康公司简化资产负债表（单位：万元）					
3	资产	金额	百分比%	负债及所有者权	金额	百分比%
4	货币资金	500		短期借款	2500	非敏感项目
5	应收账款	1500		应付票据	500	
6	存货	3000		应付账款	1000	
7	固定资产	3000	非敏感项目	应付债券	1000	非敏感项目
8				实收资本	2000	非敏感项目
9				留存收益	1000	非敏感项目
10	资产总计			负债及所有者权益合计	8000	

图 7-4　卓尔康发展有限公司销售百分比法预测模型

（2）红太阳发展有限公司 2016～2020 年数据如图 7－5 所示，预计 2021 年度产量为 3300000 件，用高低点法预测企业资金需要量，并画出散点图。

	A	B	C
1	用高低点法预测企业2014年的资金占用		Y=A+BX
2	年度	产量	资金占用量Y
3	2016	2000000	110000
4	2017	2400000	130000
5	2018	2600000	140000
6	2019	2800000	150000
7	2020	3000000	160000

图 7－5　高低点法预测模型

（3）永红发展有限公司产品销售量与资金占用量如表 7－4 所示，预计 2021 年销售量 750 万件，预测 2021 年资金需要量。

表 7－4　　销售量与资金占用情况资料

年度	产量（万件）	资金占用（万元）
2015	600	500
2016	550	475
2017	500	450
2018	600	500
2019	650	525
2020	700	550

任务 2
用 EXCEL 进行宝东农牧筹资成本计算

任务情境

湖南宝东农牧科技股份有限公司拟筹资 1000 万元，假设该企业计划使用如下几种筹资方式，相关的资本成本情况如下所示：

（1）普通股市价 40 元，筹资费率 2%，本年发放现金股利每股 0.6 元。预期股利年增长率 11.06%，则该普通股筹资成本测算为多少？

（2）普通股的资金成本资本资产定价模型：湖南宝东农牧科技股份有限公司普通股股票的 β 值为 1.25，此时一年期国债利率为 3.95%，市场平均报酬率为 11%。则该公司普通股资本成本率是多少？

（3）发行优先股发行价为每股 20 元，每股支付固定股利 2 元，发行费率为 5%，求该优先股的资金成本是多少?

（4）留存收益的资金成本：企业每股发行价为 40 元/股，刚刚支付的每股股利为 0.6 元，股利固定增长率 11.06%，则该企业留存收益筹资的成本是多少?

（5）长期借款资金成本：公司取得长期借款 100 万元，年利率 10%，期限 3 年，筹措借款的费用率为 0.2%，企业所得税率为 15%，计算这笔借款的资金成本。

（6）债券资金成本：企业发行面值 1000 元的债券，期限 10 年，票面利率 9%，每年付息一次，发行费率为 5%，所得税率为 15%，计算发行价为每张 1000 元时，该债券的资金成本。

（7）假设计划的资金筹集情况为：长期借款 200 万元、长期债券 200 万元、优先股 100 万元、留存收益 300 万元、普通股 200 万元。请计算，如果湖南宝东农牧科技股份有限公司使用该筹资方式的综合资本成本是多少?

（8）湖南宝东农牧科技股份有限公司当前拥有资本 10000 万元，其中长期借款 2000 万元，优先股 500 万元，普通股 7500 万元。为了适应追加投资的需要，公司准备筹措资金，进行一个新的项目。财务人员经过分析认为该公司目前的资本结构为最优资本结构，并分析了目前企业在既定的目标资本结构下不同筹资量的个别资本变化表，如表 7－5 所示。已知企业筹资按目标资本结构以万元为单位进行，请编制该公司边际资本成本规划表，当该公司新项目的预期投资报酬率为 13.5% 时，试分析在哪个筹资范围内进行筹资并投资是可行的。

表 7－5　　边际资本成本规划表

资本种类	目标资本结构	新增筹资范围		个别资本成本	筹资总额分界点的计算
		下限	上限		
长期负债	20%	0	100	6%	
		100	400	7%	
		400	以上	8%	
优先股	5%	0	25	10%	
		25	以上	12%	
普通股	75%	0	225	14%	
		225	750	15%	
		750	以上	16%	

知识链接

资本成本是企业为筹集和使用资金而支付的各种费用，包括筹资费用和使用费用。筹资费用是指企业在资金筹措过程中为取得资金而支付的各种费用，包括银行借款的手续费，发行股票、债券需支付的广告宣传费、印刷费、代理发行费等。筹资费用通常是在筹措资金时一次性支付的，在资金使用过程中不再发生。

资金使用费是指企业因使用资金而支付给投资者的报酬，如股利、利息，包括资金时间价值和投资者要考虑的投资风险报酬两部分。投资风险大的项目，其使用费率较高。为了便于分析筹资额的资本成本，通常不用绝对金额表示资本成本，而用资本成本率表示。

1. 普通股资本成本

（1）股利折价模型。如果每年股利固定不变，可视为永续年金模型，则普通股资本成本计算公式为：

$$普通股资金成本=\frac{普通股第一年股息}{普通股筹资总额\times(1-筹资费用率)}\times 100\%$$

许多公司的股利都是不断增加的，则普通股资本成本的计算公式为：

$$普通股资金成本=\frac{普通股第一年股息}{普通股筹资总额\times(1-筹资费用率)}\times 100\%+股利年增长率$$

（2）资本资产定价模型。采用资本资产定价模型计算普通股资本成本的公式为：

普通股资金成本 = 股票的预期投资收益率 = 无风险报酬率 + β ×（股票市场平均必要报酬率 − 无风险报酬率）

2. 优先股资本成本

优先股筹资需支付筹资费用和优先股股利。优先股股利需定期按固定的股利率向持股人支付股利。因此，可以把优先股股利视为一种永续年金。优先股股利支付需在所得税后进行，没有所得税的抵减作用。由此可得，优先股资本成本计算公式为：

$$优先股资金成本=\frac{优先股年利息}{优先股筹资总额\times(1-筹资费用率)}\times 100\%$$

3. 留存收益成本

留存收益是经股东同意，不作为股利分配，留在企业供生产经营继续使用的那部分税后净利润。它是股东对企业追加的投资，股东对这部分追加的投资也要求与直接购买普通股股票的股东一样，获得相同的报酬率。因此，留存收益的资本成本应视同普通股资本成本，不同之处只是它不必考虑发行费用。留存收益资本成本的计算公式如下：

$$留存收益资金成本=\frac{第一年的预计股利}{普通股筹资总额}+股利的预计年增长率$$

4. 长期借款的资本成本

长期借款需支付的借款利息和借款手续费是计算资本成本的基础。由于借款利息可在税前列入成本，这就抵减了公司的一部分所得税。因此，公司自身实际承担的利息应为：

$$长期借款资金成本=\frac{长期借款年利息\times(1-所得税税率)}{长期借款总额\times(1-筹资费用率)}\times 100\%$$

$$=\frac{长期借款年利率\times(1-所得税税率)}{(1-筹资费用率)}\times 100\%$$

5. 债券成本

企业发行债券通常要事先规定出利息率。按税法和会计制度规定，债券利息与借款利息一样在税前利润中支付，这样企业实际上就少缴一部分所得税，因此，债券资本成本可比照长期借款来计算。其计算公式为：

$$债券资金成本=\frac{债券年利息\times(1-所得税税率)}{债券筹资总额\times(1-筹资费用率)}\times 100\%$$

个别资本成本从低到高依次为：长期借款成本 < 债券成本 < 留存收益成本 < 优先股成本 < 普通股成本。

6. 综合资本成本计算

企业总资本往往是由多种筹资方式形成的，不同筹资方式资本成本也有高低差异。为了进行筹资和投资决策，企业需计算加权平均资本成本（也称综合资本成本 WACC）。

综合资本成本是对各种资本成本按所占资本比重加权平均的方法计算出来的，故称为加权平均资本成本。

综合资本成本的计算公式为：

$$K_w = \sum W_j \cdot K_j$$

式中，K_w 为加权平均的资本成本；W_j 为第 j 种资本占资本的比重；K_j 为第 j 资本的成本。

在 EXCEL 中可以使用 SUMPRODUCT 函数实现综合资本成本的实现。

7. 边际资本成本的计算

边际资本成本率是指公司追加筹资的资本成本率，即公司新增一元资本所需负担的成本。企业在未来追加筹资时，不能仅仅考虑目前所使用的资本的成本，还要考虑新筹资本的成本，即边际资本成本。公司追加筹资有时可能只采取某一种筹资方式。在筹资数额较大，或在目标资本结构既定的情况下，往往会通过多种筹资方式的组合来实现。这时，边际资本成本需要按加权平均法来计算，其权数必须为市场价值权数，不应采用账面价值权数。

边际资本成本计算步骤为：

1）确定公司最优资本结构。

2）确定各种筹资方式不同筹资范围的资金成本。

3）计算筹资总额分界点。筹资总额分界点是某种筹资方式的成本分界点与目标资本结构中该种筹资方式所占比重的比值，反映了在保持某资金成本的条件下，可以筹集到的资金总限度。

筹资总额分界点 = 某特定成本率筹集到的某种资金额/该种资金在资本结构中所占的比重

4）计算筹资组合的边际资金成本。根据计算出的分界点，可得出若干组新的筹资范围，对各筹资范围分别计算加权平均资金成本，即可得到各种筹资范围的边际资金成本。

任务实施

第一步，计算普通股资本成本。打开“资本成本”工作表，在单元格 B6 中输入普通股资本成本的计算公式：=(B2*(1+B3))/(B4*(1-B5))+B3。

第二步，根据资产定价模型，计算普通股资本成本，在单元格 B12 中输入普通股资本成本的计算公式：=B10+B9*(B11-B10)。

第三步，计算优先股资本成本，在单元格 B18 中输入普通股资本成本的计算公式：=B15/(B16*(1-B17))。

第四步，计算留存收益的资金成本，在单元格 B24 输入计算公式：=B21*(1+B23))/B22+B23。

第五步，计算长期借款资本成本，在单元格 B30 输入计算公式：=B28*(1-B27)/(1-B29)。

第六步，计算当发行价格为 1000 元时，债券资本成本，在单元格 B38 输入计算公式：=(B33*B34*(1-B36))/(B35*(1-B37))，如果发行价格为 900 元或者 1200 元，即折价发行或者溢价发行时，我们只需要在模型中将对应的发行价格改为 900 元或者 1200 元。

第七步，C41 单元格输入计算公式：＝B41/＄B＄46，并拖动填充柄得到各个筹资方式所占权重，然后输入“＝”到已经计算出来的各个筹资方式的资本成本单元格取数，如 D41 单元格公式为：＝B30。最后在单元格 D46 中输入公式：＝SUMPRODUCT(C41:C45，D41:D45)，得到综合资本成本。SUMPRODUCT 函数参数如图 7－6 所示。

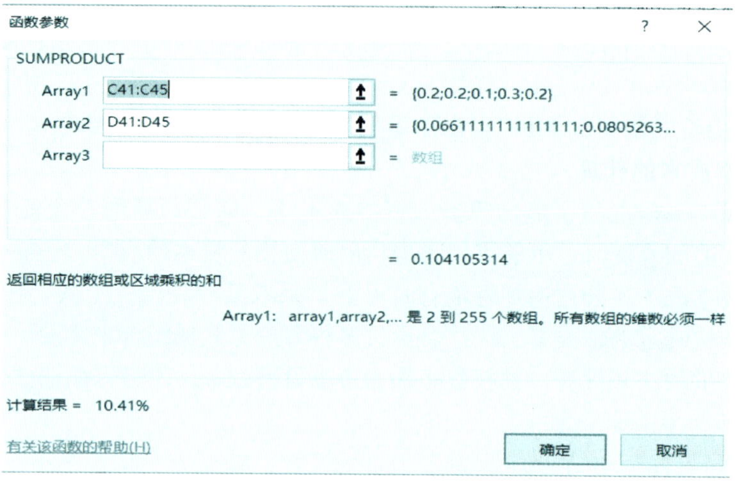

图 7－6　SUMPRODUCT 函数参数一览

第八步，打开“边际资本成本”工作表，计算筹资突破点并去确定相应的筹资范围。在单元格 F5 输入公式：＝D5/＄B＄5 并将公式拖动到单元格 F6；在单元格 F8 单元格输入公式：＝D8/＄B＄8；在单元格 F10 输入公式：＝D10/＄B＄10，并将公式拖动到单元格 F11，得到筹资总额的突破点。

第九步，根据筹资总额突破点画出边际成本计算表，如图 7－7 所示。

边际资本成本的计算

筹资总额范围（万元）		资本种类	目标资本结构	个别资本成本	边际资本成本
下限	上限（含）				
0	300	长期负债	20%		
		优先股	5%		
		普通股	75%		
300	500	长期负债	20%		
		优先股	5%		
		普通股	75%		
500	1000	长期负债	20%		
		优先股	5%		
		普通股	75%		
1000	20000	长期负债	20%		
		优先股	5%		
		普通股	75%		
20000	以上	长期负债	20%		
		优先股	5%		
		普通股	75%		

图 7－7　边际资本成本计算模型

第十步，在单元格 E17、E18、E19 中输入公式“ = IF(B17 < = 500,6% ,IF(B17 < = 2000,7% ,8%))”“ = IF(B17 < = 500,10% ,12%)”“ = IF(B17 < = 300,14% ,IF(B17 < = 1000,15% ,16%))”。

第十一步，选中单元格 E17、E18、E19，用鼠标拖动三个单元格的公式，一直到 E31 单元格。

第十二步，在单元格 F17 中输入公式： = SUMPRODUCT(D17:D19,E17:E19)，并将公式拖动到单元格 F20、F23、F26、F29，得到筹资总额个区间对应的边际资本成本。

因为公司新项目的预期的投资报酬率为 13.5%。根据我们刚才制作的边际资本成本表，查表可得只要该项目的筹资总额小于 1000 万元，我们企业的边际资本成本都小于 13.5%，可以投资。但当项目的筹资总额大于 1000 万元时，资本成本高于项目的投资报酬率，则放弃投资项目。

项目拓展训练

(1) 红太阳发展有限公司筹资情况如表 7 – 6 所示，请计算企业各筹资方式的资本成本及企业综合资本成本。

表 7 – 6 各种筹资方式资本成本一览表

长期借款（万元）	300	年利息率	6%	筹资费率	0%
长期债券（万元）	200	年利息率	8%	筹资费率	3%
优先股（万元）	300	年股息率	6%	筹资费率	5%
普通股（万元）	700	第一年股利	2	筹资费率	6%
留存收益（万元）	500	股利年增长率	3%		
资本合计（万元）	2000	普通股发行价格（元/股）	10	所得税税率	25%

(2) 绿林发展有限公司当前拥有资本 10000 万元，财务人员经过分析认为该公司目前的资本结构为最优资本结构，并分析了目前企业在既定的目标资本结构下不同筹资量的个别资本变化表，如表 7 – 7 所示。已知企业筹资按目标资本结果以万元为单位进行，请编制该公司边际资本成本规划表，当该公司新项目的预期投资报酬率为 12% 时，试分析在哪个筹资范围内进行筹资并投资是可行的。

表 7 – 7 绿林发展有限公司边际资本成本规划表

资本种类	目标资本结构	新增筹资额范围（万元）		个别资本成本	筹资总额分界点计算（万元）
		下限（不含）	上限（含）		
长期负债	35%	0	50	6%	143
		50	100	7%	286
		100	以上	8%	
优先股	15%	0	75	10%	500
		75	以上	12%	
普通股	50%	0	150	14%	300
		150	350	15%	700
		350	以上	16%	

任务 3
用 EXCEL 进行宝东农牧杠杆效应分析

任务情境

湖南宝东农牧科技股份有限公司成立初期只生产和销售一种产品，单价 50 元/千克，单位变动成本 30 元/千克。该公司每月债务利息 2000 元，每月销售额 7.5 万元，税后净利 0.6 万元，公司的所得税税率为 25%。

要求计算：

（1）该公司每月的固定经营成本是多少?

（2）每月的保本点销售量和销售额是多少?

（3）在企业基期销售量分别为 1300 千克、1500 千克、1700 千克、1900 千克、2100 千克、2300 千克时，请计算对应的企业经营杠杆系数、财务杠杆系数、总杠杆系数，并绘制出销售量变化对应的经营杠杆系数变化散点图。

（4）在企业固定成本分别为 22941 元、21000 元、19059 元、17118 元、15177 元时，请计算对应的企业经营杠杆系数，并绘制出固定成本变化对应的经营杠杆系数变化散点图。

（5）企业预计投资收益率均为 10%，有 5 种筹资方案，每种筹资方案的利息费由低到高依次增大，请绘制固定财务费用变化对应的财务杠杆系数变化散点图。

知识链接

自然界中使用杠杆可以通过较小的力撬动较重的物体，财务管理中合理使用杠杆也有助于企业合理规避风险，提高资本营运效率。

财务管理中的杠杆原理是指由于固定费用（包括生产经营方面的固定费用和财务方面的固定费用）的存在，当业务量发生较小的变化时，利润会产生较大的变化。

由于固定成本的存在而导致息税前利润变动率大于产销量变动率的杠杆效应称为经营杠杆（DOL，Degree of Operating Leverage）。当不存在固定成本时，企业的边际贡献就是企业的息税前利润，这时息税前利润变动率就等同于产销量变动率。

对经营杠杆进行计量的最常用指标是经营杠杆系数或经营杠杆度。经营杠杆系数是指息税前利润变动率相当于产销量变动率的倍数，其计算公式为：

$$DOL=\frac{\Delta EBIT/EBIT}{\Delta Q/Q}$$

$$DOL=\frac{S-VC}{S-VC-F}$$

式中，EBIT 为息税前利润，Q 为销售量，ΔEBIT 为息税前利润的变动额，ΔQ 为销售量变动额，S 为销售额，VC 为变动成本总额，F 为固定成本。

由于固定财务费用的存在而导致每股收益变动率大于息税前利润变动率的杠杆效应称为财务杠杆（DFL，Degree of Financial Leverage）。财务杠杆系数是指普通股每股利润的变动率相当于息税前利润变动率的倍数。其计算公式为：

$$DFL = \frac{\Delta EPS/EPS}{\Delta EBIT/EBIT}$$

式中，DFL 为财务杠杆系数，EPS 为普通股每股股利，ΔEPS 为普通股每股利润增量。在实际工作中，为了计算方便可将上式转化为：

$$DFL = \frac{EBIT}{EBIT - I - \frac{d}{1-T}}$$

式中，d 为优先股股利，其他符号同前。就未发行优先股的企业而言，其财务杠杆系数的计算公式为：

$$DFL = \frac{EBIT}{EBIT - I}$$

总杠杆是由于固定生产经营成本和固定财务费用的共同存在，而导致的每股利润变动大于产销量变动的杠杆效应，也可称为复合杠杆（DTL，Degree of Total Leverage）。只要企业同时存在固定的生产经营成本和固定的利息费用等财务支出，就会存在总杠杆作用。复合杠杆系数，也叫总杠杆系数，是指普通股每股利润的变动率相当于产销业务量变动率的倍数。其计算公式为：

$$DTL = \frac{\frac{\Delta EPS}{EPS}}{\frac{\Delta S}{S}}$$

式中，DTL 为复合杠杆系数，EPS 为每股收益，S 为销售额。

为简化计算，可根据上述公式推导出计算复合杠杆系数的简单公式如下：

$$DTL = DOL \times DFL$$

$$DTL = \frac{S - VC}{S - VC - F - I - \frac{d}{1-T}}$$

若企业未发行优先股，其复合杠杆系数的计算公式可简化为：

$$DFL = \frac{(p-b) \times Q}{(p-b) \times Q - F - I}$$

式中，p 为单价，b 为单位变动成本，Q 为产销数量，F 为固定成本。

在具体应用财务杠杆时，要注意财务杠杆和财务风险的关系。财务风险是指为取得财务杠杆利益而利用负债资金时，增加了破产或普通股利润大幅度变动所带来的风险。企业为取得财务杠杆利益，就要增加负债，一旦企业息税前利润下降，不足以补偿固定利息支出，企业的每股利润就会下降得更快。只有当企业投资收益率大于负债利率，才能取得杠杆利益；当企业投资收益率小于负债利率，则不能取得财务杠杆利益。这就是说，企业利用财务杠杆可能产生正面的效果，也可能会产生负面的效果。

任务实施

1. 固定成本及保本点的计算:

第一步，打开“杠杆效应”的工作表。

第二步，由于税后利润 = 销售收入 - 变动成本 - 固定成本 - 债务利息 - 所得税，在 B8 单元格输入公式：= B3 - B3/B1 * B2 - B4/(1 - B5) - B6，得出月固定成本。

第三步，当销售额处于盈亏临界点，即企业的销售收入刚好弥补成本开支的销售点，即达到收入总额与成本总额相等时的销售量，在单元格 B9 输入公式：= B8/(B1 - B2)，得出保本销售量。在单元格 B10 输入公式：= B9 * B1，得出保本销售额。

2. 企业经营杠杆系数、财务杠杆系数、总杠杆系数的计算及散点图绘制

第一步，根据不同的基期产销量及相关信息，在 C13 单元格填入公式：= $B$1 * A13，并拖动填充柄，将公式拖动到后续单元格，可以得到对应的销售额；在 D13 单元格填入公式：= $B$2 * A13，并拖动填充柄将公式拖动到后续单元格，可以得到对应的变动成本，在 E13 单元格填入公式：= C13 - D13，在 F13 单元格填入公式：= $B$8，在 G13 单元格填入公式：= E13 - F13，在 I13 单元格填入公式：= $B$6，在 J13 单元格填入公式：= G13 - I13，在 K13 单元格填入公式：= J13 * $B$5，在 L13 单元格填入公式：= J13 - K13，在 M13 单元格填入公式：= L13/ $B$7，并拖动填充柄将公式拖动到后续单元格，得到边际贡献、固定成本、息税前利润、债务利息、所得税、税后利润、每股收益的值。

第二步，根据基期产销量、息税前利润及每股收益得到各期产销量变动率、息税前利润变动率及每股收益变动率的值：在 B14、H14、N14 输入公式“ = (A14 - A13)/A13”“ = (G14 - G13)/G13”“ = (M15 - M14)/M14”并拖动填充柄将公式拖动到后续单元格中。

第三步，基期销售额对应的企业经营杠杆系数、财务杠杆系数、总杠杆系数的计算可以在 O13、P13、Q13 单元格录入公式“ = E13/G13” “ = G13/J13” “ = E13/J13”，并拖动填充柄到后续单元格。

第四步，选中 A12:A18，按住 Ctrl 键同时选中 O12:Q18 单元格，在菜单栏找到插入，在推荐的表中选择散点图“带平衡线和数据标记的散点图”，即可绘制杠杆系数散点图，如图 7 - 8所示。

很显然在其他因素不变的情况下，随着销售量的增加，各种杠杆系数都下降。这就可以解释为什么企业非常重视销售。

3. 固定成本变化对经营杠杆的影响

根据公式，经营杠杆系数 = （销售额 - 变动成本）/（销售额 - 变动成本 - 固定成本），在 B21 单元格填入公式：= $B$3/ $B$1 * ($B$1 - $B$2)/($B$3/ $B$1 * ($B$1 - $B$2) - A21)，并拖动填充柄将公式拖动到其他单元格，可得到不同固定成本对应的经营杠杆系数，选中 A20:B25 单元格，在菜单栏找到插入，在推荐的表中选择散点图“带平衡线和数据标记的散点图”，即可绘制杠杆系数散点图，如图 7 - 9 所示。

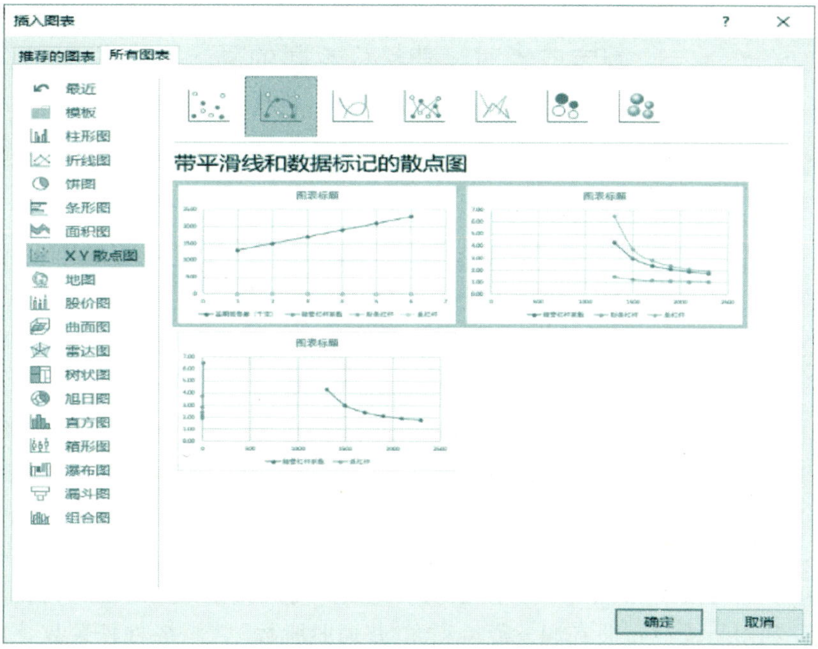

图 7－8　散点图的绘制

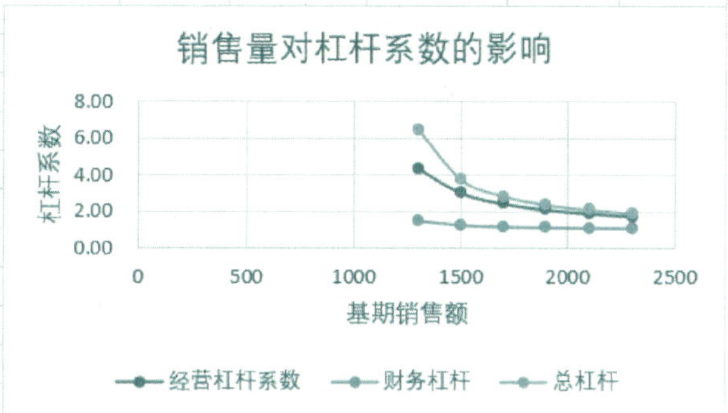

图 7－9　销售量对杠杆系数影响散点图

我们发现，在其他因素不变的情况下，随着固定成本的增加，企业经营杠杆系数增大，经营风险增大。可以解释固定资产比重大的资本密集型企业，由于经营风险高，企业主要依靠权益资本以保持小的财务杠杆系数和财务风险，来降低总风险。变动成本大的劳动密集型企业，固定成本小，经营杠杆系数小，企业筹资可以依靠债务筹资，保持较大财务杠杆系数和财务风险。固定成本对经营杠杆系数的影响如图 7－10 所示。

4. 固定财务费用变化对财务杠杆的影响

第一步，不同筹资方案增加的利息费用不同，可以在 B36:F36 单元格依次填入不同筹资方案对应的债务利息："0" " = C28 * 0.06" " = D29 * 0.08" " = E30 * 0.12" " = F31 * 0.2"。

第二步，利用公式：税前利润 = 息税前利润 － 利息，在 B37 单元格填入公式： = B35 － B36，并水平方向拖动填充柄得到其他方案的税前利润。

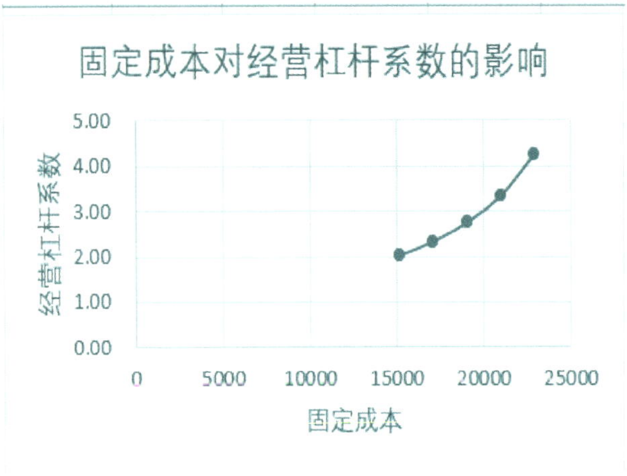

图 7－10　固定成本对经营杠杆系数影响散点图

第三步，利用公式“税后利润 = 税前利润 *（1 - 所得税税率）”在 B38 单元格录入公式：= B37 *（1 - $B$5），并水平方向拖动填充柄，得到其他方案的税后利润。

第四步，利用公式“每股利润 = 税后利润/普通股股数”“财务杠杆系数 = 息税前利润/税前利润”，在 B39、B40 单元格录入公式：“= B38/B33”“= B35/B37”并水平方向拖动填充柄得到其他方案的每股利润和财务杠杆系数。

第五步，选中 A36:F36，按住 Ctrl 键同时选中 A40:F40 单元格，在菜单栏找到插入，在推荐的表中选择散点图“带平衡线和数据标记的散点图”，选择第一个图形，即可绘制利息费用和财务杠杆系数散点图，如图 7－11 所示。

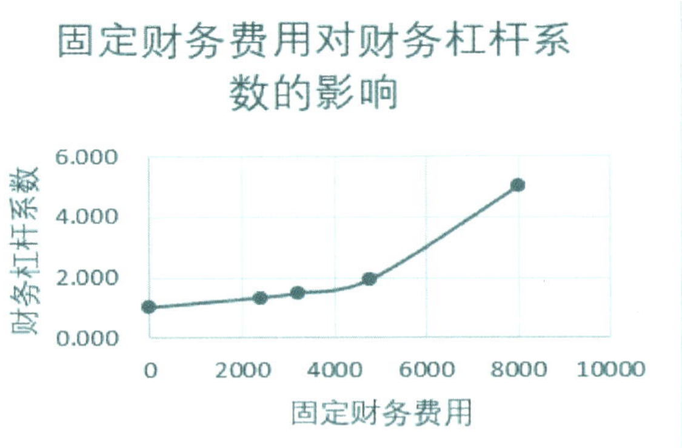

图 7－11　固定财务费用对财务杠杆系数影响散点图

可见，随着固定财务费用的增加，企业财务风险增加，在金融危机时企业经营风险已经很高的情况下，如果企业还疯狂进行债务筹资增加企业财务风险，那么这很可能成为压倒骆驼的最后一根稻草，导致企业破产。

任务 4
用 EXCEL 进行宝东农牧最优资本结构的确定

任务情境

（1）湖南宝东农牧科技股份有限公司初创时有如下三个筹资方案可供选择，有关资料如表7－8所示。要求：利用比较资本成本法确定公司最佳筹资方案，即最优资本结构。

表 7－8　　各筹资方案已知条件　　单位：万元

筹资方式	筹资方案 1			筹资方案 2			筹资方案 3		
	筹资额	资本成本	比重	筹资额	资本成本	比重	筹资额	资本成本	比重
长期借款	80	6%	8%	100	6.5%	10%	160	7%	16%
债券	200	7%	20%	300	8%	30%	240	7.5%	24%
优先股	120	12%	12%	200	12%	20%	100	12%	10%
普通股	600	15%	60%	400	15%	40%	500	15%	50%
合计	1000		100%	1000		100%	1000		100%

（2）湖南宝东农牧科技股份有限公司成为股份有限公司后，采用每股收益分析法进行企业资本结构决策。当企业息税前利润预计为 40 万元、60 万元、80 万元、120 万元等金额时，请计算两种不同筹资方案的每股收益，并绘制出两种方案的每股收益和息税前利润折线图；请计算两种筹资方式每股收益无差别点；请判断当预计企业息税前利润为 180 万元时，企业应当使用哪种融资方式。每股收益分析法计算如表 7－9 所示。

表 7－9　　每股收益分析法计算表

现有资本结构				追加筹资方案			
股东权益（万元）	600	普通股份数（万股）	60	方案 A			
债务（万元）	400	债务利率	8%	股票筹资额（万元）	200	新增股份数（万股）	20
现有资本（万元）	1000			方案 B			
所得税税率	15%			债务筹资额（万元）	200	新增债务利率	10%

（3）预计湖南宝东农牧科技股份有限公司成为大型上市企业后，将会使用公司价值分

析法确定企业最优资本结构。如果企业现有资本账面价值为10000万元，全部为普通股。预计该公司每年的息税前利润为5000万元，且保持稳定不变，公司的所得税税率为15%，公司的税后净利润将全部作为股利发放，股利增长率为0。公司的财务管理人员计划改变现有的资本结构，拟增加负债并回购相应数额的股票，以利用财务杠杆效应。经过测算，债务D的现值等于其面值，在不同的负债水平下，债务的利率 K_d 和普通股的β值如表7-10所示。同时，已知证券市场的数据为无风险利率 $K_f=6\%$，市场投资组合期望报酬率 $K_m=12\%$，试选择最优筹资方案，并绘制出公司价值比较法折线图。

表7-10 不同筹资方案已知条件

方案	债务价值D（万元）	债券利息 Kd	普通股β值	息税前利润 EBIT	300
1	0	-	1.12	所得税率	15%
2	1000	5%	1.16	无风险利率	6%
3	2000	8%	1.22	市场投资组合报酬率	12%
4	3000	10%	1.48		
5	4000	12%	1.85		
6	5000	15%	2.2		

知识链接

企业各种资金的构成及其比例关系是企业筹资决策的核心问题。企业应综合考虑有关影响因素，运用适当方法确定最佳资本结构，并在以后追加筹资中继续保持最佳资本结构。

为此，企业必须权衡财务风险和资本成本的关系，确定最优的资本结构。最优资本结构是指在一定条件下使企业加权平均资本成本最低、企业价值最大的资本结构。在实际操作中常采用比较资本成本法、每股收益分析法等选择最优资本结构的方法。

比较资本成本法，是通过计算比较各方案加权平均资本成本，并根据加权平均资本成本的高低来确定最优资本结构的方法。最优资本结构亦即加权平均资本成本最低的资本结构。

将企业盈利能力和负债对股东财富的影响结合起来，分析资本结构与每股收益之间的关系，进而确定合理的资本结构的方法，叫息税前利润—每股收益分析法，简写为EBIT-EPS分析法。这种方法因为要确定每股收益的无差异点，所以又叫每股收益无差异点法。究竟息税前利润为多少时发行普通股有利，息税前利润为多少时发行公司债券有利呢？这就要测算每股利润无差异点处的息税前利润。其计算公式为：

$$\frac{(\overline{EBIT}-I_1)(1-T)-D_1}{N_1}=\frac{(\overline{EBIT}-I_2)(1-T)-D_2}{N_2}$$

EBIT为每股利润无差异点处的息税前利润；

I1、I2是两种筹资方式下的年利息；

D1、D2是两种筹资方式下的优先股股利；

N1、N2是两种筹资方式下流通在外的普通股股数。

每股收益分析法只考虑了资本结构对每股收益的影响，并没有考虑财务风险因素。但是在资本市场不完善时，投资人主要根据每股收益的多少来做投资决策，每股收益的增加也有利于股票价格上升，该方法可用于资本规模不大，资本结构不太复杂的股份有限公司。

公司价值分析法也称比较公司价值法，是通过计算和比较各种资金结构下公司的市场总价值来确定最佳资金结构的方法。最佳资金结构亦即公司市场价值最大的资金结构。

公司股票的价值就是指公司在未来每年给股东派发的现金股利按照股东所要求的必要报酬率折合成的现值。假设公司在未来的持续经营过程中，每年的净利润相等，未来的留存收益率等于0，那么，股利支付率就是100%，公司每年的净利润就等于公司每年给股东派发的股利，既然假设公司每年的净利润是相等的，那么股利额就相等，那么公司的股票就是零增长股票（固定股利股票），未来的现金股利折现就按照永续年金求现值，这个永续年金是股利额，也就是净利润，其计算公式为：

$$S=\frac{(EBIT-1)\ (1-T)}{K_s}$$

$$V=B+S$$

$$K_s=R_f+\beta\ (R_m-R_f)$$

$$K_w=K_b\frac{B}{V}\ (1-T)\ +K_s\frac{S}{V}$$

S 为股票市场价值，B 为债券的价值，EBIT 为息税前利润，I 为利息，T 为所得税税率，K_S为普通股资金成本率，R_f为无风险利率，R_m为平均市场报酬率，K_b为债券利率，K_w为综合资本成本。

任务实施

（1）比较资本成本法进行企业最优资本结构决策的解析过程如下：

第一步，打开“比较资本成本法”工作表，在单元格 B7 处通过“ = SUM(B3:B6)”计算筹资总额，在 D3 单元格处录入公式：= B3/ $ B $7，并拖动填充柄将公式一直填充到 C7 单元格，得到各种筹资方式占筹资总额的比重。

第二步，在 C8 中输入公式：= SUMPRODUCT(C3:C6,D3:D6)，得出方案 1 的加权平均资本成本。

第三步，用同样的方法得到筹资方案 2 和方案 3 的资本成本，最后选择综合资本成本最低的“筹资方案 2”为最优筹资方案，对比如图 7 – 12 所示：

	A	B	C	D	E	F	G	H	I	J
1	筹资方式	筹资方案1			筹资方案2			筹资方案3		
2		筹资额	资本成本	比重	筹资额	资本成本	比重	筹资额	资本成本	比重
3	长期借款	80	0.06	=B3/$B$7	100	0.065	=E3/$E$7	160	0.07	=H3/$H$7
4	债券	200	0.07	=B4/$B$7	300	0.08	=E4/$E$7	240	0.075	=H4/$H$7
5	优先股	120	0.12	=B5/$B$7	200	0.12	=E5/$E$7	100	0.12	=H5/$H$7
6	普通股	600	0.15	=B6/$B$7	400	0.15	=E6/$E$7	500	0.15	=H6/$H$7
7	合计	=SUM(B3:B6)		=SUM(D3:D6)	=SUM(E3:E6)		=E7/$E$7	=SUM(H3:H6)		=H7/$H$7
8	资本成本	=SUMPRODUCT(C3:C6, D3:D6)			=SUMPRODUCT(F3:F6, G3:G6)			=SUMPRODUCT(I3:I6, J3:J6)		
9	最优方案	=E1								

图 7 – 12　比较资本成本法计算结果

（2）每股利润分析法进行企业最优资本结构决策的解析过程如下：

第一步，在B11单元格通过公式“=(B10-$B$4*$D$4)*(1-$B$6)/($D$3+$H$4)”计算在息税前利润为40时，股票筹资的每股收益（EPS），在B12单元格通过公式“=(B10-$B$4*$D$4-$F$6*$H$6)*(1-$B$6)/$D$3”得到息税前利润为40时债券筹资的每股收益，选中B11：B12两个单元格水平方向拖动填充柄将公式填充到后续单元格中，得到各种息税前利润对应的每股收益。

第二步，在B13单元格录入：=IF(B11>B12,"股票筹资","债券筹资")，水平方向拖动填充柄将公式填充到后续单元格中，得到不同息税前利润对应的筹资方式选择。

第三步，选中A10:I12单元格，在菜单栏找到插入，在推荐的表中选择折线图，选择第二个图形，即可生成每股利润分析法决策折线图，如图7-13所示。并通过设置坐标轴标题给决策折线图添加标题和坐标轴名称。折线图绘制结果如图7-14所示。

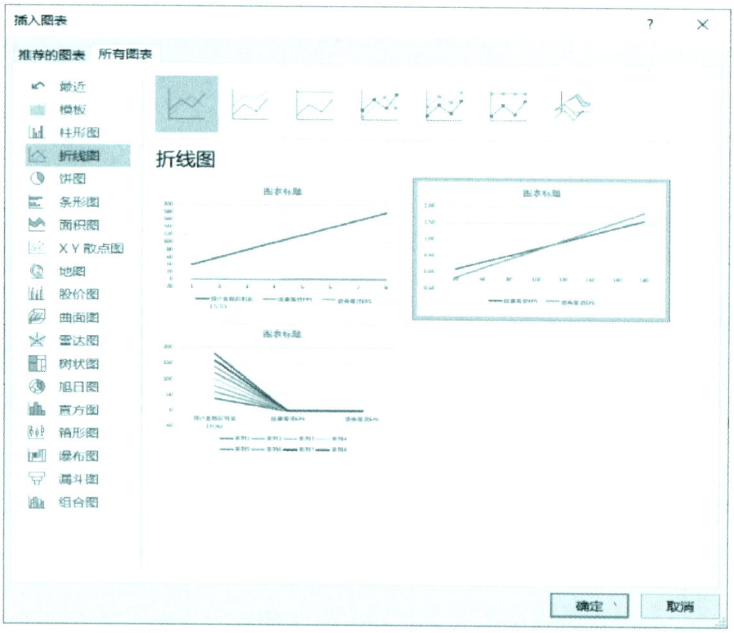

图7-13　每股利润分析法折线图绘制

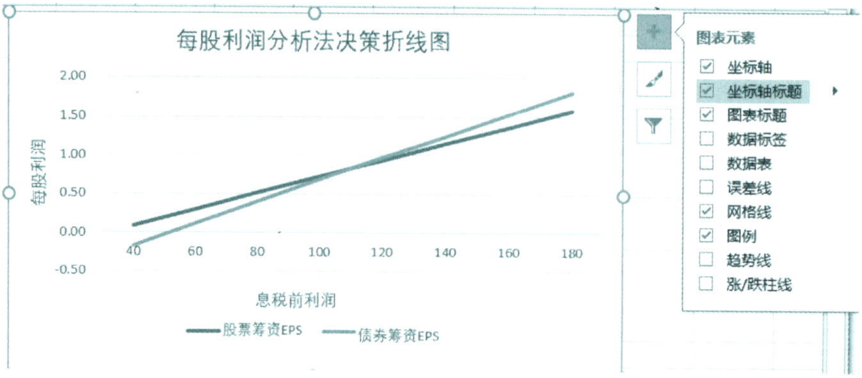

图7-14　每股利润分析法折线图绘制结果

第四步，计算每股收益无差别点。

首先，计算每股收益无差别点的公式。在无差别点，股票筹资的每股收益－债券筹资的每股收益＝0，所以将 D16 设为可变单元格，在单元格 D15 中输入公式：＝(D16－B4＊D4)＊(1－B6)/(D3＋H4)－(D16－F6＊H6－B4＊D4)＊(1－B6)/D3，计算两个方案的每股收益之差，并将其作为目标函数。

其次，在菜单中选择【数据】找到【模拟分析】下的【单变量求解】，如图 7－15 所示，在出现的【单变量求解】对话框中，在【目标单元格】中输入“$D$15”，在【目标值】中输入“0”，在【可变单元格中】输入“$D$16”，如图 7－16 所示，即可求出每股收益无差别点的 EBIT 为 112 万元。

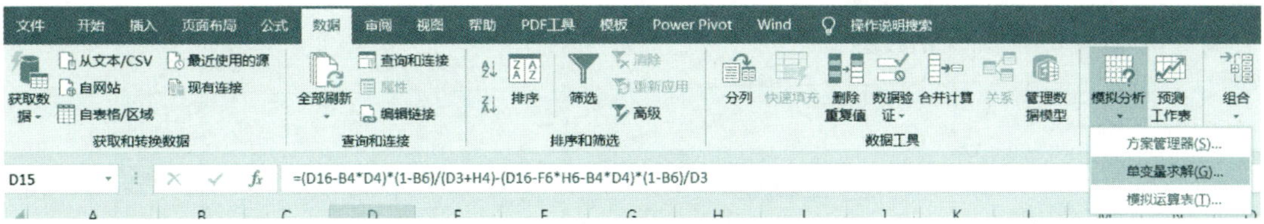

图 7－15　模拟分析功能

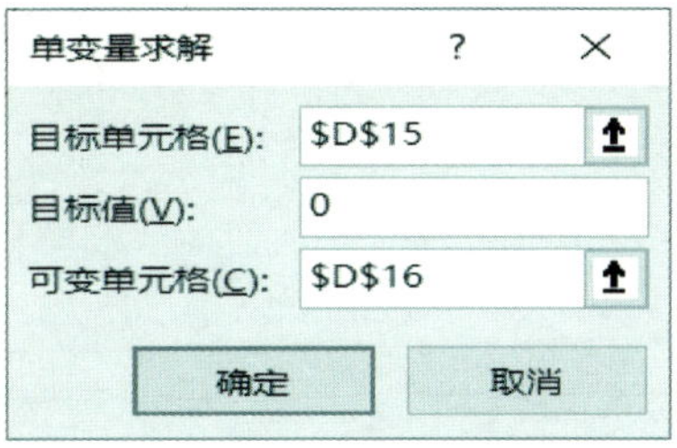

图 7－16　单变量求解

最后，根据公式计算无差别下每股收益 D17 单元格应填入公式：＝(D16－D4＊B4)＊(1－B6)/(D3＋H4)，计算结果为 0.85。

从折线图可以看到，在息税前利润为 180 万元的情况下，大于 112 万元时，利用增发企业债券的形式筹集资金能使每股收益上升较多，这可能更有利于股票价格上涨，更符合企业的理财目标。

(3) 利用公司价值分析法进行企业最优资本结构决策的解析过程如下：

第一步，打开“比较公司价值法”的工作表。

第二步，计算方案 1 下的普通股资金成本，在 D12 单元格中输入公式：＝$F$4＋D3＊($F$5－$F$4)，拖动复制句柄将公式复制到单元格 D13:D17。

第三步，计算股票市场价值，在单元格 E12 中输入公式：＝($F$2－B12＊C12)＊(1－$F$3)/D12，拖动复制句柄将公式复制到单元格 E13:E17。

第四步，计算公式总价值，在单元格 F12 中输入公式：＝E12＋B12，拖动复制句柄将公式复制到单元格 F13:F17。

第五步，计算综合资本成本，在单元格 G12 中输入公式：＝C12＊(B12/F12)＊(1－

$F$3)+D12*(E12/F12)，拖动复制句柄将公式复制到单元格 G13:G17。

第六步，找到所有方案中公式价值最大的方案，在单元格 C18 输入公式：=MAX(F12:F17)，在单元格 C19 输入公式：=MIN(G12:G17)，得到方案 2 为最优方案。

第七步，按 Ctrl 键，选中 A11:A17 和 F11:G17 单元格，在菜单中选择【插入】找到【推荐的图表】下的【所有图表】，选择“折线图”，将会得到如图 7-17、图 7-18 所示折线图。

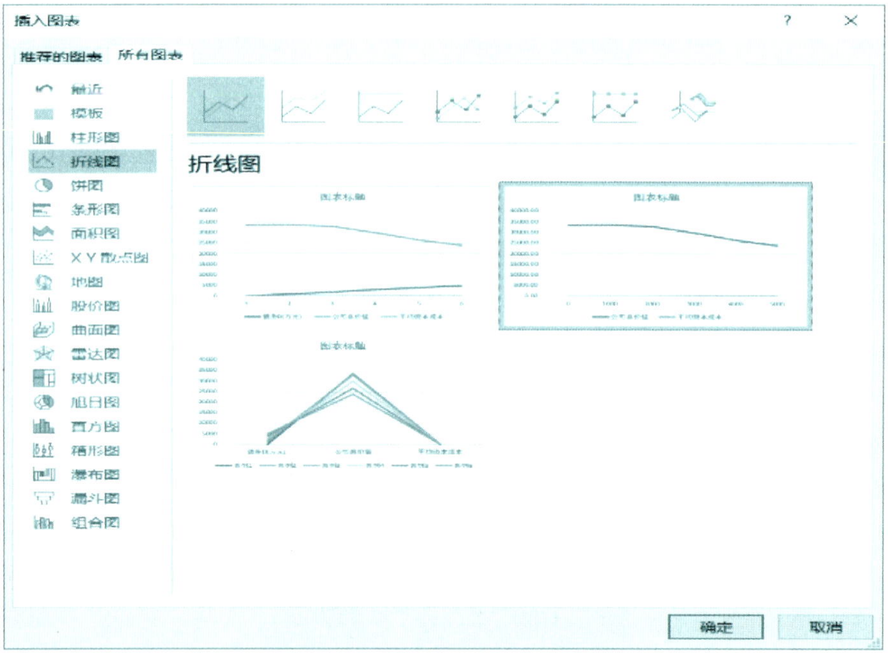

图 7-17 公司价值折线图的绘制

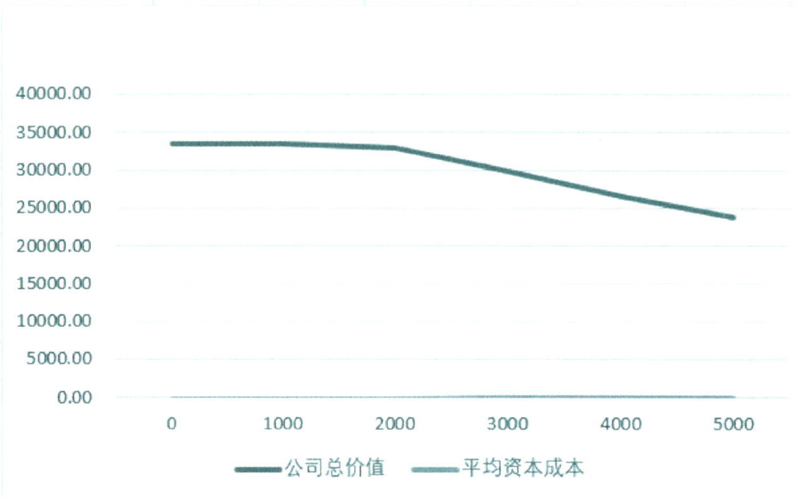

图 7-18 公司价值折线图展示

第八步，继续选择该折线图，在菜单中选择【插入】找到【推荐的图表】下的【所有图表】，选择“组合图”进行设置，如图 7 – 19 所示，可得到最后的折线图，如图 7 – 20 所示。

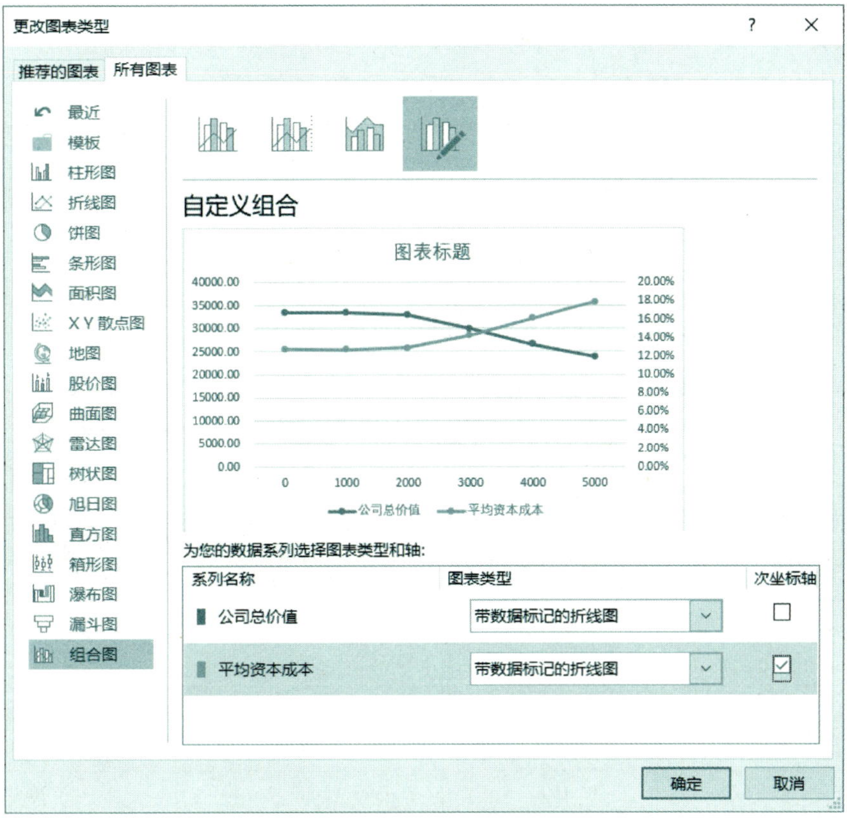

图 7 – 19　平均资本成本折线图的绘制

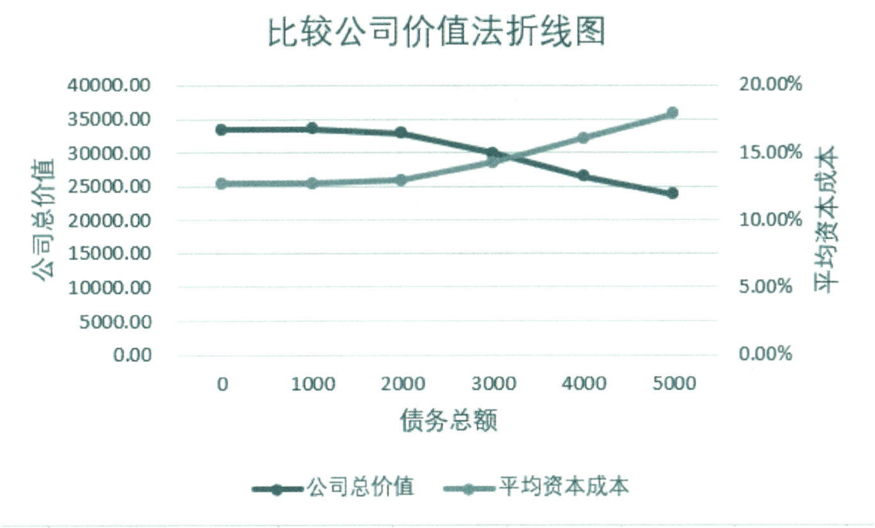

图 7 – 20　比较公司价值法折线图一览

项目拓展训练

（1）卓尔康发展有限公司拟增资 100 万元，现有三种不同方案可供选择，有关资料如表 7－11 所示，试用比较资本成本法确定最优方案。

表 7－11　　卓尔康发展有限公司各筹资方案情况一览　　单位：万元

资金来源	方案 A		方案 B		方案 C	
	资金额	资金成本（%）	资金额	资金成本（%）	资金额	资金成本（%）
长期债券	300000	7	400000	8	500000	11
优先股	300000	12	200000	12	0	0
普通股	400000	15	400000	15	500000	16

（2）永红发展有限公司采用每股收益法进行企业最优资本结构决策，如表 7－12 所示。请分析当企业预计息税前利润为 140 万元时，应采用哪种筹资方式。

表 7－12　　永红发展有限公司每股收益法情况一览

筹资方式	原资本结构	筹资方案	
		增发股票（A）	增发企业债券（B）
企业债券（8%）	200	200	700
普通股（面值 10 元）	400	600	400
资本公积	500	800	500
留存收益	400	400	400
资金总额	1500	2000	2000
普通股股数（万股）	40	60	40

扫码进入视频学习

项目 7

项目八 EXCEL 在投资管理中的应用

8

投资，广义地讲，就是指经济主体（包括政府、企业、个人）以本金回收并获利为基本目的，将货币、实物资产等作为资本投放于某一个具体对象，以在未来较长时期内获取预期经济利益的经济行为。

企业投资，简而言之，是企业为获取未来长期收益而向一定对象投放资金的经济行为。例如，构建厂房设备、兴建电站、购买股票债券等经济行为，均属于投资行为。按投资对象的存在形态和性质，企业投资可以划分为项目投资和证券投资。

企业可以通过投资购买具有实质内涵的经营资产，包括有形资产和无形资产，形成具体的生产经营能力，开展实质性的生产经营活动，谋取经营利润，这类投资称为**项目投资**。项目投资的目的在于改善生产条件、扩大生产能力，以获取更多的经营利润。项目投资属于**直接投资**。

企业还可以通过投资购买具有权益性的证券资产比如股票、债券、基金等，通过证券资产上所赋予的权利，间接控制被投资企业的生产经营活动，获取投资收益。这类投资称为**证券投资**。证券投资属于**间接投资**。

投资决策，是对各个可行方案进行分析和评价，并从中选择最优方案的过程。项目投资的决策评价需要采用一些专门的评价指标和方法。常用的财务可行性评价指标有：净现值、现值指数、内涵报酬率等指标。和这些指标对应的评价方法有：净现值法、现值指数法、内涵报酬率法等评价方法。

任务 1
用 EXCEL 进行宝东农牧投资项目现金流量分析

任务情境

湖南宝东农牧科技股份有限公司因经营区域内的销售量不断增长，公司为了增强生产能力决定建设一条颗粒饲料全自动生产线，现有江苏德高机械有限公司的方案（简称“江苏德高方案”）和安阳市大正钢板仓有限责任公司的方案（简称“安阳大正方案”）可供选择。企业调研了其他企业使用两种方案的情况，发现其中江苏德高方案需投资 150 万元，一年后建成投产，项目经营期 6 年，采用平均年限法计提折旧，6 年后设备无残值，6 年中每年的营业收入为 68 万元，每年的付现成本为 25 万元；安阳大正方案需投资 180 万元，一年后建成投产时需另外垫支流动资金 10 万元，该方案的经营期也为 6 年，采用平均年限法计提折旧，6 年后残值为 3 万元，6 年中每年的营业收入为 85 万元，付现成本第一年为 30 万元，以后随着设备老化将逐年增加维修费 3000 元。该企业为高新企业，所得税税率为 15%，企业资本成本为 10%。

（1）请对颗粒饲料全自动生产线江苏德高方案的现金流量进行分析。

（2）请对颗粒饲料全自动生产线安阳大正方案的现金流量进行分析。

知识链接

现金流量是项目投资财务可行性分析的主要分析对象。净现值法、现值指数法、内涵报酬率法等财务评价方法，都是以现金流量为对象进行可行性评价的。

现金流量是投资项目在其计算期内所引起的现金流入量和现金流出量的统称。现金流入量减去现金流出量即现金净流量。在不确指现金流入量或现金流出量时，现金流量即指现金净流量（NCF，Net Cash Flow）。

现金流量在项目计算期的不同阶段上的内容是不同的，通常分为三个阶段：投资期、营业期和终结期。现金流量也可以分为初始现金流量、营业现金流量、终结现金流量。

投资阶段的现金流量主要是现金流出，即在投资项目上的原始投资，包括在长期资产上的投资和垫支的营运资金。

营业阶段既有现金流入量，也有现金流出量。现金流入量主要是营运各年的营业收入，现金流出量主要是营运各年的付现营运成本。在正常营业阶段，各年现金流量一般为：

营业现金净流量 = 营业收入 − 付现成本 = 营业利润 + 非付现成本

其中非付现成本主要是固定资产年折旧费用、长期资产摊销费用、资产减值准备等。

终结阶段的现金流量主要是现金流入量，包括固定资产变现净收入和垫支营运资金的收回。

任务实施

任务情境的解析过程如下：

（1）请对颗粒饲料全自动生产线江苏德高方案的现金流量进行分析。

第一步：构建现金流量决策模型。为了计算湖南宝东农牧科技股份有限公司颗粒饲料全自动生产线江苏德高方案的现金流量，我们可以把现金流量计算有关的参数录入 EXCEL 工作簿中，构建一个计算模型，企业进行类似项目投资决策时，稍微改一下参数就可以用该框架模型再次进行决策，如图 8－1 所示。

江苏德高方案营业现金流量表						
项　目	2	3	4	5	6	7
营业收入①						
付现成本②						
折旧③						
税前利润④＝①－②－③						
所得税⑤=④×15%						
税后净利润⑥＝④－⑤						
营业现金流量⑦＝①－②－⑤＝⑥＋③						

图 8－1　江苏德高方案营业现金流量决策模型

第二步：在现金流量模型中录入投资期的现金流量，如图 8－2 所示。

江苏德高方案现金净流量表								
项　目	0	1	2	3	4	5	6	7
初始固定资产投资	-1500000							
垫支流动资金		0						

图 8－2　江苏德高方案现金净流量决策模型

第三步：在现金流量模型中，将营业收入、付现成本等数据填入表中，如图 8－3 所示。

	A	B	C	D	E	F	G
8	江苏德高方案营业现金流量表						
9	项　目	2	3	4	5	6	7
10	营业收入①	680000	680000	680000	680000	680000	680000
11	付现成本②	250000	250000	250000	250000	250000	250000
12	折旧③	¥250,000.00	¥250,000.00	¥250,000.00	¥250,000.00	¥250,000.00	¥250,000.00
13	税前利润④＝①－②－③	¥180,000.00	¥180,000.00	¥180,000.00	¥180,000.00	¥180,000.00	¥180,000.00
14	所得税⑤=④×15%	¥27,000.00	¥27,000.00	¥27,000.00	¥27,000.00	¥27,000.00	¥27,000.00
15	税后净利润⑥＝④－⑤	¥153,000.00	¥153,000.00	¥153,000.00	¥153,000.00	¥153,000.00	¥153,000.00
16	营业现金流量⑦＝①－②－⑤＝⑥＋③	¥403,000.00	¥403,000.00	¥403,000.00	¥403,000.00	¥403,000.00	¥403,000.00

图 8－3　江苏德高方案营业现金流量

其中：B12 单元格输入公式：＝SLN(1500000,0,6)，B13 单元格中输入公式：＝B10－B11－B12，B14 输入公式：＝B13＊15%，B15 输入公式：＝B13－B14，B16 输入公式：＝B15＋B12。选中 B12:B16 单元格，向右拖动至 G12:G16 单元格。

第四步，计算 NCF（现金净流量合计），在 D21 输入公式：＝B16，将结果拖动至 I21，B24 输入公式：＝SUM(B19:B23)，将结果拖动至 I24，如图 8－4 所示。

	A	B	C	D	E	F	G	H	I
17	江苏德高方案现金净流量表								
18	项　目	0	1	2	3	4	5	6	7
19	初始固定资产投资	-1500000							
20	垫支流动资金		0						
21	营业现金流量			¥403,000.00	¥403,000.00	¥403,000.00	¥403,000.00	¥403,000.00	¥403,000.00
22	固定资产残值收入								0
23	收回垫支流动资金								0
24	现金净流量（NCF）合计	-1500000	0	403000	403000	403000	403000	403000	403000

图 8－4　江苏德高方案现金净流量

（2）请对颗粒饲料全自动生产线安阳大正方案的现金流量进行分析。

第一步：构建现金流量决策模型。同江苏德高方案决策模型。

第二步：在现金流量模型中录入投资期的现金流量，如图 8－5 所示。

	A	B	C	D	E	F	G	H	I
34	安阳大正方案现金净流量表								
35	项　目	0	1	2	3	4	5	6	7
36	初始固定资产投资	-1800000							
37	垫支流动资金		-100000						
38	营业现金流量			511750	509200	506650	504100	501550	499000

图 8－5　安阳大正方案现金净流量决策模型

第三步：在现金流量模型中，将营业收入、付现成本等数据填入表中，如图 8－6 所示。

	A	B	C	D	E	F	G
25	安阳大正方案营业现金流量表						
26	项　目	2	3	4	5	6	7
27	营业收入①	850000	850000	850000	850000	850000	850000
28	付现成本②	300000	303000	306000	309000	312000	315000
29	折旧③	295000	295000	295000	295000	295000	295000
30	税前利润④=①－②－③	255000	252000	249000	246000	243000	240000
31	所得税⑤=④×15%	38250	37800	37350	36900	36450	36000
32	税后净利润⑥=④－⑤	216750	214200	211650	209100	206550	204000
33	营业现金流量⑦=①－②－⑤=⑥+③	511750	509200	506650	504100	501550	499000

图 8－6　安阳大正方案营业现金流量

其中：B29 单元格输入公式：＝SLN(1800000,30000,6)，B30 单元格中输入公式：＝B27－B28－B29，B31 输入公式：＝B30＊15%，B32 输入公式：＝B30－B31，B33 输入公式：＝B32＋B29。选中 B29:B33，将结果拖动至 G29:G33。

第四步，计算 NCF（现金净流量合计）。在 C37 输入"－100000"，D38 输入公式：＝B33，按住鼠标左键拖动至 I38，在 B41 单元格输入公式：＝SUM(B39:B43)，将结果拖动至 I44，在 I39、I40 单元格分别输入"30000""10000"，计算结果如图 8－7 所示。

	A	B	C	D	E	F	G	H	I
34	安阳大正方案现金净流量表								
35	项　目	0	1	2	3	4	5	6	7
36	初始固定资产投资	-1800000							
37	垫支流动资金		-100000						
38	营业现金流量			511750	509200	506650	504100	501550	499000
39	固定资产残值收入								30000
40	收回垫支流动资金								100000
41	现金净流量（NCF）合计	-1800000	-100000	511750	509200	506650	504100	501550	629000

图 8－7　安阳大正方案现金净流量

项目拓展训练

资料：随着A公司的规模不断扩大，该公司拟投资建设一条新生产线，预计投资1000万元，在项目开始时投入，无建设期，该项目预计使用寿命10年，预计净残值率为4%，税法要求使用平均年限法计提折旧，项目建成后预计第1年营业收入500万元，付现成本200万元，第2～8年每年营业收入增加10%，付现成本增加5%，第9～10年营业收入每年增加5%，付现成本增加2%，生产线第10年报废时预计变卖收入200万元，公司适用所得税率为25%。

要求：编制该公司1～10年现金净流量分析表。

任务2
用EXCEL进行宝东农牧投资项目动态评价指标计算

任务情境

根据任务1的情景，财务总监已经对湖南宝东农牧科技股份有限公司建设一条颗粒饲料全自动生产线的两个方案进行了现金流量分析，接下来：

（1）请用净现值（NPV）这个动态评价指标对两个方案进行进一步的分析，并作出决策。

（2）请用年金净流量（ANCF）这个动态评价指标对两个方案进行进一步的分析，并作出决策。

（3）请用现值指数（PVI）这个动态评价指标对两个方案进行进一步的分析，并作出决策。

（4）请用内含报酬率（IRR）这个动态评价指标对两个方案进行进一步的分析，并作出决策。

知识链接

进行投资决策使用的经济指标，按照其是否考虑货币时间价值可分为**静态指标**和**动态指标**。对应于静态指标的方法称为**非贴现法**，对应于动态指标的方法称为**贴现法**。当前企业在进行决策时用贴现法进行决策更普遍，因此本章节不再对非贴现法进行赘述。

贴现指标是指考虑资金货币时间价值的各种指标，主要包括：**净现值**（NPV）、**年金净流量**（ANCF）、**现值指数**（PVI）和**内含报酬率**（IRR）。

一个投资项目，其未来现金净流量的现值与原始投资额现值之间的差额，称为**净现值**（NPV，Net Present Value）。在EXCEL中我们可以用NPV函数计算来现金净流量的现值，从而参与净现值的计算。

项目期间内全部现金净流量总额的总现值或总终值折算为等额年金的平均现金净流量，称为**年金净流量**（Annual NCF）。

年金净流量 = 现金净流量总现值 ÷ 年金现值系数

= 现金净流量总终值 ÷ 年金终值系数

现值指数（PVI，Present Value Index）指投资方案未来现金净流量的现值与投资总额现值的比，用来说明每 1 元投资额未来可以获得的报酬的现值有多少。现值指数和净现值法的不同之处在于，现值指数是相对指标，反映了投资效率。它可以使不同方案具有可比性。现值指数公式为：

现值指数 = 现金流量的现值 ÷ 投资总额现值 = （净现值 ÷ 投资总额现值） + 1

进行投资决策时，如果现值指数大于 1，可以考虑接受该方案，如果现值指数小于或等于 1，拒绝此方案。

内含报酬率（IRR，Internal Rate of Return）是指对投资方案未来的每年现金净流量进行贴现，使所得的现值恰好与原始投资额现值相等，从而使净现值等于零时的贴现率。用 EXCEL 进行内涵报酬率的计算时可以直接用软件提供的 IRR 函数进行计算，免去了用插值法计算复杂的过程。

任务实施

请用净现值(NPV)这个动态评价指标对两个方案进行进一步的分析,并作出决策。

第一步：构建动态评价指标决策模型，如图 8 – 8 所示。

	A	B	C	D
1	动态评价指标模型			
2	指标名称	江苏德高方案	安阳大正方案	决策结果
3	净现值			
4	年金净流量			
5	现值指数			
6	内含报酬率			
7	年金现值系数			

图 8 – 8 动态指标决策模型图

第二步：计算净现值、年金净流量、现值指数、内含报酬率、年金现值系数等指标。

在 B3 单元格中输入公式：=NPV(10%,现金流量分析 1！C24:I24) + 现金流量分析 1！B24)，在 C3 单元格输入公式：=NPV(10%,现金流量分析 1！C41:I41) + 现金流量分析 1！B41)，分别计算两个方案的净现值。

在 B7 单元格输入公式：=PV(10%,7,–1)，计算出年金现值系数。公式中的第三个参数 1 表示每 1 元的年金现值系数。

在 B4、C4 单元格分别输入公式“ = B3/B7”“ = C3/B7”，计算出两个方案的年金净流量。在这里的年金净流量为每年流量的年金现值。

在 B5、C5 单元格分别输入公式“B3/ – 现金流量分析 1！ B24 + 1”“C3/(– 现金流量分析 1！ B41 + PV(10% ,1, ,现金流量分析 1！ C41)) + 1”计算出两个方案的现值指数，其中安阳大正方案的现指数比较特殊，投资总额现值包含两部分：初始投资额与垫支 10 万元的折现。这个知识点涉及注册会计师的考点。

因此，安阳大正方案的现值指数计算中，由于该方案的营运期垫支 10 万元，需要对垫支的营运资金进行折现。

在 B6、C6 单元格分别输入公式“ = IRR(现金流量分析 1！ B24:I24)”“ = IRR(现金流量分析 1！ B41:I41)”，计算出两个方案的内含报酬率。

各指标计算的结果如图 8 – 9 所示。

	A	B	C
1	动态评价指标模型		
2	指标名称	江苏德高方案	安阳大正方案
3	净现值	95609.15	179537.85
4	年金净流量	19638.64	36878.06
5	现值指数	1.06	1.09
6	内含报酬率	11.63%	12.39%
7	年金现值系数	4.8684	

图 8 – 9　动态评价指标计算

第三步：对两个方案开展决策。

由于 5 个指标均是正向指标，故指标值越大，对应的方案越好。在 D3 单元格输入公式：= IF(B3 > C3, $B$2, $C$2)，将公式向下拖动至 D6 单元格，得到结果如图 8 – 10 所示。

	A	B	C	D
1	动态评价指标模型			
2	指标名称	江苏德高方案	安阳大正方案	决策结果
3	净现值	95609.15	179537.85	安阳大正方案
4	年金净流量	19638.64	36878.06	安阳大正方案
5	现值指数	1.06	1.09	安阳大正方案
6	内含报酬率	11.63%	12.39%	安阳大正方案
7	年金现值系数	4.8684		

图 8 – 10　动态评价指标决策

项目拓展训练

（1）湖南亚科公司 2015 年实现营业现金净流量 -25 万元，投资者要求的必要回报率为 10%，2016~2019 年每年实现现金流量 8 万元，试用 EXCEL 分别求出该公司的净现值、现值指数、内含报酬率等指标。

（2）湖南东紫商贸公司 2015~2019 年分别实现现金流量 -120 万元、50 万元、35 万元、45 万元、42 万元、16 万元，当前市场折现率为 9%，试用 EXCEL 计算该公司年金净流量、年金现值系数等指标。

任务 3
用 EXCEL 进行宝东农牧项目投资管理

任务情境

根据任务 2 的情景，如果安阳大正方案不变，但是江苏德高方案经营期从 6 年变成 7 年，即需投资 150 万元，一年后建成投产。在经营期内项目采用平均年限法计提折旧，7 年后设备无残值。7 年中每年的营业收入为 68 万元，每年的付现成本为 25 万元。

在扩建生产线的同时，湖南宝东农牧科技股份有限公司计划将企业的销售范围在湖南西部地区进行全面扩张，计划在怀化、娄底、永州三个区域设立销售部，企业有足够的资金投资于这些独立的项目，通过调研发现三个地区设立销售部的相关资料如表 8 -2 所示。

表 8 -2　　三个区域销售部相关资料　　单位：元

项目	怀化项目	娄底项目	永州项目
原始投资额	100000	180000	190000
每年现金净流量	40000	65000	50000
期限（单位：年）	5	5	8

（1）在安阳大正方案和江苏德高方案两个投资项目的寿命期不同的情况下，请选择合适的动态评价指标进行决策。

（2）请对湖南宝东农牧科技股份有限公司建设销售部的三个投资项目进行分析，选择合适的动态评价指标进行决策。

知识链接

互斥投资方案，方案之间互相排斥，不能并存，因此决策的实质在于选择最优方案，属于选择决策。选择决策需要解决的问题是应该淘汰哪个方案，以及如何选择最优方案。从选定经济效益最大的要求出发，互斥决策以方案的获利数额作为评价标准。因此一般使用净现值法和年金净流量法进行决策。但净现值指标受投资项目寿命期的影响，因而年金净流量法是互斥方案最恰当的决策方法。

独立投资方案，是指两个或两个以上项目互不依赖，可以同时并存，各方案的决策也是独立的。独立投资方案的决策属于筛分决策，评价各方案本身是否可行，即方案本身是否达到某种预期的可行性标准。独立投资方案之间比较时，决策要解决的问题是如何确定各种可行方案的投资顺序，即各独立方案之间的优先次序。排序分析时，以各独立方案的获利程度作为评价标准，一般采用内含报酬率法进行比较决策。

任务实施

（1）在安阳大正方案和江苏德高方案两个投资项目的寿命期不同的情况下，请选择合适的动态评价指标进行决策。

安阳大正方案

第一步：构建江苏德高方案现金流量分析模型，将基础数据填入模型中，如图 8－11、图 8－12 所示。

	A	B	C	D	E	F	G	H
1	江苏德高方案营业现金流量表							
2	项　目	2	3	4	5	6	7	8
3	营业收入①	680000	680000	680000	680000	680000	680000	680000
4	付现成本②	250000	250000	250000	250000	250000	250000	250000
5	折旧③							
6	税前利润④=①－②－③							
7	所得税⑤=④×15%							
8	税后净利润⑥=④－⑤							
9	营业现金流量⑦=①－②－⑤=⑥+③							

图 8－11　江苏德高方案营业现金流量分析模型

	A	B	C	D	E	F	G	H	I	J
11	江苏德高方案现金净流量表									
12	项　目	0	1	2	3	4	5	6	7	8
13	初始固定资产投资	-1500000								
14	垫支流动资金		0							
15	营业现金流量									
16	固定资产残值收入									
17	收回垫支流动资金									
18	现金净流量（NCF）合计	-1500000								

图 8－12　江苏德高方案现金净流量分析模型

第二步：计算折旧、税前利润、所得税、税后利润、营业现金流量等指标。

在 B5 单元格输入公式：＝SLN(1500000,0,7)，B6 输入：＝B3－B4－B5，B7 输入：＝B6＊15%，B8 输入：＝B6－B7，B9 输入：＝B8＋B5。完成第 2 年相关指标的计算，选中 B5:B9，将结果拖动至 H5:H9，完成第 3～7 年营业现金流量相关指标的计算。计算结果如图 8－13 所示。

	A	B	C	D	E	F	G	H
1	江苏德高方案营业现金流量表							
2	项　目	2	3	4	5	6	7	8
3	营业收入①	680000	680000	680000	680000	680000	680000	680000
4	付现成本②	250000	250000	250000	250000	250000	250000	250000
5	折旧③	214285.71	214285.71	214285.71	214285.71	214285.71	214285.71	214285.71
6	税前利润④=①-②-③	215714.29	215714.29	215714.29	215714.29	215714.29	215714.29	215714.29
7	所得税⑤=④×15%	32357.14	32357.14	32357.14	32357.14	32357.14	32357.14	32357.14
8	税后净利润⑥=④-⑤	183357.14	183357.14	183357.14	183357.14	183357.14	183357.14	183357.14
9	营业现金流量⑦=①-②-⑤=⑥+③	397642.86	397642.86	397642.86	397642.86	397642.86	397642.86	397642.86

图 8－13　江苏德高方案营业现金流量计算表

第三步：计算现金净流量。

在 D15 处输入公式：＝B9，并拖动至 J15。B18 输入：＝SUM(B13:B17)，将公式拖动至 J9，计算结果如图 8－14 所示。

	A	B	C	D	E	F	G	H	I	J
11	江苏德高方案现金净流量表									
12	项　目	0	1	2	3	4	5	6	7	8
13	初始固定资产投资	-1500000								
14	垫支流动资金		0							
15	营业现金流量			397642.86	397642.86	397642.86	397642.86	397642.86	397642.86	397642.86
16	固定资产残值收入									
17	收回垫支流动资金									
18	现金净流量（NCF）合计	-1500000	0	397642.86	397642.86	397642.86	397642.86	397642.86	397642.86	397642.86

图 8－14　江苏德高方案现金净流量计算表

第四步：构建投资决策模型，如图 8－15 所示。

	A	B	C	D
20	投资项目寿命期不同情况下决策模型			
21		江苏德高方案	安阳大正方案	决策结果
22	寿命期限			
23	年金现值系数			
24	净现值			
25	年金净流量			

图 8－15　投资决策模型

第五步：计算净现值和年金净流量等相关决策指标。

B22、C22 分别填入“8”“7”，B23 输入公式：＝－PV(J2,B22,1)，C23 输入公式：＝－PV(J2,C22,1)，B24 输入公式：＝NPV(J2,C18:J18)＋B18，C24 输入公式：＝'动态评价指标计算！C3，B25 输入公式：＝B24/B23，C25 输入公式：＝C24/C23。D22 输入公式：＝IF(B25＞C25,B21,C21)，计算结果如图 8－16 所示。

	A	B	C	D
20	投资项目寿命期不同情况下决策模型			
21		江苏德高方案	安阳大正方案	决策结果
22	寿命期限	8	7	江苏德高方案
23	年金现值系数	5.33	4.87	
24	净现值	259901.79	179537.85	
25	年金净流量	48717.04	36878.06	

图 8－16 投资决策结果

（2）请对湖南宝东农牧科技股份有限公司建设销售部的三个投资项目进行分析，选择合适的动态评价指标进行决策。

第一步：构建建立西部地区销售部的三个投资项目的动态评价指标决策模型。将基础数据输入表格中，如图 8－17 所示。

	A	B	C	D
27	三个销售部投资项目决策模型			
28	项目	怀化项目	娄底项目	永州项目
29	原始投资额	100000	180000	190000
30	每年现金净流量	40000	65000	50000
31	期限（单位：年）	5	5	8
32	初始投资额	-100000	-180000	-190000
33	1	40000	65000	50000
34	2	40000	65000	50000
35	3	40000	65000	50000
36	4	40000	65000	50000
37	5	40000	65000	50000
38	6			50000
39	7			50000
40	8			50000
41	内含报酬率			
42	决策结果			

图 8－17 三个销售部投资项目决策模型

第二步：计算内含报酬率和决策结果等指标。在 B41 输入公式：＝IRR(B32:B37)，B42 输入公式：＝IF(B41＞J2,"投资","不投资")，选中 B41:B42，鼠标拖动至 D41:D42，如图 8－18 所示。

	A	B	C	D
27	三个销售部投资项目决策模型			
28	项目	怀化项目	娄底项目	永州项目
29	原始投资额	100000	180000	190000
30	每年现金净流量	40000	65000	50000
31	期限（单位：年）	5	5	8
32	初始投资额	-100000	-180000	-190000
33	1	40000	65000	50000
34	2	40000	65000	50000
35	3	40000	65000	50000
36	4	40000	65000	50000
37	5	40000	65000	50000
38	6			50000
39	7			50000
40	8			50000
41	内含报酬率	28.65%	23.59%	20.33%
42	决策结果	投资	投资	投资

图 8－18　三个销售投资项目决策

项目拓展训练

资料：湖南美菱商贸有限公司拟购入一台设备以扩充生产能力，现有两个方案可供选择。方案一需投资 10 万元，使用寿命为 5 年，直线法计提折旧，残值率 5%，5 年中每年销售收入 6 万元，每年付现成本 2 万元。方案二需投资 12 万元，使用寿命 6 年，直线法计提折旧，预计净残值率 5%，5 年中每年销售收入 8 万元，付现成本第一年为 3 万元，以后随着设备折旧，逐年增加修理费 400 元，另需垫支营运资金 3000 元。假设所得税率为 25%，折现率为 10%。

要求：计算两个方案的净现值、年金净流量、内含报酬率，并选择最优投资方案。

任务 4
用 EXCEL 进行宝东农牧固定资产更新决策

任务情境

湖南宝东农牧科技股份有限公司饲料生产线一期已经使用 2 年，原始价值 2306201 元，当前江苏德高机械有限公司生产出一款新的饲料生产线，不但更便宜，而且使用新生产线会使企业的人工支出大幅下降，导致付现成本下降，新旧设备的具体资料如表 8－3 所示。请选择一种动态评价指标进行宝东农牧新旧两种固定资产更新决策。

表 8－3 新旧设备的具体资料

项目	旧设备	新设备
原始价值（元）	2306201	1600000
预计使用年限（年）	7	7
已使用年限	2	0
年销售收入（元）	1100000	1100000
每年付现成本（元）	240000	120000
预计净残值（元）	100000	200000
折旧方法	直线法	年数总和法
资金成本率	10%	
所得税税率	15%	
目前变现收入	400000	1800000

知识链接

固定资产反映了企业的生产经营能力，固定资产更新决策是项目投资决策的重要组成部分。从决策性质看，固定资产更新决策属于互斥投资方案的决策类型。因此，固定资产更新决策所采用的决策方法是净现值法和年金净流量法，一般不采用内涵报酬率法。

一般来说，用新设备来替换旧设备如果不改变企业的生产能力，就不会增加企业的营业收入，因此大部分以旧换新进行的设备重置都属于替换重置。如果购入的新设备性能提高，扩大了企业的生产能力，这种设备重置属于扩建重置。

寿命期相同的设备更新决策可以使用净现值法和年金净流量法，寿命期不同的设备更新决策应当采用年金净流量法。

任务实施

任务情境的解析过程如下：

第一步：通过对企业实际情况的了解，我们发现：首先我们进行固定资产更新决策不宜采用内涵报酬率法，其次企业新旧两种设备后续的寿命期不同，不宜采用净现值法。所以我们选择年金净流量指标进行决策。

第二步：我们构建宝东农牧新旧两种固定资产更新决策的模型，并将已知数据填入模型中，如图 8－19 所示。

	E	F	G	H	I	J	K	L
2			固定资产更新决策模型					
3		资金成本率	10%	所得税率	15%			
4	一、旧设备							
5	剩余使用年限（年）	1	2	3	4	5		
6	年销售收入（元）	1100000	1100000	1100000	1100000	1100000		
7	年付现成本（元）	240000	240000	240000	240000	240000		
8	年折旧额（元）							
9	年利润总额（元）							
10	所得税（元）							
11	税后净利润（元）							
12	现金净流量（元）							
13	净现值（元）							
14								
15								
16	二、新设备							
17	剩余使用年限（年）	1	2	3	4	5	6	7
18	销售收入（元）	1100000	1100000	1100000	1100000	1100000	1100000	1100000
19	付现成本（元）	120000	120000	120000	120000	120000	120000	120000
20	年折旧额（元）							
21	利润总额（元）							
22	所得税（元）							
23	税后净利润（元）							
24	现金净流量（元）							
25	净现值（元）							

图 8－19　固定资产更新决策模型

第三步：计算旧设备现金净流量、净现值指标。

F20 输入：＝SLN($F$3, $F$8, $F$4)，F21 输入：＝F18－F19－F20，F22 输入：＝F21 * $I$15，F23 输入：＝F21－F22，F24 输入：＝F23＋F20，选中 F20:F24，拖动至 J20:J24，完成第 1～5 年现金净流量的测算。

F25 输入：＝NPV(G15,F24:J24)－400000，完成净现值测算。计算结果如图 8－20 所示。

第四步：计算新设备现金净流量、净现值指标。

F32 输入：＝SYD($G$3, $G$8, $G$4,F29)，F33 输入：＝F30－F31－F32，F34 输入：＝F33 * $I$15，F35 输入：＝F33－F34，F36 输入：＝F35＋F32，选中 F32:F36，拖动至 L32:L36，完成第 2～5 年现金流量计算。在 F37 输入：＝NPV(F10,F36:L36)－C16，完成新设备净现值的计算，如图 8－21 所示。

	E	F	G	H	I	J
1	新旧设备原始资料					
2	项目	旧设备	新设备			
3	原始价值（元）	2,306,201	1,600,000			
4	预计使用年限（年）	7	7			
5	已使用年限	2	0			
6	年销售收入（元）	1,100,000	1,100,000			
7	每年付现成本（元）	240,000	120,000			
8	预计净残值（元）	100,000	200,000			
9	折旧方法	直线法	年数总和法			
10	资金成本率	10%				
11	所得税税率	15%				
12	目前变现收入	400,000	1,800,000			
13						
14			固定资产更新决策模型			
15		资金成本率	10%	所得税率	15%	
16	一、旧设备					
17	剩余使用年限（年）	1	2	3	4	5
18	年销售收入（元）	1100000	1100000	1100000	1100000	1100000
19	年付现成本（元）	240000	240000	240000	240000	240000
20	年折旧额（元）	315,171.57	315,171.57	315,171.57	315,171.57	315,171.57
21	年利润总额（元）	544,828.43	544,828.43	544,828.43	544,828.43	544,828.43
22	所得税（元）	81,724.26	81,724.26	81,724.26	81,724.26	81,724.26
23	税后净利润（元）	463,104.16	463,104.16	463,104.16	463,104.16	463,104.16
24	现金净流量（元）	778,275.74	778,275.74	778,275.74	778,275.74	878,275.74
25	净现值（元）	2,612,369.49				

图 8－20　旧设备净现值计算

	E	F	G	H	I	J	K	L
28	二、新设备							
29	剩余使用年限（年）	1	2	3	4	5	6	7
30	销售收入（元）	1100000	1100000	1100000	1100000	1100000	1100000	1100000
31	付现成本（元）	120000	120000	120000	120000	120000	120000	120000
32	年折旧额（元）	350,000.00	300,000.00	250,000.00	200,000.00	150,000.00	100,000.00	50,000.00
33	利润总额（元）	630,000.00	680,000.00	730,000.00	780,000.00	830,000.00	880,000.00	930,000.00
34	所得税（元）	94,500.00	102,000.00	109,500.00	117,000.00	124,500.00	132,000.00	139,500.00
35	税后净利润（元）	535,500.00	578,000.00	620,500.00	663,000.00	705,500.00	748,000.00	790,500.00
36	现金净流量（元）	885,500.00	878,000.00	870,500.00	863,000.00	855,500.00	848,000.00	1,040,500.00
37	净现值（元）	2,717,893.09						

图 8－21　新设备净现现值计算

根据计算结果，应选择净现值较大的购买新设备方案。

项目拓展训练

资料：湖南美菱模具制造有限公司是一家模具制造公司，适用的所得税率为 25%，公司现有一台设备（以下简称“旧设备”）已使用 6 年，为降低成本，提高效益，公司管理层拟对旧设备提前报废，另行购置一台新设备，新设备的投资于更新起点一次性投入并能立即投入运营，设备更新后不改变原有的生产能力，但营运成本有所下降，公司采用平均年限法计提折旧，假定折旧的处理方法、折旧年限与净残值等与税法保持一致，假定折现率为 12%，要求考虑所得税费用。相关资料如表 8 –4 所示。

表 8 –4 新旧设备对比 单位：元

项目	旧设备	新设备
原价	50000	60000
预计使用年限	12 年	10 年
已使用年限	6 年	0 年
净残值	2000	4000
当年变现价值	26000	60000
年营运成本（付现成本）	12000	8000

要求：

（1）计算新设备在其可使用年限内形成的净现值；

（2）继续使用旧设备的净现值；

（3）根据计算结果，进行决策。

任务 5
用 EXCEL 进行宝东农牧股票投资分析

任务情境

湖南宝东农牧科技股份有限公司一直在进行股票长期投资，由于本企业属于饲料行业，所以对本行业的相关企业非常熟悉。2018 年 1 月，公司计划投资购买本行业相关企业股票。现有牧原股份、正邦科技、新希望三家公司股票可供选择，已知牧原股份股票当时市价为 28.69 元/股，上年每股股利 6.7 元，预计以后每年以 6% 的速度增长。正邦科技股票市价为 6.4 元/股，上年每股股利为 3.46 元，股利分配政策将一贯坚持固定股利政策。新希望公司股票市价为 13.49 元/股，上年每股支付股利 2.25 元，预计该公司未来三年股利，前两年有 20% 的增长率，第三年 11%，第四年及以后将保持 6% 的固定增长水平。财务经理经分析计算认为牧原股份、正邦科技、新希望三支股票的必要收益率分别为 10.1%、10.79%、10.56%，才能购买这三家企业的股票。

（1）选择合适的股票估价模型，计算牧原股份的股票价值。

（2）选择合适的股票估价模型，计算正邦科技的股票价值。

（3）选择合适的股票估价模型，计算新希望的股票价值。

（4）帮助湖南宝东农牧科技股份有限公司进行三种股票投资决策。

（5）你知道三只股票的必要收益率是如何计算出来的吗？假设财务经理经过查询相关数据库，得到牧原股份、正邦科技、新希望三只股票的 β 系数分别为 1.1、1.56、1.3，当前一年期国债利率 5%，股票市场的平均报酬率为 10.5%，请用资本资产定价模型计算出三只股票的必要收益率。

（6）假设湖南宝东农牧科技股份有限公司不打算长期持有新希望股份股票，在 2018 年 1 月购买该股票 50000 股，每股买入价格 6.4 元，2019 年 1 月、2020 年 1 月派分现金股利 1.5 元/股、1.8 元/股，2020 年 1 月以每股 35.8 元的价格出售，请计算宝东农牧购买该股票的投资收益率。

（7）假设湖南宝东农牧科技股份有限公司计划长期持有牧原股份股票，请问该股票每年的预期收益率是多少？

知识链接

股票的价值是以复利为基准下全部未来现金流入的折现。投资者进行股票投资必须知道股票价值的计算方法。如果股票当前的价格低于它的内在价值，就有可能是我们要寻找的价值洼地，我们可以做出相应的投资决策：股票价值高于股票购买价格的股票是值得购买的。

常见的几种股票估价模型包括：长期持有、股利稳定不变的股票估价模型，长期持有、股利稳定增长的股票估价模型、非固定增长的股票估价模型。

如果公司每年均发放固定的股利给股东，即假定预期股利增长率等于零，这种股票称为零增长股票。那么投资人获得的未来现金流入类似于永续年金，该类股票价值的计算类似于永续年金现值的计算。在实际中，普通股的股利一般不是固定不变的，而是不断增长的，但优先股的股利基本上每年都是固定的，所以长期持有、股利稳定不变的股票估价模型的计算方法适合计算优先股股票的价值。长期持有、股利稳定不变的股票估价模型股票的价值计算公式为：

$$V = \frac{D}{R_s}$$

式中，D 为投资人未来获得的年股利；R_s 为投资人要求的最低投资报酬率。

投资人购入普通股之后，如果打算长期持有，而且股利以固定的增长率逐年增长，这类股票称为长期持有、股利稳定增长的股票。该模型假定企业处于生命周期中的上升阶段，营利能力逐年增长，并假定每年的股息以一个固定的增长率增长。长期持有、股利稳定增长的股票价值计算公式为：

$$V = \frac{D_1}{R_s - g}$$

式中，D_1 为投资人预期第一年获得的股利；R_s 为投资人要求的最低投资报酬率；g 为固定的年股利增长率。

在现实生活中，任何企业的股利都不可能是绝对固定的，实际上企业可能在一个阶段成长很快，而在另一个时期成长较慢，甚至固定不变。在这种情况下，股票的投资价值一般要分段计算才能确定。也就是说，非固定增长股票价值的计算，实际上就是长期持有、股利稳定增长的股票价值计算的分段运用。其价值的计算公式为：

股票价值 P = 股利高速增长阶段现值 + 股利固定增长阶段现值 + 股利固定不变阶段现值

股票的内部收益率，是使得股票未来现金流量贴现值等于目前的购买价格时的贴现率，也就是股票投资项目的内涵报酬率。股票的内部收益率高于投资者所要求的最低报酬率时，投资者才愿意购买该股票。在长期持有、股利稳定增长的股票估价模型中，用股票的购买价格 P_0代替内在价值 V_S，股票长期持有，股利固定增长的收益率的计算公式为：

$$R=\frac{D_1}{P_0}+g$$

如果企业购买的股票在多年后出售，即持有期限超过一年的短期股票收益率的计算，其投资收益主要包括股票投资价差以及股利两部分，考虑货币时间价值因素可以用 IRR 函数进行计算。

任务实施

任务情境的解析过程如下：

选择合适的股票估价模型，计算牧原股份的股票价值。

首先根据牧原股票的情况，我们发现该种股票的估值使用固定增长的股票估值模型，我们构建股票价值计算模型如图 8－22 所示。

	A	B	C	D	E	F	G	H	I	J	K	L	M
1	股票名称	上期股利	股利增长率	财务经理计算的投资必要回报率	股票内涵价值	市价	投资决策	三只股票的β系数	投资必要收益率（同学计算）	无风险利率	5%	股票市场的平均报酬率	10.50%
2	牧原股份	6.7	6%	11.05%		28.69		1.1					
3	正邦科技	3.46	股利稳定不变	13.58%		6.4		1.56					
4	新希望	2.25	增长率变化	12.15%		13.49		1.3					
5	g(1-2)	20%	1-2年间的增长率										
6	g3	11%	第3年的增长率										
7	g(4-n)	6%	4年及以后的增长率										
8	年份	1	2	3	4	5	6	7	8	……			
9	股息									……			
10	1-3年股息现值												
11	第四年(含)后所有股息在第四年时间点上的现值												
12	该公司的股票价值												

图 8－22　股票价值计算模型

在 E2 单元格输入公式：＝B2＊(1＋C2)/(D2－C2)，E3 输入公式：＝B3/D3。可以得到牧原股份和正邦科技股票的内涵价值，计算结果如图 8－20 所示。

	A	B	C	D	E	F	G	H	I	J	K	L	M
1	股票名称	上期股利	股利增长率	财务经理计算的投资必要回报率	股票内涵价值	市价	投资决策	三只股票的β系数	投资必要收益率（同学计算）	无风险利率	5%	股票市场的平均报酬率	10.50%
2	牧原股份	6.7	6%	11.05%	140.63	28.69		1.1					
3	正邦科技	3.46	股利稳定不变	13.58%	25.48	6.4		1.56					

图 8－23　牧原股份、正邦科技股票内涵价值计算

在 B9 单元格输入公式：＝B4＊(1＋B5)，C9 输入：＝B9＊(1＋B5)，D9 输入：＝C9＊(1＋B6)，E9 输入：＝D9＊(1＋＄B＄7)，将计算结果向右拖动至 I9。E11 输入：＝－PV(D4,3,,E9/(D4－B7))，得到新希望第 4 年（含）及以后股息在第四年时间点上的现值，B10 输入：＝－PV(＄D＄4,B8,,B9)，将计算结果向右拖动至 D10，E12 输入：＝E11＋SUM(B10:D10)，E4 输入公式计算结果如图 8－24 所示。

	A	B	C	D	E	F	G	H	I	J	K	L	M
1	股票名称	上期股利	股利增长率	财务经理计算的投资必要回报率	股票内涵价值	市价	投资决策	三只股票的β系数	投资必要收益率（同学计算）	无风险利率	5%	股票市场的平均报酬率	10.50%
2	牧原股份	6.7	6%	11.0500%	140.63	28.69		1.1					
3	正邦科技	3.46	股利稳定不变	13.5800%	25.48	6.4		1.56					
4	新希望	2.25	增长率变化	12.1500%	51.48	13.49		1.3					
5	g(1-2)	20%	1-2年间的增长率										
6	g3	11%	第3年的增长率										
7	g(4-n)	6%	4年及以后的增长率										
8	年份	1	2	3	4	5	6	7	8	……			
9	股息	2.7	3.24	3.60	3.81	4.04	4.28	4.54	4.81	……			
10	1-3年股息现值	¥2.41	¥2.58	¥2.55									
11	第四年(含)后所有股息在第四年时间点上的现值				43.94								
12	该公司的股票价值				51.48								

图 8－24 新希望股票内涵价值计算

第一步：进行投资决策。在 G2 单元格输入公式：＝IF(E2＞F2,"购买","不购买")，将计算结果拖动至 G4 单元格，如图 8－25 所示。

	A	B	C	D	E	F	G
1	股票名称	上期股利	股利增长率	财务经理计算的投资必要回报率	股票内涵价值	市价	投资决策
2	牧原股份	6.7	6%	11.05%	140.63	28.69	购买
3	正邦科技	3.46	股利稳定不变	13.58%	25.48	6.4	购买
4	新希望	2.25	增长率变化	12.15%	51.48	13.49	购买

图 8－25 股票投资决策结果

第二步：计算三只股票的必要收益率。I2 单元格输入公式＝$K$1＋H2＊($M$1－$K$1)，将计算结果拖动至 I4 单元格，得到三只股票各自收益率，如图8－26所示。

	A	B	C	D	E	F	G	H	I
1	股票名称	上期股利	股利增长率	财务经理计算的投资必要回报率	股票内涵价值	市价	投资决策	三只股票的β系数	投资必要收益率（同学计算）
2	牧原股份	6.7	6%	11.05%	140.63	28.69	购买	1.1	11.05%
3	正邦科技	3.46	股利稳定不变	13.58%	25.48	6.4	购买	1.56	21.38%
4	新希望	2.25	增长率变化	12.15%	51.48	13.49	购买	1.3	18.65%

图 8－26 投资收益率计算

第三步：构造股票收益率计算模型，如图 8－27 所示。

	A	B	C	D
14	公司持有各股票的收益率			
15	期数	2018	2019	2020
16	现金流量			
17	公司短期投资正邦科技收益率			
18	公司长期投资牧原股份收益率			

图 8－27　股票收益率计算模型

在 B16 单元格输入公式：＝－50000＊6.4，由于是购入股票，代表现金流出，用负数表示，C16 输入公式：＝50000＊1.5，D16 输入公式：＝50000＊1.8＋35.8＊50000，计算出 3 年的现金流量。在 B17 输入：＝IRR（B16：D16），B18 输入：＝B2＊（1＋C2）/F2＋6%，计算结果如图 8－28 所示。

	A	B	C	D
14	公司持有各股票的收益率			
15	期数	2018	2019	2020
16	现金流量	¥-320,000.00	¥75,000.00	¥1,880,000.00
17	公司短期投资正邦科技收益率	154%		
18	公司长期投资牧原股份预期收益率	31%		

图 8－28　股票收益率计算

项目拓展训练

湖南宝东农牧科技股份有限公司查询金健米业股份股票的 β 系数值为 1.3，当前一年期国债利率 5%，股票市场的平均报酬率为 10.5%，通过资本资产定价模型得到企业投资该股票的投资必要收益率。当前金健米业股份股票市价 4.8 元，当前每股股利 0.6 元/股，预计该公司未来 5 年股利的增长率 5%，之后保持 2% 的固定增长水平。

尝试估计宝东农牧投资金健米业股份的投资必要回报率，选择合适的股票估价模型，计算金健米业股份的股票价值。

任务 6
用 EXCEL 进行宝东农牧债券投资分析

任务情境

湖南宝东农牧科技股份有限公司计划投资购买债券，要求的必要收益率为 5% 持有至到期，考虑购买的债券情况如下所示：

（1）2014 年 5 月 15 日，购买 2014 年徐州高速铁路投资有限公司公司债券，债券面值为 100 元，7 年期，票面利率为 7.09%，每期期末支付利息，自债券发行后第 3、4、5、6、7 期期末分别按照面值 20%、20%、20%、20% 和 20% 的比例偿还本金。债券的购买价格如果为 102 元。请计算 2014 年徐州高速铁路投资有限公司公司债券的内在价值，以及宝东农牧投资该债券的收益率，并判断是否值得投资（企业债券的利息收入，按企业适用的所得税税率纳税，个人收入的按 20% 计算个人所得税）。

（2）2020 年，购买 2020 年甘肃省政府专项债券（七期）本期债券为固定利率债券，债券面值为 100 元，期限为 20 年，票面利率为 3.27%，利息每半年支付一次；本期债券起息日为 2020 年 4 月 14 日，每年 4 月 14 日、10 月 14 日支付利息，2040 年 4 月 14 日偿还本金并支付最后一次利息。假设债券的购买价格为 99 元，请计算 2020 年甘肃省政府专项债券（七期）的内在价值，以及宝东农牧投资该债券的收益率，并判断是否值得投资（假定不考虑所得税）。

（3）2020 年，购买 2020 年记账式附息（一期）国债，本期国债为固定利率附息债，债券面值为 100 元，期限为 1 年，票面利率为 2.25%，利息到期一次还本付息；本期国债起息日为 2020 年 1 月 9 日，2021 年 1 月 9 日（节假日顺延，下同）支付利息，2021 年 1 月 9 日偿还本金并支付最后一次利息。假设债券的购买价格为 99.5 元，请计算 2020 年记账式附息（一期）国债的内在价值，以及宝东农牧的投资该债券的收益率，并判断是否值得投资（假定不考虑所得税）。

（4）2020 年，购买 2020 年记账式贴现（三期）国债，本期国债期限 91 天，债券面值为 100 元，发行价格为 99.539 元；本期国债起息日为 2020 年 1 月 13 日，2020 年 4 月 13 日（节假日顺延）到期按面值偿还。请计算 2020 年记账式附息（一期）国债的内在价值，以及宝东农牧的投资该债券的收益率，并判断是否值得投资（假定不考虑所得税，一年按 365 天计算）。

知识链接

证券投资是指投资者将资金投资于股票、债券、基金等资产，从而获取投资收益或控制权的一种投资行为。

与项目投资相比，证券投资更易于操作。投资者只需要在证券交易所开户并委托买卖，证券投资即可进行。

证券投资按其投资的对象不同，可以分为债券投资、股票投资、基金投资及将资金同时投放于债券、股票等多种证券的组合投资。

债券投资是指企业通过认购债券，成为债券发行主体的债权人，以获得债券利息的投资活动。

债券是发行者为筹集资金，向债权人发行的，在约定时间内支付给债权人一定的利息，并到期支付本金的一种有价证券。其种类有国家财政部直接面向社会所发行的国库债券、由金融机构筹备发行的金融证券以及由企业发行的企业债券（公司债券）。

债券所设定的票面金额称为债券面值，它代表发行人借入并且承诺于未来某一特定日期偿付给债券持有人的金额。债券票面所载明的债券发行者预计一年内向投资者支付的利息占票面金额的比率称为债券票面利率。

企业进行债券投资，其购买价格是投资的现金流出，债券投资未来的利息收入和收回的本金是投资的现金流入。债券未来现金流入的折现值称为债券的内在价值。债券估价就是要对债券的内在价值进行估计，为债券投资决策提供基本依据。债券投资决策的标准是债券的内在价值大于购买价格。

由于债券的利息支付情况不同，一般将债券估价模型也分为两类，一类是分期付息、一次还本的债券估价模型，另一类是到期一次还本付息的债券估价模型。在 EXCEL 中可以使用 PV 或者 NPV 函数进行债券内在价值的计算。

投资者在投资债券时，最关心的就是债券收益有多少。为了精确地计量债券的收益，一般使用债券收益率这个指标。债券收益率是债券收益与其投入本金的比率，通常用年利率表示。

债券的到期收益率是指自债券购买日至到期日可获得的收益率，它是考虑资金时间价值，按复利计算的投资收益率，是债券投资未来现金流入的现值等于债券买入价格时（净现值为零时）的折现率。其在 EXCEL 中，可以用 IRR 或者 RATE 函数计算到期收益率。

任务实施

任务情境的解析过程如下：

第一步：构建 2014 年徐州高速铁路投资有限公司公司债券决策模型。将基础数据输入模型中，如图 8－29 所示。

	A	B	C	D	E	F	G	H	I
1	投资人必要收益率	5%							
2	2014年徐州高速铁路投资有限公司公司债券决策模型								
3	债券面值	100							
4	票面利率	7.09%							
5	企业所得税率	15%							
6	年份	2014	2015	2016	2017	2018	2019	2020	2021
7	期数	0	1	2	3	4	5	6	7
8	本金	-102			20	20	20	20	20
9	利息（税后）								
10	现金净流量								
11	投资收益率								
12	内在价值								
13	投资决策								

图 8－29　2014 年徐州高速铁路投资有限公司公司债券决策模型

第二步：计算投资方案的内在价值。

在 F8 至 I28 输入 20，C9 输入：= $B$3 * $B$4 * (1 - $B$5)，向右拖动至 E9，F9 输入：=($B$3 - E8) * $B$4 * (1 - $B$5)，G9 输入：=($B$3 - E8 - F8) * $B$4 * (1 - $B$5)，H9 输入：=($B$3 - E8 - G8 - F8) * $B$4 * (1 - $B$5)，I9 输入：=($B$3 - E8 - H8 - G8 - F8) * $B$4 * (1 - $B$5)，B10 输入公式：= SUM(B8:B9)，向右拖动至 I10，B11 输入：= IRR(B10:I10)，B12 输入：= NPV(B1,C10:I10)，B13 输入：= IF(B12 > -B8,"购买","不购买")，计算结果如图 8-30 所示。

	A	B	C	D	E	F	G	H	I
1	投资人必要收益率	5%							
2	2014年徐州高速铁路投资有限公司公司债券决策模型								
3	债券面值	100							
4	票面利率	7.09%							
5	企业所得税率	15%							
6	年份	2014	2015	2016	2017	2018	2019	2020	2021
7	期数	0	1	2	3	4	5	6	7
8	本金	-102			20	20	20	20	20
9	利息（税后）		6.0265	6.0265	6.0265	4.8212	3.6159	2.4106	1.2053
10	现金净流量	-102	6.0265	6.0265	26.0265	24.8212	23.6159	22.4106	21.2053
11	投资收益率	5.55%							
12	内在价值	104.41							
13	投资决策	购买							

图 8-30　2014 年徐州高速铁路投资有限公司公司债券决策

第三步：构建 2020 年甘肃省政府专项债券（七期）决策模型，并填入基础数据，如图 8-31 所示。

	A	B
15	2020年甘肃省政府专项债券（七期）决策模型	
16	债券面值	100
17	票面利率	3.27%
18	期数	40
19	购买价格	-99
20	每期利息	1.635
21	投资收益率	2%
22	内在价值	42.26
23	投资决策	不购买

图 8-31　2020 年甘肃省政府专项债券（七期）决策模型

在 B21 单元格输入公式：= RATE(B18,B20,B19,B16) * 2，B22 输入：= -PV(B1/2,

B18,B20,B16)，B23 输入：=IF(B22 > -B19,"购买","不购买")，计算结果如图 8-32 所示。

	A	B
15	2020年甘肃省政府专项债券（七期）决策模型	
16	债券面值	100
17	票面利率	3.27%
18	期数	40
19	购买价格	-99
20	每期利息	1.635
21	投资收益率	3.34%
22	内在价值	78.29
23	投资决策	不购买

图 8-32　2020 年甘肃省政府专项债券（七期）决策

第四步：构建 2020 年记账式附息（一期）国债购买决策模型，并将基础数据填入模型中，如图 8-33 所示。

	A	B
25	2020年记账式附息（一期）国债购买决策模型	
26	债券面值	100
27	票面利率	2.25%
28	发行期限	1
29	剩余年限	1
30	当前市场价格	99.5
31	每年利息	
32	投资收益率	
33	内在价值	
34	投资决策	

图 8-33　2020 年记账式附息（一期）国债购买决策模型

在 B31 单元格输入公式：=B26*B27，B32 输入：=RATE(B29,,-B30,B26+B31)，B26+B31 表示 2021 年收到的本金和利息之和。当前市场价格用负数表示，表示当前购买应当支付的金额。B33 输入：=-PV(B1,B29,B31,B26)，B34 输入：=IF(B33 > B30,"购买","不购买")。计算结果如图 8-34 所示。

第五步：构建 2020 年记账式贴现（三期）国债购买决策模型，填入基础数据，如图 8-35所示。

	A	B
25	2020年记账式附息（一期）国债购买决策模型	
26	债券面值	100
27	票面利率	2.25%
28	发行期限	1
29	剩余年限	1
30	当前市场价格	99.5
31	每年利息	2.25
32	投资收益率	2.76%
33	内在价值	97.38
34	投资决策	不购买

图 8－34　2020 年记账式附息（一期）国债购买决策

	A	B
38	2020年记账式贴现(三期)国债购买决策模型	
39	债券面值	100
40	天数	91
41	购买价格	-99.539
42	到期偿还价格	100
43	投资收益率	1.85%
44	内在价值	
45	投资决策	

图 8－35　2020 年记账式贴现（三期）国债购买决策模型

在 B43 单元格输入公式：=RATE(91,,B41,B42)*365，由于持有期为 91 天，而收益率为年收益率，在计算的收益率后乘以 365 天，换算成年收益率，B44 输入：=－PV(B1/365,91,,B42)，在折现率参数中，需要将 5% 换算成日利率。B45 输入：=IF(B44 >－B41,"购买","不购买")，计算结果如图 8－36 所示。

	A	B
38	2020年记账式贴现(三期)国债购买决策模型	
39	债券面值	100
40	天数	91
41	购买价格	-99.539
42	到期偿还价格	100
43	投资收益率	1.85%
44	内在价值	98.76
45	投资决策	不购买

图 8－36　2020 年记账式贴现（三期）国债购买决策

项目拓展训练

2016 年，购买 2016 年惠州市交通投资集团有限公司公司债券（第一期），债券面值为 1000 元，7 年期，票面利率为 4.16%，债券每年付息一次，在本期债券存续期的第 3、4、5、6、7 年年末分别按债券发行总额 20%、20%、20%、20%、20% 的比例偿还债券本金，到期利息随本金一起支付。年度付息款项自付息日起不另计利息，本金自兑付日起不另计利息，债券的发行价格为 1100 元，假定企业所得税税率为 25%，投资者要求的必要回报率为 5%。请计算 2016 年惠州市交通投资集团有限公司公司债券（第一期）的内在价值。

任务 7
用 EXCEL 进行宝东农牧证券投资组合分析

任务情境

湖南宝东农牧科技股份有限公司 2018 年 12 月计划进行证券组合投资以减少非系统性风险，从规避风险的角度来看，你觉得哪种方案更合适投资：

（1）购买本行业牧原股份、正邦科技两只股票，投资比例分别为 50%、50%，2015 ~ 2019 年的预期收益率如表 8-5 所示，请计算牧原股份、正邦科技单项资产的预期收益率、标准差；计算投资组合的预期报酬率、标准差、相关系数指标，判断该资产组合属于哪种类型的投资组合，并绘制出折线图，回答该资产组合是否分散了非系统性风险（用标准差表示风险）。

表 8-5　　牧原股份、正邦科技单项资产的预期收益率

	牧原股份	正邦科技
权重 / 年度	0.5	0.5
2015	0.50%	0.10%
2016	2.60%	2.00%
2017	5.80%	4.80%
2018	0.10%	-1.80%
2019	3.10%	5.90%

（2）购买山西煤电、华能电力两只股票，投资比例分别为 50%、50%，2015 ~ 2019 年的预期收益率如表 8-6 所示，请计算山西煤电、华能电力单项资产的预期收益率、标准差以及投资组合的预期报酬率、标准差、相关系数指标。判断该资产组合属于哪种类型的投资

组合，绘制出折线图，并回答该资产组合是否分散了非系统性风险（用标准差表示风险）。

表 8-6 山西煤电、华能电力单项资产的预期收益率

	山西煤电	华能电力
权重 年度	0.5	0.5
2015	10.00%	1.00%
2016	4.50%	3.00%
2017	18.00%	-5.00%
2018	6.00%	1.00%
2019	16.00%	-4.00%

知识链接

一、证券投资组合及意义

证券投资组合又称证券组合，是指投资者在进行证券投资时，不是将资金投入某种单一的证券，而是有选择地投向一组证券。换句话说，同时投资多种证券的做法称为证券投资组合。

证券投资的盈利性吸引了众多投资者，但证券投资的风险性又使许多投资者望而却步。有效的证券投资组合，可以比较好地解决这个问题，达到降低风险的目的。

在证券组合中资产数目较低时，增加资产个数，分散风险的效果会很明显，但资产数量达到一定程度时，风险分散的效应就会减弱。

组合中不同行业的资产个数达到 20 时，绝大多数的非系统风险均已被消除掉。此时如果继续增加资产数目，对分散风险没有太大的实际意义，只会增加管理成本。不要指望通过资产多样化达到完全消除风险的目的，因为系统风险是不能够通过风险的分散来消除的。

二、证券投资组合的预期收益率

证券组合的预期收益率就是组成证券组合的各项证券资产收益率的加权平均数，其计算公式为：

$$r_p = \sum_{j=1}^{m} r_j A_j$$

式中，r_j为组合内第 j 项证券的资产收益率，A_j为组合内第 j 项证券的比重。

将资金 100% 投资于最高资产收益率资产，可获得最高组合收益率，将资金 100% 投资于最低资产收益率资产，可获得最低组合收益率，影响组合的预期收益率的因素有两个：一是投资比重，二是个别资产收益率。

三、证券投资风险

与证券投资活动相关的所有风险统称为总风险。总风险按是否可以通过证券投资组合加以回避和消除，分为系统性风险与非系统性风险。

非系统性风险又称可分散风险或公司特有风险，是指某些因素对单个证券造成经济损失的可能性，如公司在市场竞争中失败等。这种风险可以通过证券资产组合而分散掉，非系统性风险包括行业风险、经营风险、违约风险。

系统风险是指由于政治、经济及社会环境的变动而影响证券市场上所有证券的风险，又称不可分散风险。这类风险的特征是其影响不是作用于某种证券，而是对整个证券市场发生作用，导致整个证券市场上所有证券出现风险，是影响所有资产的、不能通过资产组合而消除的风险。这一部分风险是由那些影响整个市场的风险因素所引起的。

四、系统性风险的衡量

系统性风险即不可分散风险的程度通常用 β 系数来计量。该系数的计算方法有许多种，实际计算过程复杂，一般不需要投资者自己计算，而是一些投资服务机构定期计算并且公布。

作为整体的证券市场的 β 系数为 1，如果某种股票的 β 值等于 1，说明该股票风险和整个证券市场的风险一致；如果某种股票的 β 值小于 1，说明该股票风险小于整个证券市场的风险；如果某种股票的 β 值大于 1，说明该股票风险比整个证券市场的风险大。

投资者进行证券组合投资与进行单项投资一样，都要求对承担的风险进行弥补。股票的风险越大，要求的收益就越高，但是与单项投资不同，证券组合投资要求补偿的风险只是不可分散风险，而不要求对可分散风险进行补偿。证券组合的 β 系数的计算公式为：$\beta_p = \sum W_i\beta_i$。

五、投资组合风险衡量

投资组合的风险衡量通常使用标准差（σ^2）来衡量，投资组合风险除了受到单项资产标准差影响以外，还受多项资产的相关系数的影响，计算公式为：

$$\sigma^2 = (w_1\sigma_1)^2 + (w_2\sigma_2)^2 + 2w_1w_2r_{12}\sigma_1\sigma_2$$

式中，w_1、w_2表示两项资产在投资组合中所占比重，σ_1、σ_2表示投资组合中两项资产的标准差，r_{12}表示资产 1 和资产 2 的相关系数。通常来说相关系数区间在 [-1，1]，当相关系数为 1 时，表明两项资产收益率为完全正相关，两项资产的风险完全不能相互抵销，当相关系数为 -1 时，表明两项资产收益率为完全负相关，两次资产的风险可以充分相互抵销，甚至可以完全抵销。绝大多数资产两两之间都具有不完全的相关关系，即 $-1 < r < 1$。

一般来讲，随着资产证券组合资产个数的增加，证券组合的风险会逐渐降低，当资产个数增加到一定程度时，证券资产组合的风险抵销效应将降低。

标准差、方差、平均值等指标均为统计指标，使用 EXCEL 函数后，该类指标的计算将大大简化。且这类函数的使用非常简单，在接下来的计算过程中，我们将使用到标准差函数 STDEVP、平均值函数 AVERAGE、相关系数函数 CORREL。

任务实施

任务情境的解析过程如下：

1. 牧原股份、正邦科技及资产组合

第一步：构建湖南宝东农牧科技股份有限公司对牧原股份、正邦科技及资产组合分析模型。将基础数据输入模型中，如图 8－37 所示。

	A	B	C	D
1		牧原股份	正邦科技	组合Q
2	权重 / 年度	0.5	0.5	
3	2015	0.50%	0.10%	
4	2016	2.60%	2.00%	
5	2017	5.80%	4.80%	
6	2018	0.10%	-1.80%	
7	2019	3.10%	5.90%	
8	预期收益率平均值			
9	预期收益率标准差			
10	预期收益率相关性			

图 8－37　牧原股份、正邦科技资产组合分析模型

第二步：计算牧原股份、正邦科技的预期收益率平均值及标准差。在 B8 单元格输入公式：＝AVERAGE(B3:B7)，在 B9 输入：＝STDEVP(B3:B7)，选择 B8:B9，将结果向右拖动至 C8:C9，结果如图 8－38 所示。

	A	B	C	D
1		牧原股份	正邦科技	组合Q
2	权重 / 年度	0.5	0.5	
3	2015	0.50%	0.10%	
4	2016	2.60%	2.00%	
5	2017	5.80%	4.80%	
6	2018	0.10%	-1.80%	
7	2019	3.10%	5.90%	
8	预期收益率平均值	2.42%	2.20%	
9	预期收益率标准差	2.05%	2.86%	
10	预期收益率相关性			

图 8－38　牧原股份、正邦科技单项资产预期收益率平均值、标准差

第三步：计算资产组合 Q 的预期收益率、预期收益率平均值、标准差及相关系数。在

D3 单元格输入：=SUMPRODUCT($B$2:$C$2,B3:C3)，将结果拖动至 D7，求出资产组合 2015～2019 年的预期收益率，在 D8、D9 单元格分别输入公式“=AVERAGE(D3:D7)”“=STDEVP(D3:D7)”，计算出组合预期收益率的平均值和标准差。B10 单元格输入公式：=CORREL(B3:B7,C3:C7)，计算出资产组合预期收益率的相关系数，计算结果如图 8－39 所示。

	A	B	C	D
1		牧原股份	正邦科技	组合Q
2	权重 / 年度	0.5	0.5	
3	2015	0.50%	0.10%	0.30%
4	2016	2.60%	2.00%	2.30%
5	2017	5.80%	4.80%	5.30%
6	2018	0.10%	-1.80%	-0.85%
7	2019	3.10%	5.90%	4.50%
8	预期收益率平均值	2.42%	2.20%	2.31%
9	预期收益率标准差	2.05%	2.86%	2.36%
10	预期收益率相关性	0.8389		

图 8－39　牧原股份、正邦科技单项资产组合预期收益率平均值、标准差及相关性

第四步：画出折线图。用鼠标左键中 A1:D1，按住 Ctrl 键，用鼠标左键选中 A3:D7，在插入选项卡下选择折线图，如图 8－40 所示。

	A	B	C	D
1		牧原股份	正邦科技	组合Q
2	权重 / 年度	0.5	0.5	
3	2015	0.50%	0.10%	0.30%
4	2016	2.60%	2.00%	2.30%
5	2017	5.80%	4.80%	5.30%
6	2018	0.10%	-1.80%	-0.85%
7	2019	3.10%	5.90%	4.50%
8	预期收益率平均值	2.42%	2.20%	2.31%
9	预期收益率标准差	2.05%	2.86%	2.36%
10	预期收益率相关性	0.8389		

图 8－40　折线图数据选择区域

单击图表标题，将标题修改为“牧原股份、正邦科技资产组合收益率折线图”，如图 8－41 所示。

图 8－41　牧原股份、正邦科技资产组合收益率折线图

由于资产组合的相关系数 0 < r < 1，故两项资产之间是正相关，同时我们发现组合 Q 预期收益率的标准差为 2.36%，介于两个单个资产的标准差 2.05% 和 2.86% 之间，正相关资产组合可以较小幅度分散非系统性风险。（我们进行课后练习的操作后，会发现练习 1 中的两只股票为完全正相关，则不能分散风险，但在实务中完全正相关的资产是几乎不存在的）。

2. 山西煤电、华能电力及投资组合

第一步：构建山西煤电、华能电力及资产组合分析模型。将基础数据输入模型中，如图 8－42 所示。

	A	B	C	D
12		山西煤电	华能电力	组合P
13	权重 / 年度	0.5	0.5	
14	2015	10.00%	1.00%	
15	2016	4.50%	3.00%	
16	2017	18.00%	-5.00%	
17	2018	6.00%	1.00%	
18	2019	16.00%	-4.00%	
19	预期收益率平均值			
20	预期收益率标准差			
21	预期收益率相关性			

图 8－42　山西煤电、华能电力资产组合分析模型

第二步：计算山西煤电、华能电力的预期收益率平均值及标准差。在 B19 单元格输入公式：＝AVERAGE(B14:B18)，在 B20 单元格输入公式：＝STDEVP(B14:B18)，选择 B19:B20，将结果向右拖动至 C19:C20，结果如图 8－43 所示。

	A	B	C	D
12		山西煤电	华能电力	组合P
13	权重 年度	0.5	0.5	
14	2015	10.00%	1.00%	
15	2016	4.50%	3.00%	
16	2017	18.00%	-5.00%	
17	2018	6.00%	1.00%	
18	2019	16.00%	-4.00%	
19	预期收益率平均值	10.90%	-0.80%	
20	预期收益率标准差	5.33%	3.12%	
21	预期收益率相关性			

图 8－43 山西煤电、华能电力预期收益率平均值及标准差

第三步：计算资产组合 P 的预期收益率、预期收益率平均值、标准差及相关系数。在 D14 单元格输入：＝SUMPRODUCT（＄B＄13：＄C＄13，B14：C14），将结果拖动至 D18，求出资产组合 2015～2019 年的预期收益率的，在 D19、D20 单元格分别输入公式"＝AVERAGE（D14：D18）""＝STDEVP（D14：D18）"，计算出资产组合的组合预期收益率的平均值和标准差。B10 单元格输入公式"＝CORREL（B14：B18，C14：C18）"，计算出资产组合预期收益率的相关系数，计算结果如图 8－44 所示。

	A	B	C	D
12		山西煤电	华能电力	组合P
13	权重 年度	0.5	0.5	
14	2015	10.00%	1.00%	5.50%
15	2016	4.50%	3.00%	3.75%
16	2017	18.00%	-5.00%	6.50%
17	2018	6.00%	1.00%	3.50%
18	2019	16.00%	-4.00%	6.00%
19	预期收益率平均值	10.90%	-0.80%	5.05%
20	预期收益率标准差	5.33%	3.12%	1.21%
21	预期收益率相关性		-0.9712	

图 8－44 山西煤电、华能电力组合预期收益率平均值及标准差

第四步：画出折线图。用鼠标左键中 A12:D12，按住 Ctrl 键，选用鼠标左键中 A14:D18，在插入选项卡下选择折线图，并将图形名称改为“山西煤电、华能电力证券组合收益率折线图”，如图 8-45 所示。

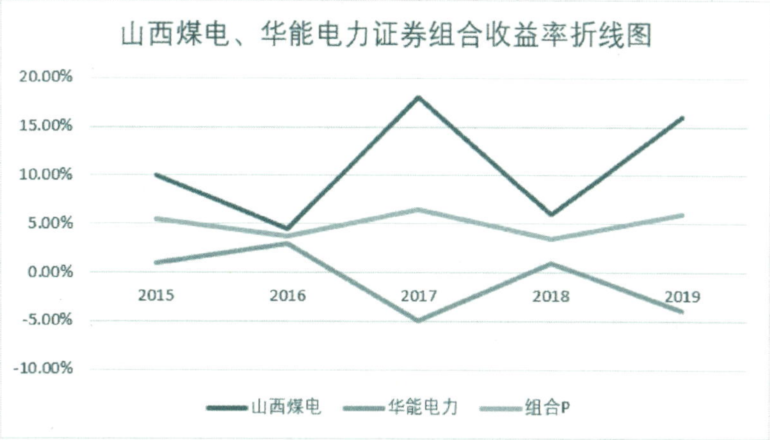

图 8-45 山西煤电、华能电力证券组合收益率折线图

由于资产组合的相关系数 $-1<r<0$，故两项资产之间是负相关，同时我们发现组合 P 预期收益率的标准差为 1.21%，小于两个单个资产的标准差 5.33% 和 3.12%，所以负相关的资产组合可以有效分散非系统性风险。（我们进行课后练习的操作后，会发现课后练习 2 中的两只股票为完全负相关，则能完全分散非系统性风险，但在实务中完全负相关的资产几乎是不存在的）。

项目拓展训练

1. 表 8-7 为 2015~2019 年上海汽车、长安汽车预期收益率以及投资比重，请计算上海汽车、长安汽车预期收益率的平均值、标准差以及投资组合的预期报酬率、标准差、相关系数指标，判断该资产组合属于哪种类型的投资组合，并绘制出折线图，回答该资产组合是否能分散非系统性风险。

表 8-7 2015~2019 年上海汽车、长安汽车预期收益率及投资比重

	上海汽车	长安汽车
权重 / 年度	0.7	0.3
2015	15.00%	1.00%
2016	12.00%	-2.00%
2017	18.00%	4.00%
2018	12.00%	-2.00%
2019	15.00%	1.00%

2. 表8－8为2015～2019年空头指数、对冲基金预期收益率以及投资比重，请计算空头指数、对冲基金预期收益率的平均值、标准差以及投资组合的预期报酬率、标准差、相关系数指标，判断该资产组合属于哪种类型的投资组合，并绘制出折线图，回答该资产组合是否能分散非系统性风险。

表8－8　　2015～2019年空头指数和对冲基金预期收益率及投资比重

	空头指数	对冲基金
权重 年度	0.5	0.5
2015	10.00%	-3.00%
2016	4.00%	3.00%
2017	18.00%	-11.00%
2018	6.00%	1.00%
2019	16.00%	-9.00%

扫码进入视频学习

项目8

项目九 EXCEL在企业流动资产管理中的应用

9

企业流动资产是指在一年内或超过一年的一个营业周期内变现或运用的资产，包括货币资金、应收款项、预付款项、存货、短期投资等。流动资产有三个特点：一是流动性大，不断改变形态；二是价值一次消耗、转移或实现；三是占用资金的数量具有波动性。企业拥有一定的流动资产可以抵付流动负债，从而从一定程度上降低财务风险，所以流动资产管理是企业财务管理的重要组成部分。

企业要管好流动资产，须符合三个要求：一是保证流动资产的需要量，确保生产经营活动正常进行。二是尽量控制流动资产的占用量。占用过多，增加资金成本，影响经济效益。三是加速流动资金的周转。周转快，意味着占用资金少，会带来更多的经济效益。流动资产的管理主要包括：现金管理、应收账款管理和存货管理。

企业，尤其是中小企业，在流动资产管理的过程中可以运用EXCEL高效快捷处理相关数据，管好用好流动资产，发挥流动资产的经济效益。

任务1 用EXCEL进行宝东农牧现金的管理

任务情境

（1）湖南宝东农牧科技股份有限公司（简称宝东牧业）为寻求最佳现金持有量，公司拟定四种现金持有方案，如图9－1所示。机会成本按15%的年化收益率计算。试用成本分析模型确定最佳现金持有量方案，并生成最佳现金持有量决策分析图。

	A	B	C	D	E
3	最佳现金持有量决策分析				
4					单位：元
5	现金持有方案	方案A	方案B	方案C	方案D
6	现金持有量	40000	70000	100000	140000
8	管理成本	6000	6000	6000	6000
9	机会成本				
10	短缺成本	16000	7000	3000	0
11	总成本				
12	最佳现金持有量决策分析——成本分析模型				

图 9－1　最佳现金持有量决策分析——成本分析模型框架图

（2）宝东牧业一直拥有充裕的现金，与多家金融机构有理财业务往来。根据公司 2014 年经营销售目标，预计经营活动现金需要量为 4 亿元，财务经理为了满足企业生产经营业务的资金周转需要，决定平常保持 1900 万元的现金持有量，当现金不足时，可转换有价证券。据悉，每次将有价证券转换为现金时发生的费用为 5 万元，即交易成本为 5 万元，有价证券年收益率为 10%。要求：按照存货分析模式确定最佳现金持有量和最小现金持有总成本。

（3）宝东牧业持有的有价证券的年利率为 15%，每次固定转换成本为 150 元，公司认为任何时候其银行存款及现金余额均不能低于 10000 元，又根据以往经验测算出现金余额波动的标准差为 1000 元，要求：计算最优现金返回线 R 与现金控制上线 H。

知识链接

现金是企业流动性最强的资产，不仅包括企业的库存现金，还包括各种形式的银行存款、银行汇票、银行本票等。企业在生产经营中必须持有一定的现金来保证企业的支付能力，降低企业的财务风险。如果为了保证支付能力，企业的现金储备过大，库存现金不能给企业带来收益，而银行存款的利息率也远远低于企业的资金利用率，从而影响企业的获利能力。如果企业的现金储备太小，可能造成现金短缺，从而影响企业的生产经营活动，或者丧失投资机会。故现金管理的目标是：在流动性和营利能力之间做出平衡，以获取最大的整体收益。也就是说，在保证企业正常生产经营活动的前提下，尽可能降低现金的储备量。在现金的管理上，企业需控制好现金持有规模，即确定适当的现金持有量。基于交易、预防、投机等动机的需要，企业必须保持一定数量的现金余额。最佳现金持有量是指使持有现金所花费的代价最小，又不能影响企业的正常生产经营需要的现金最低持有量。

成本分析模式是通过分析持有现金的各项相关成本，寻找持有成本最低的现金持有量的一种方法。在成本分析模式下应分析机会成本、管理成本和短缺成本，对三种成本进行分析，找出三种成本之和最低点时的现金持有量，就是最佳现金持有量。其计算公式为：现金总成本 = 机会成本 + 管理成本 + 短缺成本。成本分析模式适用范围广泛，尤其适用于现金收支波动较大的企业，但是持有现金的短缺成本较难准确预测。

存货分析模式又称鲍莫尔模式，是美国经济学家威廉·杰克·鲍莫尔首先提出的。适当的现金与有价证券之间的转换是企业提高资金使用效率的有效途径，在现金成本构成的图上，将现金的交易成本与现金的短缺成本合并为同一条曲线，并不再考虑基本固定不变的管理成本。存货分析模式下的相关总成本是机会成本和固定的交易成本。将企业现金持有量同持有的有价证券联系起来观察，通过比较不同现金持有量下现金相关总成本，确定其现金最佳持有量。决策思想是：能够使现金管理的机会成本和交易成本保持最低的现金持有量即为最佳现金持有量。

最佳现金持有量 $C^* = \sqrt{2\times T\times F/R}$

最低现金管理总成本 $TC = \sqrt{2\times T\times F\times R}$

式中，T 表示一个周期内现金总需求量，F 表示每次转换有价证券的转换成本，R 表示有价证券利息率（机会成本）。

随机模式是在现金需求量难以预知的情况下进行现金持有量控制的方法。对企业来说，现金需求量往往波动大且难以预知，但企业可以根据历史经验和现实需要，测算出一个现金持有量的控制范围，即制定出现金持有量的上限和下限，将现金持有量控制在上下限之间。用随机模式求现金最佳持有量，即认为企业现金支出是随机的，收入是无法预知的。所以，适用于所有企业现金持有量的测算。另一方面，随机模型建立在企业的现金未来需求总量和收支不可预测的前提下，因此计算出来的现金持有量比较保守。

$$R = \sqrt[3]{\frac{3b\delta^2}{4i}} + L$$

$$H = 3R - 2L$$

式中，R 表示回归线，b 表示现金和有价证券的每次转换成本，δ 表示每日现金余额变化的标准差（可根据历史资料测算），R 表示有价证券的日利率，L 表示现金持有量的下限。

任务实施

任务情境的解析过程如下：

（1）宝东牧业公司为寻求最佳现金持有量，拟定四种现金持有方案。方案 A 现金持有量 40000 元，管理成本 6000 元，短缺成本 16000 元；方案 B 现金持有量 70000 元，管理成本 6000 元，短缺成本 7000 元；方案 C 现金持有量 100000 元，管理成本 6000 元，短缺成本 3000 元；方案 D 现金持有量 140000 元，管理成本 6000 元，短缺成本 0 元。机会成本按 15% 收益率计算。试用成本分析模式确定最佳现金持有量方案，并生成最佳现金持有量决策分析图，如图 9－2 所示。

	A	B	C	D	E
3	最佳现金持有量决策分析				
4					单位：元
5	现金持有方案	方案A	方案B	方案C	方案D
6	现金持有量	40000	70000	100000	140000
8	管理成本	6000	6000	6000	6000
9	机会成本				
10	短缺成本	16000	7000	3000	0
11	总成本				
12	最佳现金持有量决策分析——成本分析模型				

图 9－2　最佳现金持有量决策分析——成本分析模型框架图

第一步：计算各个方案的机会成本。打开“项目 9 EXCEL 在企业流动资产管理中的应用（素材）．XLSX”工作簿，找到“成本分析模式”工作表，在 B9 单元格录入：= B6 * 15%，单击回车键即可得到计算结果 6000，即得到方案 A 的机会成本。鼠标左键单击 B9 单元格，将光标放在 B9 单元格的右下角，此时光标形状为黑色十字，按住鼠标左键一直拖到 E9 单元格，松开鼠标左键，得到其他三个方案的机会成本。或者在 C9 单元格录入：= C6 * 15%，单击回车键得到方案 B 的机会成本，D9 单元格录入：= D6 * 15%，单击回车键得到方案 C 的机会成本，E9 单元格录入：= E6 * 15%，单击回车键得到方案 D 的机会成本，如图 9 - 3 所示。通常我们采用拖动鼠标的快捷方法，避免手动输入错误，节省处理时间。

	A	B	C	D	E
3	最佳现金持有量决策分析				
4					单位：元
5	现金持有方案	方案A	方案B	方案C	方案D
6	现金持有量	40000	70000	100000	140000
8	管理成本	6000	6000	6000	6000
9	机会成本	6000	10500	15000	21000
10	短缺成本	16000	7000	3000	0
11	总成本				
12	最佳现金持有量决策分析——成本分析模型				

图 9 - 3 管理成本与机会成本演算图

第二步：计算各个方案的总成本。打开“项目 9 EXCEL 在企业流动资产管理中的应用（素材）．XLSX”工作簿，找到“成本分析模式”工作表，在 B11 单元格输入：= SUM( )，将光标放在( )里，用鼠标选中 B8:B10 单元格区域，单击鼠标回车键得到计算结果 28000，即方案 A 的总成本，鼠标左键单击 B11 单元格，将光标放在 B11 单元格的右下角，此时光标形状为黑色十字，按住鼠标左键一直拖到 E11 单元格，松开鼠标左键，得到其他三个方案的总成本，如图 9 - 4 所示。

	A	B	C	D	E
3	最佳现金持有量决策分析				
4					单位：元
5	现金持有方案	方案A	方案B	方案C	方案D
6	现金持有量	40000	70000	100000	140000
8	管理成本	6000	6000	6000	6000
9	机会成本	6000	10500	15000	21000
10	短缺成本	16000	7000	3000	0
11	总成本	28000	23500	24000	27000
12	最佳现金持有量决策分析——成本分析模型				

图 9 - 4 总成本演算图

第三步：绘制最佳现金持有量决策分析图。打开“项目 9 EXCEL 在企业流动资产管理中的应用（素材）．XLSX”工作簿，找到“成本分析模式”工作表，用鼠标选中 A6:E11 单元格区域，鼠标左键点击 EXCEL 工具栏的“插入”按钮，点击“推荐的图表”，弹出“插入图表”对话框，点击“所有图表”，选择“折线图”，点击折线图右上方的十字符号，勾选“坐标轴标题”，将横坐标标题设置成“现金持有总量”，纵坐标标题设置成“成本”，折线图标题设置成“最佳现金持有量决策分析——成本分析模型”，如图 9 - 5 所示。

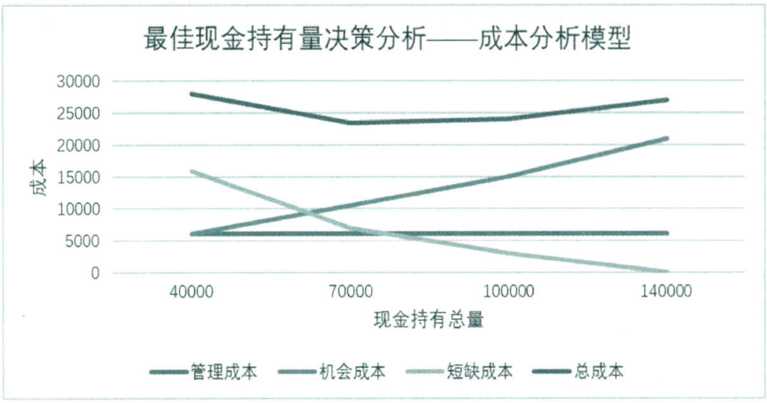

图 9－5　最佳现金持有量决策分析图

（2）宝东牧业根据公司 2014 年经营销售目标，预计经营活动现金需要量为 6 亿元，财务经理为了满足企业生产经营业务的资金周转需要，决定平常保持 2000 万元的现金持有量，当现金不足时，可转换有价证券。据悉，每次将有价证券转换为现金需发生的费用为 8 万元，即交易成本为 8 万元，有价证券年收益率为 6%。要求：按照存货分析模式确定最佳现金持有量和最小现金持有总成本。

第一步：计算最佳现金持有量。打开“项目 9 EXCEL 在企业流动资产管理中的应用（素材）.XLSX”工作簿，找到“存货模式”工作表，在 G17 单元格录入：＝SQRT(2 * G14 * G15/G16)，单击回车键得到计算结果 40000000 元，即最佳现金持有量，如图 9－6 所示。

	D	E	F	G
13				
14	一个周期内现金总需求量；			600000000
15	每次转换有价证券的转换成本；			80000
16	有价证券利息率（机会成本）；			6%
17	最佳现金持有量：			40000000

图 9－6　最佳现金持有量演算图

第二步：计算最小现金持有总成本（用公示求）。打开“项目 9 EXCEL 在企业流动资产管理中的应用（素材）.XLSX”工作簿，找到“存货模式”工作表，在 G18 单元格录入：＝SQRT(2 * G14 * G15 * G16)，单击回车键得到计算结果 2400000 元，即最小现金持有总成本，如图 9－7 所示。

	D	E	F	G
13				
14	一个周期内现金总需求量；			600000000
15	每次转换有价证券的转换成本；			80000
16	有价证券利息率（机会成本）；			6%
17	最佳现金持有量：			40000000
18	最小现金持有总成本（用公式求）：			2400000

图 9－7　最小现金持有总成本演算图

第三步：验证用公式求得的最小现金持有总成本的正确性。打开“项目 9 EXCEL 在企业流动资产管理中的应用（素材）. XLSX”工作簿，找到“存货模式”工作表，在 G19 单元格录入：=G14/G17，单击回车键得到计算结果 15；即转换次数为 15，在 G20 单元格录入：=G17/2*G16，单击回车键得到计算结果 1200000 元，即持有成本；在 G21 单元格录入：=G19*G15，单击回车键得到计算结果 1200000 元，即交易成本。最小现金持有总成本 = 持有成本 1200000 + 交易成本 1200000 = 2400000（元），与公式法求出的最小现金持有总成本一样，得到验证，如图 9－8 所示。

	D E F	G
12		
14	一个周期内现金总需求量：	600000000
15	每次转换有价证券的转换成本：	80000
16	有价证券利息率（机会成本）：	6%
17	最佳现金持有量：	40000000
18	最小现金持有总成本（用公式求）：	2400000
19	转换次数：	15
20	持有成本：	1200000
21	交易成本：	1200000
22	最小现金持有总成本=持有成本+交易成本	2400000

图 9－8　最小现金持有总成本验证演算图

（3）宝东牧业持有的有价证券的年利率为 6%，每次固定转换成本为 100 元，公司认为任何时候其银行存款及现金余额均不能低于 20000 元，又根据以往经验测算出现金余额波动的标准差为 900 元，要求：计算最优现金返回线 R 与现金控制上线 H。

第一步：计算以日为单位的现金机会成本。打开“项目 9 EXCEL 在企业流动资产管理中的应用（素材）. XLSX”工作簿，找到“随机模式”工作表，在 J7 单元格录入：=6%/360，单击回车键得到计算结果 0.00017，即以日为单位的现金机会成本，如图 9－9 所示。

	F G H I	J
4	证券和现金互相转换的成本	100
5	最低余额	20000
6	企业每日现金流变动标准差	900
7	以日为单位的现金机会成本	0.00017

图 9－9　以日为单位现金机会成本演算图

第二步：计算回归线 R。打开“项目 9 EXCEL 在企业流动资产管理中的应用（素材）. XLSX”工作簿，找到“随机模式”工作表，在 J8 单元格录入：=J5+POWER(3*J4*POWER(J6,2)/(4*J7),1/3)，单击回车键得到计算结果 27143.30473，即回归线 R，如图 9－10 所示。

	F G H I	J
4	证券和现金互相转换的成本	100
5	最低余额	20000
6	企业每日现金流变动标准差	900
7	以日为单位的现金机会成本	0.00017
8	回归线R：	27143.3

图 9－10　回归线 R 演算图

第三步：计算最高控制线。打开“项目 9 EXCEL 在企业流动资产管理中的应用（素材）.XLSX”工作簿，找到“随机模式”工作表，在 J9 单元格录入：=J8 * 3 - 2 * J5，单击回车键得到计算结果 41429.9，即最高控制线，如下图所示。如现金持有量达到最高，应买 14286.6（在 J10 单元格录入：=J9 - J8），若现金持有量达到最低，应卖 7143.3（在 J11 单元格录入：=J8 - J5）。

	F G H I	J
4	证券和现金互相转换的成本	100
5	最低余额	20000
6	企业每日现金流变动标准差	900
7	以日为单位的现金机会成本	0.00017
8	回归线R：	27143.3
9	最高控制线：	41429.9
10	若现金持有量到达最高，应买	14286.6
11	若现金持有量到达最低，应卖	7143.3

图 9-11 最高控制线和决策过程演算图

小常识

EXCEL 工作表中同行或同列的单元格如需要录入的公式一样，且需根据公式得出计算结果，可以录入某个单元的公式，采用拖动的方式快捷地完成其他单元格公式的设置并迅速得到计算结果。

项目拓展训练

（1）宝东牧业有四种现金持有方案，各方案有关成本资料如图 9-12 所示。要求：用成本分析模型计算 A 企业的最佳现金持有量，并画出“宝东农牧最佳现金持有量分析图”。

	B	C	D	E	F
4	项目	甲方案	乙方案	丙方案	丁方案
5	现金持有量	40000	60000	80000	100000
6	机会成本				
7	管理成本	4000	4000	4000	4000
8	短缺成本	6000	4000	2000	0
9	总成本				
10	最佳持有方案为:				

图 9-12 宝东农牧最佳现金持有量分析框架图

（2）宝东牧业预计全年现金需要量为 24000 元，现金与有价证券的转换成本为每次 80 元，有价证券的年利率为 6%，计算最佳现金持有量和最小现金持有成本。

（3）宝东牧业持有的有价证券的年利率为6%，每次固定转换成本为80元，公司认为任何时候其银行存款及现金余额均不能低于2000元，又根据以往经验测算出现金余额波动的标准差为400元，要求计算最优现金返回线R与现金控制上线H。

以上三道题素材见“项目9 EXCEL在企业流动资产管理中的应用（素材）.XLSX”工作簿“现金管理”工作表。

任务2 用EXCEL进行宝东农牧应收账款的管理

任务情境

（1）宝东牧业的客户如图9－13所示，请对宝东牧业应收账款进行分析，填制应收账款账龄分析表（假定目前日期为2018年12月15日），如图9－14所示。

	A	B	C	D	E	F	G	H	I	J	K	L	M	N
1	公司名称	发票号	应收账款金额	开票日期	收款期限	到期日	是否到期	未到期	0～60	61～120	121～365	366以上		当前日期
2	三利	a3012	6550	2018/08/11	30	2018/09/10	是							2018/12/15
3	红星	d6498	33000	2018/10/12	90	2019/01/10	否							
4	方正	n3125	80000	2018/11/01	30	2018/12/01	是							
5	宏远	b5019	4800	2017/11/09	30	2017/12/09	是							
6	大洋	1526688	60000	2018/01/06	20	2018/01/26	是							
7	大发	u54267	45000	2018/11/13	30	2018/12/13	是							
8	大洋	a3654	66000	2018/12/05	30	2019/01/04	否							
9	多芬	90002	2800000	2018/11/06	20	2018/11/26	是							
10	合计													

图9－13　应收账款基本情况框架图

	A	B	C
11			
12	应收账款账龄分析表		
13	2020年12月3日		
14	账龄	应收账款金额	百分比
15	未到期		
16	0～60		
17	61～120		
18	121～365		
19	366以上		
20	合计		

图9－14　应收账款账龄分析框架图

（2）宝东牧业目前采用30天按发票金额（即无现金折扣）付款的信用政策，拟将信用期间放宽至60天，仍按发票金额付款。假设等风险投资的最低报酬率为6%，其他有关数据如图9－15所示。问宝东牧业应当把信用期间放宽至60天吗？

	A	B	C
2		信用期决策数据	
4	项目	信用期间（30天）	信用期间（60天）
5	全年销售量（件）	200000	220000
6	全年销售额（单价8元）	1600000	1760000
7	变动成本（每件3元）	600000	660000
8	固定成本	20000	22000
9	可能发生的收账费用（元）	2000	4000
10	可能发生的坏账损失（元）	3000	6000
11	收账期：		
12	求解：		
13	变动成本率	0.375	
14		原政策	新政策
15	收益：		
16	机会成本：		
17	计算盈利增加；		
18	机会成本增加；		
19	收账费用增加：		
20	坏账损失增加：		
21	计算增加的税前损益。		

图 9－15　信用决策框架图

（3）沿用上述信用期决策的数据，假设宝东牧业在放宽信用期的同时，为了吸引顾客尽早付款，提出了 1/30，N/60 的现金折扣条件，估计会有一半的顾客（按 60 天信用期所能实现的销售量计算）将享受现金折扣优惠。宝东牧业现在采用 30 天按发票金额付款（即无现金折扣）的信用政策，拟将信用期放宽至 60 天，仍按发票金额付款。假设等风险投资的最低报酬率为 6%，其他有关数据如表 9－16 所示。要求分析该公司应否将信用期改为 60 天。

	A	B	C
8			
9	项目	信用期间（30天）	信用期间（60天）
10	全年销售量（件）	200000	220000
11	全年销售额（单价8元）	1600000	1760000
12	变动成本（每件3元）	600000	660000
13	固定成本	20000	22000
14	可能发生的收账费用（元）	2000	4000
15	可能发生的坏账损失（元）	3000	6000
16	收账期：		
17	求解：		
18	变动成本率		
19	现金折扣方案平均收现期		
20		原政策	新政策
21	收益：		
22	机会成本：		
23	现金折扣成本		
24	计算盈利增加；		
25	机会成本增加；		
26	收账费用增加：		
27	坏账损失增加：		
28	现金折扣成本增加		
29	计算增加的税前损益。		

图 9－16　信用决策框架图

知识链接

应收账款是企业因对外赊销产品、材料及供应劳务等而应向购货方或接受劳务单位收取的款项。应收账款形成企业之间的直接商业信用，是商品销售及劳务提供过程中货与钱在时间上分离的直接结果。

（1）应收账款的信用政策

①信用标准

信用标准是客户要享有企业商业信用所应具备的最低条件。若客户达不到信用标准，便不能享受或较少享受企业的信用。企业信用标准的高低将直接影响企业的销售收入和销售利润。信用标准如定得较高，仅对信用好的客户给予赊销待遇，其可能会产生两种结果：一方面使坏账损失较小，应收账款的机会成本降低；另一方面将丧失一部分来自信用较差客户的销售收入和销售利润。这就要求企业权衡得失，较为准确地对不同客户规定相应的信用标准。

②信用条件

当人们根据信用标准决定给予客户信用优惠时，就需要考虑具体的信用条件。信用条件是指企业要求客户支付赊销款项的条件，包括信用期限、现金折扣及折扣期限等。信用期限是企业为客户规定的最长付款时间，即企业允许客户从购货到付款之间的时间间隔。延长信用期限会增加应收账款占用的时间和金额。

（2）应收账款的机会成本

应收账款占用资金的应计利息 = 应收账款占用资金 × 资本成本

应收账款占用资金 = 应收账款平均余额 × 变动成本率

应收账款平均余额 = 日销售额 × 平均收现期

应收账款占用资金的应计利息 = 日销售额 × 平均收现期 × 变动成本率 × 资本成本

应收账款占用资金的应计利息增加 = 新信用政策占用资金的应计利息 − 原信用政策占用资金的应计利息

（3）管理成本及收账费用

企业对应收账款进行管理而耗费的开支，包括对客户的信用状况调查费用、收账费用和其他费用。

（4）坏账成本

应收账款基于商业信用而产生，存在无法收回的可能性，由此而给应收账款持有企业带来的损失，即为坏账成本。企业预计的坏账成本 = 赊销额 × 预计坏账损失率。

（5）折扣条件

现金折扣的主要目的在于吸引顾客为享受优惠而提前付款，缩短企业的平均收款期。另外，现金折扣也能招揽一些视折扣为减价出售的顾客前来购货，借此扩大销售量。

现金折扣成本增加 = 新的销售水平 × 享受现金折扣的顾客比例 × 新的现金折扣率 − 旧的销售水平 × 享受现金折扣的顾客比例 × 旧的现金折扣率

（6）收账政策

收账政策是指企业向客户收取逾期未付款项的策略与措施。企业的信用政策影响坏账损失，为了避免或减少坏账损失，提高收款的效率，企业应制订收款政策。企业无论采用何种方式对拖欠款进行催收，都要付出一定的代价，即收账费用。

任务实施

（1）宝东牧业的客户如图 9－17 所示，请对宝东牧业应收账款进行分析，填制应收账款账龄分析表（假定目前日期为 2018 年 12 月 15 日）。

	A	B	C	D	E	F	G	H	I	J	K	L	M	N
1	公司名称	发票号	应收账款金额	开票日期	收款期限	到期日	是否到期	未到期	0～60	61～120	121～365	366以上		当前日期
2	三利	a3012	6550	2018/08/11	30	2018/09/10	是							2018/12/15
3	红星	d6498	33000	2018/10/12	90	2019/01/10	否							
4	方正	n3125	80000	2018/11/01	30	2018/12/01	是							
5	宏远	b5019	4800	2017/11/09	30	2017/12/09	是							
6	大洋	1526688	60000	2018/01/06	20	2018/01/26	是							
7	大发	u54267	45000	2018/11/13	30	2018/12/13	是							
8	大洋	a3654	66000	2018/12/05	30	2019/01/04	否							
9	多芬	90002	2800000	2018/11/06	20	2018/11/26	是							
10	合计													

15	未到期		
16	0～60		
17	61～120		
18	121～365		
19	366以上		
20	合计		

图 9－17　应收账款账龄分析框架图

第一步：填制第一个表格的数据。打开“项目 9 EXCEL 在企业流动资产管理中的应用（素材）.XLSX”工作簿，打开“应收账款账龄分析”工作表，在 F3 单元格录入：＝D3＋E3，单击回车键得到客户三利的到期日，在 G3 单元格录入：＝IF(F3＜$N$3,"是","否")，单击回车键得到客户三利是否到期，在 H3 单元格录入：＝IF($N$3－F3＜0,C3,"/")，单击回车键得到客户三利未到期情况，在 I3 单元格录入＝IF(AND($N$3－F3＞0,$N$3－F3＜＝60),C3,"/")，单击回车键得到客户三利应收账款账龄在 0 到 60 天的情况，在 J3 单元格录入＝IF(AND($N$3－F3＞60,$N$3－F3＜＝120),C3,"/")，单击回车键得到客户三利应收账款账龄在 61 到 120 天的情况，在 K3 单元格录入＝IF(AND($N$3－F3＞120,$N$3－F3＜＝366),C3,"/")，单击回车键得到客户三利应收账款账龄在 121 到 365 天的情况，在 L3 单元格录入＝IF($N$3－F3＞366,C3,"/")，单击回车键得到客户三利应收账款账龄 366 天以上的情况。鼠标光标选中 F3：L3 单元格区域，将光标放在 L3 单元格右下角，光标为十字符号，按住鼠标左键拖到到 L10 单元格，松开鼠标左键，此时其他客户的数据自动出来（注意拖动之前要锁定单元格 N3。锁定单元格 N3 的方法是：鼠标选中 N3，再单击键盘上的 F4 键，或者直接输入$N$3）。在 H11 单元格录入：＝SUM(H3:H10)，单击回车键得到宝东牧业未到期应收账款金额，鼠标选中 H11 单元格，光标放在 H11 单元格右下角，光标变成十字符号，拖动到 L11 单元格，得到宝东牧业账龄在 0 到 60 天、61 到 120 天，121 到 365 天、366 天以上的应收账款金额。结果如图 9－18 所示。

	A	B	C	D	E	F	G	H	I	J	K	L	M	N
1	公司名称	发票号	应收账款金额	开票日期	收款期限	到期日	是否到期	未到期	0～60	61～120	121～365	366以上		当前日期
2	三利	a3012	6550	2018/08/11	30	2018/09/10	是	/	/	6550	/	/		2018/12/15
3	红星	d6498	33000	2018/10/12	90	2019/01/10	否	33000	/	/	/	/		
4	方正	n3125	80000	2018/11/01	30	2018/12/01	是	/	80000	/	/	/		
5	宏远	b5019	4800	2017/11/09	30	2017/12/09	是	/	/	/	/	4800		
6	大洋	1526688	60000	2018/01/06	20	2018/01/26	是	/	/	/	60000	/		
7	大发	u54267	45000	2018/11/13	30	2018/12/13	是	/	45000	/	/	/		
8	大洋	a3654	66000	2018/12/05	30	2019/01/04	否	66000	/	/	/	/		
9	多芬	90002	2800000	2018/11/06	20	2018/11/26	是	/	2800000	/	/	/		
10	合计							99000	2925000	6550	60000	4800		

图 9－18　应收账款账龄基本情况演算图

第二步：填制第二个表格的数据。鼠标选中 H11:L11 单元格区域，单击鼠标右键，选择“复制”，鼠标单击 B15 单元格，点击 EXCEL 工具栏“开始按钮”，点击“粘贴”按钮下方的倒三角符号，选择“选择性粘贴”，选择“数值”，勾选“转置”，点击“确定”按钮，成功复制各个账龄期应收账款金额。在 B20 单元格录入：=SUM(B15:B19)，单击回车键得到应收账款金额总额。在 C15 单元格录入：=B15/$B$20，单击回车键得到未到期应收账款金额占应收账款金额总额的比重，鼠标单击 C15 单元格，光标放在 C15 单元格右下角，变成十字符号，拖到 C20 单元格，得到其他账龄期应收账款金额占应收账款总额的比重，如图 9-19 所示。

	A	B	C
11			
12		应收账款账龄分析表	
13		2020年12月3日	
14	账龄	应收账款金额	百分比
15	未到期	99000	3.20%
16	0～60	2925000	94.50%
17	61～120	6550	0.21%
18	121～365	60000	1.94%
19	366以上	4800	0.16%
20	合计	3095350	100.00%

图 9-19 应收账款账龄分析演算图

（2）宝东牧业目前采用 30 天按发票金额（即无现金折扣）付款的信用政策，拟将信用期间放宽至 60 天，仍按发票金额付款。假设等风险投资的最低报酬率为 6%，其他有关数据如图 9-20 所示。问宝东牧业应当把信用期间放宽至 60 天吗？

	A	B	C
2		信用期决策数据	
4	项目	信用期间（30天）	信用期间（60天）
5	全年销售量（件）	200000	220000
6	全年销售额（单价8元）	1600000	1760000
7	变动成本（每件3元）	600000	660000
8	固定成本	20000	22000
9	可能发生的收账费用（元）	2000	4000
10	可能发生的坏账损失（元）	3000	6000
11	收账期：		
12	求解：		
13	变动成本率	0.375	
14		原政策	新政策
15	收益：		
16	机会成本：		
17	计算盈利增加：		
18	机会成本增加：		
19	收账费用增加：		
20	坏账损失增加：		
21	计算增加的税前损益。		

图 9-20 信用决策框架图

第一步：打开“项目 9 EXCEL 在企业流动资产管理中的应用（素材）.XLSX”工作簿，打开“信用期间决策”工作表，计算原政策和新政策的收益。在 B13 录入：=B7/B6，单击回车键得到变动成本率，在 B15 录入：=B5 *（8 - 3），单击回车键得到原政策的收益（边际贡献），在 C15 录入：=C5 *（8 - 3），单击回车键得到新政策的收益（边际贡献）。

第二步：计算原政策和新政策的机会成本。在 B16 录入：=B6/360 * 30 * B13 * 6%，单击回车键得到原政策的机会成本，在 C16 录入：=C6/360 * 60 * B13 * 6%，单击回车键得到新政策的机会成本。

第三步：计算盈利增加。在 B17 录入：=C15 - B15 - （C8 - B8），单击回车键得到新政策相比较于原政策增加的盈利。

第四步：计算机会成本增加。在 B18 录入：=C16 - B16，单击回车键得到新政策相比较于原政策增加的机会成本

第五步：计算收账费用增加。在 B19 录入：=C9 - B9，单击回车键得到新政策相比较于原政策增加的收账费用。

第六步：计算坏账损失增加。在 B20 录入：=C10 - B10，单击回车键得到新政策相比较于原政策增加的坏账损失。

第七步：计算增加的税前损益。在 B21 录入：=B17 - B18 - B19 - B20，单击回车键得到新政策相比较于原政策增加的税前损益。结果如图 9 - 21 所示。

	A	B	C
4	项目	信用期间（30天）	信用期间（60天）
5	全年销售量（件）	200000	220000
6	全年销售额（单价8元）	1600000	1760000
7	变动成本（每件3元）	600000	660000
8	固定成本	20000	22000
9	可能发生的收账费用（元）	2000	4000
10	可能发生的坏账损失（元）	3000	6000
11	收账期：	30	60
12	求解 ：		
13	变动成本率	0.375	
14		原政策	新政策
15	收益：	1000000	1100000
16	机会成本：	3000	6600
17	计算盈利增加；	98000	
18	机会成本增加；	3600	
19	收账费用增加：	2000	
20	坏账损失增加：	3000	
21	计算增加的税前损益。	89400	

图 9 - 21 信用决策过程演算图

（3）沿用上述信用期决策的数据，假设宝东牧业在放宽信用期的同时，为了吸引顾客尽早付款，提出了 1/30，N/60 的现金折扣条件，估计会有一半的顾客（按 60 天信用期所能实现的销售量计算）将享受现金折扣优惠。宝东牧业现在采用 30 天按发票金额付款（即无现金折扣）的信用政策，拟将信用期放宽至 60 天，仍按发票金额付款。假设等风险投资的最低报酬率为 6%，其他有关数据如图 9 - 22 所示。要求分析该公司应否将信用期改为 60 天。

	A	B	C
8			
9	项目	信用期间（30天）	信用期间（60天）
10	全年销售量（件）	200000	220000
11	全年销售额（单价8元）	1600000	1760000
12	变动成本（每件3元）	600000	660000
13	固定成本	20000	22000
14	可能发生的收账费用（元）	2000	4000
15	可能发生的坏账损失（元）	3000	6000
16	收账期：		
17	求解：		
18	变动成本率		
19	现金折扣方案平均收现期		
20		原政策	新政策
21	收益：		
22	机会成本：		
23	现金折扣成本		
24	计算盈利增加：		
25	机会成本增加：		
26	收账费用增加：		
27	坏账损失增加：		
28	现金折扣成本增加		
29	计算增加的税前损益。		

图 9－22　信用决策框架图

第一步：计算原政策和新政策的收益。在 B18 录入：＝B7/B6，单击回车键得到变动成本率，在 B19 录入：＝C16＊60%＋30＊40%，单击回车键得到现金折扣方案平均收现期，在 B21 录入：＝B10＊(8－3)，单击回车键得到原政策的收益（边际贡献），在 C21 录入：＝C10＊(8－3)，单击回车键得到新政策的收益在 B22 录入公式：(边际贡献)。

第二步：计算原政策和新政策的机会成本，＝B11/360＊30＊B18＊6%，单击回车键得到原政策的机会成本，在 C22 录入＝C11/360＊B19＊B18＊6%，单击回车键得到新政策的机会成本。

第三步：计算现金折扣成本。在 C23 录入：＝C11＊40%＊1%，单击回车键得到新政策的现金折扣成本。

第四步：计算盈利增加。在 B24 录入：＝C21－B21－(C13－B13)，单击回车键得到新政策相比较于原政策增加的盈利。

第五步：计算机会成本增加。在 B25 录入：＝C22－B22，单击回车键得到新政策相比较于原政策增加的机会成本

第六步：计算收账费用增加。在 B26 录入：＝C14－B14，单击回车键得到新政策相比较于原政策增加的收账费用。

第七步：计算坏账损失增加。在 B27 录入：＝C15－B15，单击回车键得到新政策相比较于原政策增加的坏账损失。

第八步：计算增加的税前损益。在 B29 录入：＝B24－B25－B26－B27－B28，单击回车键得到新政策相比较于原政策增加的税前损益 83680 元大于 0，所以应当将信用期改为 60 天。如图 9－23 所示。

	A	B	C
8			
9	项目	信用期间（30天）	信用期间（60天）
10	全年销售量（件）	200000	220000
11	全年销售额（单价8元）	1600000	1760000
12	变动成本（每件3元）	600000	660000
13	固定成本	20000	22000
14	可能发生的收账费用（元）	2000	4000
15	可能发生的坏账损失（元）	3000	6000
16	收账期：	30	60
17	求解：		
18	变动成本率	0.375	
19	现金折扣方案平均收现期	48	
20		原政策	新政策
21	收益：	1000000	1100000
22	机会成本：	3000	5280
23	现金折扣成本	0	7040
24	计算盈利增加；	98000	
25	机会成本增加；	2280	
26	收账费用增加：	2000	
27	坏账损失增加：	3000	
28	现金折扣成本增加	7040	
29	计算增加的税前损益。	83680	

图 9－23　信用决策过程演算图

小常识

填充柄是 EXCEL 中提供的快速填充单元格工具。在选定的单元格右下角，会看到方形点，当鼠标指针移动到上面时，会变成细黑十字形，拖拽它即可完成对单元格的数据、格式、公式的填充。

当拖动填充柄对单元格的公式进行快速填充时，若单元格中的公式是绝对单元格引用（例如 $A$1），则表示无论公式填充到后面哪个单元格，总是绝对引用该单元格（例如 $A$1）不变。若单元格中的公式是相对引用（例如 B1），则表示单元格公式中的引用地址会随目标单元格的变化而发生相应变化，但其引用单元格地址之间的相对地址不变。在 EXCEL 中输入公式时，只要正确使用 F4 键，就能简单地对单元格的相对引用和绝对引用进行切换。

项目拓展训练

宝东牧业公司产品的变动成本率为 60%，一直采用赊销方式销售产品，信用条件为 N/60。如果继续采用 N/60 的信用条件，预计 2011 年赊销收入净额为 2000 万元，坏账损失为 40 万元，收账费用为 14 万元。为扩大产品的销售量，B 公司拟将信用条件变更为 N/90。在其他条件不变的情况下，预计 2011 年赊销收入净额为 2100 万元，坏账损失为 45 万元，收账费用为 18 万元。假定等风险投资最低报酬率为 6%，一年按 360 天计算，所有客户均于信用期满付款，如图 9－24 所示。要求：（1）计算信用条件改变后 B 公司收益的增加额。（2）计算信用条件改变后 B

公司应收账款成本增加额。(3) 做出是否应改变信用条件的决策，并说明理由。

	A	B	C
8			
9	项目	信用期间（60天）	信用期间（90天）
10	全年销售额	2000	2100
11	变动成本率	60%	
12	可能发生的收账费用（元）	14	18
13	可能发生的坏账损失（元）	40	45
14	收账期：	60	90
15	求解 ：		
16		原政策	新政策
17	收益：		
18	机会成本：		
19	计算盈利增加；		
20	机会成本增加；		
21	收账费用增加：		
22	坏账损失增加：		
23	计算增加的税前损益。		

图 9－24　信用决策框架图

任务 3
用 EXCEL 进行宝东农牧存货的管理

任务情境

(1) 宝东牧业全年需要某种材料 4900kg，一次订货费用 49 元，材料单价 25 元/kg，材料的存储费率为 8%，求该材料的经济订货批量、全年订货次数和最低订储费用，如图 9－25 所示。

	B	C
3	基本经济订货批量模型	
4	全年需要量D（公斤）	4900
5	一次订货费用A（元/次）	49
6	材料单价P（元/公斤）	25
7	存储费率K	8%
8	分析结果	
9	经济订货批量Q（公斤）	
10	年经济订货次数N（次）	
11	年最低订储费用T（元）	

图 9－25　基本经济订货批量模型框架图

(2) 上例中的企业所需要的材料不是同时到货，而是陆续供货，进货期内每日供货量 40kg，每日需求量 20kg，如图 9－26，求该材料的经济订货批量、全年订货次数和最低订储费用。

	B	C
15	存货陆续供应和耗用情况下的经济订货批量模型	
16	全年需要量D（公斤）	4900
17	一次订货费用A（元/次）	49
18	材料单价P（元/公斤）	25
19	存储费率K	8%
20	每日供货量g（公斤）	40
21	每日需求量d（公斤）	20
22	分析结果	
23	经济订货批量Q（公斤）	
24	年经济订货次数N（次）	
25	年最低订储费用T（元）	

图 9－26 存货陆续供应和耗用情况下的经济订货批量模型框架图

（3）宝东牧业全年需要某材料 6000kg，每次订货费用为 300 元，单位保管费用 20 元/年，允许缺货。如果缺货，则每缺货 1kg，材料年损失费用为 9 元，如图 9－27 所示。

	B	C
28	经济订货批量决策模型	
29	全年需要量D（公斤）	6000
30	一次订货费用A（元/次）	300
31	单件保管费用PK（元/件/年）	20
32	件缺货损失费用S（元/件/年	9
33	是否允许缺货	允许缺货
34	分析结果	
35	经济订货批量Q（件）	
36	年经济订货次数N（次）	
37	年最低订储费用T（元）	

图 9－27 经济订货批量决策模型框架图

（4）宝东牧业需要的某材料情况如图 9－28 所示，请填制表格数据。

	A	B	C	D	E	F
41	有数量折扣的经济批量模型					
42	基本数据资料					
43	全年需要量D（件）	36000		订货量（S件）	单价（元）	
44	每次订货成本A（元）	200		S∠1000	12	
45	单位零件年储存成本PK	1.6		1000≤S∠2000	11.8	
46	零部件单价P	见右表		2000≤S∠3000	10	
47	基本模型的经济批量			S≥3000	9.6	
48						
49	有数量折扣的经济批量模型成本分析区					
50	订货数量（件）	订货成本	储存成本	购买成本	总成本	订货次数
51	1000.00					
52	2000.00					
53	3000.00					
54						
55	最佳订货批量下其他相关资料					
56	经济批量	订货次数	相关总成本			
57						

图 9－28 有数量折扣的经济批量模型框架图

（5）宝东牧业目前需要 15 种材料，均需外购，其单位购入成本及全年需要量的有关数据如图 9－29，要求对该企业的存货物资进行 ABC 分类，如图 9－30。决策结果框架如图 9－31 所示。

	A	B	C	D	E	F	G
3	材料规格	单位购入成本	全年需要量	金额	存货占用资金的比重	累计比重	存货类别
4	进口鱼粉	24	6200	148800			
5	柠檬酸钙	15	9700	145500			
6	L-赖氨酸70%	19	7400	140600			
7	维生素E	13	4600	59800			
8	澳大利亚大麦	7	6200	43400			
9	玉米胚芽粕	4	9200	36800			
10	乳清粉	10	3100	31000			
11	白砂糖	5	6100	30500			
12	石粉（细）	0.2	120000	24000			
13	石粉（粗）	0.9	12000	10800			
14	米糠	1.6	5300	8480			
15	大豆皮	3.5	1500	5250			
16	小麦麸	1.3	4000	5200			
17	甜菜粕颗粒	0.4	6200	2480			
18	豆粕(43%)	0.6	3200	1920			

图 9－29　存货基本情况框架图

	C	D	E
19			
20		ABC分类	
21	类别	占用资金的比重	品种数所占比重
22	A		
23	B		
24	C		
25	合计		

图 9－30　ABC 分类框架图

	A	B	C	D	E	F	G
27	总结：						
28	占用资金最多的四种材料是：						
29	占用的资金总比重为：						
30	应重点监控和管理的四种材料：						

图 9－31　决策结果框架图

知识链接

存货是企业在生产经营中为生产或销售储备的物资。在企业流动资产中，存货所占的比重较大，存货利用好坏对企业财务状况的影响极大。企业持有存货，可以节约采购费用与生产时间，有利于企业生产及销售过程的顺利进行，避免因存货不足带来的损失；但是，若企业持有的存货过多，则会占有较多的流动资金，使企业付出更大的持有成本，而且会增加存储与管理费用，影响企业获利能力的提高。加强存货规划，确定合理存货量，充分发挥存货功能的同时，降低成本，增加收益，是存货管理的目标。

存货的决策，包括决定进货项目、选择供货单位、决定进货时间和决定进货批量等，其中最常见的存货决策是确定经济订货批量。企业购买和储存存货的有关成本包括三部分：第一，采购成本，指购买材料等存货所支付的价款。第二，订货费用，指为采购存货所花费的各项进货费用，包括采购人员的差旅费、办公费以及存货的运输费用和检验费用等。第三，储存费用，存货在仓库中存储和保管所花费的各项费用，包括存货占用资金的机会成本、仓库人员的工资以及办公费、库房的折旧费和维修费以及存货存储期间的合理损耗等。第四，缺货成本，在一定时期，存货的需求和采购量一定的情况下，如果供货商没有按订货数量的多少给予价格上的折扣，采购成本是确定的；订货费用与一定时期的订货次数成正比，与一次订货量成反比；储存费用与一定时期的平均存货水平成正比。所谓经济订货批量是指使存货的总成本最低的一次订货批量。

（1）基本的经济订货批量模型

基本的经济订货批量模型建立在下列假设基础之上：企业能够瞬时补充存货；存货能集中到货；不允许缺货；一定时期的存货总需求量确定；存货的单价保持不变。

在这些假设前提下，总存货费用 C 为：

$$C = D \times P + \frac{D \times A}{Q} + \frac{1}{2} \times P \times K \times Q$$

式中：Q 为订货批量；D 为一定时期存货的需求量；A 为一次订货费；P 为存货单价；K 为存货的存储费率；PK 为单位存储费用。C 对 Q 求导数，即得存货的经济订货批量（用 Q^* 表示）为：

$$Q^* = \sqrt{\frac{2 \times D \times A}{P \times K}}$$

在此基础上，还可以进一步计算出一定时期最佳的订货次数（用 N^* 表示）：

$$N^* = \frac{D}{Q^*}$$

一定时期存货的最低订储费用（订货费用和储存费用合计，用 T^* 表示）为：

$$T^* = \sqrt{2 \times D \times A \times P \times K}$$

（2）存货陆续供应和耗用情况下的经济订货批量模型

在存货陆续供应和耗用情况下，经济订货批量 Q^* 和最低订储费 T^* 的计算公式如下：

$$Q^* = \sqrt{\frac{2 \times D \times A}{P \times K \times \left(1 - \frac{d}{g}\right)}}$$

$$T^* = \sqrt{2 \times D \times A \times P \times K \times \left(1 - \frac{d}{g}\right)}$$

式中，g 为送货期内每日平均送货量；d 为每日平均消耗量，其他符号的含义同前。

（3）允许缺货条件下的经济订货批量模型

在允许缺货的条件下，经济订货批量 Q^* 和年最低订储费用 T^* 的计算公式如下：

$$Q^* = \sqrt{\frac{2 \times D \times A}{P \times K} \times \frac{S + P \times K}{S}}$$

$$T^* = \sqrt{2DAPK \times \frac{S}{S + PK}}$$

式中，S 为单位缺货损失费用，其他符号的含义同前。

（4）存在商业折扣扩展模型的经济订货批量

经济订货批量的基本模型是在前述各假设条件下建立的，但现实生活中能够满足这些假设条件的情况十分罕见。例如，经济订货批量模型中的存货价格稳定且不存在数量折扣，实际情况通常不会如此。

设采购单价为 P，这时采购成本随采购批量大小变动，是决策的一项相关成本。

总成本 = 订货成本 + 储存成本 + 购买成本

订货成本 = 存货的年需要总量/每次订货量 × 每次订货成本

储存成本 = 每次订货量/2 × 单位存货的年储存成本

采购成本 = 存货的年需要量 × 单价

（5）存货管理 ABC 分类模型

ABC 分类管理法是一种体现重要性原则的管理方法。其关键就是对各种存货项目按其总价值的大小分成 A、B、C 三类，分别实行分品种重点管理、分类别一般控制和按总额灵活掌握的方法进行管理。存货 ABC 分类的标准主要有两个，一是金额标准，二是品种数量标准。其中金额标准是最基本的，品种数量标准仅作为参考。常见的分类标准如下：

A 类存货：品种数约占 10% ~15%，存货金额约占 80%；

B 类存货：品种数约占 20% ~30%，存货金额约占 15%；

C 类存货：品种数约占 55% ~70%，存货金额约占 5%。

A 类存货的特点是金额巨大，但品种数量较少，应进行重点管理；B 类存货金额一般，品种数量相对较多，应进行次重点管理；C 类存货品种数量繁多，但价值金额却很小，应进行一般管理。

ABC 分类管理法的具体步骤如下：第一步，根据每一种存货在一定时期以内（例如一年）的需求量以及价格计算出该种存货的资金占用额，并按金额从大到小的顺序进行排列。第二步，按上述排定的顺序，依次计算每一种存货资金占用额占全部资金占用额的百分比及累计的金额百分比。第三步，按上述排定的顺序，依次计算累计存货品种数占全部品种数的百分比。第四步，按事先确定的标准将全部存货划分为 A、B、C 三类。第五步，根据 ABC 分类的结果选择相应的方法，对各类存货进行控制。

任务实施

（1）宝东牧业全年需要某种材料 4900kg，一次订货费用 25 元，材料单价 20 元/kg，材料的存储费率为 10%，求该材料的经济订货批量、全年订货次数和最低订储费用，如图 9 -32 所示。

	B	C
3	基本经济订货批量模型	
4	全年需要量D（公斤）	4900
5	一次订货费用A（元/次）	49
6	材料单价P（元/公斤）	25
7	存储费率K	8%
8	分析结果	
9	经济订货批量Q（公斤）	
10	年经济订货次数N（次）	
11	年最低订储费用T（元）	

图 9－32 基本经济订货批量模型框架图

第一步：打开“项目9 EXCEL在企业流动资产管理中的应用（素材）.XLSX”工作簿，找到“存货成本及经济订货批量”工作表，在C9单元格录入：= SQRT(2 * C4 * C5/C6/C7)，得到经济订货批量490。

第二步：在C10单元格录入：= C4/C9，得到年经济订货次数10。

第三步：在C11单元格录入：= SQRT(2 * C4 * C5 * C6 * C7)，得到年最低订储成本980元。所有计算结果如图9－33所示。

	B	C
3	基本经济订货批量模型	
4	全年需要量D（公斤）	4900
5	一次订货费用A（元/次）	49
6	材料单价P（元/公斤）	25
7	存储费率K	8%
8	分析结果	
9	经济订货批量Q（公斤）	490
10	年经济订货次数N（次）	10
11	年最低订储费用T（元）	980

图 9－33 基本经济订货批量模型演算图

（2）上例中的企业所需要的材料不是同时到货，而是陆续供货，进货期内每日供货量40kg，每日需求量20kg，求该材料的经济订货批量、全年订货次数和最低订储费用，如图9－34所示。

	B	C
15	存货陆续供应和耗用情况下的经济订货批量模型	
16	全年需要量D（公斤）	4900
17	一次订货费用A（元/次）	49
18	材料单价P（元/公斤）	25
19	存储费率K	8%
20	每日供货量g（公斤）	40
21	每日需求量d（公斤）	20
22	分析结果	
23	经济订货批量Q（公斤）	
24	年经济订货次数N（次）	
25	年最低订储费用T（元）	

图 9－34 存货陆续供应和耗用情况下的经济订货批量模型框架图

第一步：打开“项目 9 EXCEL 在企业流动资产管理中的应用（素材）.XLSX”工作簿，找到“存货成本及经济订货批量”工作表，在 C23 单元格录入：=SQRT(2 * C16 * C17/C18/C19/(1-C21/C20))，得到经济订货批量 693。

第二步：在 C24 单元格录入：=C16/C23，得到年经济订货次数 7。

第三步：在 C25 单元格录入：=SQRT(2 * C16 * C17 * C18 * C19 * (1-C21/C20))，得到年最低订储成本 693 元。所有计算结果如图 9-35 所示。

	B	C
15	存货陆续供应和耗用情况下的经济订货批量模型	
16	全年需要量D（公斤）	4900
17	一次订货费用A（元/次）	49
18	材料单价P（元/公斤）	25
19	存储费率K	8%
20	每日供货量g（公斤）	40
21	每日需求量d（公斤）	20
22	分析结果	
23	经济订货批量Q（公斤）	693
24	年经济订货次数N（次）	7
25	年最低订储费用T（元）	693

图 9-35　存货陆续供应和耗用情况下的经济订货批量模型演算图

（3）宝东牧业年需要某材料 6000kg，每次订货费用为 300 元，单位保管费用 20 元/年，允许缺货。如果缺货，则每缺货 1kg 材料年损失费用为 9 元，如图 9-36 所示。

	B	C
28	经济订货批量决策模型	
29	全年需要量D（公斤）	6000
30	一次订货费用A（元/次）	300
31	单件保管费用PK（元/件/年）	20
32	件缺货损失费用S（元/件/年	9
33	是否允许缺货	允许缺货
34	分析结果	
35	经济订货批量Q（件）	
36	年经济订货次数N（次）	
37	年最低订储费用T（元）	

图 9-36　经济订货批量决策模型框架图

第一步：打开“项目 9 EXCEL 在企业流动资产管理中的应用（素材）.XLSX”工作簿，找到“存货成本及经济订货批量”工作表，在 C35 单元格录入：=SQRT(2 * C29 * C30/C31 * (C32+C31)/C32)，得到经济订货批量 762。

第二步：在 C36 单元格录入：=C29/C35，得到年经济订货次数 8。

第三步：在 C37 单元格录入：=SQRT(2 * C29 * C30 * C31 * C32/(C32+C31))，得到年最低订储成本 4727 元。所有计算结果如图 9-37 所示。

	B	C
20	每日供货量g（公斤）	40
28	经济订货批量决策模型	
29	全年需要量D（公斤）	6000
30	一次订货费用A（元/次）	300
31	单件保管费用PK（元/件/年）	20
32	件缺货损失费用S（元/件/年	9
33	是否允许缺货	允许缺货
34	分析结果	
35	经济订货批量Q（件）	762
36	年经济订货次数N（次）	8
37	年最低订储费用T（元）	4727

图 9－37　经济订货批量决策模型演算图

（4）宝东牧业需要的某材料情况如图 9－38 所示，请填制表格数据。

	A	B	C	D	E	F
41	有数量折扣的经济批量模型					
42	基本数据资料					
43	全年需要量D（件）	36000		订货量（S件）	单价（元）	
44	每次订货成本A（元）	200		S∠1000	12	
45	单位零件年储存成本PK	1.6		1000≤S∠2000	11.8	
46	零部件单价P	见右表		2000≤S∠3000	10	
47	基本模型的经济批量			S≥3000	9.6	
48						
49	有数量折扣的经济批量模型成本分析区					
50	订货数量（件）	订货成本	储存成本	购买成本	总成本	订货次数
51	1000.00					
52	2000.00					
53	3000.00					
54						
55	最佳订货批量下其他相关资料					
56	经济批量	订货次数	相关总成本			
57						

图 9－38　有数量折扣的经济批量模型框架图

第一步：打开“项目 9 EXCEL 在企业流动资产管理中的应用（素材）.XLSX”工作簿，找到“存货成本及经济订货批量”工作表，在 B47 单元格录入：＝SQRT(2＊B44＊B43/B45)，得到基本模型的经济批量 3000。

第二步：在 B51 单元格录入：＝$B$43/A51＊$B$44，得到订货数量为 1000 件时的订货成本 7200，拖动填充柄，得到其他订货数量对应的订货成本，分别是 3600，2400，在 C51 单元格录入：＝A51/2＊$B$45，得到订货数量为 1000 件时的储存成本 800，拖动填充柄，得到其他订货数量对应的储存成本，分别是 1600 和 2400，在 D51 单元格录入：＝$B$43＊E44，得到订货数量为 1000 件时的购买成本 424800，拖动填充柄，得到其他订货数量对应的储存成本，分别是 360000 和 345600，在 E51 单元格录入：＝SUM(B51:D51)，得到订货数量为 1000 件时的总成本 43280000，拖动填充柄，得到其他订货数量对应的储存成本，分别是 365200 和 350400，在 F51 单元格录入：＝$B$43/A51，得到订货数量为 1000 件时的订货次数 36，拖动填充柄，得到其他订货数量对应的储存成本，分别是 18

和 12。

第三步：在 B58 单元格录入：= A53，得到订货次数为 12，在 C58 单元格录入：= MIN(E51,E52,E53)，得到相关总成本为 451400 元。所有计算结果如图 9－39 所示。

	A	B	C	D	E	F
41	有数量折扣的经济批量模型					
42	基本数据资料					
43	全年需要量D（件）	36000		订货量（S件）	单价（元）	
44	每次订货成本A（元）	200		S∠1000	12	
45	单位零件年储存成本PK	1.6		1000≤S∠2000	11.8	
46	零部件单价P	见右表		2000≤S∠3000	10	
47	基本模型的经济批量	3000		S≥3000	9.6	
48						
49	有数量折扣的经济批量模型成本分析区					
50	订货数量（件）	订货成本	储存成本	购买成本	总成本	订货次数
51	1000.00	7200.00	800.00	424800.00	432800.00	36.00
52	2000.00	3600.00	1600.00	360000.00	365200.00	18.00
53	3000.00	2400.00	2400.00	345600.00	350400.00	12.00
54						
55	最佳订货批量下其他相关资料					
56	经济批量	订货次数	相关总成本			
57	3000.00	12.00	350400.00			

图 9－39　有数量折扣的经济批量模型演算图

（5）宝东牧业目前需要 15 种材料，均需外购，其单位购入成本及全年需要量的有关数据如图 9－40 所示，要求对该企业的存货物资进行 ABC 分类，如图 9－41 所示。其决策结果框架如图 9－42 所示。

	A	B	C	D	E	F	G
3	材料规格	单位购入成本	全年需要量	金额	存货占用资金的比重	累计比重	存货类别
4	进口鱼粉	24	6200	148800			
5	柠檬酸钙	15	9700	145500			
6	L-赖氨酸70%	19	7400	140600			
7	维生素E	13	4600	59800			
8	澳大利亚大麦	7	6200	43400			
9	玉米胚芽粕	4	9200	36800			
10	乳清粉	10	3100	31000			
11	白砂糖	5	6100	30500			
12	石粉（细）	0.2	120000	24000			
13	石粉（粗）	0.9	12000	10800			
14	米糠	1.6	5300	8480			
15	大豆皮	3.5	1500	5250			
16	小麦麸	1.3	4000	5200			
17	甜菜粕颗粒	0.4	6200	2480			
18	豆粕(43%)	0.6	3200	1920			

图 9－40　存货基本情况框架图

	C	D	E
19			
20	ABC分类		
21	类别	占用资金的比重	品种数所占比重
22	A		
23	B		
24	C		
25	合计		

图 9－41　ABC 分类框架图

	C	D	E	F	G
27	总结:				
28	占用资金最				
29	占用的资金				
30	应重点监控				

图 9－42　决策结果框架图

第一步：打开“项目 9 EXCEL 在企业流动资产管理中的应用（素材）. XLSX”工作簿，找到“存货 ABC 分类管理模型”工作表，在 D4 单元格录入：= B4 * C4，得到材料 L206 的金额为 145500 元，拖动填充柄得到其他材料的金额，在 E4 单元格录入：= D4/SUM（$D$4：$D$18），得到材料 L206 的金额占总金额的比重为 20.92%，拖到填充柄得到其他材料的金额，拖到填充柄得到其他材料的金额占总金额的比重。在 F4 单元格录入：= E4，得到第一种产品的累计比重，在 F5 单元格录入：= F4 + E5，得到第二种产品的累计比重，拖动填充柄得到其他情形的累计比重，在 G4 单元格录入：= IF(F4 < 80%,"A",IF(F4 < 95%,"B","C"))，得到 L206 材料的类别为 A，拖动填充柄得到其他材料的类别。

第二步：在 D22 单元格录入：= SUMIF($G$4:$G$18,"A",$E$4:$E$18)，得到类别 A 材料占用资金的比重。在 D23 单元格录入：= SUMIF($G$4:$G$18,"b",$E$4:$E$18)，得到类别 B 材料占用资金的比重。在 D24 单元格录入：= SUMIF($G$4:$G$18,"C",$E$4:$E$18)，得到类别 C 材料占用资金的比重。在 E22 单元格录入：= COUNTIF($G$4:$G$18,"A")/COUNTA($G$4:$G$18)，得到类别 A 材料品种数所占比重。在 E23 单元格录入：= COUNTIF($G$4:$G$18,"B")/COUNTA($G$4:$G$18)，得到类别 B 材料品种数所占比重。在 E24 单元格录入：= COUNTIF($G$4:$G$18,"C")/COUNTA($G$4:$G$18)，得到类别 C 材料品种数所占比重。

第三步：可以确定占用资金最多的四种材料是 L206、L203、L208、L209，占用资金总比重为 77.35%，应重点监控和管理的四种材料是 L206、L203、L208、L209。所有计算结果如图 9－43 所示。其 ABC 分类结果如图 9－44 所示。其决策结果如图 9－45 所示。

材料规格	单位购入成本	全年需要量	金额	存货占用资金的比重	累计比重	存货类别
进口鱼粉	24	6200	148800	21.42%	21.42%	A
柠檬酸钙	15	9700	145500	20.95%	42.37%	A
L-赖氨酸70%	19	7400	140600	20.24%	62.62%	A
维生素E	13	4600	59800	8.61%	71.23%	A
澳大利亚大麦	7	6200	43400	6.25%	77.48%	A
玉米胚芽粕	4	9200	36800	5.30%	82.78%	B
乳清粉	10	3100	31000	4.46%	87.24%	B
白砂糖	5	6100	30500	4.39%	91.63%	B
石粉（细）	0.2	120000	24000	3.46%	95.09%	C
石粉（粗）	0.9	12000	10800	1.56%	96.64%	C
米糠	1.6	5300	8480	1.22%	97.86%	C
大豆皮	3.5	1500	5250	0.76%	98.62%	C
小麦麸	1.3	4000	5200	0.75%	99.37%	C
甜菜粕颗粒	0.4	6200	2480	0.36%	99.72%	C
豆粕(43%)	0.6	3200	1920	0.28%	100.00%	C

图 9-43　存货基本情况演算图

ABC分类

类别	占用资金的比重	品种数所占比重
A	77.48%	33.33%
B	14.15%	20.00%
C	8.37%	46.67%
合计	100.00%	100.00%

图 9-44　ABC 分类演算图

总结：

占用资金最	进口鱼粉	柠檬酸钙	L-赖氨酸70%	维生素E
占用的资金	77.48%			
应重点监控	进口鱼粉	柠檬酸钙	L-赖氨酸70%	维生素E

图 9-45　决策结果演算图

小常识

将某行的数据粘贴到某列的小技巧是：选中该行数据，点击鼠标右键，点击“选择性粘贴”，点击数值，再勾选转置，即可实现一步到位。

项目拓展训练

宝东牧业为了扩大销售，占领市场，决定在2018年采用比较宽松的信用政策，财务人员将资料整理如下。公司的销售条件原为“n/30”，2018年的坏账损失为600万元，信贷部门的成本（信贷分析及收账费用）为50万元。

如果改变信用条件为“n/60”，那么很可能引起下列的变化（在平均收账期不清楚的情况下，可用信用期近似替代）。销售额由原来的1.6亿元上升为2.6亿元；坏账损失增加为900万元；信贷部门成本增加为80万元；公司销售的变动成本率为50%，资金成本率为6%。

假如为了加快应收账款的回收，公司决定又将信用条件改为“2/30，n/60”，估计约半数的顾客享受折扣，坏账损失可减少为460万元，信贷部门成本可减少为50万元。要求：该公司2015年是否可以改变其信用政策为“n/60”？是否应进一步将其信用政策改变为“2/30，n/60”？

其信用条件决策模型框架如图9-46所示。

	A	B	C	D	E
9					
10	信用条件决策模型				
11	目前的基本情况（单位：万元）				
12	项目			数据	
13	销售额			16000	
14	变动成本率			50%	
15	坏账损失			600	
16	信贷部门成本			60	
17	信用条件			30天付清	
18	资金成本率			6%	
19					
20	项目			方案A	方案B
21	信用条件			n/60	2/30, n/60
22	由于信用条件变化产生的销售额			26000	26000
23	增加销售额的坏账损失			900	460
24	需付现金折扣的销售额占总销售额的百分比			0%	50%
25	现金折扣率			0%	2%
26	信贷部门成本			80	50
27					
28		原政策	n/60	1/30, n/60	
29	平均收账期				
30	收益：				
31	应收账款机会成本：				
32	现金折扣成本				
33	坏账成本	600	900	460	
34	信贷成本	60	80	50	
35	计算盈利增加：				
36	机会成本增加；				
37	信贷费用增加：				
38	坏账损失增加：				
39	现金折扣成本增加				
40	增加的成本				
41	计算增加的税前损益。				
42	结论				

图9-46 信用条件决策模型框架图

扫码进入视频学习

项目9

项目十 EXCEL 在财务分析中的应用

10

财务分析是以企业财务报表的相关资料为依据，运用一定的方法和手段，对企业财务报表提供的数据进行系统和深入的分析、研究，揭示相关指标之间的相互联系、指标变动情况以及形成原因，评价和剖析企业的财务状况与经营成果。

财务分析中最重要的分析资料就是财务会计报表。财务会计报表是综合反映企业一定时期财务状况、经营成果以及现金流量情况的书面报告文件。

财务报表分析主要包括企业财务状况（结构）分析、营运能力分析、偿债能力分析和营利能力分析，常用的分析方法有：

①结构分析法；

②趋势分析法；

③相关比率分析法；

④综合分析法。

财务分析的作用包括：作为评价企业财务状况和经营业绩的重要依据；可以挖掘企业潜力，实现财务管理目标；帮助各方科学评价企业未来的发展趋势。

任务 1 财务报表的构成分析和比较分析

任务情境

湖南宝东农牧科技股份有限公司 2017 ~ 2019 年的资产负债表、利润表：

（1）请对该企业 2019 年的资产负债表进行构成分析，生成资产负债表构成分析表，并绘制出该企业的：

①总资产结构饼状图；

②总资产来源结构饼状图。

（2）请对该企业 2017～2019 年的资产负债表各项目进行比较分析，生成资产负债表比较分析表，并绘制出该企业的：

①资产项目变化折线图；

②负债及所有者权益变化折线图。

（3）请对湖南宝东农牧科技股份有限公司 2016～2019 年的利润表进行构成分析和比较分析：

①请对该企业 2019 年的利润表进行构成分析，生成利润表构成分析表，并绘制出该企业 12 月的利润表各项目占营业收入的百分比饼状图。

②请对该企业 2016～2019 年的利润表进行比较分析，并绘制出该企业收入、成本、利润变化折线图。

知识链接

一、资产负债表的构成和比较分析

（1）资产负债表的结构分析模型

资产负债表的结构分析主要是分析资产负债表中的各个项目在总资产中所占的比重。在分析时，以资产负债表中的资产总计为基准，将其他各项的数据与资产总计相比，求出各个项目在总资产中所占的结构百分比，可得出资产负债表的结构分析模型。结构分析的计算公式如下：

结构百分比 =（项目/总体指标）×100%

（2）资产负债表的比较分析模型

资产负债表的比较分析是采用连续几期财务报表数据（通常至少三期的财务数据），分析财务单位的各期经营状况及变化趋势的方法。通过连续几期的财务报表数据比较，可以大体了解企业的发展趋势和变化情况，同时也可以进一步分析企业发生变化的原因。通常先重点找到波动幅度突然增大的指标进行分析，通过编制比较资产负债表进行比较。

二、利润表的构成和比较分析

（1）利润表的结构分析模型

利润表的结构分析主要将企业营业收入作为总体，计算分析其他各主要项目占营业收入的比重，通常是通过编制结构比利润表进行，重点是分析企业成本费用和利润占销售收入的百分比。结构分析的计算公式如下：

结构百分比 =（项目/总体指标）×100%

（2）利润表的比较分析模型

利润表的比较分析主要利用连续几期利润表中的各项数据资料，通过对比分析企业财务状况、经营成果及变化趋势，在此基础上进一步分析企业经营成果发生变化的原因，以便企业更好地进行下一个循环的经营决策。

任务实施

一、资产负债表的构成和比较分析的解析过程

资产负债表的构成分析解析过程：

第一步：打开“项目 10 财务分析（素材）. XLSX”工作簿中的“资产负债表结构分析”工作表，如图 10－1 所示。

图 10－1　资产负债表构成分析

第二步：在该表中进行资产负债表的构成分析，具体步骤如下：

1）在单元格 C4 处输入公式：＝B4/B $33，单击回车键求出结果；

2）选择自动填充选项，按鼠标由单元格 C4 拖动至 C33 处；

3）在单元格 F4 处输入公式：＝E4/E $33，单击回车键求出结果；

4）同样用自动填充选项，将 F 列单元格进行自动填充；

5）选定 C 列和 F 列数字部分区域，在【设置单元格格式】中选择【数字】为【百分比】型，小数点后保留两位。

6）在【文件】找到【选项】，在打开的选项卡中选中【高级】，设置“在有零的单元格显示零”为不选中状态，见图 10－2 所示。

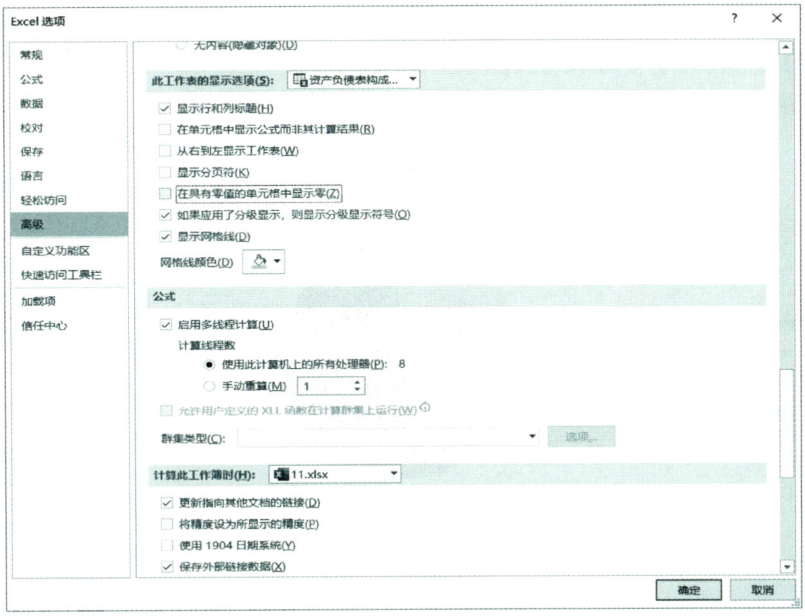

图 10－2

经过上述操作过程，即可得到资产负债表结构分析，见图10－3。

	A	B	C	D	E	F
1		资产负债表结构分析		2019年12月31日	单位：元	
2	资　产	期末余额	结构比	负债和所有者权益	期末余额	结构比
3	流动资产：			流动负债：		
4	货币资金	7478226.00	7.34%	短期借款	14940000.00	14.66%
5	短期投资			应付票据		
6	应收票据			应付账款	10045573.68	9.86%
7	应收账款	1982636.21	1.95%	预收账款		
8	预付账款	86984.00	0.09%	应付职工薪酬	1097286.56	1.08%
9	应收股利			应交税费	800146.44	0.79%
10	应收利息			应付利息	78684.00	0.08%
11	其他应收款	107900.00	0.11%	应付利润		
12	存货	50580364.07	49.65%	其他应付款	16027122.86	15.73%
13	其中：原材料	44232930.36	43.42%	其他流动负债		
14	在产品			流动负债合计	42988813.55	42.20%
15	库存商品	5532823.99	5.43%	非流动负债：		
16	周转材料	814609.73	0.80%	长期借款		
17	其他流动资产			长期应付款		
18	流动资产合计	60236110.28	59.13%	递延收益	15213900.00	14.93%
19	非流动资产：			其他非流动负债		
20	长期债券投资			非流动负债合计	15213900.00	14.93%
21	长期股权投资			负债合计	58202713.55	57.13%
22	固定资产原价	23312052.30	22.88%			
23	减：累计折旧	3656892.52	3.59%			
24	固定资产账面价值	19655159.78	19.29%			
25	在建工程	7030785.58	6.90%			
26	工程物资					
27	固定资产清理			所有者权益（或股东权益）		
28	无形资产	14954774.00	14.68%	实收资本（或股本）	33200000.00	32.59%
29	开发支出			资本公积		
30	长期待摊费用			盈余公积		
31	其他非流动资产			未分配利润	10474116.09	10.28%
32	非流动资产合计	41640719.36	40.87%	所有者权益（或股东权益）合计	43674116.09	42.87%
33	资产总计	101876829.64	100.00%	负债和所有者权益（或股东权益）总计	101876829.64	100.00%

图 10－3　资产负债表构成分析

第三步：根据上面模型的计算结果，即可对企业资产负债表的结构进行分析，看是否符合行业的结构情况。为了更直观地反映企业的总资产结构，可以从资产的构成和来源两个方面来绘制企业总资产的结构图，以饼状图表示，如图 10－4、图 10－5 所示。

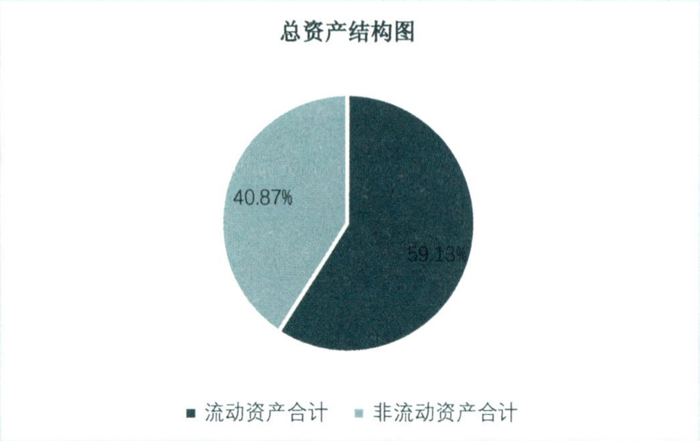

图 10－4　总资产结构饼状图

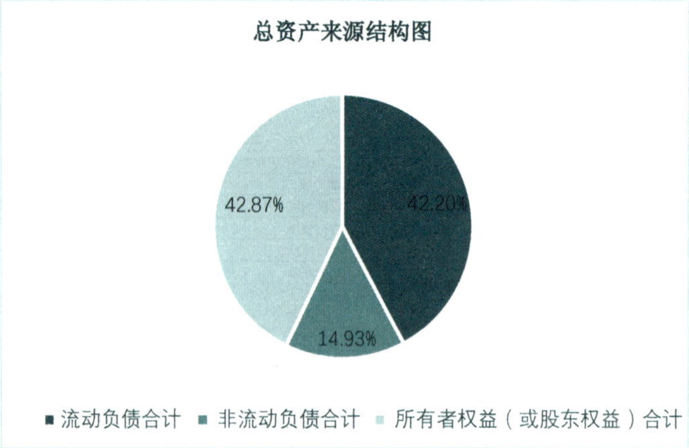

图 10－5　总资产来源结构饼状图

二、资产负债表的比较分析解析过程

第一步：打开“项目 10 财务分析（素材）.XLSX”工作簿中的“资产负债表比较分析”工作表，如图 10－6 所示。

	A	B	C	D	E	F	G	H	I	J	K	L	M	N	O	P
1	资产负债表比较分析															
2	资　产	2017年	2018年	2019年	2018年		2019年		负债和所有者权益	2017年	2018年	2019年	2018年		2019年	
3	流动资产：				增减额	增减百分比	增减额	增减百分比	流动负债：				增减额	增减百分比	增减额	增减百分比
4	货币资金	6934170.10	7119271.15	7478226.00					短期借款	11055600.00	13789620.00	14940000.00				
5	短期投资								应付票据							
6	应收票据								应付账款	7835547.47	9061107.46	10045573.68				
7	应收账款	1641027.99	1843851.67	1982636.21					预收账款							
8	预付账款	77098.27	82634.80	86984.00					应付职工薪酬	790046.32	921720.71	1097286.56				
9	应收股利								应交税费	656120.08	745736.49	800146.44				
10	应收利息								应付利息	60219.98	74345.65	78684.00				
11	其他应收款	95661.98	104663.00	107900.00					应付利润							
12	存货	43166041.41	47697283.32	50580364.07					其他应付款	13142240.75	15046309.18	16027122.86				
13	其中：原材料	37710607.85	41623187.47	44232930.36					其他流动负债							
14	在产品								流动负债合计	33539774.60	39638839.49	42988813.54				

图 10－6　资产负债表比较分析（1）

第二步：根据 2017 ~ 2019 年资产负债表的资料，采用环比法计算各项目的增减额和增减的百分比，具体操作步骤如下：

1）在单元格 E4 处输入公式：= C4 - B4，单击回车键求出结果；

2）选择自动填充选项，按鼠标由单元格 E4 拖动至 E33 处；

3）在单元格 F4 处输入公式：= E4/B4，单击回车键求出结果；

4）选择自动填充选项，按鼠标由单元格 F4 拖动至 F33 处；

5）按上述同样方法完成 M、N、O、P 四列的操作；

经过上述操作步骤，即可以得到图 10 - 7：资产负债表比较分析。

	A	B	C	D	E	F	G	H	I	J	K	L	M	N	O	P
1	资产负债表比较分析															
2	资　产	2017年	2018年	2019年	2018年		2019年		负债和所有者权益	2017年	2018年	2019年	2018年		2019年	
3	流动资产：				增减额	增减百分比	增减额	增减百分比	流动负债：				增减额	增减百分比	增减额	增减百分比
4	货币资金	6934170.10	7119271.15	7478226.00	185101.05	2.67%	358954.85	5.04%	短期借款	11055600.00	13789620.00	14940000.00	2734020.00	24.73%	1150380.00	8.34%
5	短期投资								应付票据							
6	应收票据								应付账款	7835547.47	9061107.46	10045573.68	1225559.99	15.64%	984466.22	10.86%
7	应收账款	1641027.99	1843851.67	1982636.21	202823.68	12.36%	138784.54	7.53%	预收账款							
8	预付账款	77098.27	82634.80	86984.00	5536.53	7.18%	4349.20	5.26%	应付职工薪酬	790046.32	921720.71	1097286.56	131674.39	16.67%	175565.85	19.05%
9	应收股利								应交税费	656120.08	745736.49	800146.44	89616.41	13.66%	54409.95	7.30%
10	应收利息								应付利息	60219.98	74345.65	78684.00	14125.67	23.46%	4338.35	5.84%
11	其他应收款	95661.98	104663.00	107900.00	9001.02	9.41%	3237.00	3.09%	应付利润							
12	存货	43166041.41	47697283.32	50580364.07	4531241.91	10.50%	2883080.75	6.04%	其他应付款	13142240.75	15046309.18	16027122.86	1904068.43	14.49%	980813.68	6.52%
13	其中：原材料	37710607.85	41623187.47	44232930.36	3912579.62	10.38%	2609742.89	6.27%	其他流动负债							
14	在产品								流动负债合计	33539774.60	39638839.49	42988813.54	6099064.89	18.18%	3349974.05	8.45%
15	库存商品	4709235.47	5261715.61	5532823.99	552480.14	11.73%	271108.38	5.15%	非流动负债：							
16	周转材料	746198.09	812380.24	814609.73	66182.15	8.87%	2229.49	0.27%	长期借款							
17	其他流动资产								长期应付款							
18	流动资产合计	51913999.75	56847703.94	60236110.28	4933704.19	9.50%	3388406.34	5.96%	递延收益	16431012.00	15974595.00	15213900.00	-456417.00	-2.78%	-760695.00	-4.76%
19	非流动资产：								其他非流动负债							
20	长期债券投资								非流动负债合计	16431012.00	15974595.00	15213900.00	-456417.00	-2.78%	-760695.00	-4.76%
21	长期股权投资								负债合计	49970786.60	55613434.49	58202713.55	5642647.89	11.29%	2589279.06	4.66%
22	固定资产原价	21708183.10	22379570.21	23312052.30	671387.11	3.09%	932482.09	4.17%								
23	减：累计折旧	3405298.31	3510616.82	3656892.52	105318.51	3.09%	146275.70	4.17%								
24	固定资产账面价值	18302884.79	18868953.39	19655159.78	566068.60	3.09%	786206.39	4.17%								
25	在建工程	5967323.01	6623000.02	7030785.58	655677.01	10.99%	407785.56	6.16%								
26	工程物资															
27	固定资产清理								所有者权益（或股东权益）							
28	无形资产	12711004.57	13952804.14	14954774.00	1241799.57	9.77%	1001969.86	7.18%	实收资本（或股本）	33200000.00	33200000.00	33200000.00				
29	开发支出								资本公积							
30	长期待摊费用								盈余公积							
31	其他非流动资产								未分配利润	5724425.52	7479027.00	10474116.09	1754601.48	30.65%	2995089.09	40.05%
32	非流动资产合计	36981212.37	39444757.55	41640719.36	2463545.18	6.66%	2195961.81	5.57%	所有者权益（或股东权益）合计	38924425.52	40679027.00	43674116.09	1754601.48	4.51%	2995089.09	7.36%
33	资产总计	88895212.12	96292461.49	101876829.64	7397249.37	8.32%	5584368.15	5.80%	负债和所有者权益（或股东权益）总计	88895212.12	96292461.49	101876829.64	7397249.37	8.32%	5584368.15	5.80%

图 10 - 7　资产负债表比较分析（2）

第三步：根据图 10 - 7 资产负债表比较分析（2）的资料，绘制企业资产、负债及所有者权益有关项目的变化图（折线图或柱状图），具体操作步骤如下：

1）选中单元格 A18、B18、C18、D18，按住 Ctrl 键继续选中单元格 A32、B32、C32、D32，打开菜单栏中的“插入”，选择折线图，即可得到图 10 - 8 企业资产变化折线图。

图 10 - 8　企业资产变化折线图

2）选中单元格 I14、J14、K14、L14，按住 Ctrl 键继续选中单元格 I20、J20、K20、L20 及 I32、J32、K32、L32，打开菜单栏中的“插入”，选择折线图，即可得到企业负债及所有者权益变化折线图，如图 10－9 所示。

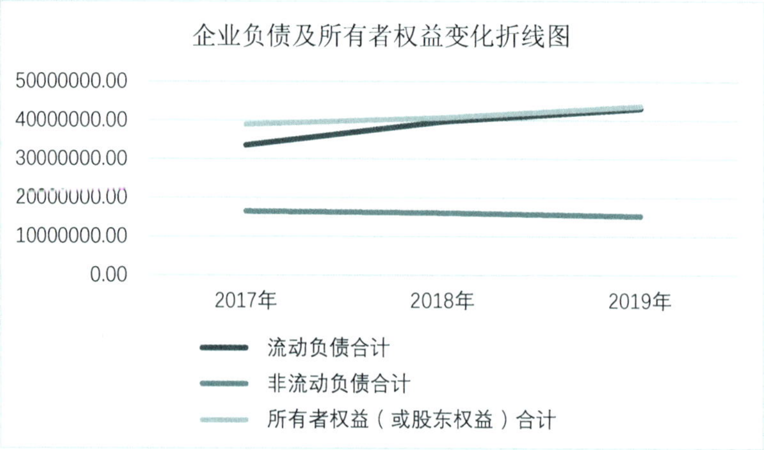

图 10－9　企业负债及所有者权益变化折线图

三、利润表的构成和比较分析的解析过程

（1）利润表的构成分析解析过程：

第一步：打开“项目 10 财务分析（素材）.XLSX”工作簿中“利润表构成分析”工作表，如图 10－10 所示。

	A	B	C	D	E
1	利润表结构分析	2019年 单位：元			
2	项　目	本年数		上期数	
3		实际金额	结构比	实际金额	结构比
4	一、营业收入	83866067.49		117479840.80	
5	其中：主营业务收入(饲料)	81508803.63		114801131.87	
6	主营业务收入(原料)	2357263.86		2678708.93	
7	减：营业成本	76019681.15		106907012.96	
8	其中：主营业务成本(饲料)	73689144.91		104227927.74	
9	主营业务成本(原料)	2330536.24		2679085.22	
10	税金及附加	117947.64		137232.41	
11	其中：城市维护建设税	373.52		472.81	
12	教育费附加	162.10		202.63	
13	地方教育费附加	108.07		135.08	
14	印花税	34611.36		41700.43	
15	环境保护税	141.68		170.70	
16	城镇土地使用税	33984.41		39981.66	
17	房产税	48566.51		54569.11	
18	销售费用	1634253.19		2017596.53	
19	管理费用	3925055.87		4786653.50	
20	财务费用	82303.15		99160.42	
21	加：投资收益（损失以“－”号填列）	6272.17		7047.38	
22	二、营业利润（亏损以“－”号填列）	2093098.66		3539232.36	
23	加：营业外收入	27333.63		22778.02	
24	减：营业外支出	31040.57		34877.04	
25	三、利润总额（亏损总额以“－”号填列）	2089391.72		3527133.34	
26	减：所得税费用	334790.23		529070.00	
27	四、净利润（净亏损以“－”号填列）	1754601.49		2998063.34	

图 10－10　利润表构成分析

第二步：在该表中进行利润表的构成分析，具体步骤如下：

1）在单元格 C4 处输入公式：=B4/B $4，单击回车键求得结果；

2）选择自动填充选项，按鼠标由单元格 C4 拖动至 C27 处；

3）同理，在单元格 E4 处输入公式：=D4/D $4，单击回车键，并自动填充 E4 至 E27 单元格；

4）选中 C 列和 E 列单元格中的数字区域部分，打开【设置单元格格式】中的【数字】选项，设置为【百分比】型，小数点后保留两位。

完成上述操作后，即可得到利润表结构分析表，如图 10－11 所示。

	A	B	C	D	E
1	利润表结构分析 2019年 单位：元				
2	项 目	本年数		上期数	
3		实际金额	结构比	实际金额	结构比
4	一、营业收入	83866067.49	100.00%	117479840.80	100.00%
5	其中：主营业务收入(饲料)	81508803.63	97.19%	114801131.87	97.72%
6	主营业务收入(原料)	2357263.86	2.81%	2678708.93	2.28%
7	减：营业成本	76019681.15	90.64%	106907012.96	91.00%
8	其中：主营业务成本(饲料)	73689144.91	87.87%	104227927.74	88.72%
9	主营业务成本(原料)	2330536.24	2.78%	2679085.22	2.28%
10	税金及附加	117947.64	0.14%	137232.41	0.12%
11	其中：城市维护建设税	373.52	0.00%	472.81	0.00%
12	教育费附加	162.10	0.00%	202.63	0.00%
13	地方教育费附加	108.07	0.00%	135.08	0.00%
14	印花税	34611.36	0.04%	41700.43	0.04%
15	环境保护税	141.68	0.00%	170.70	0.00%
16	城镇土地使用税	33984.41	0.04%	39981.66	0.03%
17	房产税	48566.51	0.06%	54569.11	0.05%
18	销售费用	1634253.19	1.95%	2017596.53	1.72%
19	管理费用	3925055.87	4.68%	4786653.50	4.07%
20	财务费用	82303.15	0.10%	99160.42	0.08%
21	加：投资收益（损失以"－"号填列）	6272.17	0.01%	7047.38	0.01%
22	二、营业利润（亏损以"－"号填列）	2093098.66	2.50%	3539232.36	3.01%
23	加：营业外收入	27333.63	0.03%	22778.02	0.02%
24	减：营业外支出	31040.57	0.04%	34877.04	0.03%
25	三、利润总额（亏损总额以"－"号填列）	2089391.72	2.49%	3527133.34	3.00%
26	减：所得税费用	334790.23	0.40%	529070.00	0.45%
27	四、净利润（净亏损以"－"号填列）	1754601.49	2.09%	2998063.34	2.55%

图 10－11 利润表结构分析

第三步：为了能够更直观地显示利润表中各项目占营业收入百分比，在上述模型的基础上，绘制利润表结构分析图（饼状图），如图 10－12 所示。

（2）利润表比较分析解析过程：

第一步：打开"项目 10 财务分析（素材）.XLSX"工作簿中"利润表比较分析"工作表，如图 10－13 所示。

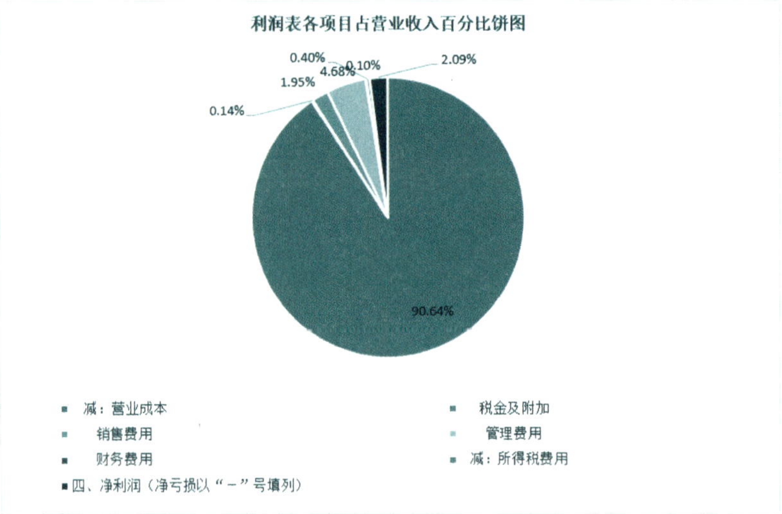

图 10－12 利润表各项目占营业收入百分比饼状图

	A	B	C	D	E	F	G	H	I	J	K
1			利润表比较分析	单位：元							
2	项　目	2016年	2017年	2018年	2019年	2017年		2018年		2019年	
3						增减额	%	增减额	%	增减额	%
4	一、营业收入	72117379.84	78247040.97	83866067.49	117479840.80						
5	其中：主营业务收入(饲料)	70115992.11	76047713.79	81508803.63	114801131.87						
6	主营业务收入(原料)	2001387.73	2199327.18	2357263.86	2678708.93						
7	减：营业成本	65270267.27	70993060.05	76019681.15	106907012.96						
8	其中：主营业务成本(饲料)	63319608.44	68825661.35	73689144.91	104227927.74						
9	主营业务成本(原料)	1950658.83	2167398.70	2330536.24	2679085.22						
10	税金及附加	94852.94	103551.65	117947.65	137232.42						
11	其中：城市维护建设税	291.79	313.75	373.52	472.81						
12	教育费附加	127.28	139.41	162.10	202.63						
13	地方教育费附加	86.04	94.45	108.07	135.08						
14	印花税	29645.67	32188.56	34611.36	41700.43						
15	环境保护税	103.48	113.34	141.68	170.70						
16	城镇土地使用税	27229.67	29906.28	33984.41	39981.66						
17	房产税	37369.01	40795.86	48566.51	54569.11						
18	销售费用	1437520.16	1508415.69	1634253.19	2017596.53						
19	管理费用	3416682.63	3650301.96	3925055.87	4786653.50						
20	财务费用	66072.97	74072.83	82303.15	99160.42						
21	加：投资收益（损失以“－”号填列）	4566.14	5017.73	6272.17	7047.38						
22	二、营业利润（亏损以“－”号填列）	1836550.01	1922656.52	2093098.65	3539232.35						
23	加：营业外收入	20379.95	21866.90	27333.63	22778.02						
24	减：营业外支出	22398.87	24832.45	31040.57	34877.04						
25	三、利润总额（亏损总额以“－”号填列）	1834531.09	1919690.97	2089391.71	3527133.33						
26	减：所得税费用	275179.66	287953.65	313408.76	529070.00						
27	四、净利润（净亏损以“－”号填列）	1559351.43	1631737.32	1775982.95	2998063.33						

图 10－13 利润表比较分析（1）

第二步：根据 2016～2019 年利润表的资料，采用环比法计算各项目的增减额和增减的百分比，具体操作步骤如下：

1）在单元格 F4 输入公式：＝C4－B4，单击回车键求出结果；

2）在单元格 G4 输入公式：＝IF（B4＝0，0，F4/B4），单击回车键求出结果；

3）在单元格 H4 输入公式：＝D4－C4，单击回车键求出结果；

4）在单元格 I4 输入公式：＝IF（C4＝0，0，H4/C4），单击回车键求出结果；

5）在单元格 J4 输入公式：＝E4－D4，单击回车键求出结果；

6）在单元格 K4 输入公式：=IF（D4=0，0，J4/D4），单击回车键求出结果；

7）利用自动填充柄，完成 F4 至 F27、G4 至 G27、H4 至 H27、I4 至 I27、J4 至 J27、K4 至 K27 单元格数据的计算；

8）选中百分比各列的数字区域，打开【设置单元格格式】中的【数字】选项，设置为【百分比】型，小数点保留两位。

完成上述操作后，即可得到利润表比较分析表，见图 10－14。

利润表比较分析　单位：元

项　目	2016年	2017年	2018年	2019年	2017年		2018年		2019年	
					增减额	增减百分比	增减额	增减百分比	增减额	增减百分比
一、营业收入	72117379.84	78247040.97	83866067.49	117479840.80	6129661.13	8.50%	5619026.52	7.18%	33613773.31	40.08%
其中：主营业务收入(饲料)	70115992.11	76047713.79	81508803.63	114801131.87	5931721.68	8.46%	5461089.84	7.18%	33292328.24	40.85%
主营业务收入(原料)	2001387.73	2199327.18	2357263.86	2678708.93	197939.45	9.89%	157936.68	7.18%	321445.07	13.64%
减：营业成本	65270267.27	70993060.05	76019681.15	106907012.96	5722792.78	8.77%	5026621.10	7.08%	30887331.81	40.63%
其中：主营业务成本(饲料)	63319608.44	68825661.35	73689144.91	104227927.74	5506052.91	8.70%	4863483.56	7.07%	30538782.83	41.44%
主营业务成本(原料)	1950658.83	2167398.70	2330536.24	2679085.22	216739.87	11.11%	163137.54	7.53%	348548.98	14.96%
税金及附加	94852.94	103551.65	117947.65	137232.42	8698.71	9.17%	14396.00	13.90%	19284.77	16.35%
其中：城市维护建设税	291.79	313.75	373.52	472.81	21.96	7.53%	59.77	19.05%	99.29	26.58%
教育费附加	127.28	139.41	162.10	202.63	12.13	9.53%	22.69	16.28%	40.53	25.00%
地方教育费附加	86.04	94.45	108.07	135.08	8.41	9.77%	13.62	14.42%	27.01	24.99%
印花税	29645.67	32188.56	34611.36	41700.43	2542.89	8.58%	2422.80	7.53%	7089.07	20.48%
环境保护税	103.48	113.34	141.68	170.70	9.86	9.53%	28.34	25.00%	29.02	20.48%
城镇土地使用税	27229.67	29906.28	33984.41	39981.66	2676.61	9.83%	4078.13	13.64%	5997.25	17.65%
房产税	37369.01	40795.86	48566.51	54569.11	3426.85	9.17%	7770.65	19.05%	6002.60	12.36%
销售费用	1437520.16	1508415.69	1634253.19	2017596.53	70895.53	4.93%	125837.50	8.34%	383343.34	23.46%
管理费用	3416682.63	3650301.96	3925055.87	4786653.50	233619.33	6.84%	274753.91	7.53%	861597.63	21.95%
财务费用	66072.97	74072.83	82303.15	99160.42	7999.86	12.11%	8230.32	11.11%	16857.27	20.48%
加：投资收益（损失以"－"号填列）	4566.14	5017.73	6272.17	7047.38	451.59	9.89%	1254.44	25.00%	775.21	12.36%
二、营业利润（亏损以"－"号填列）	1836550.01	1922656.52	2093098.65	3539232.35	86106.51	4.69%	170442.13	8.86%	1446133.70	69.09%
加：营业外收入	20379.95	21866.90	27333.63	22778.02	1486.95	7.30%	5466.73	25.00%	-4555.61	-16.67%
减：营业外支出	22398.87	24832.45	31040.57	34877.04	2433.58	10.86%	6208.12	25.00%	3836.47	12.36%
三、利润总额（亏损总额以"－"号填列）	1834531.09	1919690.97	2089391.71	3527133.33	85159.88	4.64%	169700.74	8.84%	1437741.62	68.81%
减：所得税费用	275179.66	287953.65	313408.76	529070.00	12773.98	4.64%	25455.11	8.84%	215661.24	68.81%
四、净利润（净亏损以"－"号填列）	1559351.43	1631737.32	1775982.95	2998063.33	72385.90	4.64%	144245.63	8.84%	1222080.38	68.81%

图 10－14　利润表比较分析（2）

第三步：为了能够更直观地比较分析利润表，在上述分析的基础上，绘制收入、成本、利润趋势图，如图 10－15 所示。

图 10－15　收入、成本、利润趋势折线图

项目拓展训练

中旺公司有关资料如表 10－1、表 10－2 所示。

表 10－1　　2019 年中旺公司资产负债表　　单位：万元

资 产	年初数	年末数	负债和股东权益	年初数	年末数
货币资金	500	1550	短期借款	200	140
应收账款	1000	1200	应付账款	600	500
预付账款	200	250	应付职工薪酬	1050	1300
存货	800	900	应付利息	500	800
流动资产合计	2500	3900	流动负债合计	2350	2740
长期股权投资	1300	1500	非流动负债合计	0	0
固定资产	1500	1900	股本	1200	1800
无形资产	50	40	资本公积	500	700
			盈余公积	800	1000
			未分配利润	500	1100
非流动资产合计	2850	3440	所有者权益合计	3000	4600
资产总额	5350	7340	负债和股东权益总额	5350	7340

表 10－2　　2019 年中旺公司利润表　　单位：万元

项 目	本年累计数	上年累计数
营业收入	10000	8000
营业成本	8400	6400
财务费用	500	600
所得税费用	275	250
净利润	825	750

要求：利用以上会计报表数据，对该公司资产负债表及利润表进行结构分析及比较分析。

任务 2
用 EXCEL 进行宝东农牧财务指标分析

财务比率分析是把财务报表中的一些相关项目进行对比，得出一系列的财务比率，以发现和评价企业财务状况、揭示经营中存在问题的一种财务分析方法。

财务比率分析是财务报表分析的重中之重，一般来说，企业财务比率分析包括的内容包括：偿债能力分析、营运能力分析、盈利能力分析等。在这里我们利用 EXCEL 表建立相关模型，进行企业偿债能力分析、营运能力分析、盈利能力分析。

任务情境

请根据湖南宝东农牧科技股份有限公司 2019 年的资产负债表和利润表，完成以下任务。

1）试对该企业的偿债能力进行相关分析。

2）试对该企业的营运能力进行相关分析。

3）试对该企业的盈利能力进行相关分析。

知识链接

1. 企业偿债能力分析

反映企业偿债能力的财务比率主要有两个方面：

一是衡量企业短期偿债能力的指标，包括流动比率、速动比率和现金比率三项；

二是衡量企业长期偿债能力的指标，包括资产负债率、权益乘数、产权比率和利息保障倍数等指标。

（1）短期偿债能力分析

流动比率指流动资产总额和流动负债总额之比。流动比率用来衡量企业流动资产在短期债务到期以前，可以变为现金用于偿还负债的能力。虽然流动比率越高，企业资产的流动性越大，但是比率太大表明流动资产占用较多，会影响经营资金周转效率和获利能力。一般认为合理的最低流动比率为 2。

速动比率是指企业速动资产与流动负债的比率，速动资产是企业的流动资产减去存货和预付费用后的余额。传统经验认为，速动比率维持在 1：1 较为正常，它表明企业的每 1 元流动负债就有 1 元易于变现的流动资产来抵偿，短期偿债能力有可靠的保证。

现金比率是速动资产扣除应收账款后的余额与流动负债的比率，最能反映企业直接偿付流动负债的能力。一般认为现金比率在 20% 以上为好。但这一比率过高，就意味着企业流动资产未能得到合理运用，而现金类资产获利能力低，这类资产金额太高会导致企业机会成本增加。

短期偿债能力财务指标计算公式如图 10－16 所示。

（2）长期偿债能力分析

资产负债率又称举债经营比率，它是用以衡量企业利用债权人提供资金进行经营活动的能力，以及反映债权人发放贷款的安全程度的指标。资产负债率通过将企业的负债总额与资产总额相比较得出，反映在企业全部资产中属于负债比率。国际上一般认为资产负债率在 0.6 左右比较合适。

产权比率是在股份制企业中，负债总额与所有者权益总额的比率，是为评估资金结构合理性的一种指标。一般来说，产权比率可反映股东所持股权是否过多（或者是否不够充分），从另一个侧面表明企业借款经营的程度。

权益乘数又称股本乘数，是指资产总额相当于股东权益的倍数。权益乘数越大，表明所

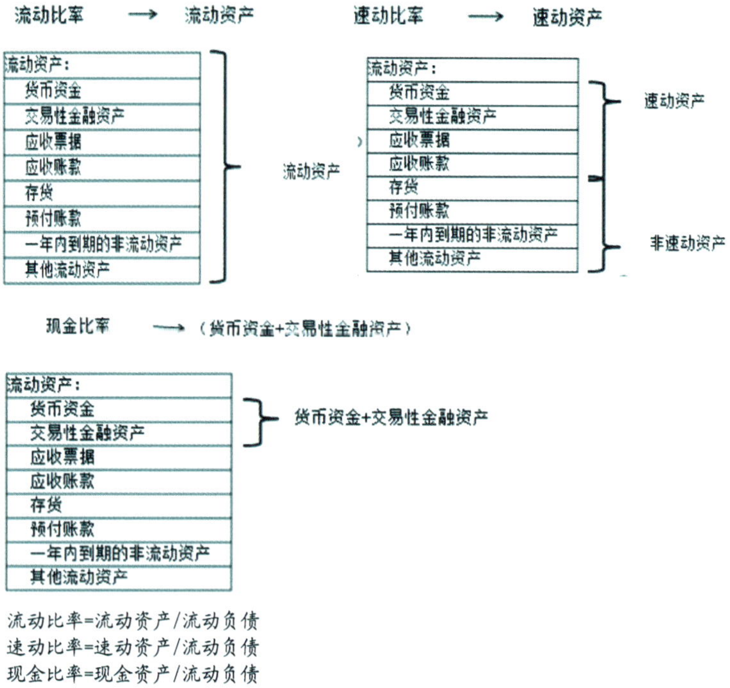

图 10－16　短期偿债能力财务指标计算公式

有者投入企业的资本占全部资产的比重越小，企业负债的程度越高；反之，该比率越小，表明所有者投入企业的资本占全部资产的比重越大，企业的负债程度越低，债权人权益受保护的程度越高。

利息保障倍数又称已获利息倍数，是企业生产经营所获得的息税前利润与利息费用之比。它是衡量企业长期偿债能力的指标。利息保障倍数越大，说明企业支付利息费用的能力越强。因此，债权人要分析利息保障倍数指标，以此来衡量债务资本的安全程度。

利息保障倍数 = 息税前利润/应付利息

息税前利润 = 利润总额 + 利息费用 = 净利润 + 所得税费用 + 利息费用

长期偿债能力财务指标计算公式如图 10－17 所示。

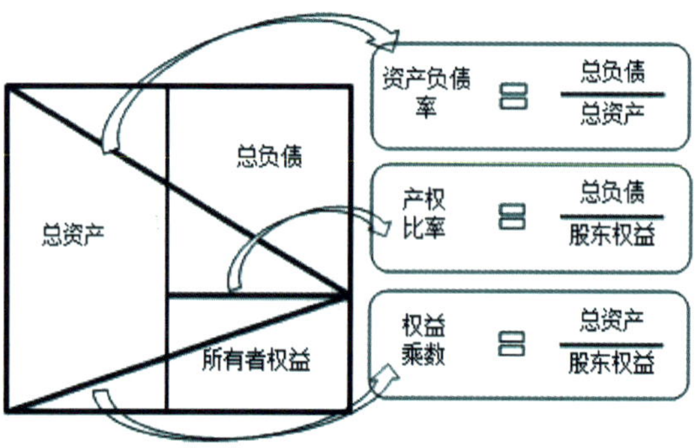

图 10－17　长期偿债能力财务指标计算公式

2. 企业营运能力分析

营运能力分析又称运营效率分析或经营能力分析，是用来反映企业经营资产的周转情况和资产管理效率的财务比率的，所以也称作资产管理比率。

反映企业营运能力的财务比率主要包括存货周转率、应收账款周转率、流动资产周转率和总资产周转率等。

存货周转率：是企业一定时期内的主营业务成本与存货平均余额的比率，是反映企业的存货周转速度和销货能力的一种指标，也是衡量企业生产经营中存货营运效率的一项综合性指标。

应收账款周转率：是一定时期内商品或产品主营业务收入净额与平均应收款项余额的比值，是反映应收账款周转速度的一项指标。对于应收账款周转率，分子理论上应使用“赊销额”，但外部分析人员无法取得赊销数据，只好直接使用营业收入进行计算。应收账款包括会计报表中“应收账款”和“应收票据”等全部赊销账款在内；应收账款应为未扣除坏账准备的金额。

流动资产周转率：流动资产周转率指企业一定时期内主营业务收入净额同平均流动资产总额的比率，流动资产周转率是评价企业资产利用率的一个重要指标。

总资产周转率：总资产周转率是企业一定时期的销售收入净额与平均资产总额之比，它是衡量资产投资规模与销售水平之间配比情况的指标。

营运能力分析财务指标计算公式如图 10－18 所示。

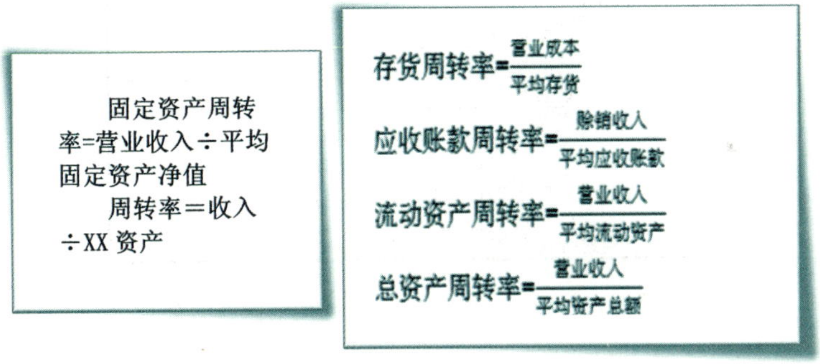

图 10－18　营运能力分析财务指标计算公式

3. 企业盈利能力分析

盈利能力分析也称获利能力分析，通俗点讲，就是指对企业赚取利润的能力的分析，这是企业内外各方都十分关心的问题。

反映企业盈利能力的指标：营业毛利率、营业净利率、总资产净利率、净资产收益率。

营业毛利率反映产品每 1 元营业收入含有多少毛利润，即营业收入扣除营业成本后还有多少剩余可用于各期费用和形成利润。营业毛利率越高，表明产品的盈利能力越强。

营业净利率反映每 1 元营业收入最终赚取了多少利润，用于反映产品最终的盈利能力。

总资产净利率衡量企业资产的盈利能力。总资产净利率越高，表明企业资产的利用效果越好。

净资产收益率越高，股东和债权人的利益保障程度越高。但净资产收益率不是一个越高越好的概念，分析时要注意企业的财务风险。净资产收益率是杜邦财务分析体系的核心指标。

相关公式如下：

总资产净利率＝净利润 ÷ 总资产＝（净利润/营业收入）×（营业收入/总资产）

营业毛利率＝营业毛利÷营业收入

营业毛利＝营业收入－营业成本

净资产收益就给＝净利润÷平均净资产

平均净资产＝（期初净资产＋期末净资产）÷2

净资产＝资产－负债＝所有者权益

任务实施

1. 偿债能力分析的解析过程

第一步：打开“项目10财务分析（素材）.XLSX”工作簿中“财务比率分析模型——偿债能力分析”工作表，如图10－19所示。

	A	B	C
1	财务比率分析模型—偿债能力分析		
2			
3	财务比率名称	年初财务比率	年末财务比率
4	一、短期偿债能力		
5	流动比率		
6	速动比率		
7	现金比率		
8	二、长期偿债能力		
9	资产负债率		
10	权益乘数		
11	产权比率		
12	利息保障倍数		

图10－19 财务比率分析模型——偿债能力分析

第二步：将各项财务比率指标的计算公式输入至相应的单元格，具体步骤如下：

1）在单元格B5处输入公式：＝资产负债表！B18/资产负债表！E14；

2）在单元格B6处输入公式：＝(资产负债表！B18－资产负债表！B12)/资产负债表！E14；

3）在单元格B7处输入公式：＝资产负债表！B4/资产负债表！E14；

4）在单元格B9处输入公式：＝资产负债表！E21/资产负债表！B33；

5）在单元格B10处输入公式：＝资产负债表！B33/资产负债表！E32；

6）在单元格B11处输入公式：＝资产负债表！E21/资产负债表！E32；

7）在单元格B12处输入公式：＝(利润表趋势分析(表10－5)！D30＋利润表趋势分析(表10－5)！D19)/资产负债表！E10；

8）按照上述同样方法，设置年末财务比率的计算公式；

9）选中单元格B9、B11、C9、C11数字区域，打开【设置单元格格式】中的【数字】

选项，设置为【百分比】型，小数点保留两位。

10）其他数字区域，打开【设置单元格格式】中的【数字】选项，设置为【数值】型，小数点保留两位。

完成上述操作过程后，即可得到偿债能力分析模型的最后结果，如图 10－20 所示。

	A	B	C
1	财务比率分析模型一偿债能力分析		
2			
3	财务比率名称	年初财务比率	年末财务比率
4	一、短期偿债能力		
5	流动比率	1.43	1.40
6	速动比率	0.23	0.22
7	现金比率	0.18	0.17
8	二、长期偿债能力		
9	资产负债率	57.75%	57.13%
10	权益乘数	2.37	2.33
11	产权比率	136.71%	133.27%
12	利息保障倍数	0.00	46.09

图 10－20　财务比率分析模型——偿债能力分析

2. 营运能力分析的解析过程

第一步：打开“项目 10 财务分析（素材）.XLSX”工作簿中“财务比率分析模型——营运能力分析”工作表，因为计算这些财务比率需要运用相关资产的平均值，据此建立的模型如图 10－21 所示。

	A	B	C
1	财务比率分析模型一营运能力分析		
2	项　目		数　额
3	基本数据	平均存货	
4		平均应收账款	
5		平均流动资产	
6		平均资产总额	
7		平均固定资产净值	
8		营业收入	
9		营业成本	
10	分析指标	存货周转率	
11		应收账款周转率	
12		流动资产周转率	
13		总资产周转率	
14		固定资产周转率	
15		存货周转期	
16		应收账款周转期	
17		流动资产周转期	
18		总资产周转期	
19		固定资产周转期	

图 10－21　财务比率分析模型——营运能力分析

第二步：将各项财务比率指标的计算公式输入至相应的单元格，具体步骤如下：

1）在单元格 C3 处输入公式：=(资产负债表！B12 + 资产负债表！C12)/2；

2）用同样方法计算 C4 至 C7 单元格数额；

3）C8、C9 单元格直接由利润表原数额复制过来即可；

4）在单元格 C10 处输入公式：=C9/C3；

5）在单元格 C11 处输入公式：=C8/C4；

6）在单元格 C12 处输入公式：=C8/C5；

7）在单元格 C13 处输入公式：=C8/C6；

8）在单元格 C14 处输入公式：=C8/C7；

9）在单元格 C15 处输入公式：=360/C10；

10）在单元格 C16 处输入公式：=360/C11；

11）在单元格 C17 处输入公式：=360/C12；

12）在单元格 C18 处输入公式：=360/C13；

13）在单元格 C19 处输入公式：=360/C14。

打开【设置单元格格式】中的【数字】选项，设置为【数值】型，小数点保留两位。

完成上述操作过程后，即可得到营运能力分析模型的最后结果，如图 10－22 所示。

	A	B	C
1	财务比率分析模型一营运能力分析		
2	项　目		数　额
3	基本数据	平均存货	49138823.70
4		平均应收账款	1913243.938
5		平均流动资产	58541907.11
6		平均资产总额	99084645.57
7		平均固定资产净值	19262056.59
8		营业收入	83866067.49
9		营业成本	76019681.15
10	分析指标	存货周转率	1.55
11		应收账款周转率	43.83
12		流动资产周转率	1.43
13		总资产周转率	0.85
14		固定资产周转率	4.35
15		存货周转期	232.70
16		应收账款周转期	8.21
17		流动资产周转期	251.29
18		总资产周转期	425.33
19		固定资产周转期	82.68

图 10－22　财务比率分析模型——营运能力分析

3. 盈利能力分析的解析过程

第一步：打开“项目 10 财务分析（素材）.XLSX”工作簿中“财务比率分析模型——盈利能力分析”工作表，如表 10－23 所示。

	A	B
1	财务比率分析模型一盈利能力分析	
2	项　目	计算结果
3	营业毛利率	
4	营业净利率	
5	总资产净利率	
6	净资产收益率	

图 10－23　财务比率分析模型——盈利能力分析

第二步：将各项财务比率指标的计算公式输入至相应的单元格，具体步骤如下：

1）在单元格 B3 处输入公式：=（利润表！B4－利润表！B7）/利润表！B4；

2）在单元格 B4 处输入公式：=利润表！B27/利润表！B4；

3）在单元格 B5 处输入公式：=利润表！B27/营运能力分析模型！C6；

4）在单元格 B6 处输入公式：=利润表！B27/((资产负债表！E32＋资产负债表！F32)/2)；

5）打开【设置单元格格式】中的【数字】选项，设置为【百分比】型，小数点保留两位。

完成上述操作过程后，即可得到盈利能力分析模型的最后结果，如图 10－24 所示。

	A	B
1	财务比率分析模型一盈利能力分析	
2	项　目	计算结果
3	营业毛利率	9.36%
4	营业净利率	2.09%
5	总资产净利率	1.77%
6	净资产收益率	4.16%

图 10－24　财务比率分析模型——盈利能力分析

项目拓展训练

中旺公司有关资料如下：

表 10－3　2019 年中旺公司资产负债表　单位：万元

资产	年初数	年末数	负债和股东权益	年初数	年末数
货币资金	500	1550	短期借款	200	140
应收账款	1000	1200	应付账款	600	500
预付账款	200	250	应付职工薪酬	1050	1300
存货	800	900	应付利息	500	800

续表

资 产	年初数	年末数	负债和股东权益	年初数	年末数
流动资产合计	2500	3900	流动负债合计	2350	2740
长期股权投资	1300	1500	非流动负债合计	0	0
固定资产	1500	1900	股本	1200	1800
无形资产	50	40	资本公积	500	700
			盈余公积	800	1000
			未分配利润	500	1100
非流动资产合计	2850	3440	所有者权益合计	3000	4600
资产总额	5350	7340	负债和股东权益总额	5350	7340

表 10 -4　　2019 年中旺公司利润表　　单位：万元

项 目	本年累计数	上年累计数
营业收入	10000	8000
营业成本	8400	6400
财务费用	500	600
所得税费用	275	250
净利润	825	750

要求：利用以上会计报表数据，对该公司 2019 年度的偿债能力指标、营运能力指标、盈利能力指标进行计算。

任务 3
用 EXCEL 进行宝东农牧财务综合分析

任务情境

请根据湖南宝东农牧科技股份有限公司 2019 年的资产负债表和利润表，利用杜邦财务分析体系，建立杜邦分析模型，进行杜邦分析。

知识链接

杜邦分析体系是以净资产收益率为起点，以总资产净利率和权益乘数为基础，重点揭示企业盈利能力及权益乘数对净资产收益率的影响，以及各相关指标间的相互影响和作用关系。

净资产收益率 = 净利润 ÷ 平均净资产 × 总资产 ÷ 总资产

= 净利润 ÷ 总资产 × 总资产 ÷ 平均净资产

=总资产净利率×权益乘数

=净利润÷营业收入× 营业收入÷平均总资产 ×平均总资产 ÷平均所有者权益

=营业净利率×总资产周转率×权益乘数

杜邦财务分析体系是一种分析财务比率的方法，其基本结构如图 10－25 所示。

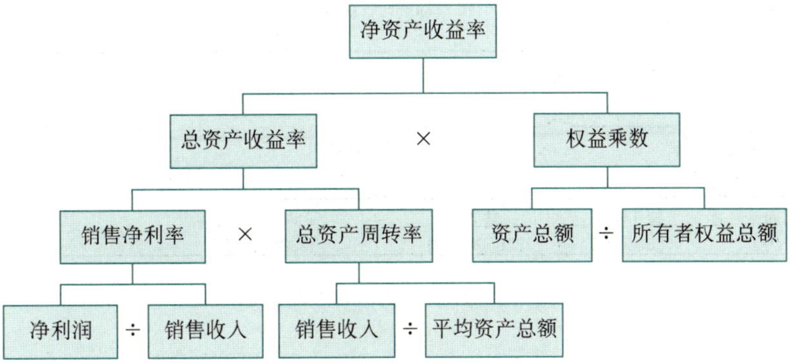

图 10－25　杜邦财务分析体系

任务实施

任务情境的解析过程如下：

第一步：打开“项目 10 财务分析（素材）. XLSX”工作簿中“杜邦财务分析模型”工作表，如图 10－26 所示。

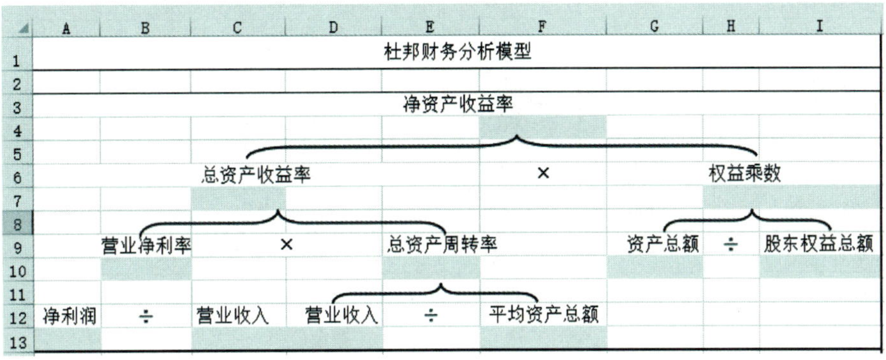

图 10－26　杜邦财务分析模型

第二步：将各项财务比率指标的计算公式输入至相应的单元格，具体步骤如下：

1）依次将前面资产负债表、利润表及财务比率分析表中的资产总额、股东权益总额、净利润、营业收入、平均资产总额复制到相应的单元格中；

2）在单元格 B10 处输入公式：=A13/C13；

3）在单元格 E10 处输入公式：=D13/F13；

4）在单元格 C7 处输入公式：=B10 * E10；

5）在单元格 H7 处输入公式：=G10/I10；

6）在单元格 F4 处输入公式：=C7 * H7。

完成上述操作过程后，即可得到杜邦财务分析模型的最后结果，如图 10－27 所示。

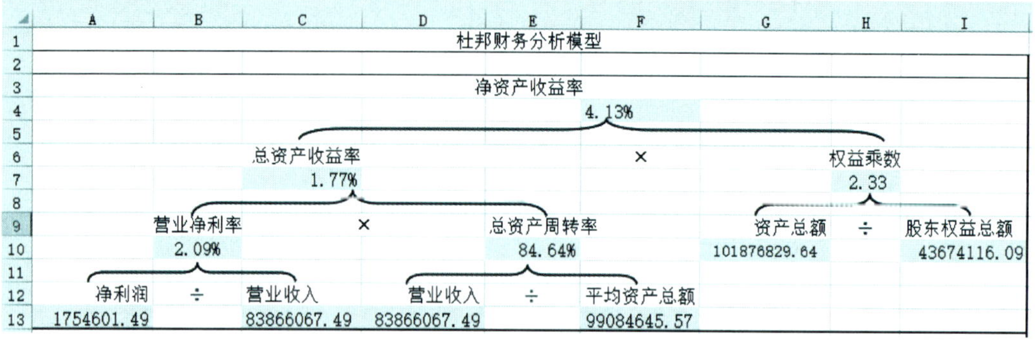

图 10－27 杜邦财务分析模型

项目拓展训练

中旺公司有关资料如表 10－5、表 10－6 所示。

表 10－5 **2019 年中旺公司资产负债表** 单位：万元

资 产	年初数	年末数	负债和股东权益	年初数	年末数
货币资金	500	1550	短期借款	200	140
应收账款	1000	1200	应付账款	600	500
预付账款	200	250	应付职工薪酬	1050	1300
存货	800	900	应付利息	500	800
流动资产合计	2500	3900	流动负债合计	2350	2740
长期股权投资	1300	1500	非流动负债合计	0	0
固定资产	1500	1900	股本	1200	1800
无形资产	50	40	资本公积	500	700
			盈余公积	800	1000
			未分配利润	500	1100
非流动资产合计	2850	3440	所有者权益合计	3000	4600
资产总额	5350	7340	负债和股东权益总额	5350	7340

表 10－6 **2019 年中旺公司利润表** 单位：万元

项 目	本年累计数	上年累计数
营业收入	10000	8000
营业成本	8400	6400

续表

项 目	本年累计数	上年累计数
财务费用	500	600
所得税费用	275	250
净利润	825	750

要求：利用以上会计报表数据，利用杜邦分析法对该公司 2019 年度的财务数据进行杜邦分析。

扫码进入视频学习

项目 10

扫码进入视频学习

附录 11